文
景

Horizon

法国大革命前夕的图书世界

A Literary TOUR DE FRANCE

The World of Books on the Eve of the French Revolution

Robert Darnton
(美) 罗伯特·达恩顿 著
高毅、高煜 译

上海人民出版社

纳沙泰尔公共与大学图书馆藏档案文献

目　录

引　言

书籍世界

纳沙泰尔出版社总部位于左侧的大楼中，面朝纳沙泰尔湖

湖港景色，弗雷德里克－威廉·莫里茨绘，约 1820 年。私人收藏

大革命前夕法国的书籍世界变化无穷，极其丰富——之所以丰富，是因为居住在法国的人多种多样。图书业作为一个经济系统，仍然陷在17世纪发展起来的公司架构中：其中包括一个由印刷商和书商组成的行会，垄断了巴黎的书籍贸易；一套基于专卖权原则的版权制度雏形；一个负责书籍审查和解决业内纠纷的国家管理机构；一批负责执行图书贸易管理条例的检查官员——18世纪大约发布了3000条此类法令条例；而在波旁王朝这些摇摇欲坠、铺张浮华的机构之外，还有一大群以向读者推销图书为生的职业书商。

所有大城镇都有书商，而从业者也是形形色色。各省首府都有几位行业大佬控制着贸易。一些小人物就在他们周围做生意，靠着18世纪中叶开始人们对图书需求的增长来挣钱，并且在1770年代和1780年代的严苛条件下艰难求生。在合法的图书销售体系的外缘，一些经销商聚在一起，尽其所能地勉强维持生计，通常服务于贸易的毛细管分销体系。除了这些职业书商，还有各类个体经营者从事小本图书生意。其中有一些小店主从政府那里买到了营业执照（*brevets de*

libraire），从而在市场上合法占得一席之地；有不求合法身份的地下经营者；有在集市上摆摊售书的流动商贩；有私下里兼卖图书的装订商；

还有各种各样的小贩，他们或者拉着马车走街串巷，或者徒步叫卖。这些杂凑的、衣冠不整的中间商（middle man）（其中也有女人，最能吃苦耐劳的往往是书贩的妻子或寡妇）在图书的传播中起了关键作用。但是，书籍史却很少关注他们。除了一些非常罕见的例外，他们都消逝在历史的长河里。本书的目的之一，就是要让他们鲜活地展现在读者面前。

本书的另一个目的，是要发现他们都卖些什么书。哪些书被卖给了读者，读者又是如何阅读它们的，这个问题会引出一些更宏大的问题，涉及交往和意识形态酝酿的性质。我不打算在本书中直接阐述这些问题，但是想提供一种详尽的解释，要让读者了解，在法国大革命前夕，图书市场是如何运作的，以及书籍是如何传播到法国社会之中的。

为了做到这一点，我打算把注意力集中在法国外省的图书贸易上。法国的历史多是以巴黎为中心写就的，但是在18世纪，只有不到3%的法国人口居住在巴黎，而绝大多数书籍是被外省人买走的。诚然，外省人的书籍供给有些是来自巴黎，但他们用国外出版的书籍来充实书架的情况更为常见；因为一本书一旦开始在首都出售，马上就会被国外印刷商盗印。“盗印”（piracy），通常被法国人称作“伪造”（*contrefaçon*），他们还用“剽窃者”和“盗贼”这些更尖刻的词汇来称呼伪造者。尽管这个词在18世纪使用很广泛，但它具有误导性，因为国外出版商的经营并不受法国国王授予的专卖权管辖。在王国内部，这些专卖权起到一种原始版权的作用。它们连同不太正式的被称作“默认许可”（*permissions tacites*）的授权一起，被授给经过书报审查官批准出版的书籍。而国外出版商可以重印法国的书籍，无须考虑专卖权，并且可以出版在法国永远通过不了审查的书籍。由于经济条件较好，尤其是纸张成本低，他们可以比法国的竞争对手更经济地出版这两类书籍。结果造成在法国边境以外，出版社如雨后春笋般纷纷创立，生意也日益兴隆。从阿姆斯特丹到布鲁塞尔，越过莱茵河延伸到瑞士，再往南延伸到当时为教皇属地的阿维尼翁，这些出版社形成
ix 了一个月牙形的包围圈。这几十家出版社几乎出版了启蒙运动的所有著作，而且可以说，它们还出版了 1750 到 1789 年间在法国流通的大多数其他图书（除了专业教科书、祈祷书、福音书和宗教小册子外，各个领域的书籍都有）。它们通过一个广泛分布的图书发行体系征服了法国市场。有些发行体系是秘密的，尤其是在边境地区。偷运走私是个大行当，但是大多数图书还是通过正常的贸易渠道，有中间商从中交易，牟取他们可以得到的任何利润。

这个庞大而丰富多彩的书籍世界，一直不大为 18 世纪的法国政府所知晓，而且一直以来学界对它也不甚了了。书籍史家们通过查阅巴黎留下的法国政府档案，已经揭开了它的一些隐秘。[1] 不过，国家的视角始终有限。尽管政府设有“图书贸易管理署”（*Direction de la librairie*），负责管理图书贸易的官员享有重要地位，却很少知道巴黎以外发生的事情，也不了解其他城市“书商行会”（*Chambres syndicales*）的情况。要想全面了解整个体系，就必须依靠外省的档案，尤其要依靠国外出版商的文献来研究。不过，国外的文献也几乎完全散佚——只有一个例外：纳沙泰尔出版社（*Société typographique de Neuchâtel*，简作 STN）的档案。这是瑞士的一家出版社，靠近法国东

---

[1] 我为撰写本书认真查阅过其中最重要的原始资料，即阿斯纳图书馆（Bibliothèque de l’Arsenal）的巴士底狱档案和法国国家图书馆的两大套收藏品：阿尼松－迪佩隆收藏品（Collection Anisson-Duperron）和巴黎书商与印刷商行会文件。

部边境，自己出版书籍，同时也在法国各地大量从事图书批发贸易。

纳沙泰尔出版社的档案文件，加上从巴黎和外省可得到的档案材料，包含了几千封来自每个与图书行业有联系的人的信件，这些人包括作家、出版商、印刷商、纸商、铸字商、油墨制造商、偷运者、货车车夫、货栈主、旅行推销员、图书代理商、审稿人、读者，尤其是法国几乎所有市镇的书商。其中许多人出现在其他文献资料中，诸如破产文件和警察记录，使我们能够从多种视角去观察他们，从多个方面了解他们的经营活动。纳沙泰尔出版社的其他几类文献，如账簿、货运记录、订货登记册、印刷厂工头的付款账本，则揭示了图书贸易其他方面的情况。把所有这些资料结合起来研究，我们就能了解整个行业作为一个体系如何运作，以及它如何运转失灵，如何崩溃，又如何因为图书从业人员的努力恢复运转，使供应满足需求。

纳沙泰尔出版社档案所涉及的时段为1769年到1789年，这个时 x
期，法国对图书贸易的法律限制一直在随政策的变化而变化。凡尔赛的内阁也时常更迭，它们源源不断地颁发法令，经常出台打击盗版的新举措，建立新的书商行会，扩大图书监管部门的职权，修改进口图书的检查规程，提高或降低纸税。纳沙泰尔出版社紧紧跟随所有这些进展，根据获得的情报来调整自己的经营策略。因而它的文件，再加上巴黎的档案材料，能反映出出版业游戏规则的变动，更重要的是揭示了游戏的玩法。

然而，纳沙泰尔出版社的档案浩如烟海，以致研究者会深陷其中，茫然无措。我从1965年开始研究它们。从那时起，我用十四个暑假和一个寒假，查阅了其中几乎全部五万封信件和纳沙泰尔出版社账本中的补充资料。这项工作时间拖得很久，但是并不艰苦。纳沙泰尔是汝拉山脚下一座风光秀丽的小镇，俯瞰一片清澈的湖水，沿湖遍

xi 布葡萄园。纳沙泰尔民风淳朴，热情好客。我在此地结交了许多朋友，和他们一起沿着汝拉山脊走过一个又一个高山夏季牧场，在他们家里享用了不计其数的美食，看着我的孩子和他们的孩子在五十余年里一起成长，度过了许多美妙的欢乐时光。在本书的致谢中，我向他们表达了诚挚的谢意。不过，我花费如此多的时光，从纳沙泰尔以及巴黎的相关档案中搜寻，也让我面临一个挑战，即怎样才能把这些资料处理得当。如果要把我在资料中碰到的所有人物的全部故事都讲出来，我的书就会多达许多卷。因此，我将精心挑选的大量文献资料和我早期出版的著作传列在一个可以公开访问的网站上，网址为 www.robertdarnton.org。读者如果想要继续对本书所提出的论题深入研究，可以去访问该网站，通过数字化的资源，找到自己的研究途径。有了这个网站，我就不必在本书中加入过多的注释了。不过网站不解答我安排叙事的方式——既能把主题的深奥一面讲清楚，又不会使读者丧失阅读的兴趣。我选择以一种非常规的方式呈献我的研究成果。我不作系统性的论述，而是决定跟随纳沙泰尔出版社的一位销售代表穿越法国出差旅行的足迹，探讨他所遇到的图书贸易中几个最重要的方面，从而绘出一幅根据最丰富的档案资料得到的书业景象。

这位销售代表（*commis voyageur*，英国人喜欢用“commercial traveler”这个词，而美国人则常常偏爱“traveling salesman”）是纳沙泰尔出版社的一位职员，29 岁，名叫让－弗朗索瓦 · 法瓦尔热（Jean-François Favarger）。1778 年 7 月 5 日，他骑上马，动身出差，历时五个月，穿越法国，访问了沿途经过的几乎所有书店。他推销书籍，收账，安排货运，视察印刷厂，调查市场需求，评估生意规模，对一百多位书商的品质做出评价。11 月份法瓦尔热回到纳沙泰尔时，他所了解的有关图书贸易的东西，比迄今为止任何历史学家可能希望了解的都多。

幸运的是，他用文字在纸上留下了他的踪迹，包含一本记载详尽的日志和大量内容翔实的信件，这些资料使得我们可以跟随他游遍法国，从而能够从街市的层面来研究图书贸易。另外，纳沙泰尔出版社的档案还包含了法瓦尔热所遇到的书商们写下的几百封信件，以及从 1769 到 1789 年间所有与出版业有关的人的几千封信件。因此，法瓦尔热的法国之行向人们展示了一幅广阔的图书文化景观。

从一位销售代表的视角看，相比于作为书库中伟大作家的鸿篇巨 xii
著来被研究时，当时的书籍看上去并没有那么重要。我无意蔑视法国人常用的说法“人与作品”（*l'homme et l'œuvre*）所表达的老式观点，尽管它在文学研究者中不再获得多少尊重。相反，我倒是从像巴尔扎克的《幻灭》（*Les Illusions perdues*）这样的杰作中找到了灵感，它为我正在试图根据档案资料重构的世界提供了一种虚拟的描述，一个在巴尔扎克出生（1799）十年前就土崩瓦解的世界。我的目的是从一位地位卑下的销售代表着手，探索图书从业人员所体验和理解的旧制度下的图书行业。这种方法绝不是文物研究，而是要从细微之处推断出宽泛的结论。它将处理有关出版的实施、图书的发行、图书市场的运作、书商作为文化中介人的作用，以及读者对书籍的需求等问题。最后我还想说明，在法国大革命前这二十年中，市场上实际流转的是哪些书籍。尽管资料不全，我还是要提供一份回顾性的畅销书书单，读者从中可以了解到法国各地的人都喜欢哪些书籍。由于缺乏证据，我无法指明读者是些什么人，以及他们如何理解所阅读的东西；但是我认为重现他们的消费方式是能够做到的，不管消费一本书可能意味着什么。

本书的第二个目的，是要考查一个曾经令巴尔扎克着迷的主题，即社会底层百姓的生活基调。我想了解书商们的生活，以及以把书籍卖给读者为生的中间商们的社会背景。在书籍史上，书商就算出现过，也只是像影子一样。但从一位销售代表的视角观察，并根据一家出版商的档案来研究，则会发现书商都是有血有肉的复杂个体。他们形态各异，从行会理事和独霸一方的行业大佬，到旧式书商和地下小贩，莫不如此。

我们可以通过极其翔实的档案卷宗来跟踪某个人的职业轨迹。一个人在学徒期满之后，找到有嫁妆的女人结婚，自己开一家书店，进货建立库存，冒风险，使出计策赚钱，竭力摆脱破产，病倒，去世，生意留给儿子，或者在多数情况下，留给一位精明能干又有悟性的寡妇。另一份卷宗包含一位乡村小学校长的故事，他以卖书为副业，但挣到的钱几乎不够支付货款。他出租房屋，提供膳宿，还经营一个小
xiii 葡萄园，临死时还希望下一季收获能够偿清一份待付的汇票，以保住他的名誉。还有一份卷宗塞满了一堆字据，字迹潦草难辨，拼写错误百出，反映出一位流动书贩的生意状况。他用一家小客栈的地址签署期票，因为他没有固定住所。只要马儿能跑，他就一直用马车载着图书去乡村赶集。要是牲口体力不支，或者他囊中羞涩，小客栈里就不会见到他的人影，那些期票也就成了到期不还的欠条，而地方官也把他当作流浪的投机商贩。这些卷宗向我们展示了两百多年前在书籍世界上演的一出出光怪陆离的人间喜剧，令人目不暇接。

所有这些卷宗都反映了又一个令巴尔扎克着迷的主题，即对财富的贪求。当然，我们必须考虑到资料来源固有的偏重点，因为大多数卷宗都包含了商业信函，它们首先必须谈及利益得失。但是这些信函也传递出一种特定的资本主义的特质和习俗——不仅仅是想要听到金币叮当作响的悦耳声音，在风险四伏的博弈中也需要信任，所有参与这种博弈的人都竞相避免被交易的诡计欺骗：这些诡计包括盗版、偷运、刺探情报、虚张声势、谋划假破产，以及秘密经营。

当然，这些诡计在19世纪大行其道，当时巴尔扎克就对它们进行过研究，其他时期和地方也能看到类似的现象。但是就18世纪的图书贸易来说，这些做法还非常原始，这在许多卷宗中有明显反映。一名书商——或者一名出版商，一名流动书贩，一名偷运者，一名货运代理商——未能在到期日承兑一份汇票。其他票据变成了欠条。他在破产的边缘摇摇晃晃地行走，和最无情的债主们商谈，重新找到了立足点，后来又失足倒下，人也失踪了。邻居或收账的人写的信讲出了故事的结局:“钥匙塞在门底下了”;“当兵去了”;“去俄国了”;“坐船去美国打仗了”;“他的老婆、孩子正在教堂门前要饭呢”。我们不能把这些信当真。它们总会带有一种偏见，总要为一种利益说话，无法提供一种直接的对现实的看法。然而，它们带有的主观性，或者说正是由于这种主观性，表明了在旧制度的一种极其重要的亚文化中，现实是如何被推想出来的。

此外，书商们的信件可以和销售代表让-弗朗索瓦·法瓦尔热的见证对照着读。他的任务是评估沿途遇到的各家书商的品质和生意情 xiv
况。因此法瓦尔热的法国之行提供了连接大量故事的主线索。跟随他走遍法国地图上的一座座城市、一个个小村庄，我们就可以发现，为了解决图书领域的供需问题，无数人的生活是如何交织在一起从各方面作出努力的。

尽管法瓦尔热的故事带有“流浪者传奇”的色彩，但它还是属于经济学、社会学以及书籍史的范畴。我在叙述这个故事时，试图揭示它所蕴含的普遍意义，并避免离题太远，以致偏向传记文学。不过，我在网站上列出了二十来篇传记，它们实际上可以当作18世纪书商们的肖像画廊。网站上还有法瓦尔热日志的副本、他和纳沙泰尔出版社的通信、书商们的信件，和有关他们所在城市的大量资料——

人口、制造业、贸易、识字率、管理机构、文化机构、当时有关图书印刷和销售情况的报告，以及次要文献的参考书目。由于网站列入了如此之多的资料——所有数字化的原始手稿，有关图书贸易监管的文献，还有过去四十五年我所写的几十篇文章——所以我试图使本书保持较短的篇幅。想要找到更多有关特定主题的资料的读者，可以通过网站来查询，利用这些文献来阐发新的诠释，并质疑我的结论。

简而言之，本书所讲述的故事是独立的，但是人们也可以通过查询广博的资料库把故事继续讲下去。至少我希望它能给那些想探索18世纪法国书籍世界这个妙趣横生的主题的人带来乐趣。

在此我应对术语略作说明。因为旧制度的机构名称不易译成英语，所以我保留了许多机构的法语名称。“*Parlement*”指的是高等法院，它拥有一些政治权力，但和英国议会（Parliament）完全不同。“*Ferme générale*”（总包税所）是一个征收间接税、管理海关业务并为法国巡查边境的私营公司。“*Livres philosophiques*”（哲学书籍）是出版商和书商用来称呼图书贸易中的违禁书籍的词语。这类书籍可能含有
xv 诸如抨击基督教教义的激进哲学思想，不过也可能宣扬色情或煽动反叛，或者有揭露公众人物私生活的毁谤性内容。“*Acquits à caution*”（货物通运准单）是管理机构用来追踪图书货运的海关报税单。第二章将说明，偷运者或货运代理商必须找到快速办到货物通运准单的途径，以防止所运输的货物被没收。“*Chambres syndicales*”是外省城市书商行会的总部，是检查货物和处理（“*déchargés*”，即海关业务用语中的卸货）“货物通运准单”的地方。[1]

由于我不期望读者熟悉本书中出现的书名，或者对法语完全了解，因此在这些书名首次出现时，我在括号内给出了它们的译文。

---

[1] 在文中，这些法语名词将直接译为中文。——译者注

第一章

纳沙泰尔

出差的人

1778 年纳沙泰尔的面貌。它地处名为“勃艮第之坑”（*trou de Bourgogne*）的大山裂口当中，可以看到一条大道沿塔威山谷盘桓而上，通向蓬塔利耶（Pontarlier），那是法瓦尔热此行的第一站

油画，从克雷山望去的纳沙泰尔景色，戈尔茨绘，1826 年。私人收藏

了解一位销售代表的方法之一，就是研究他的开支账目。法瓦尔热的账目是以法国货币锂（*livres*）、苏（*sous*）和德尼（*deniers*）仔细计算的，出现在他的日志末尾。[1] 了解这些开支就是对他的旅程的预览。[2]

4 1778 年 7 月 3 日，在骑马上路两天前，他在纳沙泰尔北边 16 公里的家乡拉讷沃维尔（La Neuveville）请人把外套补好，花掉了 1 锂 3 苏。这外套很可能是骑马时穿的，布料结实，上过蜡，能防雨，和绅士们穿的那种装饰精美、有双排精制纽扣的礼服根本没法比。法瓦尔热必

---

[1] 1 锂值 20 苏，1 苏值 12 德尼。这些是汇票和账目上使用的抽象单位，跟实际的硬币不符。法瓦尔热的钱袋里装的很可能是里亚（*liards*，1 里亚值 3 德尼）和埃居（*écus*，1 埃居值 3 锂）。他出门旅行似乎不太可能携带贵重的价值 24 锂的金路易（*louis d'or*），因为怕遇上拦路抢劫的强盗。如果必须用到大额钱款，他可以在某些城市里筹措，纳沙泰尔出版社与这些城市的钱庄老板和商人建立了信任关系。锂的购买力是不稳定的。1789 年，巴黎一个普通工人的日薪是 20 到 30 苏，一个熟练泥瓦匠日薪约 40 苏。一块重 4 磅的面包通常要 8 到 9 苏，但在匮乏时期，价格会成倍上涨。见乔治 · 吕德（George Rudé），《法国大革命中的民众》（*The Crowd in the French Revolution*），牛津：牛津大学出版社，1967，第 21—22 页。

[2] 记载了法瓦尔热开支账目的日志见随本书一起创建的网站：www.robertdarnton.org。可以查询法文的手抄本和数字化的手稿复制品，也可以查询其英译本。本名后面几章的引文都出自网站上的复制文献，法文的手抄本和数字化的手稿复制品都有，搜索相关人名就能轻松查到。因为网站包含了极为丰富的文献，而且容易查询，所以我会尽量减少本书的注释。

须抵御风雨的侵袭。在旅途的第一段行程中，天气对他来说还是很宜人的。但是在 8 月份，当他到达罗讷河谷下游时，酷热的阳光无情地倾泻而下，这件外套很可能就绑在鞍囊上了。法瓦尔热很少遇到雨水，连河床都是干的，直到 9 月 6 日他进入卡尔卡松，暴雨倾盆而至。从图卢兹（Toulouse）到拉罗谢尔（La Rochelle），雨水几乎没有停过。法瓦尔热不得不花 10 锂买了一顶新帽子。而且由于他受够了马鞍的摩擦，又不得不花 26 锂买了一条新马裤，既当马裤穿，又当被子盖，让他能够捱过 10 月初开始的寒夜。那时道路已泥泞不堪，马一天要滑倒好几次。他开始习惯于牵着马在这样恶劣的条件下徒步前行，而过远的路程导致他的靴子都被磨坏了，为了修鞋他又花掉 3 锂 3 苏。在朗格多克（Languedoc），夏天的炎炎烈日晒得人汗流浃背；在普瓦图（Poitou），泥泞的秋天又令人瑟瑟发抖，因此法瓦尔热在路上也没有削减多少用度。当他到达一家乡村客栈时，他身上很可能已经臭气熏天。一路走来，他花钱洗衣却只有两次，一次在图卢兹，花了 1 锂 10 苏；一次在托南（Tonneins），1 锂 4 苏——每次的花费大致相当于纳沙泰尔出版社一名印刷工人一天的工资。他随身带了一把猎刀和两只手枪，听说在去土伦（Toulon）的路上有拦路打劫的强盗之后，他还花了 10 苏让马赛（Marseille）的枪匠把它们好好规整了一番。

法瓦尔热本人不像拦路强盗，尽管他蓬头垢面，浑身上下脏兮兮的。当他要迈进城市大街上一家陈设齐全的书店时，他必须打扮得光鲜体面才行。于是，在到达里昂后，他买了一套带背心的西服，布料（轻薄棉质）和裁缝工钱共花了 23 锂 4 苏 6 德尼。对一个职员来说，这可是一大笔开销——占其年薪的 5%——但还算不上奢侈。此外，一路上他两次购买了缎带（每次花费 12 苏），用来绑扎垂在脑后的发辫。他不是戴假发或佩剑的那种人。不过，他像许多旅行者那样，也

5 拥有一块怀表，9月份还为修理它花了2锂8苏。在交际场合，他要脱掉靴子改穿皮鞋，为此他在图卢兹花4锂10苏买了一双新鞋。法瓦尔热的开支账目，为我们提供了一个难得的机会来勾勒某个两百年前身处社会下层的人。但是这种画像很快就变模糊了。我们不知道他的眼睛是什么颜色。

不管怎样，对于这个年轻人的个性，我们还是可以形成某些概念的。他写信的风格直截了当，不加修饰，文法精准，书法优美，与一个职员的身份是相称的。法瓦尔热想必受过良好的基础教育，但他不会尝试使用花里胡哨的修辞和文学性的用典，而他的上司，纳沙泰尔出版社的董事们，有学问的文人，就会用这些来修饰他们的信函。法瓦尔热的信函就是商业信函，所以人们应该不会从中读到太多的言外之意。但是从这些信函所表现的思维方式，可以看出此人作风严谨，渴望取悦他人，工作勤奋，而且相当谦虚。法瓦尔热从街面上了解世界，用诚实的眼光观察它，用直截了当的语言描述它，也就是说只用主语、动词、谓语来描述。他偶尔也表现出一点幽默。他说马赛的书籍检查官是一个“为了一餐饭会吃掉他的兄弟的人”，说尼姆（Nîmes）的一个叫比谢（Buchet）的书商是“一架模糊的照相机”。但是他不追求使用有文采的语言，也难得采用图书贸易特有的口语用词——例如对于卢丹（Loudun）的一个叫马勒布（Malherbe）的非法书籍经销商，他恭维说：“他推销他的贝壳非常在行”（*Il sait fort bien vendre ses coquilles*）[1]。

法瓦尔热也许为人谦和，但并不轻易听劝。他和书商们艰难谈判，遇到欠账不还的人会毫不犹豫地把他起诉到法院。当图卢兹的经

[1] 意思是把不值钱的东西吹得天花乱坠，卖大价钱。——译者注

销商卡扎梅亚（Cazaméa，文献资料中常常只有姓氏，不出现全名）试图威逼他降低纳沙泰尔出版社的图书定价，接着大发脾气撕毁订单时，他依然坚持立场，毫不动摇。他对普瓦捷（Poitiers）书商行会理事福尔孔（Faulcon）印象不好，此人在城里昂首阔步地游荡，“为他的官职而趾高气扬”。他也不欣赏里昂（Lyon）的行业大佬们自命不凡的姿态，他们声称没空跟他谈判，其实他们整日里花天酒地，从不悉心照料他们的书店。在更靠近南方的城镇，书商们则属于另外一类，如阿维尼翁（Avignon）的尚博（Chambeau）和于泽斯（Uzès）的费利纳（Phéline），他们只会空谈，不干实事。在法瓦尔热写给出版社本部的报告中，这些懒散又饶舌的人得不到好评。当他遇到有人空谈、耍小聪明和懒惰无为，尤其是在法国南方的客户中遇到这些情 6
况时，他的信写得就像是突然遭遇了异域文明似的——不过也确实如此，因为在难以揣摩的法国人的世界中，他是一个优秀的瑞士人。

尽管法瓦尔热的信具有商业性质，但是从中也可以发现他观察那个世界的方法。信的语气并非完全商务式的，因为他跟他的老板很熟，能够跟他们说心里话。诚然，他们的社会地位比他高，是一些家境富裕的、有学问的绅士，在纳沙泰尔这个小社会颇受尊重；所以他给他们写信时总是恭恭敬敬。而老板们对他也充分信任，他们在他年纪很轻时就雇用了他，并在店里培训他。他们委托他去处理一些棘手的谈判，期待他发回关于他所遇到的每家书商的秘密报告。因此，他对图书贸易中人为因素的即时评论，既是他自己的见解表达，也暗示了这些商人们的某些想法。他对小城镇的书商颇有好感，他们讨价还价时态度直率，条款合理就欣然接受，很少冒风险，付账及时，在街坊邻里中间享有很高的声誉。例如关于卡斯特尔（Castres）的皮埃尔·勒波蒂埃（Pierre le Portier），出版社就收到了一份报告，对他赞赏有加:“他的生意看上去做得不错，因为他店里的图书种类齐全。他看起来是个正派人，答应我马上就把订单寄到出版社本部。”经过一番对地方商人的打探，法瓦尔热把勒波蒂埃的信用等级评为“优秀”:“你们完全可以放心地把货物托付给他。人们跟我说起他时都表示赞赏。尽管在小城镇书商卖盗版书都面临重重障碍，但他的收益相当不错。”

没有多少书商能得到这样高的评价，因为之前出差时，法瓦尔热就花了充分的时间四处打听这些店铺的状况，使自己克服了关于生意人道德品行的任何天真幼稚。他常常遇到无赖和骗子，像尼姆的比谢，把老婆的嫁妆偷偷挥霍殆尽，还有马赛的卡尔德塞格（Caldesaigues），在宣布破产后还试图用他的债务做秘密交易。虽然法瓦尔热谴责这样的行为，但他明白必须和有缺点的人打交道，尤其是图书贸易存在庞大的非法经营部分。他对书商们的评论听来实事求是，没有冷嘲热讽，有批评，但并不装出一本正经的样子。在很罕见的情况下，他才表现得义愤填膺。例如布雷斯地区布尔格（Bourg-en-Bresse）的一位书商韦尔纳雷尔（Vernarel），从他巴黎的出版商那里订购了一批书，然后寄给纳沙泰尔出版社一本要求盗印，法瓦尔热愤怒
7 斥责:“什么德性！他把我在上封信中说到的那本书寄给我们，难道他没想过良心的谴责吗？”

不过，通常法瓦尔热报告生意的实际情况，并不带有道德说教，包括有问题的部分或者非法贸易。他卖了大量色情书籍和反宗教书籍，不带感情色彩，把它们和所有内容粗俗的书籍都当作商品看待。书商们的态度也是这样。只有一次，法瓦尔热遇到一位与众不同的经销商，带着意识形态做生意。那次遭遇让他惊讶:“阿尔勒（Arles）的戈迪翁（Gaudion）品德高尚，但是人很古怪……当我跟他谈起《圣经》和

《百科全书》(*Encyclopédie*)时，他回答说他是个非常虔诚的天主教徒，不会传播这两种渎神的书，所有《百科全书》都提供给他了，但他肯定一本也不会卖。”

那本《圣经》在这位书商眼里之所以亵渎了上帝，是因为它是新教用的版本，评注中尽是异端邪说。法瓦尔热自己是虔诚的瑞士新教徒，当他进入罗讷河谷，深入法国天主教的核心地带时，他就进入了异域。快到马赛时，他便沮丧地发现，所有书店都关门了，因为那是圣母升天节前夕：“要塞和轮船此刻正在轰隆隆地放炮，向圣母玛利亚致敬。”这声音在新教徒听来有些怪怪的。在图卢兹，法瓦尔热被这种偏执震惊，他在那里和在马赛都被思想偏狭的书籍检查官拒之门外。1685 年的南特敕令剥夺了新教徒包括财产继承权和合法结婚权在内的所有权利，在听到路易十六要恢复新教徒这些公民权利的传闻后，他期待外省的书商行会以同情的态度接受他。实际上也是如此，许多行会官员都答应，纳沙泰尔来的新教书籍运达时他们会装作没看见，同意放行。不过法瓦尔热还是觉得自己受到监视，因为他既是异教徒，又是国外出版商的代理人。

这些特性相得益彰，因为 16 世纪传播新教书籍的地下渠道已经为两百年后的启蒙运动开辟了一条通道。从皮埃尔 · 贝尔（Pierre Bayle）到让 – 雅克 · 卢梭，在新教社会氛围中成长起来的启蒙哲人们使激进思想蒙上了特殊的色彩；从阿姆斯特丹到日内瓦，新教出版商们为了把哲学书籍和新教书籍一起推向市场，利用了胡格诺派教徒（Huguenot）的大流散。法瓦尔热不是知识分子，但他只是通过做生意就起到了启蒙运动参与者的作用。他的雇主把书籍提供给他去卖，他把《圣经》连同《百科全书》一道销售，好像它们是完全可以互相兼容的。而在 18 世纪书籍贸易的环境中，情况也确实如此。

尽管法瓦尔热对于哲学问题有自己的看法，但他在生意中从不表露出来。在他的书信和日志里，没有任何东西能显示他的个人信仰影响过他作为书籍推销员的活动。他只是以新教徒的身份出生，怀着新教思想旅行而已。这或许是他与生俱来的一种状态——这种方式让他和法国新教徒相处时感到舒心。他在和他同属一类的人当中从容自在，这类人工作努力，言谈直率，付账及时。诚然，这类人中也有少数无赖，像托南的牧师迪蒙（Dumont），把纳沙泰尔出版社运给他的《圣经》卖掉，却拒付货款。但是一般情况下法瓦尔热把新教教友当作异教地域中可以信任的人来依赖，尽管他们在这个地域仍然享受不到公民权利。法国的胡格诺派教徒数百年来相互依赖，为了生存他们不得不这么做。

由于瑞士新教徒和法国新教徒之间有着源远流长的亲缘和友善关系，因此法瓦尔热有望在周游法国时获得帮助。他的日志里保留了一份胡格诺派牧师的名单，他每到一处都受到胡格诺派教徒的热情款待。他们还让他带推荐信给本教派的其他教友，这样，在他试图和信仰天主教的书商结账时，以及从他们那里获取订单时，就可以利用事先对当地情况的了解，求得教友的帮助。在尼姆，他去听过杰出的新教领袖保罗·拉博（Paul Rabaut）的“沙漠”讲道，即在城外的旷野讲道，因为禁令规定胡格诺派教徒不得在他们自己的教堂里公开礼拜。拉博和他的儿子，即后来的革命家让–保罗·拉博·圣太田（Saint-Etienne），都是纳沙泰尔出版社的董事长弗雷德里克–萨米埃尔·奥斯特瓦尔德（Frédéric-Samuel Ostervald）的朋友，他们向法瓦尔热提供了更多其他新教牧师的地址，便于他在随后的旅途中和他们联系。

他也受到曾经在纳沙泰尔念过书的新教平信徒的热情接待。1750年代，他们在寄宿学校学习，奥斯特瓦尔德亲自给他们上过算术和地理课。不过，不应该把奥斯特瓦尔德和那种谦卑的乡村校长混为一谈。他是一位贵族，在地方政治中涉足很深，但他似乎也是 9
一位能启发人心的教师和政治家。他的得意门生中有一位名叫让·朗松（Jean Ranson）的商人，曾在拉罗谢尔热情接待了法瓦尔热，还在一封信里描述了他们共度的时光。他写道，法瓦尔热“有着法国人中罕见的、可是在你们国家司空见惯的率直。我问他可曾在纳沙泰尔的中学读过书。没有，先生，他回答说，那是在拉法瓦日（La Favarge）的一所中学的农场，我正在犁地，奥斯特瓦尔德先生来了，让我跟他走，当他的职员，我这么就成了他的员工。”为测验法瓦尔热的社交能力，朗松问他会不会玩乐器。“啊，先生，他告诉我，别指望发现我有任何精通的本事。我确实什么都不会。”朗松在外省的上层有产者中没碰到过这样谦虚的人，这给他留下深刻印象。“我就喜欢那样的诚实。”[1] 这是唯一留存在纳沙泰尔出版社文件中的对于法瓦尔热的描述，但它证实了阅读法瓦尔热的信件后得出的印象，这是一名不爱出风头但能自力更生的年轻人。

从这些信件中也可以发现他的一些私人交往。到达里昂时，法瓦尔热问候了本社的同事，“我和他们拥抱”，并请他们捎一封信给他姐姐。他所称的“同事先生”，指的是出版社的外国分支，是人员关系相当亲密的小天地，有三四个职员从事管理账目、库存和货运的工作，出版社的董事们则通过信函发号施令，监督印刷厂工作，车间里一般有二三十名工人操作印刷机。法瓦尔热跟其他职员的关系似乎也不错。从马尔芒德（Marmande）寄出的一封信的附言中，他特地

[1] “朗松致纳沙泰尔出版社”，1778 年 11 月 7 日，纳沙泰尔出版社档案，纳沙泰尔公共与大学图书馆藏，纳沙泰尔，瑞士。网站上没有列出的文献的引文，将在注释中指明。除非另有说明，它们都出自纳沙泰尔出版社档案。

问候了其中两人，主任会计亚伯兰·达维德·梅西耶（Abram David Mercier）和学徒施瓦茨（Schwartz），他在科尔马（Colmar）完成学习后，就是这两人帮他完善了对于图书贸易的了解。施瓦茨还在法瓦尔热的日志中留了一张字条，请法瓦尔热在到达科尔马时，“热情问候”他的朋友和家庭，尤其要问候他的中学老师比林先生（Monsieur Billing），他可以提供有关图宾根（Tübingen）和斯图加特（Stuttgart）的书商的资料。法瓦尔热从未到那么远的地方，但是这张字条提供了

“大罗谢特”（La Grande Rochette），亚伯兰·博塞·德吕兹（Abram Bosset de Luze）的宅第，1777 年他入伙纳沙泰尔出版社，是董事之一。他是一位与白棉布制造业和银行业有联系的富商，负责出版社的财务。他宏伟的宅第与花园表明，这些在法国被鄙视为盗印者的出版商实则身份显赫

从南边看去的大罗谢特，泰奥菲尔·斯坦兰作，约 1805 年，水彩画。私人收藏

人际网络，为他的生意打下基础。

在另外一条附言中，法瓦尔热向奥斯特瓦尔德和让–埃利·贝特朗（Jean-Elie Bertrand）的夫人表达了敬意，让–埃利·贝特朗是奥斯特瓦尔德的女婿，任出版社董事。他还问及他们的宠物狗：“小狗 10
生病了吗？我昨天梦到它死了。”一个会梦到老板妻子的宠物的职员，绝不是个有二心的员工。法瓦尔热谈到出版社事务时，总是会用第一人称复数，甚至在他的私人日记里也是如此：“我们的《圣经》”“我们的利益”“我们的出版社”。他在写给出版社本部的信里关于生意的谈论给人一种感觉，老板和职员在出版社里是融为一体的；本部——一般说来，就是奥斯特瓦尔德，负责通信联系——对他的福利显得很关心。当法瓦尔热离开他两年前曾经去过的里昂，踏入一个陌生的地方时，奥斯特瓦尔德写信鼓励他：“祝你一路顺风！生意兴隆，并享受一段好时光。你要关心自己的身体健康，你为完成任务所作的努力，我们都会记在心里。”

18 世纪独自上路旅行的人所面临的困难如今很难想象。法瓦尔热 11
倒是从未遇到过必须拔出手枪的时刻，可是在离开阿维尼翁后，他染上了讨厌的疥疮——一种由螨虫钻进皮肤引起的皮肤病：“我某一天得给自己放一次血，某一天又得灌一下肠（可能是用灌肠剂）。这是我咨询外科医生得到的建议。”待到他自己的健康恢复了，马的身体却开始出现问题。法瓦尔热和这匹马一起艰苦跋涉了几百公里，似乎对它依依不舍。他定期记录它的身体状况，当它在 9 月份暴风雨的猛烈袭击下开始发抖时，他还写信报告了他的担忧。而在纳沙泰尔，奥斯特瓦尔德回信道，“我们更关心的是你的健康，而不是马的。”

带着感情看人与牲畜之间的关系是个错误。旅途中的生活是艰苦的。道路本身就很糟糕，除了直通巴黎的几条大道，其他的路都坑坑洼洼、崎岖不平，晴天尘土飞扬，雨天泥泞不堪。[1] 在马背上度过了艰难的一天后，投宿的客栈也提供不了多少慰藉。饮食低劣，环境肮脏，这是旅行者最喜欢聊的话题，尤其是体验过英格兰的客栈的旅行者，如苏格兰小说家托比亚斯·斯摩莱特（Tobias Smollett）："在法国南部各地，除了大城市，所有客栈都显得寒冷、潮湿、阴暗、压抑、灰尘遍布；客栈老板对人冷漠，又贪得无厌；店小二笨手笨脚，浑身肮脏，蔫头耷脑；马车夫怠惰懒散，迷迷糊糊，举止粗鲁。"英国农学家亚瑟·扬（Arthur Young）的法国南部之旅和法瓦尔热的旅途差不多，说他在圣吉隆（Saint-Girons）住过的客栈是"一处最恶劣的场所，环境肮脏、害虫肆虐，老板厚颜无耻、欺诈成性，这些对旅客忍耐力的考验、对他们情绪的伤害，是前所未有的。"[2]

几年之后，法瓦尔热离开出版社，出版社雇用了另一位旅行推销员雅各布-弗朗索瓦·博尔南（Jacob-François Bornand）。他在法国旅行多年，通常是乘坐马车，但日子过得比法瓦尔热还艰苦，无论是在途中（他曾因马车翻车而受伤），还是在书店。1784 年，他从里昂写信道："我发现这儿的人既没有诚意，也不体谅人……先生们，你们必须亲身经历过，才能知道在这里要做成事情有多难。我认为自己没有做

[1] 归功于筑路劳役的强迫劳动，在 1738 到 1780 年间从外省到巴黎的主要道路的重建使旅行时间缩短了一半，但是法瓦尔热必须走横向的道路，路况依然很差。见居伊·阿尔贝洛（Guy Arbellot），"18 世纪中叶法国道路的巨变"（La Grande mutation des routes de France au milieu du XVIIIe siècle），《历史与社会科学年鉴》（*Annales. Histoire, Siences Sociales*），28 (1973)，第 765—791 页；和 J. 勒塔科努（J. Letaconnoux），"18 世纪法国的运输"（Les Transports en France au XVIIIe siècle），《现代和当代史杂志》（*Revue d'histoire moderne et contemporaine*），11(1908/1909)，第 97—114 页。

[2] 引自亨利·塞（Henri Sée），"亚瑟·扬眼中旧制度末期的法国小客栈"（Les Auberges françaises a la fin de Ancien Regime d'après Arthur Young），《经济和社会史杂志》（*Revue d'histoire économique et sociale*），18(1930)，第 446、447 和 450 页。

过任何无视你们利益的事情。要是我觉得你们可能怀疑这一点，那会逼得我绝望的。但是，我再说一遍，我实在想回家。”[1] 巴黎的情况甚至更糟：“在这里，必须得做的差事花费时间长，却不见成效，而且人 12
们总以最微不足道的借口拖延时间，让生意变得令人厌恶，并且使我在这个城市的逗留成为迄今为止我最不愉快的经历。在此地，所到之处垃圾都堵到了门口，雨雪轮番下……冻得人受不了。”[2]

当然，销售代表们的经历虽然不同，但行使的职能都是一样的，而且在法国各地的图书贸易中都能发现他们。[3] 18 世纪末期的欧洲，没有哪一家大出版商不靠销售代表就能做成生意。每隔一两年，出版商就会挑选一名可靠的职员，派他出一趟差，规定他的任务，并根据业务的轻重缓急设定他的路线。可能只是一周的行程，到附近的城市解决账目上的纠纷，或者从某个特定地区寻求新的纸张货源。要么可能得花几个月，路程非常遥远，涉及图书生意的所有方面，就像法瓦

[1] “博尔南致纳沙泰尔出版社”，1784 年 4 月 12 日。

[2] “博尔南致纳沙泰尔出版社”，1785 年 3 月 2 日。

[3] 我在二手文献中找到的唯一涉及 18 世纪销售代表或旅行推销员的参考资料，是乔治·V. 泰勒（George V. Taylor）的“关于 18 世纪法国的旅行推销员的说明”（Notes on Comercial Travelers in Eighteenth-Century France），《商业史杂志》（*The Business History Review*），3 (1964)，第 346—353 页。不过，在旧制度下，根据当时一位名叫马尔兰的旅行推销员的回忆录，在小客栈里和饭馆餐桌边，这种人随处可见：“旅行推销员是一些什么人？他们通常就是一些年轻人，每年在王国的各个城市奔波，为商业公司拉订单。”（引自阿尔贝·巴博［Albert Babeau］，《文艺复兴到大革命时期在法国的旅行者》［*Les Voyageurs en France depuis la Renaissance jusqu'à la Révolution*］，巴黎，1885 年初版；日内瓦：Slatkine，1970 年重印，第 309 页。）后期的情况见比尔·贝尔（Bill Bell），“‘书业先驱’：19 世纪早期的旅行推销员”（“Pioneers of Literature”: The Commercial Traveller in the Early Nineteenth Century），《印刷业的阶段：书籍的印制、销售和使用》（*The Reach of Print: Making, Selling, and Using Books*），彼得·伊萨克（Peter Isaac）和巴里·麦凯（Barry Mckay）编，温彻斯特和纽卡斯尔，特拉华州：St. Paul's Bibliographies，1998，第 121—154 页。

尔热的旅程。销售代表时常要在欧洲版图上纵横奔波。他们虽然是无名之辈，但是都在纳沙泰尔出版社的档案中留下了大量踪迹。例如，1777 年纳沙泰尔出版社的董事们出差巴黎，在同有合作关系的出版商讨论贸易时，列日（Liège）的克莱芒 · 普隆托（Clément Plomteux）告诉他们，他正准备派遣一位销售代表“周游法国”，推销《百科全书》。[1] 这是通行的做法，他们实事求是地向出版社本部汇报。其他出版商也常常有这类销售代表为做生意而路过纳沙泰尔，纳沙泰尔出版社的代理也时常在此地与他们不期而遇。在早前的一次出差中，法瓦尔热就曾发现，洛桑出版社的一位销售代表行程领先他几个城镇，于是捷足先登，抢占了萨伏依（Savoy）的图书需求。[2] 1778 年，与纳沙泰尔出版社有竞争关系的出版商萨米埃尔 · 福什（Samuel Fauche）的销售代表在朗格多克跑生意时，法瓦尔热曾经尾随其后。福什的人卖的书很多都和法瓦尔热推销的一样，并且常常根据在书店间流传的报价单压价出售；但是他在每家书店泡的时间都更长一些，而且据说他的健康状况在衰退。他受不住南方烈日的暴晒，在蒙彼利埃（Montpellier）病倒了，因此法瓦尔热希望能抢到他前面去。与此同时，法瓦尔热在土伦遇到里昂的出版商约瑟夫 · 迪普兰（Joseph Duplain）的销售代表阿马布勒 · 勒鲁瓦（Amable Le Roy）。约瑟夫 · 迪普兰和纳沙泰尔出版社在四开版《百科全书》的投机生意上是合作伙伴。勒鲁瓦在南部匆匆地转了一个远至波尔多（Bordeaux）的大圈，正在往其本部赶。他们在一个小客栈里巧遇，一起度过了愉快的一晚，交流销售《百科全书》的故事。

---

[1] “奥斯特瓦尔德和博塞从巴黎致纳沙泰尔出版社”，1777 年 4 月 4 日。

[2] “法瓦尔热致纳沙泰尔出版社”，1776 年 8 月 16 日。

这样的遭遇是家常便饭，因为销售代表们的巡回路线是相似的。 13
在相同的书店结账走人，又在相同的客栈登记入住。尽管相互竞争，但彼此了解，也为了共同利益交换有关图书生意状况的情报。有些人可以指望得到晋升，因为他们是大书商的子弟，这些大书商逐渐开始起到现代意义上出版商的作用，即揣测新作品的出版商机，或是把印刷分包出去或是自己承印，同时还要集中精力做批发生意。不过，大多数销售代表要在出版业底层度过一生。年轻人要闯入此行业，得会写一手漂亮的字，受过扎实的中等教育（能读会写，还要有充分的算术基础来处理以锂、苏和德尼记录的账目），还要有依靠家庭和朋友建立的人脉关系。他们要和出版商签订一份任职合同，似乎通常为期三年。他们的日常职责是处理商业信函、记账、监督货栈发货，这让他熟悉了老板在法国出版商中的合作伙伴网络，以及在书商中的客户网络，而就瑞士的这家大出版社而言，还有大部分欧洲的网络。随着市场需求增加，职员们便会去旅行推销，到几个城市或几个国家转一圈。借着出差，他们积累了知识——这类知识在 18 世纪的出版业中至关重要。它是实实在在的，且全部与人有关。一个聪明的销售代表能够了解到哪些书商濒临破产，哪些理事控制着书商行会，哪些审查官对盗版盯得最紧，哪些货运代理商知道最安全的运输途径，哪些货车车夫驾车不会陷入泥沼，尤其是，整个系统内哪些客户会承兑汇票。这样一位销售代表就能让出版商发财。偶尔他会想要跳槽，换一种薪酬高一些而且出差旅行不那么辛苦的工作。如果他积累了足够的人脉和资本——最佳的资本来源是娶到一位有丰厚嫁妆的妻子——他就可以自己开一家书店，或者当书商，或者从事其他生意。如果失败了，他便得像一些印刷工人那样，在法国奔波打工。

法瓦尔热的职业生涯似乎是一个成功的故事，尽管我们对他在
14 纳沙泰尔出版社就职之前和之后的情况难以了解。[1] 他的卷宗中的第一封信写于 1775 年 9 月 2 日。当时他 26 岁，从日内瓦写信向出版社汇报，他正在那里跟当地的书商结账。他的雇主很可能对结果相当满意，因为在 1776 年 8 月，他们又派他出了一次长途差，到萨伏依、多菲内（Dauphiné）、里昂和勃艮第（Bourgogne）推销书籍，并和零售商建立关系。1777 年，他到弗朗什－孔泰（Franche-Comté）和瑞士西部短途出差，主要任务是寻找新的纸张货源。1778 年，他进行了五个月的法国之旅，此即本书的主题。1782 年 3 月和 1783 年 2 月，他为出版社出差两次。第一次是试图挽救在日内瓦进行的推销卢梭著作的投机生意，没有成功；第二次是和日内瓦的另一家出版商就雷纳尔（Raynal）《欧洲人在东西印度群岛殖民和贸易的哲学和政治史》（*Histoire philosophique et politique des établissements et du commerce des Européens dans deux Indes*，以下简称《哲学和政治史》）的版本重新谈价钱，然后从贝赞松（Besançon）重建一条走私通道，这趟任务也没有完成。随着经历的丰富和年龄的增长，法瓦尔热承担的职责越来越重要。当时，纳沙泰尔出版社已债务缠身。1784 年出版社停发了一段时间的薪水，然后又在新的管理机制下进行了重组，以便在出售

[1] 1749 年 6 月 28 日，让－弗朗索瓦·法瓦尔热出生于纳沙泰尔以北 5 公里以外的小镇圣布莱斯（纳沙泰尔州档案馆，纳沙泰尔民事档案，EC158）。他父亲名叫让－弗雷德里克·法瓦尔热，他母亲婚前名叫安娜·巴尔布·夏特兰。公证处档案称他父亲是“有产者”，表明他在纳沙泰尔市享有完全公民权，档案还指出他像许多纳沙泰尔人一样，在附近乡村拥有葡萄园，不过没有提到他的职业（州档案馆，F9，公证人让－雅克·法瓦尔热记录，1780 年 1 月 28 日条目之一）。让－弗雷德里克·法瓦尔热认识奥斯特瓦尔德，因为 1786 年他为奥斯特瓦尔德的一次金融业务当过见证人（州档案馆，B656，公证人克洛德－弗朗索瓦·博韦记录，1786 年 6 月 24 日条目之一）。因此，他有可能以某种方式介入，在十多年前就说服了纳沙泰尔出版社雇用他的儿子。

股份的同时，继续做较小规模的生意。那时纳沙泰尔出版社三位董事中的两位，亚伯兰·博塞·德吕兹和让－埃利·贝特朗已经去世。弗雷德里克－萨米埃尔·奥斯特瓦尔德继续任董事，但不是主要合伙人。他已经 70 岁了，而他在十来年前雇用的法瓦尔热也 34 岁了。法瓦尔热一边继续为纳沙泰尔出版社工作，一边也投资他兄弟萨米埃尔（Samuel Favarger）在 1776 年创立的食品杂货生意。虽然文献没有说明，但可以看得出，在 1783 年的某个时候，他离开了图书世界，与萨米埃尔共同经营食品杂货生意，成为专职合伙人。[1]

唯一一份实际展现法瓦尔热与纳沙泰尔出版社的雇佣条款的文献，是一份签订于 1776 年 12 月 18 日的合同，但令人失望的是，它并不确切。这份合同只是说，他要担任“销售代表”三年，1777 年的薪酬为 400 纳沙泰尔法郎（相当于 572 法国锂），1778 年为 450 法郎（643 锂 10 苏），1779 年为 550 法郎（786 锂 10 苏），如果出版社对他的工作满意，还有 6 个金路易（144 锂）的奖金。[2] 因为他一离开农场——也就是他跟朗松说的那个“我正在犁地的中学农场”——就来到出版社任职，并接受了职业培训，所以合同没有必要详细说明他的职责。[3] 不过可幸的是，我们可以从接替他的人雅各布－弗 15
朗索瓦·博尔南的卷宗中，比较清楚地了解到销售代表与出版商之间的关系。

1769 年，博尔南一听说有一家纳沙泰尔出版社，就马上跟它联

[1] 关于法瓦尔热后期生活的资料见本书第十三章和资料来源。

[2] 该合同附在法瓦尔热 1776 年的出差日志之后，见卷宗 ms.1150（译者按：ms，手稿之意）。

[3] 法瓦尔热很可能在青年时期某个时段做过耕地的活儿，但他不是农民。上文提到，他父亲拥有葡萄园，而且是享有完全公民权的“有产者”——有别于社会底层群体。

系。他从洛桑写信，自荐要当职员为出版社服务，为它“处理信函以及货运，记账，并为印刷厂提供帮助”。[1] 出版社当时还不能雇用他，但在 1783 年为他提供了一个职位，大概就是为了接替法瓦尔热。8 月 26 日他签订了一份合同，按合同规定他要工作三年，担任销售代表，年薪为 840 纳沙泰尔法郎（合 1200 锂），而且如果他和出版社“相互间都感到满意”，那么到第一年年终就会提薪。[2] 这份薪水比法瓦尔热的高许多，大概是因为博尔南年纪大一些，经验比较丰富。他的主要工作是在“图书贸易部门接受和发运货物，管理相关账目，同时用空闲时间来做一般性的办公室工作，如处理信函和辅助记账”。合同还规定，出版社期望他能出差，将来要按照他和出版社的“互利”原则来协商每次差旅的费用。

博尔南工作了六个月后，上述出差条款的意思就变得明晰了，因为当时他接到正式通知，要出一趟差，目的地包括德国和意大利。只是在他完成了经过瑞士法语区和法国东部的前段旅程后，出版社就撤销了这个任务。当时出版社正试图从濒临破产的状态恢复，并试图通过减持股份来使生意走上正轨。它向博尔南颁发了正式的授权委托书，这样他就可以自由地代表出版社进行谈判，而出版社仅在交易指南中向他提供谈判指导原则。如果是现金交易，也就是说，用可立即支付给持票人的汇票进行交易，他可以把常规书价降低 30%，如果迫不得已，还可以降价 35%。如果是其他交易，他可以接受期限为 8 至 12 个月的汇票，每提前一个月，还给予 1% 的折扣。他要随身携带一份图书目录，它将提供交易的指导原则，因为出版社在每种书的书名

---

[1] “博尔南致纳沙泰尔出版社”，1769 年 8 月 20 日。

[2] 该合同和其他相关文献出现在纳沙泰尔出版社档案博尔南卷宗 ms.1124 的后面。

后面都标出了可以接受的最低价格和存货册数。他还有权进行图书交换——拿出版社仓库里的书换其他出版商和批发商库存的书，尽最大 16 可能做成生意。在出版生意中，交换至关重要，如同指导手册所说："交换不会是我们的一种负担；相反，它能增加存货的品种，有助于我们卖掉存货，因此能为我们带来利益，没有这类交易，是不可能指望获得这些收益的。不过，进行这种交易需要有洞察力和判断力，而这些能力博尔南先生都不缺。因此我们赋予他完全的自由来进行这项交易。"

书籍交换对出版商来说究竟为什么重要和有多么重要，这些我们后面再谈。这里只须说明一点，即任何商谈交换的人，都必须具备有关图书贸易的渊博知识。一位出版商，通过把他所拥有的大量图书换成他认为他可以卖掉的图书，不仅可以让自己的存货品种多样化，而且可以加快资金周转。但是，如果他对市场的需求判断失误，或者未能预见到意外发生——比如他弄来的图书可能被新的盗版抢了生意，或者这批图书的用纸可能比较便宜，质量低劣，那么他就倒大霉了。一位销售代表在这种交易中和在他的其他业务中一样，都必须是读者评估和市场评估的行家。纳沙泰尔出版社在给博尔南的指示中规定，他要提供有关他所遇到的所有书商的情况汇报，尤其是尚未有过生意往来的书商。出版社需要有关他们的道德水准和财务状况的情报。总之，优秀的销售代表必须同时具备一些心理学家、经济学家和调查记者（用现在的话说）的素质，此外还得是图书销售技巧方面的专家。

在法瓦尔热的例子中，指示写在他日志簿的前几十页上，规定了他出差的目的。和其他商务出差人员的日志一样，这些指示提供了旅行路线，以及在每一站处理出版社生意的行动计划。然而，法瓦尔热的法国之行，是纳沙泰尔出版社的销售代表有史以来进行的最具雄心的一次差旅活动，为此，规定指南精辟地概述了 1778 年的图书贸易状况。指示写了整整 36 页。一位职员——根据笔迹判断是施瓦茨——首先写下法瓦尔热出差路线沿途市镇的名字，列出出版社在各个市镇的通信联系人的名单。然后从这些通信联系人的卷宗中查询，把最关键的要点摘录下来，并把日志簿交给奥斯特瓦尔德，由他在条

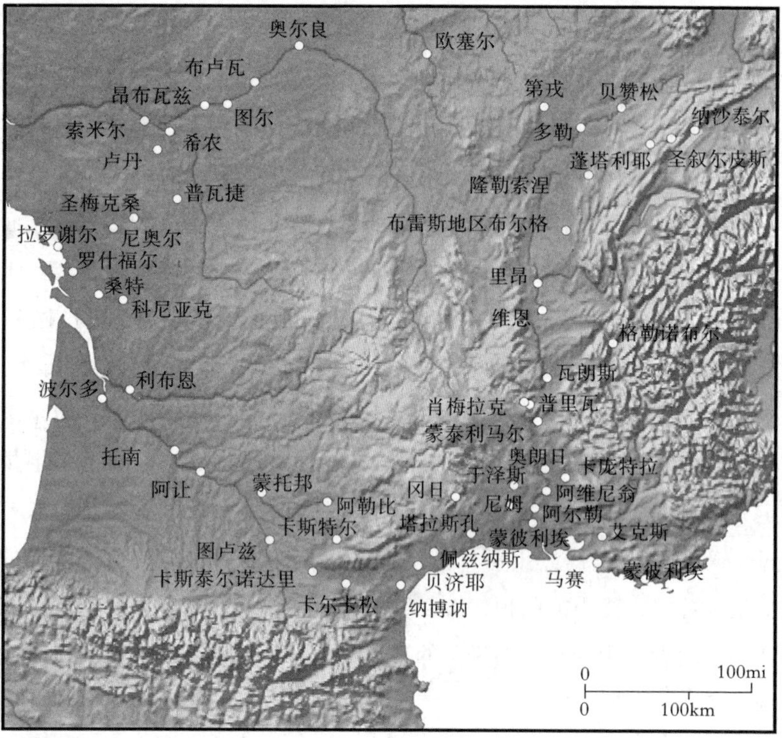

法瓦尔热环法之行的沿途站点

哈佛大学图书馆制图部，斯科特 · 沃克绘。书中地图系原文插附地图

目之间的空白处添加说明。这些说明关注更难的问题，而且涉及范围 17
非常广，奥斯特瓦尔德附上了另外一整套指示，其中显然还结合了另外两位董事博塞和贝特朗的附注，如要收的账和要为印刷厂订购的原材料等与他们有关的问题。所以到最后，这份指示就像古代那种被擦掉重写的羊皮纸卷：笔迹都叠加在一起，这儿添上几句，那儿又划掉几句，提及的事情和提醒注意的事项都挤在字里行间，页边空白处也写得满满当当。

显然，法瓦尔热要做的工作很多。大部分工作非常具体——和这个镇的一位客户结账，在那个镇结交一位行会代理人。其中也有和他
前几次短途出差成功完成的任务一样的工作：与偷运者商谈货运安排， 18
采购纸张，调查客户的信誉，以及常规的图书推销。但是这次遇到了市场供需的新情况。纳沙泰尔出版社为获得四开版《百科全书》这种皇皇巨著的市场份额而扩建了它的印刷厂，并且热切希望进行新的投机生意。市场对图书的需求似乎在扶摇直上，尤其是游记、小说、历史、某些自然科学等品类，以及被书商们称为“哲学书籍”等极端非法书籍。尽管出版社与法国所有大城市的书商都建立了联系，但它还想扩大发行网络，增加如今人们所称的“市场份额”。在指示的最后几页中，董事们概述了法瓦尔热出差的目的，并强调他要“收集有关所有书商的情报，尤其是你要去联系的新书商的情报，就所有销售条件达成明确的协议”。

纳沙泰尔出版社为法瓦尔热规划的出差路线，显示出它要征服新市场的雄心。他要穿过汝拉山脉被当地人叫作“勃艮第之坑”的裂隙，沿陡峭的山道攀上塔威山谷，通过蓬塔利耶进入法国，在布雷斯地区布尔格处理一些事务，然后在里昂逗留，完成某些特定任务。在维恩（Vienne）和格勒诺布尔（Grenoble）中途停留之后，他要沿罗

讷河谷而下，跑完南边的所有书店。他要沿着南运河沿线的主要贸易路线从马赛到波尔多，然后北上到达拉罗谢尔，并继续向西通过普瓦捷和卢瓦尔河谷。接下来，尽管发生了出版社决定撤销本次旅途最后一段行程的事情，他还要经由蒙塔日（Montargis）、桑斯（Sens）和特鲁瓦（Troyes），前往书香浓郁的洛林（Lorraine）。在巴勒迪克（Bar-le-Duc）、凡尔登（Verdun）、梅斯（Metz）、南锡（Nancy）和吕内维尔（Lunéville），他可以期待收获丰富的订单。然后他会通过阿尔萨斯（Alsace）返回巴塞尔（Basel）和莱茵河。出版社的董事们就是这样，把战略据点设在莱茵河与罗讷河之间，盯着由这两条大河环抱着的广阔市场，打着无限扩张生意的算盘。

第二章

蓬塔利耶

偷运和越境

莱韦里耶尔（Les Verrières），木刻画，《真实的纳沙泰尔跛脚信差》（*Le Véritable messager boiteux de Neuchâtel*）[1] 插图，1856

[1] 这是当地的年鉴。——译者注

法瓦尔热到达位于瑞法边境法国一侧的第一镇蓬塔利耶（Pontarlier）后，给出版社本部发了一封急信。他没有预料到他出发后这么快就要写信，但是在进入法国时，他发现了一个重要情况。当时他正在边境的瑞士一侧的圣叙尔皮斯（Saint-Sulpice）做短暂停留，为的是同默龙兄弟（Meuron frères）公司谈生意。这是一家货运代理公司，常常受雇于纳沙泰尔出版社处理货物进入法国的第一段行程。不过这时候，出版社已经把大部分订单转给了在蓬塔利耶开展货运业
20 务竞争的让 – 弗朗索瓦 · 皮翁（Jean-François Pion）。而默龙兄弟中的一位在和法瓦尔热谈生意时，透露了一条重要情报：就在前不久，他们曾偷运五包各重 500 磅的八开版《百科全书》去法国。

要理解为什么法瓦尔热急匆匆地把这条情报通知纳沙泰尔，以及作为一种重要营生的“偷运”的本质，关键是要知道在 18 世纪人们是如何运输图书的。虽然有时出版商把书装在桶里或小板条箱中运输，但通常并不装订成书，而是以折帖形式叠放在一起，捆成货包发运。折帖是出版商估计排版和印刷费用的基本单位，有时在定价中也会用到。（一张八开纸，双面印，含 16 页文字，折叠后即为一个书帖，与其他书帖缝合起来就构成了一本书，装订的工作一般由零售商或者他

的顾客来完成。）为了让运费更低一些，货包必须至少重 50 磅，常常重 100 磅以上。[1] 为保护货包，先用几层干草包裹，外面再包上一层废折帖和包装纸。包好后用粗绳绑扎，外面涂上标记，以便识别，[2] 然后装上马车。装车需要技巧，因为马车夫必须把货包码好，尽量减少跟绳索的摩擦，还要用油布把全部货物覆盖严实，防止雨雪渗入。书商经常抱怨因运输不当造成的损失，并要求供应商用库存中剩余的折帖更换损毁的折帖。[3] 将五包 500 磅重的《百科全书》安全地运过边境可是一桩了不起的事情，不仅是因为驾驭沉重的马车爬上塔威山谷

---

[1] 王国管理运输的法令要求由货车运输的包裹至少重 50 磅。那时通用的法国磅合 489.5 克，约 0.5 千克。货运代理人以英担或公担为单位收费，约合 45.4 千克。货车车体结实，有四个轮子，由两匹以上的马拉着，常常能载 5000 磅。见勒塔科努，“18 世纪法国的运输”，《现代和当代史杂志》，11(1908—1909)，第 97—114 页。勒塔科努的资料可以从货运代理商寄给纳沙泰尔出版社的几百封信中得到证实，他们雇用车夫，并为费用讨价还价。

[2] 这种标记不是地址，而是一个缩写的表达符号，不仅涂写在货包上，也标在通知函和运货单上，用来通知货运代理商或书商，并用于记账。例如，标着“RP85”的货包，由纳沙泰尔出版社于 1779 年 3 月 29 日发运给蒙彼利埃的书商里戈 · 蓬斯，该包裹重 200 磅，是那年出版社发运的第 85 个货包（“代理账簿”[*Livre de commission*]，纳沙泰尔出版社档案，ms.1019）。我在一篇关于纳沙泰尔出版社档案的论文中发表过这些账簿和附随文献的照片，文章标题为“出版社与书商之间：书籍销售的诸个阶段”（Entre l'éditeur et le libraire: les étapes des ventes），刊于《纳沙泰尔出版社（1769—1789）：2002 年 10 月 31 日至 11 月 2 日纳沙泰尔学术讨论会论文集》（*La Société typographique de Neuchâtel 1769–1789. Actes du colloque Neuchâtel 31 octobre au 2 novembre 2002*），罗伯特·达恩顿和米歇尔·施吕普编，纳沙泰尔：Attinger，2005，第 365—369 页。

[3] 为了能替换损坏的折帖，印刷商会增加印数，多印一些折帖，这些折帖被称作“夏佩隆”（译者按：*chaperon*，原意是在社交场合监护少女的年长女伴，如今这些多印的部分，多被称作“伸放纸”[*main de passe*]）。这额外多印的折帖数量不定，尽管印刷商的手册上说，通常在印刷时，每两令或一令纸（1000 或 500 张折帖）的纸张加放量为 25 张：S. 布拉尔（S. Boulard），《印刷手册》（*Le Manuel de l'imprimeur*），巴黎：Boulard，1791，第 72 页。这额外多印的折帖主要用来弥补印刷时产生的损坏，但是如果有客户抱怨有破损，也可以用它们来弥补，破损常常是运输中搬运不当造成的。

（Val de Travers）非常困难——在泥泞的山路上用马鞭驱赶两到四匹马，实在不容易，一失足就可能车毁人亡——还因为这些书是非法的。

这些书的非法性与它们的文字所传播的非正统思想无关。到1778年，《百科全书》已不再像1750年代那样被法国政府视为洪水猛兽了。事实上，图书贸易管理署已经允许巴黎的一家出版商，夏尔-约瑟夫·庞库克（Charles-Joseph Panckoucke），发行一种新版本。他组织了出版联盟，其中就包括纳沙泰尔出版社，以一种相对便宜的四开
21 本来印刷包括四卷补编在内的三十六卷正文，以及三卷图集。后来，由洛桑和伯尔尼的出版商组成的另一个联盟发起竞争，又把这种四开版正文复制成更便宜的八开版。于是，四开版的出版商和八开版的出版商对法国市场的争夺，在蓬塔利耶附近的瑞法边境引发了一场激烈的商战。法瓦尔热在发现默龙兄弟跨境偷运过一车八开版的《百科全书》之后，便设法展开反击。但是，默龙兄弟的把戏究竟是怎么玩的呢？[1]

法瓦尔热使出浑身解数，要从与他在圣叙尔皮斯会面的默龙兄弟
22 嘴里掏出答案，但是他所能得到的全部回答是：“如果我们有一些真朋友，我们就知道怎样在需要的时候向他们伸出援手。”这个回答虽然隐晦，却显示了一种比找警察来截获竞争对手的《百科全书》更好的手段。它暗示了在法国边境实现某种突破的可能性——开辟直达巴黎和法国心脏地区其他地点的通道。在法瓦尔热到蓬塔利耶之前，边境控制和内陆腹地的检查一直迫使纳沙泰尔出版社通过里昂转运大部

---

[1] 这个事件的完整记述见我的专题论著，《启蒙运动的生意：〈百科全书〉出版史（1775—1800）》（*The Business of Enlightenment: A Publishing History of the Encyclopédie, 1775–1800*），坎布里奇，马萨诸塞州：哈佛大学出版社，1979；或，简写版“法国大革命前夕的《百科全书》之争”（The Encyclopédie Wars of Prerevolutionary France），见 robertdarnton.org 网站。

分图书，这要向南绕道，而不是直奔贝赞松、第戎和北方的销售点。尽管写了无数封信，采取了无数的计策，出版社作为货主还是未能实现它的首要目标：开辟一条直达巴黎盆地这个巨大市场的西北通道。

纳沙泰尔出版社是有不少路径可走的——沿莱茵河和罗讷河而下，以及各种陆地路线；里昂至巴黎的货运通道相对便宜而且高效。然而，纳沙泰尔人仍然需要一条西北通道，不仅仅为了节省运输的时间和费用，而且要增加偷运的业务。瞒过里昂管理当局偷运非法书籍的措施老是失灵。走蓬塔利耶和第戎的地下通道，不仅能减轻里昂路线上偷运的压力，还可能成为直达遍及法国中部和北部渴求非法书籍的读者的主要手段。

虽然法瓦尔热几乎不需要别人提醒他注意这个当务之急，但奥斯特瓦尔德还是在法瓦尔热日志所记载的指示的首页上写出了这样的提示：到达蓬塔利耶时，他要向让－弗朗索瓦·皮翁探询让书籍货包闯过贝赞松管理当局的可能性，而且通常还要简略“收集边境和沿途其他地方的情报”。默龙在与法瓦尔热的谈话中不经意地透露了这个情报，他的公司在瑞法边境突破了禁止非法书籍的屏障。他在吹嘘默龙兄弟公司的专业水准，嘲笑纳沙泰尔出版社把业务交给它在边境另一侧的竞争对手。他情不自禁地向法瓦尔热吹嘘这个妙招，或许是想说服纳沙泰尔出版社放弃皮翁，把业务转给他们做。当然，默龙只是给出了暗示。他拒绝披露偷运路线，并拒绝说明让货物通过边境的方法。

法瓦尔热一到蓬塔利耶就去拜访了皮翁运输公司的总部。他只找 23
到正在看店的皮翁的儿子，皮翁自己去了贝赞松。小皮翁说他对非法的《百科全书》运输不是很清楚，但是他注意到几份货物通运准单，即海关保税输出证，最近在第戎被处理过（卸了货），并且经由蓬塔利耶返回到位于边境村庄弗朗堡（Frambourg）的海关检查站。货物通运准单是总包税所用以控制进口的关键手段。总包税所是财政机构，权力很大，负责为王国收缴关税和货物税，拥有自己的民兵来执行政令。当一位货车车夫拉着一包书籍来到海关检查站（严格地说是 *bureau d'entrée*，入境处）时，总包税所的官员便出具货物通运准单随货包一起运输，在一个指定的外省首府（*ville d'entrée*，入境城市）经过检查后，由书商行会的职员进行卸货。之后，货物就可以继续转运至其最终目的地，而车夫则需将附有卸货证（*certificat de décharge*）的货物通运准单返还给出具该单的海关检查站。[1]

这套规程看上去也许只是日益官僚化的法国君主制所采用的繁文缛节，但是很多手续在执行时都很成问题。默龙兄弟不知以何种方式为非法的八开版《百科全书》取得了货物通运准单，而发行八开版《百科全书》的出版商们则说服了第戎书商行会的理事，让－巴蒂斯特·卡佩尔（Jean-Baptiste Capel）用一份卸货证为他们扫除了障碍，从而开辟了八开版《百科全书》向订阅者合法发行的途径。法瓦尔热把整个情况汇报给出版社；出版社通知了庞库克；庞库克向政府负责管理图书贸易的部门报警；货物很快便遭没收。这是 1770 年代《百科全书》之战中关键性的胜利，价值成千上万锂。而这也是对书籍监管制度的（临时性）突破，因为第戎书商行会并未被授权处理货物通运准单。卡佩尔偷偷谋划了此事，因此纳沙泰尔出版社乘胜而进，与他进行接触，希望他“为了钱也能为我们服务”。

---

[1] 这种涉及货物通运准单的手续在法国国家图书馆有关图书贸易的数篇手稿中有提及，尤其是法文档案全宗（Fonds français）22079，no.140，“备忘录：关于书商行会的情况和在贝赞松建立书商行会的理由”（Mémoire. Renseignements sur les chambres syndicales et les moyens d'en établir une à Besançon），1773 年 6 月 11 日；和法文档案全宗 22081，no.165，“1763 年 11 月 10 日致萨尔蒂纳先生的备忘录”（Mémoire donné à M. de Sartine le 10 novembre 1763）。然而，为再现它的实际运作情况，我还参阅了纳沙泰尔出版社档案中的货运代理商的信函。

这段由《百科全书》带来的插曲，说明了一件更重要的事——各类中介人从中插手，猖狂地从事把图书从一国转卖到另一国的活动。这些帮忙偷越边境的人（*passeur*）——偷运者及其各类同谋者——就 24
住在边境地区，而这些地区值得专门进行研究，不仅是因为它们在国际关系中具有战略价值，还因为它们具有独特的文化。[1]

瑞士和法国之间小小的边境检查站弗朗堡位于汝拉山脉的高处，法瓦尔热经过它时就踏入了外国领土，就得服从法国国王的权威，遵守法国的法律、习惯和宗教习俗，这些都使得该国的风情与瑞士迥然不同。不过，两国的地理风貌看上去并没什么两样。高耸的花岗岩峭壁下面，是覆盖着冷杉林的山坡和郁郁葱葱的深谷。村庄景象看起来也很相似，陡坡下的房屋沿着泥泞的山路鳞次栉比地排列，墙壁厚实坚固，屋顶铺着木瓦。村民们说着同样的法语，慢吞吞地，带着轻快的节奏，像唱歌一样。一切都显示出亲切随和的汝拉风情，一切却又各不相同。

不论边境线在地图上标得多么清晰，但在实地却是模糊不清的。对穿越边境的旅行者来说，没有明确的界线，一国与另一国的差别是从多方面渐变的，是地质上、政治上、经济上和文化上的细微差别。统治者常常试图用栅栏把本国与邻国隔开，但是入境处将旅行者带入过渡区，就像在国际机场，一切事物看上去或多或少都一样，连检查 25
护照的职员穿的制服都差不多。在过渡区域需要进行多项检查，物品

[1] 边境上的文化复杂性一直是人类学家最喜爱的主题，也吸引了一些历史学家的关注。可参阅如格雷格·丹宁（Greg Dening），《岛屿与海滩，关于一片寂静土地的论述：马克萨斯群岛（1774—1880）》（*Islands and Beaches, Discourse on a Silent Land: Marquesas,1774–1880*），墨尔本：墨尔本大学出版社，1980；以及彼得·萨林斯（Peter Sahlins），《边境：比利牛斯山脉中法国与西班牙的形成》（*Boundaries: The Making of France and Spain in the Pyrennes*），伯克利：加利福尼亚大学出版社，1989。

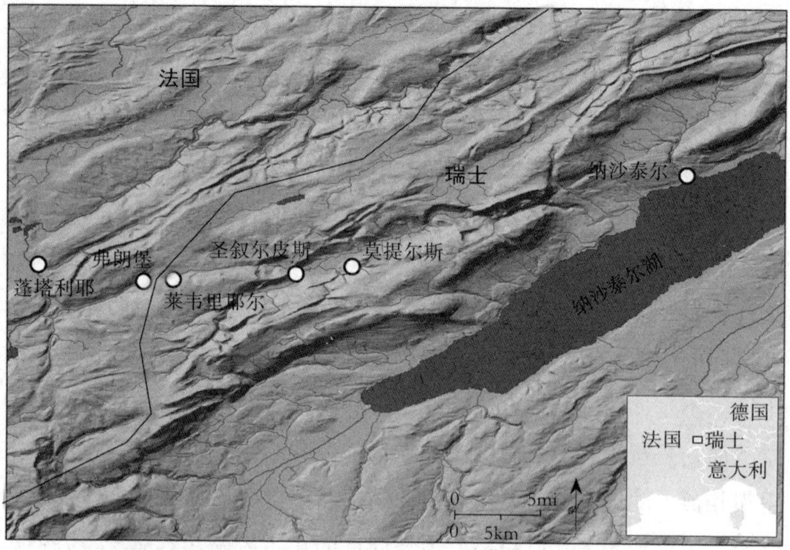

18 世纪瑞法边境图书贸易站点

哈佛大学图书馆制图部，斯科特·沃克绘

以及人员都要检查，因为过境牵涉将此前遵守的一套规则换成另一套规则，两者之间存在一种悬停状态，大部分规则可以被打破，或者至少可以被修改，因此边境区域有利于专门从事通关谈判的中介机构发展。这些中介人，不论是直接帮人偷越国境，抑或只是作为向导和货币兑换商，都给地理环境增添了人的因素。

18 世纪，在瑞士边境的许多地点，这类人数量激增，在塔威山谷尤其多，人们就是在此地不知不觉从瑞士跨进了法国。各种商品——不光是书籍，还有印花棉布、钟表和奶酪——都是通过弗朗堡运到法国消费者手中的。1778 年，拉穆瓦尼翁·德马勒泽布（Lamoignon de Malesherbes）巡视边境时，得知当地农民不论是法国人，还是瑞士人，全都在进行某种走私活动。他总结说，由于边境管控不严，又有利可图，这种走私活动比较容易，尤其是走私书籍："两百本非法小册子的货包体积不大。在我看来，很容易夹在各种商品中用马车带过乡村过境。" [1]

法国掌权者要求对书籍特别关注，因为受到来自巴黎书商行会的压力，政府采取各种措施来阻止盗版书和禁书的进口。为了支持巴黎的出版商，政府甚至对所有进口图书征收高额关税。税率是变化的，但在 1772 年，税率达到每英担 28 锂（严格地说，关税是 20 锂，每锂再加 8 苏的附加税），即在大多数情况下，约为货物价值的 18%。走私者以曾经处理棉布的方式操作图书贸易，因为国家曾为保护国内的丝绸业而对棉布征收过高的关税。当然，图书走私还会产生意识形态上的危险，这种危险自 16 世纪的宗教战争以来就一直存在。但在大革命爆发之前的那段时期，图书走私说白了就是一桩生意而已，是为满足读者需求而提供的一种服务，并且以多种形式发生。

最专业的走私形式是人们所称的"保险"。[2] 承运人跟出版商签

---

[1] 拉穆瓦尼翁·德马勒泽布，《1778 年夏季在纳沙泰尔山区的旅行》（*Voyages des montagnes neuchâteloises en été 1778*），日内瓦：Slatkine，2011，第 80 页。

[2] 更多叙述见本书网站"中间商和偷运者"（Middlemen and Smugglers）标题下面的文献和论文。对"保险"的经济分析，连同对在另一条跨境通道偷运的详细研究，可以在该标题下有关吉永（Guillon）的论文中找到。我的一些关于书籍偷运的早期出版物已普及到通俗文学领域，有一部作品还把我描写作偷运者："偷运者和中间商的一条运输途径为［非法］书籍的流传提供补给，不限于咖啡馆和读书会。这种煽动性书籍的主要传播者中，有一个叫罗伯特·达恩顿的，是蒂永维尔的一个出版商。他和纳沙泰尔出版社有合作，这家出版社出版过报纸和毁谤性小册子。为了掩盖这种非法经营活动，达恩顿也出版合法书籍，诸如历书、宗教小册子和课本。"（安德烈·贝松［André Besson］：《走私犯和税务官》［*Contrebandiers et gabelous*］，巴黎：France-Empire，1989，第 207 页，引自多米尼克·瓦里［Dominique Varry］，"探索纳沙泰尔出版社档案研究的新路径"［Pour de nouvelles approches des archives de La Société typographique de Neuchâtel］，刊于《达恩顿辩论会：书籍与 18 世纪的革命》［*The Darnton Debate. Books and Revolution in the Eighteenth Century*］，海登·T. 马森［Haydn T. Mason］编，牛津：伏尔泰基金会，1998，第 235 页。）

26 订合同，以规定的费用，保证将货物运过边境。他们雇用当地农民做脚夫，把包裹从位于边境线上瑞士一侧的市镇搬运到位于法国一侧的地下仓库，货运代理商在那里把包裹合成大货包，运给法国各地的书商。如果脚夫被总包税所的边境巡逻队抓住，图书就会被没收，承保人就得按照提货单上定的批发价格赔偿出版商或他的客户。脚夫将会面临惩罚，最严厉的惩罚可能包括在其肩膀上烙上字母 GAL（*galérien* 的缩写，意思是船役囚犯），并判其在土伦监狱划船九年。

更常见的走私形式用到了一些技巧，让非法货物混入通过正常商业渠道运输的货物。纳沙泰尔出版社的员工在给货物打包的时候，把禁书的折帖藏在包装底部，用干草覆盖，或者就把它们夹在合法书籍的折帖中，这种技巧被称作"配婚"（marrying）。（我发现过《芬妮·希尔：欢场女子回忆录》[*Fanny Hill: Memoirs of a Woman of Pleasure*] 和《圣经》的配婚，无神论小册子和《诗篇》的配婚。）通常这种货包在边境是不受检查的。车夫把货车拉到边境检查站，如弗朗堡，海关人员——亦被称为税收员（*buraliste*）或财政员（*receveur*）——只会出具一份货物通运准单，而检查将由书商行会，如里昂的那种行会来进行。

这种形式的走私通常是成功的——而且危险性比"保险"形式的低，因为检查常常不过是对货包中最上面的几张折帖扫上一眼而已，如果检查员，即某位行会官员，跟纳沙泰尔出版社有生意往来，或者容易被收买，就更是如此。（不过，他身边也许有当地警察局的一位专门的图书检查员陪同。）为了防止货物在半路上被调包，边境海关人员会在货包外再捆上一根绳子，并打上铅封。在弗朗堡过境处，履行职能的方式有很多。有时，税收员只会出具一份货物通运准单，捆绳子、打铅封这些事情就让邻近市镇蓬塔利耶的另外一位海关人员代劳了，总包税所在那里也有一个办公处——或者，第二位税收员也会把这种琐事留给蓬塔利耶的（受纳沙泰尔出版社或另外某个出版商雇用的）货运代理商去做。

在这过程中，货运代理商（*commissionnaire*）起到了关键作用。他的手续费用中包含了一笔 30 苏的小费，用于“铅封、绳索和货物通运准单”；[1] 而最关键的是，他承担了货物运输的责任。他通常雇用 27 车夫来完成下一段行程。他的名字出现在货包随附的提货单（*lettre de voiture*）上，而且他有处理货物通运准单的责任。车夫将铅封完好无损的货包交给书商行会检查后，就会得到附在货物通运准单上的卸货证，而在归途中，他（或者代他处理事务的货运代理商）就会将那些文件存放在弗朗堡的海关人员处。一旦经过处理的货物通运准单被弗朗堡的税收员登记在册，这条法律回路就闭合了。可是，所有的手续和文书工作都是有可能出差错的。假如货物通运准单开具后，货物未能在通常为几个月的限定时间内送达，货运代理商就得支付一笔高昂的费用，有时竟高达 2000 锂。

所以，一包书籍，无论是合法的还是非法的，过境运输都是一件复杂的事情。从某种意义上说，从入境处延伸到进口图书的城市——就弗朗堡到里昂的情况而言，运输里程将近 210 千米——都算作过境，因为这包书籍只有通过了指定书商行会的检查，才算融入法国的经济。[2] 因为沿途经手人众多，因此纳沙泰尔出版社必须动员边境地区和法国内陆腹地的各类中介人。让－巴蒂斯特 · 卡佩尔就是其中一位。1776 年法

[1] “默龙兄弟菲利普和法弗尔致纳沙泰尔出版社”，1781 年 2 月 13 日，见纳沙泰尔出版社档案。这个论述基于档案中默龙兄弟、让－弗朗索瓦 · 皮翁、弗朗索瓦 · 米肖、亨利 · 罗塞莱和伊尼亚斯 · 费弗尔的大量卷宗。费弗尔的信可在本书网站上查阅。

[2] 在 1777 年修改规定以前，法国只有以下几个城市的书商行会可以处理货物通运准单：巴黎、里昂、鲁昂、斯特拉斯堡、南特、马赛、波尔多、梅斯、兰斯、亚眠、里尔和加来。

瓦尔热在第戎出差时，就已经摸清了他的情况。他在写给出版社的报告中，说卡佩尔是一位“有实力的”书商，还在行会中行使检查员的职能，而让人非常高兴的是，他检查货包时并未注意到非法书籍。

法瓦尔热在到达1778年旅程第一站蓬塔利耶后写道，他认为第戎比以往更有希望成为通往北部市场的通道。他建议出版社立即写信给第戎，请卡佩尔提供曾向洛桑和伯尔尼的竞争对手提供过的服务。本部——想必就是奥斯特瓦尔德——给法瓦尔热回信，指示他要如何充分利用他的发现。当出版社在纳沙泰尔劝说卡佩尔时，法瓦尔热却要调整他在里昂的谈判策略。当他和里昂的新货运代理商雅克·雷沃尔（Jacques Revol）打交道时，他将绝口不提卡佩尔，因为“我们的弓上弦越满，就越有劲”。

28 这些计策的结果令人失望。卡佩尔拒绝了纳沙泰尔出版社要他帮忙运送货物通过第戎的请求。尽管他有时乐意帮助瑞士的出版商，但是他不会冒险在法国抵御盗版书和禁书的防护网上开个大口子。法国当局最终还是设法截获了大量八开版的《百科全书》，致使洛桑和伯尔尼的出版商向纳沙泰尔出版社求和，并放弃了法国市场。但纳沙泰尔出版社也未找到它梦寐以求的西北通道。

作为走私史上的一章，1778年发生在瑞法边境上的这个小插曲波澜不惊，也无秘密可言。但是它揭露了走私活动的一个重要方面，即它具备了普通的日常生意的性质。历史学家很难有机会探知走私活动的这一方面，因为他们过去必须依赖官方文献来研究，这些文献主要涉及对走私活动的打击，但走私者一般都能非常巧妙地掩盖他们的行踪，很少在档案中留下蛛丝马迹。不过，在纳沙泰尔出版社的文件中，帮忙偷越国境的人却能公开露面，像是在做日常的例行工作的生意人，不像是一些铤而走险的人。因此，法瓦尔热在蓬塔利耶的逗留，为我们提供了机会来论述实际进行过的各类图书偷运活动。要把这类活动理解为生意，重要的是考虑它们运作所受到的两个约束条件：边境地带的地形和可雇用人员的品质。

汝拉山脉呈弧形，绵延 360 千米，最宽的地方约 61 千米，从莱茵河的德国领土延伸到法国的罗讷河谷。它不如东面的阿尔卑斯山宏伟壮丽，但是在法国和瑞士之间形成一堵巍然耸立的高墙。双子峰查榭哈峰（Chasseral）和查榭龙峰（Chasseron）高达 1607 米，突兀地矗立在纳沙泰尔湖上，而汝拉山脉的最高峰内日峰（Neige）高约 1720 米，俯瞰着日内瓦城。在一个阳光明媚的夏日里，攀登这些山

18 世纪瑞法边境的书业据点

哈佛大学图书馆制图部，斯科特 · 沃克绘

峰，是一次令人心旷神怡的漫步。但是对18世纪收入菲薄、食不果腹的脚夫而言，在寒冬腊月背着沉重的书籍货包翻越这些山峰，却是一种严酷的考验。汝拉山脉由石灰岩和泥灰岩构成，山体褶皱形似手风琴，是受6600万年前突起的阿尔卑斯山脉挤压形成的崎岖不平的高地。褶皱从东北伸展到西南，被山谷分开。要由东向西徒步跨越它们，必须找到横向的裂谷，即“横谷”——从一条山谷到另一条山谷的通道。但是这些横谷大多并不容易通行，而最容易通行的地方，也是总包税所的巡逻队最常去巡查的地方。

29 纳沙泰尔出版社和瑞士法语区的其他出版商一样，不断地探寻进入法国的新通道，根据情况需要来转移生意，并分散给不同的货运代理商去操做。它通过巴塞尔把大量书籍运往北方市场，在那里由可靠的代理商吕克·普雷韦克（Luc Preiswerck）沿莱茵河继续运输。但是莱茵河上通行税太多；而巴塞尔和斯特拉斯堡（Strasbourg）都没有进入法国的有效通道，因为阿尔萨斯与法国腹地市场的联系被重重的关税壁垒割断了。关税也损害了法国东部边境弗朗什－孔泰大区与“老法兰西”——从勃艮第开始往西，包括巴黎——之间的贸易。但是孔
30 泰的关税比阿尔萨斯的低，而且，书籍货包可以伪装成国内货物，贴上某种标签，标明是无关紧要的商品，如“服饰用品”。一旦通过此举使它们成功进入法国，就可以规避关税。[1] 然而无论如何，要想打入

[1] 弗朗什－孔泰像法国南部大部分地区一样，属于“被视为异邦的省份”，因此，货物经过它到中部和北部市场必须付过境税。但阿尔萨斯和洛林征收的关税更高，因为它们“被看作是真正外国的省份”。根据特殊约定，里昂不会对“五大包税所辖区”（*Cinq Grosses Fermes*）内向北运输的货物征收关税。见J. F. 博谢尔（J. F. Bosher），《单一关税计划：18世纪法国关税联盟运动研究》（*The Single Duty Project: A Study of the Movement for a French Customs Union in the Eighteenth Century*），伦敦：Athlone，1964；和P. M. 琼斯（P. M. Jones），《法国的改革与革命：过渡时期的政治（1774—1791）》（*Reform and Revolution in France: The Politics of Transition, 1774–1791*），剑桥：剑桥大学出版社，1995。

法国的主流市场，纳沙泰尔出版社还是得让书籍首先越过汝拉山脉。

首选路线是沿塔威山谷上行，越过弗朗堡的海关检查站，那里有一条横谷，抄近路穿过汝拉山脉法国地区的高原，便可通向蓬塔利耶。尽管地处高原，而且路况恶劣，纳沙泰尔出版社还是通过它运送了数千本书籍。它们也许是不违禁的盗版书，也许是危险的“哲学书籍”，但都必须小心处理，并转运到“老法兰西”的发行点，尤其是里昂，它是从瑞士出发的南向和西向二级偷运通道的岔路口。

如果总包税所在弗朗堡的代理人不愿合作，或者是大雪和泥泞使塔威山谷无法通行，纳沙泰尔出版社通常就会靠驶往洛桑和日内瓦的货车来运输。车夫可以在几个地点避开主路，并将货物交给货运代理商，货运代理商将货物存放好，直到找到往西行驶的货车，再将货物沿蜿蜒的山路拉到汝拉山中的一条通道上，那里的税收员已经被收买，或者是承保人找好了一条可以绕过海关检查站的小路。汝拉山脉南部的主要入境处有伊韦尔东（Yverdon）对面的茹涅（Jougne）、洛桑（Lausanne）对面的莫雷兹（Morez）、日内瓦对面的科隆日（Collonges）。洛桑和日内瓦的出版商都偏爱科隆日，那里有一条大路通向里昂，尽管他们也一直在寻找通向巴黎的西北通道。他们雇用莱蒙湖上从乌希（Ouchy）到罗勒（Rolle）、尼翁（Nyon）和韦尔苏瓦（Versoix）的一些港口的货运代理商；这些代理商与丘陵和大山中的农民脚夫有联系，他们有时能在崎岖不平的地带开辟翻越唐德尔山、龙德山和利隆比德热克斯山的新路线。[1]

---

[1]　见我关于克莱尔沃莱拉克（Clairvaux-les-lacs）的“保险”业务的论文，《启蒙运动时期的书籍与越境运输》（Books and Border Crossings in the Age of Enlightenment），见即将为纪念罗朗·莫蒂埃（Roland Mortier）和雷蒙·特鲁松（Raymond Trousson）而出版的文集，也可在网站 robertdarnton.org 上查阅。

在这片高原上，货运代理商、货栈主、客栈老板、货车车夫、脚夫和承保人人数激增，地下贸易如火如荼。纳沙泰尔出版社与他们中的几十个人打交道，并挑拨他们之间竞争，不断探索新的运输通道和较低的价格。它作为出版商获得的成功，取决于它作为货主的能耐；而要在货运上取得成功，无论是通过合法渠道，还是走私，它都要建立并维持一个人脉网络，以及一套运输路线系统。人的因素至关重要。

31 例如，货车车夫需要随机应变，而不只是光靠鞭打他们的马来通过关口。他们常常先要把非法货包丢在法国市镇郊区的小客栈里，再把主要货物带到海关栅栏处或镇中心。这种计策需要买通客栈老板，并且要计算好到达的时间，以便正好与处理下一段偷运的货运代理商的行动衔接起来。老练的车夫，如圣叙尔皮斯的让·埃比（Jean Heuby）和马丁兄弟（Martin frères），据说是塔威山谷一段最有本事的人，他们必定会遵守出版社的时间安排，遵循指定的方向。这些方向常常都指向里昂城外克鲁瓦鲁斯镇的一个中途停留点，那里有个叫“来三瓶”（*Aux Trois Flacons*）的小客栈，老板叫特维内（Tevenet），他们会在他警觉的注视下把书籍卸下来。但是，无论纳沙泰尔出版社怎样叮嘱货运代理商要挑选这样的车夫，它的货物还是经常被某些车夫损毁或送错地方。居塞（Guset）就是这样的车夫，他因为“无法原谅的疏忽大意”而臭名远扬。[1]

即便是货运生意在蓬塔利耶地区做得最大的让-弗朗索瓦·皮翁，也因为经常把事情搞砸而出名。有一次他把一桶德国泡菜错送给里昂的某个人，那人吃掉了泡菜致使错误无法挽回。还有一次，他把一包

[1] “默龙致纳沙泰尔出版社”，1783年6月26日。

书籍送到了南特（Nantes），而不是雷恩（Rennes），两地相距约 100 公里。不过，他拥有一群上汝拉地区最好的马。他可以提供自己的车夫和三五匹马组成的马队，冬季还可以拉雪橇运输。他的竞争对手默龙兄弟和圣叙尔皮斯的约拿 · 菲利潘（Jonas Phillipin），则是从当地农民那里租马——这些山民有着《旧约》人物的名字，如约拿 · 路易 · 马太（Jonas Louis Mathey）、以撒 · 博韦（Isaac Bovet）和亚伯拉罕 · 让雷韦特尔（Abram Jenrevetel）——但是春天就租不到了，因为这时马要犁地，在"奶酪季节"（9 至 10 月）也是如此。这时书籍的运输要让位给更吃香的当地土特产的运输。[1] 在隆冬时节，山道上的积雪可能有近一米厚，农民都依偎在壁炉旁。如果陷在塔威山谷的雪地里，车夫有时就可能丢下马车不管，带着马挣扎着回家了。条件太艰苦，而且路上的状况难以预测，因此默龙兄弟无法承诺在规定的日期把货送到。时限是和合同上的惩罚条款挂钩的，它对某些种类的偷运活动至关重要，因为接续运输的代理商必须知道何时在市镇郊外的客栈与车夫碰面。皮翁每周一次派马车去纳沙泰尔，约定在 15 天内把书籍从纳沙泰尔运到里昂，酬金为每英担 4 锂 10 苏，后来提高到 5 32
锂，而时限缩短为 12 天。他头脑可能有点迟钝，但是他有好马。默龙兄弟明显精明得多，却常常在和他争抢纳沙泰尔出版社的生意时落败，因为他们必须在圣叙尔皮斯的公司总部把活儿分包出去。在皮翁的货车穿梭进出里昂时，他们却苦于没有好马，雇来的马车夫也不听使唤："马车夫都能对我们发号施令呐。"[2]

　　这种竞争无所不在。例如在汝拉山脉北部，货运被位于莱蒙湖

[1] "默龙致纳沙泰尔出版社"，1778 年 9 月 28 日。

[2] "默龙致纳沙泰尔出版社"，1780 年 4 月 22 日。

畔的尼翁的尼科尔和加利亚尔公司（Nicole et Galliard）控制。尼科尔和加利亚尔处理日内瓦出版商的贸易，如让–弗朗索瓦·巴松皮埃尔（Jean-François Bassompierre），当纳沙泰尔出版社与承保人的谈判陷入僵局时，他们愿意为它提供帮助。但是他们自己不会偷运，对于纳沙泰尔的生意也不是志在必得:把书籍从纳沙泰尔运到里昂，每英担6锂，是他们出的最低价格。然而，他们以前有一位有事业心的职员，名叫让–雅克·蒙唐东（Jean-Jacques Montandon），1771年离开他们创立了自己的货运代理公司。在给其客户的一封通知信中，他解释说，在经过九年的辛苦工作和每年366锂的低薪后，他已经精通贸易的各个方面，可以提供优质服务。确实，他的前雇主认为他不忠诚。他们曾拒绝给他一部分的生意份额，然而现在他可以随心所欲地做生意了，因为他已经获得有产者的权利。“只有君主才有权说，‘我要阻止一个人从事有利可图的行当，我要藐视人权，规定你不可以在任何地方开业做生意来损害我的利益。’”一年366锂的收入无法养活他的家人，他写道。要不是他老婆帮助他，他已经破产了。至于他的前雇主，他们“就像主子一样指挥着他们的生意，而不是像一个职员……先生们，你们自己判断吧，我在40岁的年纪辞职开始自己做生意是不是错了。”[1]

这番话表露出他的事业心。不过，光有事业心并不能克服法国边境上的征税和海关监管体制。纳沙泰尔出版社在回复蒙唐东的提议时，问他能不能像偷运白棉布那样绕过海关检查站偷运书籍。他试探过莫雷兹一个叫雅内（Janet）的税收员，“一个值得尊敬的人，是我的好朋友。但他毕竟只是一个管税收的人，我不能给他太大压力”。[2] 雅

[1] “蒙唐东致纳沙泰尔出版社”，1779年7月16日。

[2] “蒙唐东致纳沙泰尔出版社”，1771年8月28日。

内不愿意让纳沙泰尔出版社的货包不经过最起码的检查就通过他的检查站。所以蒙唐东试着找莫雷兹的另一个叫夏尔博内（Charbonnet）的朋友，他知道一条可绕过检查站的道，此外，他自己在欧索讷（Auxonne）的一个朋友，可以用伪造的海关铅封把货物一路运到法国腹地。此外，有位新的税收员刚刚来到莫雷兹，蒙唐东要去和他联系，“搞清楚他用哪只脚跳舞”。[1] 遗憾的是，短时间内频频发生的棉布没收事件让海关官员警惕的神经紧绷起来，经过友好协商的书籍转运计划都泡了汤。蒙唐东到边境检查站走了一遭，未能在税收员中找到必需的合作者，于是他最终放弃了兼营偷运业务的尝试，但是在合法贸易上，他继续跟他的前雇主尼科尔和加利亚尔公司竞争，并获得了成功。 33

类似的故事也发生在乌希的一位货运代理商奥利弗（Olive）身上。得益于当地一个朋友的帮忙，他开辟了通过蓬德博瓦桑的临时通道，后来由于海关官员警惕性的提高关闭了它。他还去争夺乌希最大的货运代理商塞克雷唐和德拉塞尔弗公司（Secrétan et De la Serve）的生意。该公司进行了反击，他们提醒纳沙泰尔出版社，公司吸纳了一位新合伙人，其妻子是纳沙泰尔人。这种理由有一定分量（尽管不如降价那么吸引人），因为贸易依赖信用，而这种信用在亲朋好友中最有效。所以商业信函中经常会提到私人关系。默龙在第戎（Dijon）有个朋友，是蜡烛制造商，名叫尼布拉（Nubla），他知道怎样让货物闯过行会的检查。贝特朗得知布雷斯地区布尔格的书商孔特（Comte）有个兄弟在贝尔福（Belfort），此人在贝赞松有朋友，可以把书籍偷偷运进这个城市。另一条进入贝赞松的路线也开辟了，得

[1] “蒙唐东致纳沙泰尔出版社”，1771 年 9 月 3 日。

益于一位名叫米亚沃（Millavaux）的杂货商，他帮助他的书商朋友夏尔－安托万·夏尔梅（Charles-Antoine Charmet）篡改货物通运准单，而夏尔梅又和喜好“哲学书籍”的地方行政长官是朋友。

简而言之，朋友关系能克服对手之间竞争的不利因素，而且人人都试图通过建立人脉来使天平朝自己倾斜。如果说正常贸易都要靠人脉，地下贸易则尤其需要发行网络上的所有结点都紧密牢固。默龙兄弟试图向纳沙泰尔出版社推销偷运业务时就说过，“有朋友，一切都好办。”[1] 纳沙泰尔出版社在和自己的客户要求优惠时也说，“有来有往，彼此双赢。”

34 然而，出版商要源源不断地把禁书运进法国，必须依靠某种比商誉和临时筹划更实在的东西。“我们需要一个确定的方法”，纳沙泰尔出版社在和默龙兄弟商讨货运事宜时解释道。[2] 那种方法就是上面提到的“保险”，而且自 1783 年 6 月 12 日以后，这种保险成了该出版社交易策略的一项重要因素。当时法国外交大臣韦尔热讷伯爵（le Comte de Vergennes）发出一道命令，要求所有进口图书在继续运往最终目的地之前，必须在巴黎书商行会接受检查。这条措施让外省的图书贸易陷入混乱。它不仅使运往巴黎以外地区的图书运输费用飙升，还授予巴黎书商行会以权力，使之可以从他们的天敌——国外盗版出版商——运来的每件货物中搜查盗版书。

面对这种形势，纳沙泰尔出版社从边境地区的通信联系人那里搜寻关于开展一种新型保险业务的可能性的情报。莱韦里耶尔的一位争强好胜的货运代理商弗朗索瓦·米肖（François Michaut），推荐了蓬

[1] “默龙致纳沙泰尔出版社”，1770 年 6 月 25 日。

[2] “纳沙泰尔出版社致默龙”，1776 年 4 月 9 日。

塔利耶的一位名叫伊尼亚斯·费弗尔（Ignace Faivre）的书商，费弗尔最终和纳沙泰尔出版社进行了非常广泛的交易。他的卷宗值得详细探究，因为对于了解一个偷运者的职业生涯和作为保险生意进行的偷运活动来说，这是一项特别丰富的资料来源。

据米肖称，费弗尔最近雇了一个脚夫，和边境巡逻队的头儿关系很铁。适当给点贿赂，巡逻队就不会去找任何可疑的货物了，而费弗尔的车夫就能把整车的书籍从莱韦里耶尔拉到蓬塔利耶。可惜就是费用太高，不划算，是将货物从瑞士运到法国的正常价格的三倍多。不过，费弗尔也能雇到脚夫背着书籍货包半夜走山路；一旦他把书籍安全地运进他在蓬塔利耶的仓库，他就能把它们当作国内货物来运输了。

继续转运需要采取第二种计策。费弗尔要将包裹包成 150 磅以上的大货包，打上“*libri*”（书籍）的标记，在附在上面的运货单上签字，从而对货包里的货物负责，同时避免半路上被总包税所的巡逻人员检查的危险。当然，它们必须接受离最终目的地最近的书商行会官员的检查，不过费弗尔有路子规避这个难题；而且纳沙泰尔出版社从以往的经验了解到，外省的书商行会为了让巴黎书商行会吃亏，也常 35
常乐于跟外国供应商合作。

最大的困难是越境。走私任何货物脚夫都会毫不犹豫地去干，但那些被特别严令禁止的书籍——例如反宗教小册子《论三个骗子》（*Traité des trois imposteurs*）和诋毁宫廷的《杜巴丽伯爵夫人逸事》（*Anecdotes sur Mme la comtesse du Barry*）——除外，他们认为这些书籍太危险，不值得冒险。如果纳沙泰尔出版社能够保证它交付运输的只是盗版书，并无违禁书籍，脚夫可以按每英担 12 锂的价钱运到蓬塔利耶——而且一个关键的细节是，在踏上越境的山路之前，要在莱韦里耶尔的一家客栈免费喝一顿酒。米肖本人乐意帮忙，但他只作为货运代理商行事。组织运作的事，纳沙泰尔出版社要直接跟费弗尔达成协议。实际执行的时候，它要派一名职员到费弗尔店里，装作他的职员，以便协调偷运的运作。[1]

对纳沙泰尔的职员来说，费弗尔不需要介绍。他们已经和他打过多年的交道。1771 年 1 月，他们告诉巴黎的一家客户，说他是“一个很有心计、事业心强的人，但也只是做事有些诀窍而已”。[2] 费弗尔先是在纳沙泰尔的图书贸易中从事某种职业——很可能是与福什家族有关，这家人似乎是他的好朋友——然后他就在蓬塔利耶自己做书商。他早期向纳沙泰尔出版社下的订单有意投机“哲学书籍”，尤其是霍尔巴赫（Holbach）宣扬无神论的《自然的体系》（*Système de la nature*），他订了几次货，还订了一些别的畅销禁书，如伏尔泰的《关于百科全书的问题》（*Questions sur l'Encyclopédie*）、梅西耶（Mercier）的《2440 年》（*L'An deux mille quatre cent quarante*）和约翰·克莱兰（John Cleland）1749 年的小说《芬妮·希尔：欢场女子回忆录》的法文译本《欢场女子》（*La Fille de joie*）。他是否在蓬塔利耶出售了许多这样的书籍？这似乎不太可能。费弗尔的信件中有好几处文字表明，他的顾客偏好祷告用书。[3] 蓬塔利耶大约只有 3000 名居民，而且没有很重要的文化机构。人们的生计依靠法瑞贸易和纸张、木材、奶酪、铁这几样地方产品，还有强壮的孔泰马（Comtois horses）的销售。费弗尔的信表明，他把书卖给了第戎、贝赞松和南锡的其他书商，这很可能是因为他能够向他们提供禁书。蓬塔利耶主要是他作为

---

[1] “米肖致纳沙泰尔出版社”，1783 年 10 月 30 日和 1783 年 12 月 22 日。

[2] “纳沙泰尔出版社致赛扬和尼翁公司”，1771 年 1 月 17 日。

[3] “费弗尔致纳沙泰尔出版社”，1772 年 7 月 27 日。后文的记述大部分基于纳沙泰尔出版社档案中费弗尔的卷宗，可在本书网站上查阅。

这张明信片大概出自1930年代，展现了走私者背着货包穿越瑞法边境的情景。虽然几乎可以肯定图中情形出于摆拍，但是它说明，在纳沙泰尔出版社利用瑞士农民把书背到法国境内的秘密仓库之后，这个行当以强劲的势头持续了两百年

瑞士出版商和法国东部零售贸易之中间商的基地。他的生意做得并不 36
是很大。他常常光顾乡村集市，也常常在路上奔波，任何机会都不放过，而他夫人就在家里照看店面。他不在家的时候，她还处理信件，似乎对记账和一般的贸易也很精通。

在整个1770年代，费弗尔的偷运业务做得风生水起。莱韦里耶尔一个名叫雅内的客栈老板在边境的瑞士一侧提供仓库，米肖帮他雇脚夫，贿赂海关官员。家族关系铺平了贝赞松尤其是蓬塔利耶的路子，在那里，总督的下属官员同意对费弗尔运到该城的所有货物装作没看见。自1771年9月，费弗尔开始偶尔为纳沙泰尔出版社偷运书籍。尽管他不提供正式的保险服务，但是承诺安全交货：“不要为这

些书担惊受怕……别担心，不会出任何事情。”他收费不贵——每英
37 担12锂——而他付给脚夫的工资更少。脚夫把书捆从雅内的客栈运到费弗尔在蓬塔利耶的秘密仓库，每天得25苏，相当于巴黎一个做粗活的工人一天的工资，此外还必须提供烈酒。最初，一捆书重109磅，一个人背太重了，脚夫们都不愿意干。最终他们说服费弗尔把书捆的重量减到60磅，如果山路积雪，还要减到50磅。如费弗尔所描述的，他们常去汝拉山区大峡谷中的客栈，而且除了少数可依赖的人，他们就是一群乌合之众。费弗尔抱怨他得和一群“可怜的醉鬼”打交道，他们要钱太多，而且如果在雅内的客栈里灌多了酒，他们还会大叫大嚷地把要干的活儿都说出来。[1] 据说总包税所在瑞士几个提供酒水的地点都安插了探子，于是费弗尔最终把在莱韦里耶尔的业务基地转移到一个叫蒙托东（Montaudon）的人的住所。他从来没有被逮住过。

但是他也没有赚到多少钱。偷运是他合法图书贸易之外的一种副业，却一直让他身陷债务。由于没钱承兑他给诸如纳沙泰尔出版社这样的供应商的汇票，他和许多债主讨价还价争吵不休。1771年，他和贝赞松最大的书商夏尔－安托万·夏尔梅打了一场官司，也曾就其账上所欠余额跟纳沙泰尔出版社发生口角。出版社也威胁要起诉他，并且摊牌，拒绝发送九卷本《关于百科全书的问题》的最后两卷，这是他订购好的，必须供应给顾客，否则他拿不到钱。

1772年，费弗尔宣布破产——把资产负债表存放在地方官处，中止偿还他的债务，同时和债主做交易，并且尽其所能继续做生意。纳沙泰尔出版社聘请了蓬塔利耶的一位律师把案子诉至法院，但是费弗

[1] “费弗尔致纳沙泰尔出版社”，1783年10月4日。

尔不服。他写道，即便纳沙泰尔出版社赢了官司，追回的钱连支付法
律费用也不够，因为他会通过上诉把案子一直拖下去。就像他在后来
的信中评论的，“人们不该听律师和法律官员的，他们只是想赚钱，
想把打官司的各方拖进迷宫一样的法律程序中，你永远看不到它的尽
头。”更重要的是，他没有东西可供没收后付给纳沙泰尔出版社。与
其他一些高估自己能力的边缘企业主一样，他精心策划了一场被叫作
“人财分离”的离婚，以便保住结婚时老婆带来的财产。“她得到的判
决结果也让我避免了债主对我的所有起诉”，他写信告诉纳沙泰尔出版 38
社，“因为我没有多少家具和存货付给他们。你们应该知道这一点，那
样就不会冒丢掉我欠你们的全部债款的危险。”其实费弗尔的妻子仍在
积极地打理他们的生意，甚至自己出差去推销。在输掉了当地法院的
初审判决后，费弗尔真的上诉了；结果还真如他警告过的，纳沙泰尔
出版社花掉了大量法律费用；十年后，他们最终还是实现了庭外和解。

1783 年年中，法瓦尔热那次出差五年后，纳沙泰尔出版社准备和费弗尔恢复交往，因为他们需要他帮助偷运。韦尔热讷 1783 年 6 月 12 日的命令给图书贸易造成了严重危机，以致纳沙泰尔出版社不再能指望处处都和货运代理商进行筹划来进入法国市场。它需要一个专业承保人，即使他曾遭遇过破产，因此在 1783 年秋天，它又开始与费弗尔合作。经过几次尝试，他建立了一个有效的体系，并且于 1784 年 1 月 23 日和一位作为纳沙泰尔出版社销售代表路过蓬塔利耶的职员签订了正式合同。该合同的关键条款是：“我，签字人（伊尼亚斯·费弗尔），向瑞士纳沙泰尔出版社保证，我将承运该出版社要发往莱韦里耶尔的弗朗索瓦·米肖先生的所有书籍货包，并在两个月内将货送至蓬塔利耶，保险费率为每英担 15 法锂。”

费弗尔要在蓬塔利耶租一个专用仓库存放货包，直到他找准时机

以有他自己签名的运货单进行转运，以便货物在国内运输期间遇到困难时他能负责。不过，纳沙泰尔出版社不发运任何被明令禁止的书籍，除了它盗版（或扩版）的《艺术与工艺全书》（*Description des arts et métiers*），此书曾在法国政府那里遇到大麻烦（当局受到巴黎的原版出版商尼古拉－莱热·穆塔尔［Nicolas-Léger Moutard］鼓动），费弗尔同意以每英担 18 法锂的保险费率承运。纳沙泰尔出版社将雇用他作为货运代理商处理它的所有具备货物通运准单的正规货物，以便他一有机会就能利用合法货运来掩盖非法货运。要是书籍被没收了，他就得在一年内按全价赔偿。费弗尔的保险服务完全符合 1772 年纳沙泰尔出版社与一位名叫吉永的"承保人"之间的约定，那是一份为在克莱尔沃莱拉克附近的边境进行偷运而签订的合同。根据两份协定务
39 实的语气判定，它们具有一般走私生意的特点，至少是以最专业的形式完成一项经过精心计算的事业。

不过，1783 年的保险与 1773 年的保险在一个方面有所不同，因为韦尔热讷在 1783 年发布的命令，意味着只把书籍偷运过法瑞边境是不够的。费弗尔还得采取措施对第二段运输行程实施保护，即从蓬塔利耶的仓库到外省的目的地这段行程。如前面所提到的，他要把脚夫送交的书包捆成大货包，标上"*libri*"标记，填写运货单，签上他的大名，以便它们能作为国内货物运输，而不必根据货物通运准单转道巴黎。它们必须在里昂或贝赞松的书商行会通过检查，但是在纳沙泰尔出版社的帮助下，他在两个城市都找到了合作者来办理那种手续。到 1783 年底，他把保险业务的各个部分都组合了起来。然后的问题就是，一旦这个保险业务启动，它将怎样运作。

起先他发现难以找到认真可靠的脚夫，并且让他们相信纳沙泰尔出版社会自我限制，只经营盗版书，不经营禁书。（其实该出版社曾

经不顾合同规定，利用费弗尔运过最危险的书籍。）最终，他向出版社保证，他招募到了一支可靠的脚夫队伍。他知道几条能绕过弗朗堡边境海关检查站的山路，而且在首次跨境尝试时，他还亲自陪同脚夫走了一趟。然后他开始收买当地的总包税所官员。经过一个月的谈判，他说服了他们——花了一大笔钱，让他们对他的脚夫所拉的货睁一只眼闭一只眼：最多可以放行 60 个货包，固定费用为 8 个金路易（合 192 锂）。遗憾的是，脚夫们也拼命地跟费弗尔要价。他们不接受每日 25 苏的固定运费，而是每英担要 15 锂，还要另加酒水。1783 年末冬季来临时，他写信给纳沙泰尔出版社说，“下雪之前，不论什么紧急的货你们都可以发给我。”所有这些安排都要花钱，他解释说：“我必须向这些脚夫提供酒，还要给那些跟我做了交易的人 8 个金路易。”这指的就是贿赂总包税所的官员。“可是有那 8 个金路易，我可以运 50 到 60 个甚至更多货包了。”

所以费弗尔坚持要提高他自己分得的收益比率，这使他跟纳沙泰尔出版社谈判也很费劲，直到 1784 年 2 月才终于达成妥协。那时候，费弗尔正在为几家出版商搞偷运，包括洛桑和伯尔尼的出版商。
由于在弗朗堡撒了那么多钱行贿，因此他自己在那里接了几起越境 40
走私生意，而且找到一种把运往外省的货藏在运往巴黎的货包中的新门道。

到 4 月份，关口上厚重的积雪融化了。但残雪也让跨越山路困难重重，脚夫们精疲力竭。他们一夜驮了 6 包货过境，第二夜又是 6 包，到月底前又运了另外 6 包。山路仍然很难走，于是他们提出要求，货包还要再轻一点——一般只能重 40 磅，最多 60 磅。到 5 月末，积雪化尽，有些脚夫也不来了，因为他们要集中精力春耕。不过，费弗尔还是找到了足够的脚夫，维持到贝赞松、里昂、第戎、特鲁瓦和兰斯

（Reims）的货运。尽管几乎每次都遇到困难，但这套系统尚能运转。

更确切地说，它一直运转到一场大事故来袭。1784 年 8 月初，弗朗堡边境检查站的官员缴获了 5 包“哲学书籍”，其中有米拉波伯爵奥诺雷·加布里埃尔·里克蒂（Honoré Gabriel Riqueti，Comte de Mirabeau）煽动性的和宣扬色情的小册子。它们是福什长子和维特尔公司发运的，这是一家由萨米埃尔·福什的女婿热雷米·维特尔（Jérémie Witel）和他的长子若纳斯（Jonas Fauche）在纳沙泰尔创办的公司。在和父亲老福什发生争吵后，他们创建了自己的公司，并仿效他出版禁书。米拉波专门写作这类体裁的书。1775 年，当他还被囚于茹堡（Château de Joux）这座坐落于高约 922 米的汝拉山峰上、俯视着弗朗堡附近边境的城堡中时，就让老福什出版了《论专制主义》（*Essai sur le despotisme*）。1782 年和 1783 年，小福什和维特尔出版了他的《论逮捕密札与国家监狱》（*Des lettres de cachet et des prisons d'Etat*）和《情色圣经》（*Errotika Biblion*）。但是他们的偷运活动出了岔子，这些书籍被发现，引起了轩然大波，于是弗朗堡的走私通道被堵住了。虽然费弗尔与此事无干，但他也哀叹：“许多人都抱怨，有些人甚至针对我，可是我跟这事毫无干系。”他还注意到，总包税所的官员现在“日夜都在警戒”。

费弗尔无计可施，只有暂停所有偷运活动。他的脚夫不愿跨境运任何东西，而且在莱韦里耶尔有密探和无赖，为了钱会出卖任何人。他认为纳沙泰尔出版社的书存放在米肖于边境的瑞士一侧的莱韦里耶尔的仓库里并不安全，所以他命令手下把它们搬到一座山的山顶上找
41 个地方藏起来。货包在那里一直存放到 10 月，事态此时已平息下来，并且他和总包税所的人员也达成了一份新协议。他还设法说服一些脚夫尝试跨境运输，主要是给他们灌更多的酒。有过量的酒壮胆，他们

做起来就不难了；总包税所的人得到了更多的贿赂，也就不再盯着他了。于是到 11 月，这个系统又平稳地运作起来。

尽管如此，这个系统在夏季的崩溃使费弗尔的财务压力大增。他不能再回过头去玩和妻子分手这种骗人的把戏了。事实上，她像从前一样在他身旁辅佐他，为了和弗朗什－孔泰的其他书商处理事务，她甚至带着他们的女儿一起上路。面对纳沙泰尔出版社的催债，费弗尔恳求延长还债的期限："脚夫们一直盯着我要钱呢。他们要我把工资提到每磅 6 德尼，还要考虑到我必须支付给那些帮我的人的其他款项，这样的话我就无利可图了，"他补充道，那些人指的是总包税所的人员。

有些贿赂是给弗朗堡海关检查站一个名叫圣安德烈（Saint André）的财政员和他的一个同事的，这个同事在蓬塔利耶附近总包税所的另一个办事处监督货运。费弗尔跟他们很熟。为了巴结他们，他要求纳沙泰尔出版社把范妮·伯尼（Fanny Burney）的六卷本小说《塞西莉亚，或一位女继承人的回忆录》（*Cécilia, ou mémoires d'une héritière*）的译本送给他们。纳沙泰尔出版社还另外给了一些好处，让圣安德烈免费订阅两份他们出版的《赫尔维西亚月刊》（*Journal Helvétique*）。如奥斯特瓦尔德在一封附信中所写的，这些赠品是对他的服务表示感谢："先生，我们向您表示感谢，万分感谢您对于我们通过您的办事处发运的书籍，采取了通融的态度。"几个月后，新的偷运系统有效地运作起来，费弗尔要了两本雅克·内克（Jacques Necker）的《论财政管理》（*De l'administration des finances*），雅克·内克是瑞士银行家，1778 到 1781 年间出任路易十六的财政总监。费弗尔解释说，他需要一样合适的礼物，因为他不久后要和圣安德烈一起吃个饭。在蓬塔利耶－弗朗堡这个小世界，受过教育的社会精英们互相熟识，都读过许多这样的书，不管他们是卖书的，还是没收书的。

为了防备密探，也为了安抚跟米肖发生口角的脚夫，费弗尔把他在瑞士一侧的偷运业务从莱韦里耶尔转移到圣叙尔皮斯，让米肖的竞
42 争对手默龙兄弟做他的新代理商。而且在改进老系统的同时，又基于不同的路线设计了一个新的。它“安全、可靠”，而且能走装载量大的货车，但马匹必须强壮，因为这条路要翻过高山。因此纳沙泰尔出版社不用再把书捆成重 50 到 60 磅的货包，而是可以打成 200 到 400 磅的货包来发运。（此前，出版社有时故意忘记对书捆的重量加以限制，费弗尔在1784年11月抗议过，“一个人不能背负110磅”。）现在，出版社可以恢复比较常规的货包了，而费弗尔没有脚夫也能运货。唯一的问题是积雪，1785 年 2 月积雪厚达近一米，道路无法通行。“没有哪个马车夫敢驾雪橇走这些路”，费弗尔写道。高山道路要一直封到 4 月末，而在这期间，出版社的合法书籍和藏在有货物通运准单的货包中的盗版书籍，就从地势较低的地方运进法国。

43 纳沙泰尔出版社在经营后期，许多货物通过皮翁发运，虽然皮翁仍然不愿作为承保人，但他收费较低。费弗尔曾打算处理该出版社的所有贸易，扮演货运代理商和承保人的双重角色，并且租了一间仓库存放大量指望偷运过境的书籍。他跟出版社签订的合同确实约定会把运到法国的一切货物都托付给他。他尤其需要处理具有货物通运准单的货包，因为他要利用它们掩藏为其他出版商运输的非法书籍。他在信里暗示，他像其他货运代理商，如里昂的雅克·雷沃尔一样，把禁书的包裹夹在当局容许的大货包中。由于他和海关人员关系好，可以在蓬塔利耶把货包重新包装后再打铅封；订了这批货的书商能找到办法把非法书籍抽出来，或者在书商行会接受检查时趁人不注意让它们通过。

费弗尔越来越气愤地抱怨纳沙泰尔出版社未能兑现合同的条款，出版社也反过来抱怨他的服务花的时间太长。他回答道，1784 年一整年他都在为出版社辛辛苦苦地劳作，而在 1785 年初，也是因为雪太大他才被迫积压了一些货物没有发运。他争辩说，交易量不大的话，他的保险业务就不值得做了。他每年花 33 锂租了三年的仓库现在毫无用处。1785 年 8 月 15 日，他写信说，如果出版社不支付剩余的租金，他就要撤销合同，不跟他们做生意了。

就在这时，纳沙泰尔出版社完全停止了向费弗尔发货。因为出版社自己也遇到了财政困难，已经开始大幅缩减出版业务。1786 年 1 月，出版社结清了他的账户，他收到 300 锂的一小笔余款。我们从费弗尔的卷宗可以得知，在停止为纳沙泰尔出版社进行偷运业务后，他作为书商的生意还在继续。尽管他老婆和他假离婚，但是还在和他一起经营，1780 年代后期，他们的女儿已经长大成人，也陪着他们。很可能直到 1789 年，他还继续为其他出版商进行偷运或是通过“保险”业务，或是通过在海关检查站玩花招。

正如法瓦尔热是销售代表的典型一样，费弗尔可以被视作偷运者的原型。他的故事告诉人们，一个生意人如何能够在几乎是无法无天 44
的法国东部边境小山城里依靠图书贸易讨生活。1778 年，法瓦尔热视察出版社在法国边境的供货路线时，他的法国之行与那个在上汝拉地区发生的故事（以及其他几个故事）只有几天的交汇。在后面的各站点，他还有许多任务要去完成，而这些任务也将嵌入更多别的故事。每个故事都是高度个人化的经历，然而所有这些故事又都联系着一个共同事业——在法国历史上一段特别艰难的时期，把书籍送到读者手里。

第三章

隆勒索涅

评估书店

这幅由莱奥纳尔·德弗朗斯（Léonard Defrance）绘制的油画展示了列日一家书店的外观，书店正面墙上贴满了宣传启蒙运动书籍的海报，哈布斯堡皇帝约瑟夫二世允许这些书籍在其领地自由传播。除了促进出版自由的启示，这幅油画还以展示书籍货包著名，货包堆在书店门前，每个货包上均有识别标记

德弗朗斯，《在密涅瓦的庇护下；约瑟夫二世有利于百科全书派的宽容政策》，inv 3550-13 © 第戎美术博物馆 / 弗朗索瓦·热（François Jay）

隆勒索涅（Lons-le-Saunier）是法瓦尔热在蓬塔利耶之后的第一站，那里没有什么生意可做。艰难地骑马越过汝拉高原后，他在一个客栈歇脚，这很可能是一个典型的虱子横行的旅舍，打着“步行者和骑马人之家”（*On loge à pied et à cheval*）的幌子招徕旅客。隆勒索涅是一个小集镇，地处弗朗什－孔泰的穷乡僻壤，人口稀少，法瓦尔热在他的日志中记下：“隆勒索涅只有两家书商。一位叫德洛尔姆（Delhorme，印刷商兼书商），只卖他自己印刷的书。一位是加布里埃尔（Gabriel），是一个正派人，但是很穷。他的店只卖祷告用书之类，价格不到500锂。但我还是留下一份书目和《艺术与工艺全书》的简介给他。我们只能跟他用现金交易。”

这是一篇典型的法瓦尔热日记：简明，务实，但也很能说明问题，因为它提到图书贸易中一个常常被人忽视的方面，即地方市场的价值，地方市场要满足人们对礼拜和祷告用书、教材、历书和诸如公告之类的应时印刷品的需要。[1] 纳沙泰尔出版社不做这类印刷品生

---

[1] 当然，有几篇关于个别城镇和地区的印刷与图书贸易的详细研究，其中一些很久以前就发表过，还没有过时，例如让·凯尼亚尔（Jean Quéniart），《18世纪鲁昂的印刷厂和书店》（*L'Imprimerie et la librairie à Rouen au XVIIIe siècle*），巴黎：法国大学出版社，1969；以及勒内·穆利纳斯（René Moulinas），《18世纪阿维尼翁的印刷厂、书店和出版社》（转下页）

意，所以法瓦尔热把他在旅途中碰到的许多书商都当作不值得交往的对象。当他描述他们店里所卖的东西时，通常会用到“习俗用书”（*usages*）这个词，意指除神学著作之外的各类祷告用书和宗教小册子。他通常用一两句话把这些当地小书商排除在外：

> 格勒诺布尔：福尔是国王的印刷商，只印刷公告（*placards*）。他把他的股份卖给布雷特，而布雷特不做商业图书（*articles de librairie*）。

> 奥朗日：奥朗日只有一个叫儒伊的，以制作假发为生，他卖宗教习俗用书（*livres d'usage*），不卖别的书。 46

> 塔拉斯孔（Tarascon）：科尔多内西和塔西寡妇合开一家商行，生意很有限。他们只卖宗教书籍。

（接上页）（*L'Imprimerie , la librairie et la presse à Avignon au XVIIIe sècle*），格勒诺布尔：格勒诺布尔大学出版社，1974。更近期的研究论著，尤见让－多米尼克·梅洛（Jean-Dominique Mellot），《鲁昂的出版业及其市场（约 1600 年—约 1730 年）》（*L'Édition rouennaise et ses marchés* [*vers 1600–vers 1730*]），巴黎：École des chartes，1998；以及克洛迪娜·亚当（Claudine Adam），《18 世纪图卢兹的印刷商兼书商及其产品》（*Les Imprimeurs-libraires Toulousains et leur production au XVIIIe siècle*），图卢兹：图卢兹大学出版社，2015。其他次要文献列在 www. robertdarnton.org 网站上。自从罗贝尔·芒德鲁（Robert Mandrou）的《论 17 和 18 世纪的通俗文化：特鲁瓦的蓝皮丛书》（*De la culture populaire aux 17e et 18e siècles. La bibliothèque bleue de Troyes*，巴黎：Stock，1964）发表以来，关于所谓通俗书籍如历书和畅销故事书的研究就一直很活跃。有关这项工作的一个相当晚近的例子，见利斯·安德里（Lise Andries）和热纳维埃夫·博莱默（Geneviève Bollème），《蓝皮丛书：沿街叫卖的书籍》（*La Bibliothèque bleue : Littérature de colportage*），巴黎：Robert Laffont，2003。关于宗教书籍贸易的一般情况，见菲利普·马丁（Philippe Martin），《一种书籍的宗教（1640—1850）》（*Une Religion des livres* [*1640–1850*]），巴黎：Cerf，2003。

尼姆：博默，这里的一个印刷商，佳，但他只印刷宗教书籍出售。

卡斯特尔：我见到了罗贝尔先生，一位神学博士、印刷商、书商。但是他只卖自己印刷的宗教书籍，所以跟他没有生意可做。

利布恩（Libourne）：莫兰……佳，但是他很少做生意。他只卖宗教书籍和几样别的东西。

布卢瓦（Blois）：夏尔和菲利贝尔·马松，印刷商，一起合作做生意，而且只印刷销售宗教书籍。

奥尔良：鲁佐寡妇，佳；但她只经营宗教书籍。佩德鲁，一般，在我们的书目上找到几种对他胃口的书，但是他只想用宗教书来换，他也只有一些宗教书。

法瓦尔热的这些印象，已由一项有关王国中所有印刷商和书商的调查所证实。这项调查是1764年由各总督及其下属官员开展的，在法瓦尔热这趟旅行的十多年以前。当问到印刷商印什么东西、书商卖什么东西这个普通问题时，大多数人想到的是普通小说和非虚构类作品，但是他们强调，真正流行的是宗教著作和当地人感兴趣的书籍。例如在布卢瓦的卢瓦尔镇，他们对皮埃尔–保罗·夏尔（Pierre-Paul Charles）和让–菲利贝尔·马松（Jean-Philbert Masson）的评价，与法瓦尔热所发现的情况就非常相似。他们详细注明这两位印刷商兼书商都“经营学校用的各类书籍、主教教区用的礼拜仪式书、课本、公职部门用的材料、海报、布告、葬礼通告，以及不时由国王授权印刷的书籍”。在奥尔良，当地总督注意到，“书商只经营贸易中常见的书籍，包括文学、宗教小册子和祈祷书。”[1]

纳沙泰尔出版社卖的是著作（*literature*）。这是一个综合性术语，包括多种体裁的书籍，但是不适合许多小书店进货出售。[2] 像隆勒索 47
涅这样的小镇（人口 6700），通常有一两家印刷商。他们承印教会机构的礼拜仪式用书、外省管理机构的通告、律师用的“事实陈述书”或案情摘要、商人用的汇票，以及各类应时印刷品，质量都很低劣。尤其是，就算他们有资格成为书商兼印刷商，常常也只卖自家店里出的印刷品。地方书商都经营同类的印刷品——主要是祷告书和与地方事务有关的小册子。他们的生意规模很小，纳沙泰尔出版社不想从他们那里寻求商机，而且他们又不印制纳沙泰尔出版社的客户卖得最好

[1]　1764 年的调查报告可以从巴黎国家图书馆的法文卷宗 22184-85 查到。里面的一些片段和相关文献复制后放在了 robertdarnton.org 网站上，列在法瓦尔热到访过的城镇的部分。有关这个报告和图书贸易管理的综合讨论，见蒂埃里 · 里戈涅（Thierry Rigogne），《在国家与市场之间：18 世纪法国的书籍出版和销售》（*Between State and Market: Printing and Bookselling in Eighteenth-Century France*），牛津：伏尔泰基金会，2007。一本集中讨论印刷厂的类似著作是简 · 麦克劳德（Jane McLeod）的《特许忠诚：现代早期法国的印刷商、赞助人和国家》（*Licensing Loyalty: Printers, Patrons, and the State in Early Modern France*），大学园：宾夕法尼亚州立大学出版社，2011。

[2]　在法瓦尔热进行他的法国之行的时候，“literature”（文学）这个词的现代意义才开始逐步使用。1762 年的标准版《法兰西学院词典》（*Dictionnaire de l'Académie française*）把“littérature”定义为“学识、学说”，还举了一个例子来说明用法：“C'est un homme qui a beaucoup de littérature”（他是个学识丰富的人）。但是它又补充，“更严格地说，这个词涉及纯文学。”关于“letters”的传统概念和“literature”的浪漫概念之间的区别，见阿尔文 · 克南（Alvin Kernan），《印刷工艺、文学与塞缪尔 · 约翰逊》（*Printing Technology, Letters and Samuel Johnson*），普林斯顿：普林斯顿大学出版社，1987，第 7 页。这个词在图书贸易中使用的另一个例子，出现在法瓦尔热于 1776 年 7 月 4 日寄给纳沙泰尔出版社的关于布雷斯地区布尔格的贝松的报告中：“贝松只经营他自己印刷的祈祷用书。当我把书目提供给他时，他说他不经营任何著作。”

的那类印刷品。该出版社的贸易流经法国主要商业渠道，却没有分流到广阔的地方市场。它融入了法国的文化潮流，这潮流能到达王国最偏僻的角落，但它却没有跟地方上的图书贸易建立连接，以使书籍广泛传播到各处。虽然如第十章将要说明的，有零售摊贩通过毛细管分销体系传播普通书籍，但是一个完整的图书市场要到19世纪后期才会出现。[1]

像隆勒索涅这样的地方对纳沙泰尔出版社的书籍需求不旺，但法瓦尔热并不气馁。他认为这无所谓，并且把精力集中在有经营普通商业图书的书店的城镇。但他还是有必要采取某种尺度来评估一下这些书店。如上面的引文所示，他把这些书店分为三个基本类别：“佳”（博默、莫兰），“一般”（佩德鲁），“差”（德洛尔姆、儒伊），“差”的书店就不值得当作潜在客户了。[2] 纳沙泰尔出版社在它的账目和商函中就采用这种分类方法，虽然偶尔也使用其他词，如“有实力”“一般”和“无实力”。[3] 18世纪欧洲各地的其他商人很可能都

[1] 还要做大量的研究才能清晰地了解从古腾堡时代到现在法国和欧洲其余地区的图书市场。关于法国图书贸易最好的概述仍然是亨利－让·马丁（Henri-Jean Martin）和罗杰·夏蒂埃（Roger Chartier）编，《法国出版史》（*Histoire de l'édition française*），四卷本，巴黎：Pomodis，1983—1986。

[2] 法瓦尔热在日志和信函中到处都提到这种分类。例如，他在关于贝济耶的报告中写道，“巴尔比去世了。布斯凯完全不值得合作。拉勒芒去马赛了。剩下的就是奥代泽内寡妇母子和莫尔比永，据说都相当好。但是我认为必须把他们归为‘一般’这个等级。”

[3] 在1776年8月11日的信中，纳沙泰尔出版社指示当时在里昂的法瓦尔热，按照潜在客户的“实力”来调整要授予他们的信用期限。给“实力强者”12个月的付款期限，给“实力一般者”6个月，对“实力弱者”则要求立即支付。要么付现金，要么以等值的实物支付。纳沙泰尔出版社在其资产负债表中（ms.1042），把债务人分成三类：“评级为好的债务人”“评级为不可靠的债务人”和“评级为差的债务人”。在一本1774年的人员记事本（ms.1056）上，奥斯特瓦尔德写下关于80位书商的评论，并把他们分为以数字表示的等级。1级是最守信用的。例如：“3 勒弗朗索瓦……阿尔让唐；1 勒鲁瓦……卡昂；2 老勒梅……布鲁塞尔。”这就是法瓦尔热在评估书商的生意时所采用的分级制。

采用这种三分模式来评估顾客的信用。（到1850年代，为英国出版商工作的销售代表们把图书零售商分为四类，“佳”“一般”“可疑”和“差”，[1] 就和法瓦尔热的分类差不多。）当他到达一个不熟悉的城镇时，如此粗略又主观的评估标准就不够用了。当涉及生意经营，“佳”或“一般”意味着什么？

法瓦尔热每到一个目的地，就要查阅《出版年鉴》（*Almanach de la librairie*），这是一种贸易手册，于1777年首次出版，1778年又再 48
次扩版发行，它列出了法国所有城镇的全部印刷商和书商。[2] 法瓦尔热就用它作为安排访问的名录，并用作撰写关于他们的报告时的记分卡。例如，到达普瓦捷时，他根据出版《出版年鉴》去访问了菲利克斯·福尔孔，一位评价为“佳”的印刷商兼书商，但他又是当地书商行会的理事，自命清高，不会订购盗版书籍。居于第二位的是印刷商布罗（Braud），法瓦尔热在日志中也把他标记为“佳”，但他却不想订购任何图书。四位书商——博班、吉耶米诺、吉罗和若雷——在日志中都被标记为“一般”，《出版年鉴》中的其他人都被标记为“差”并划掉了。

不过，《出版年鉴》频频出错，[3] 总之法瓦尔热在踏进一家店铺之前，需要比它所提供的更详实的指导性资料。他尽可能依赖写在日志开头的指示。例如在布雷斯地区布尔格，指示指导他去“见韦尔

---

[1] 比尔·贝尔，“‘书业先驱’：19世纪早期的旅行推销员”，见《印刷业的阶段》，第125—126页。

[2] 见1781年版的重印版，其中有热罗姆·韦克里斯（Jeroom Vercruysse）关于初版的介绍，见安托万·佩兰（Antoine Perrin），《出版年鉴》，欧贝勒：P. M. Gason，1984。

[3] 例如，在关于卡斯泰尔诺达里镇的报告中，法瓦尔热写道，“我在卡斯泰尔诺达里镇见到了所谓的书商阿纳和塞列，年鉴把他们都搞错了，因为阿纳是个金匠，从不卖书，塞列是个卖布的，只顺带卖些祈祷用书。”

纳雷尔先生，获取更多有关他的偿付能力的信息”。而在马恩河畔沙隆（Châlons-sur-Marne），他应该当心松贝尔（Sombert）：“我们听到过不少有关他的品格和财富状况的差评。”但是指示涉及的范围有限，因为纳沙泰尔出版社对几百英里以外的客户的诚信度了解甚少。法瓦尔热出差的一个主要目的就是去获得这种了解，因此他必须依赖沿途的信息提供者。

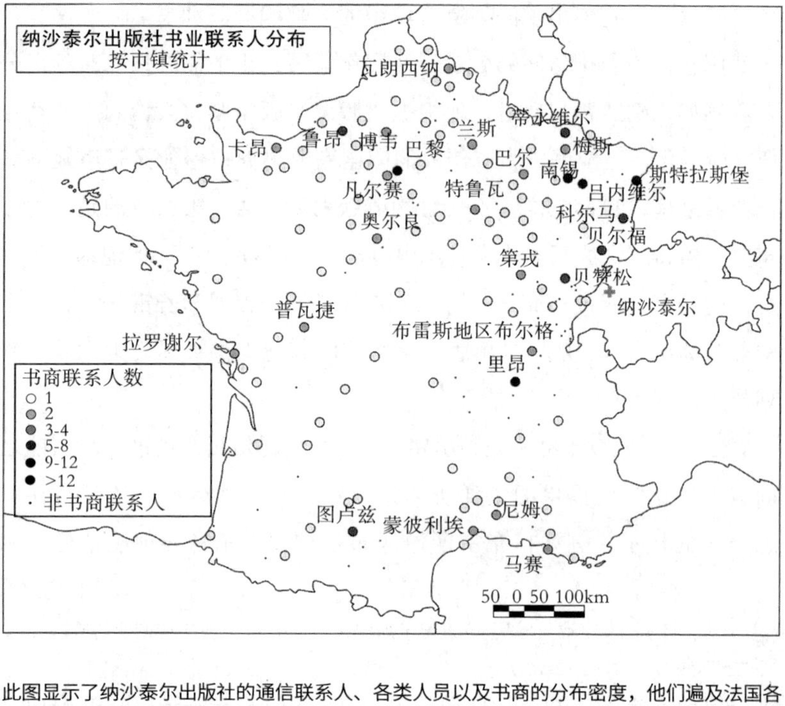

此图显示了纳沙泰尔出版社的通信联系人、各类人员以及书商的分布密度，他们遍及法国各地。纳沙泰尔出版社几乎到处都有关系人，但是和书商们打交道时，它必须了解哪些是“有实力”的，可以信赖。法瓦尔热出差的目的之一，就是要获得这种情报

BPUN：纳沙泰尔出版社在法国的书业联系人分布图

帮助最大的是雅克－弗朗索瓦·达纳尔（Jacques-François d'Arnal），他是纳沙泰尔出版社董事亚伯兰·博塞·德吕兹的女婿，是波马雷、里列和达纳尔公司的合伙人之一，该公司是一家银行，负责纳沙泰尔出版社在里昂的事务。达纳尔忠于博塞和纳沙泰尔出版社的利益。他的银行是法国和瑞士的新教金融家网络的一个重要结点，生意遍及法国，尤其在南部。法瓦尔热一到里昂，便去拜访达纳尔；在离开之前，达纳尔帮助他优化了行程，为他提供了拜访沿途联系人的推荐信——多半是值得信任的可以报告当地书商"实力"状况的商人。法瓦尔热还会依靠日志里列出的新教牧师和货运代理商，因为他们对当地的生意状况了如指掌。

法瓦尔热是通过一个个城镇地跑、一个个联系人地找来走遍法国的，因此他循的是一条条人文地理路线。对他来说，法国就是一张人员交往联系的网络。当然，它也是在崎岖道路上长途跋涉所串起来的 49
接连不断的风景。事实上，他发现奥斯特瓦尔德虽然是地理专家，却误以为到地处中央高原的城镇要 60 到 80 里格（*league*）[1]，并且因此把勒皮和芒德这两个地方从他的行程中排除了。不过他头脑中的地图和作为其连结点的人际关系比物理的地形重要。就跟现在一样，那个时候的国家也是一种心理结构上的存在，而不只是由明确划分的边界确定的地形学实体。

由于有《年鉴》、出版社给他的指示、推荐信和机密简报，法瓦尔热到达一个不熟悉的市镇时，就知道怎样着手为出版社开展生意。在 1778 年出差期间，他只有一次提到缺乏内线，那是在罗什福尔 50
（Rochefort），他不得不依赖客栈老板提供的情报。他还要眼观六路，

[1]　旧长度单位，约合 3 英里或 4.8 千米。——编者注

耳听八方，捕捉有关书商的人品和财富状况的传闻，而且他知道如何根据店面的外观来评价生意的好坏，这是他在前几次出差时获得的本事。例如 1776 年，在他进行法国全境旅行两年前，法瓦尔热发了一个关于索恩河畔沙隆（Chalon-sur-Saône）的书商情况的报告，透露了许多他评估生意的方法："洛朗差得很。鲁瓦耶先生（当地一位货运代理商）告诉我，把 12 苏交给洛朗保管一小时他都会不放心……莱斯皮纳的大部分生意是卖旧书，但至少他店里货品还算齐全。不过看他的声望算不上是有实力的……莫迪迭不在家。我给了他儿子一份书目和销售说明书，他告诉我他家很少做生意。他和他的店看上去都不如我跟你们说的有关莱斯皮纳的情况，而且据说他们的实力都不强。据鲁瓦耶先生说，利瓦尼有实力；至少他的店面吸引人，且存货也不错。他有个读书会（*cabinet littéraire*），生活习惯似乎也比较朴素，做生意也比较有悟性。"[1]

对像法瓦尔热这样的旅行推销员来说，评估书店的技能至关重要。他们必须知道如何去盘问客栈老板，让书商们相互扯闲话，并用行话跟经销商聊，从而判断他的经营水平有多高。他们尤其重视书籍的品种和存货在书店的陈列。一个书店陈列布置有条不紊，备有能跟上时代的新书，就表明这是一个潜在的重要客户。反之，如果书店杂乱无章，就暗示汇票到期时有可能兑付不了。例如，普罗旺斯地区艾克斯（Aix-en-Provence）有一位名叫叙尔（Sûre）的书商，尽管享有相当高的声望，法瓦尔热也没有给他好评，因为他的存货中新近出版的书很少，这说明销售疲软。相反，卡斯特尔的勒波蒂埃却明明白白地被评为"佳"。"他的销售似乎很火爆，因为货架上的存货备得很齐全。他

---

[1] "法瓦尔热从第戎致纳沙泰尔出版社"，1776 年 9 月 4 日。

看上去是个正派人（*brave homme*）……我只听到人们说他的好话。”

财富状况当然也重要，因为纳沙泰尔出版社需要知道客户有没有能力付账。不过在法瓦尔热的评估中，其他品质具有相当大的分量。一个书商应该积极向上，即工作勤奋、精力充沛、事业心强。科尼亚 51
克（Cognac）的一位名叫德利耶（Deleys）的书商就是这样：“存货选得合适，像是一个挺有干劲的（*trés actif*）年轻人。”在关于阿维尼翁的布歇的报告中，法瓦尔热表达了同样的看法：“有事业心，很殷实的一家。”家里不得有太多的孩子。在瓦朗斯（Valence）的书商中，奥雷尔（Aurel）评级最高，但是法瓦尔热记下：“他得养一大家子人，赚得又不多。这样是很难成功的。”欧塞尔（Auxerre）的博纳尔（Pierre Bonnard）看起来更有前途，因为他没有养家的负担：“他是个单身汉，图书也选得不错，我觉得他是个诚实的人（*honnête homme*）。”

法瓦尔热在他的日志和信件中常常用“*honnête homme*”这个说法来界定诚实、正派和值得信赖的品质。他从不滥用这两个词，因为做图书贸易的人中无赖太多，尤其在像里昂和波尔多这样的大城市，他发现在那些地方欺诈和背信已成主流风气。在阿维尼翁的众多书商中，只有两位印刷商兼书商——法布尔（Fabre）和博内（Bonnet）——被评为“诚实的”，有些较小的城市如阿普特（Apt），一个都没有：“我遇到一个从阿普特来的商人，他说他的城市里唯一一个书商叫索雷，他连 6 锂的信用都不会给他，而要砍掉一半，因为他既不守信用，也没有能力偿还。”马赛除了有几个诚实的人外，情况更糟。尽管那里有好多家书店，法瓦尔热还是警告说，有三家书商值不到 5 个苏的信用，剩下的除了五家，丝毫不值得信任。

在法瓦尔热的评估中，“可信度”（*confiance*）是一个关键词。它既表示风险较小的信用对象，还包括广泛的道德品质，如值得信赖、可靠和勤勉。纳沙泰尔出版社对客户授予和撤销可信度要经过精心计算，因为它必须判断要把价值多少的书委托给客户去销售，以及要等多久才能收到货款。大多数款项以汇票形式支付，或者以另一种期票的形式支付，期票一般应在货物运到12个月后支付。但是书商常常以各种理由推迟邮寄期票：比如说货包中折帖有毁损，运输费用过高，因交货不及时增加了销售成本，另一版本的书以较低的价格问世，等等。书商甚至能找到更多理由避免在到期日支付期票。不过，关于书
52 商的表现的传言散布得很快，因此法瓦尔热不仅搜集了有关书商财富状况的情报，还搜集了他们支付账单记录的跟踪情报。例如在欧塞尔，他警告出版社要小心该镇的两位书商（包括博纳尔，尽管他总体上为人正直），因为他获知他们的“支付能力很差”。

可信度作为一种信用评价总是有升有降的，最有实力的书商除外，他们永远不会无力承兑汇票。要是一位实力不强的书商有太多同时到期的期票，他可能就会拿不出钱来，于是就不得不中止所有支付，这是一种形式的破产，可能会毁了他并致使他坐牢。如果他头脑灵活，他也可以设法与债权人就还款时间再达成一项协议，这常常需要付出利息，但有时也可获得减免。如果成交，书商就能继续做生意，小心翼翼经营，争取把债务还清，以便重新从体系内所有其他玩家的眼中赢回一些信任。法瓦尔热必须调查这种情况。例如图卢兹的尼古拉－埃蒂安·桑斯（Nicolas-Etienne Sens），一位实力不强但声誉好的书商，似乎就从四年前发生的破产中恢复过来了。但法瓦尔热从指示中得到警告，跟这人做生意风险仍然很高，不宜向他发货，除非付现金。卡扎梅亚，蒙托邦（Montauban）的一位已经宣布破产的书商，他的前景看起来更好些。当地商人对他褒奖有加，而且其他出版商也在给他发货。是否给予他信任，法瓦尔热让上司去做决定。布卢

瓦的莱尔（Lair of Blois）不及时付款的次数太多，纳沙泰尔出版社就“撤销了对他的信任，他也承认这是他活该”。不过他允诺，如果出版社继续把剩下的几卷《百科全书》和《艺术与工艺全书》发给他，他会预付现金，因为他需要把已经卖给客户的这套书补齐。

当然，理想的情况是，一家出版商兼批发商只做能坚守诚信原则的贸易，而且所有客户都值得信任。但坚守诚信原则的贸易其实并不存在；尽管人性（这是法瓦尔热在跟人聊天时最爱谈论的话题）有缺陷，纳沙泰尔出版社仍需要扩大销售。同时它自己也有账要付。纸张需要很多投入，至少占大部分书籍成本的一半，而且必须在印刷、销 53
售和销售回款很久以前就要购进。每周六，印刷厂的工头就要给排字工人和印刷工人发工资，给的是硬币。不时购入的新铅字也是一笔庞大的支出，而且还有没完没了的偶然性开支，以红字“零星开支”（*menus frais*）加在账上。财务压力必然存在，缓解这个压力只有靠销售，更确切地说，靠销售所得款。

印盗版书看起来可能是一条容易致富的路径。出版社重印已经得到市场认可的书籍，而后只需把它们提供给零售商即可。但是，如我们所知，图书贸易的性质——无处不在的风险，有实力的客户分布不均，债务人遇到困难，运输安排出问题，以及法国书籍管理当局的警惕——总有将纳沙泰尔出版社的资产负债推向崩溃的危险。法瓦尔热1778年出差时，已经学会了对书店进行专业评估，但他的任务最终能否成功，还取决于他推销书籍和收账的能力，而当他离开隆索勒涅赶赴下一站布雷斯地区布尔格时，这两个任务尤其艰巨。

第四章

布雷斯地区布尔格

推销与收账

一辆四轮马车陷在汝拉高山上的雪地里。载书的货车不像载客的四轮马车，它往往需要三四匹马甚至五匹马才能通过大雪阻塞的山路

《拉绍德封冬天的邮车》(*Le Courrier de La Chaux-de-Fonds en hiver*)，韦尔奈作，印度墨水画，1864年，瑞士PTT博物馆

1778年7月，当法瓦尔热骑马走出汝拉山，踏入布雷斯绿草茵茵的牧场时，他知道自己遇到大麻烦了。外省最大的书商，布雷斯地区布尔格的罗贝尔和戈蒂埃公司最近宣布破产——这就是说，两位合伙人雅克·罗贝尔（Jacques Robert）和皮埃尔·戈蒂埃（Pierre Gauthier），中止了所有支付，包括一张最近从纳沙泰尔出版社进货的汇票。法瓦尔热来这里的任务就是收回那笔债款，并在罗贝尔和戈蒂埃公司可能与债主们做的任何协商中捍卫本出版社利益。可是，如果出版社在这里最重要的客户退出了生意，法瓦尔热该怎么推销它的图书呢？

当地市场看起来并不兴旺。在1764年的政府调查中，布雷斯地区布尔格在文化地图上就是一个小点。它有两家书商，都被认为是"讲诚信的"，他们卖的主要是法律和宗教书籍。他们从不违反图书贸易的规则。这里不流通禁书，而且全省不再有其他书商。1777年的贸易年鉴证实了那种印象，这似乎也不奇怪。直至今天，许多人想到布雷斯地区布尔格时，头脑中出现的第一件东西是鸡——肥阉鸡和母鸡，这是当地的特产。在18世纪，鸡和谷物、马、牛一起，是其经济的主打产品。布雷斯是农耕地区，地处丘陵地带，气候温和，有一些沼泽，但是到处都有诱人的景色。它的首府布尔格只有7000名居民。当地的有产者主要是附属于司法管辖区法院的律师和官员，他们会去听音乐会，看戏，从1783年起还会去参加一个研究艺术和科学 56
的小型学会。该城保持着相当活跃的文化生活，可是似乎并没有为图书——尤其是瑞士出版社热卖的那些书籍——的销售提供肥沃土壤。

在法瓦尔热旅行途经的所有城镇中，布雷斯地区布尔格是唯一一个拥有能让我们了解那些经常光顾书店的顾客的档案资料的城市。当然，法瓦尔热不和顾客直接打交道。他把书卖给书商，而由于这些书商了解那里的市场行情，他也得在专业层面上进行推销谈判。他会揣着销售说明书和列有300种书籍的纳沙泰尔出版社最新书目，走进一家书店，要求跟店主商谈。他有时会遭到冷遇，比如在阿尔勒，该城唯一的书商戈迪翁就不愿跟瑞士出版商和他们的非正统出版物打交道。在像里昂和波尔多这样的大城市，图书贸易行业的大佬们也常常会冷落他。他们的行为举止告诉他，他们太自负，不屑于花时间跟其他公司的小职员商谈。如果将一份书目塞到他们手上，他们常常会把它搁在一边，然后请他空闲时再来，但是别在他们吃午饭的时候来，因为这顿饭可能要吃大半个下午。普通书商往往要客气些，但是要求很高。他们要研究样书和销售说明书，检查纸张和印刷的质量，[1]并且对价格特别关心。纳沙泰尔出版社设置了标准批发价，几乎每种书都是一张折帖1苏。因此，一本由20张折帖组成的八开本的书，折好切开有320页，要向书商索价20苏，即1锂。懂行的书商研究一下各个出版商的书目，就可以了解当前大多数图书的价格。实际上，如后文将要说明的，出版批发商常常会竞售相同的图书；所以价格上

[1] 法瓦尔热报告说，尼姆的戈德父子公司“对我们出版的书所具有的品位、校对质量、一般样式都非常喜欢”。

的微小差别会在零售商中引起选择上的巨大差异。如果一位书商认为能够以更低的价格从另一家供应商那里买到同样的书，他就可能要么跟法瓦尔热砍价，要么干脆让他走人。

尽管纳沙泰尔出版社的定价是不变的，但法瓦尔热还是有很大的谈判余地，因为销售条款和价格差不多重要。如果书商按标准价格订购 12 册书，常常会要求另外赠送一册。有人甚至订购 6 册也要求
57 白送一册。还有人试图以实物来偿付部分账单——从他自己的存货中拿出一定数量的书给出版社——并且部分货款以期票支付，尽可能延长到期日的时限。许多人坚持要出版社承担把货运到里昂的费用，甚至承担让货物绕过里昂书商行会运输的风险。在法瓦尔热的报告以及出版社从南部书商那里收到的信件中，“免费运至里昂”（*franco Lyon*）这个词被反复提到。在西部和卢瓦尔河谷，常常要求“免费运至奥尔良”。“最有实力的”——意思是偿还能力最强的——书商砍起价来也最狠。法瓦尔热发现想和尼姆的戈德（Michel Gaude）、拉罗谢尔的帕维（Pavie）、波尔多的贝尔热雷（Guillaume Bergeret）和奥尔良的勒图尔米（Letourmy）谈拢价钱特别难。至于于泽斯的一位有实力的书商费利纳，法瓦尔热从他那里获得了一份订单，却未能说服他在谈判中让步：“我和他谈判最不成功。这就是最终结果了。他寸步不让。”

那么在布雷斯地区布尔格有什么值得期待的买卖呢？早在 1776 年的出差中，法瓦尔热就已经认识了当地的书商。其中两位，孔特和贝松（Besson），图书生意做得不够大，不值得发展关系。第三位，韦尔纳雷尔，似乎很有实力：“存货品种很齐全，据说其人行为端正，付钱爽快。”纳沙泰尔出版社最终给他发了一些货，但它主要是跟罗贝尔和戈蒂埃公司做生意，如上文提到的，该公司是布尔格最大的书商，但却没有在官方报告中出现，甚至在《出版年鉴》中都没

有提及。为了评估状况，法瓦尔热找当地提供情报的人打听，发现这两位合伙人并非享有很高的声望："人们对他们评价很差。尽管他们赚了不少钱，但是常常未能承兑期票。据说第一位（罗贝尔）行为不端。"[1]

罗贝尔和戈蒂埃公司的历史难以查明，但该公司仍有足够多的资料保留了下来，它们散落在档案中互不相干的角落里，能让人了解该公司运作的基本情况。除此之外该公司的故事还表明，在一个偏远外省的平静首府，书籍世界可能不像人们预想的那样符合惯例。在1772到1785年间，他们的合伙关系在不同时期分分合合，修修补补。尽管他们把布雷斯地区布尔格作为公司总部，但他们也在许多外地城镇运 58
营——从位于布尔格西南方45英里外的贝莱（Belley），直到之外弗朗什－孔泰东北角的贝尔福。[2] 在旧制度之下，有分店网点的图书生意是不应该存在的。书商只允许在一个地方经营，受最近的书商行会管辖。

[1]　"法瓦尔热致纳沙泰尔出版社"，1776年9月4日。韦尔纳雷尔和罗贝尔与戈蒂埃公司在1764年的调查报告中都没有被提到。

[2]　该公司的信件散见于纳沙泰尔出版社档案的五套卷宗中。由于信件中未提到合伙人的名字，因此难以确认他们的身份；不过在不同时期，合伙人包括了雅克·罗贝尔和很可能是他兄弟的一个人，包括皮埃尔·戈蒂埃和他的一个兄弟，韦尔纳雷尔也是合伙人之一，1773年脱离该公司出来单干。在1773年7月3日的一封信中，韦尔纳雷尔通知纳沙泰尔出版社，"我与罗贝尔先生和戈蒂埃先生解除了合伙关系……罗贝尔先生和戈蒂埃先生不在布尔格了。罗贝尔先生在隆勒索涅，戈蒂埃先生在比热地区的贝莱"。1781年的《出版年鉴》把韦尔纳雷尔列在布尔格，把罗贝尔与戈蒂埃公司列在贝莱，没有提及其他任何地点。事实上，罗贝尔与戈蒂埃公司的大部分生意继续在布雷斯地区布尔格进行，同时又从许多地方订购书籍。贝尔福分部还经营纸张生意。1784年，公司把价值3000锂的存货图书卖给了安德烈·富尔（André Faure），此人身份既是该公司的职员，又是"股东"；而作为独立的书商，他至少经营到1788年（他在纳沙泰尔出版社档案中拥有独立的卷宗）。关于罗贝尔与戈蒂埃公司的详细讨论和从出版社档案中挑选出的文献，见robertdarnton.org网站有关布雷斯地区布尔格的部分。

但罗贝尔和戈蒂埃公司仍能在他们能够找到顾客的任何地方设店，而且发现顾客需要的各类当代书籍，其中许多是非法的。

遗憾的是，罗贝尔和戈蒂埃公司的信函很少披露他们日常的生意情况。很显然他们把布雷斯地区布尔格当作公司基地（他们跟这里的市民有千丝万缕的联系，其中就有一位姓“罗贝尔”的，是总包税所的一名雇员，这层关系很有益），并用高档商品流动商贩（*marchands forains*）的方式，逐个城镇兜售图书。他们始终在路上奔波。他们常去弗朗什－孔泰，最远有时走到普隆比耶尔莱班（Plombières-les-Bains）（很可能是把书卖给在此泡温泉的上流社会的顾客）和斯特拉斯堡（为的是在该地举办的图书集市上做生意，那是法国东部最大的图书集市之一）。一封由雅克·罗贝尔寄自萨兰（Salins）的信中说，他一直在用货车拉着书走村串户。不过罗贝尔和戈蒂埃公司不像流动商贩，他们的生意做得很大，大到他们都应付不过来。在法瓦尔热 1778 年出差到达那里前不久，他们宣告破产。有关破产案裁决的文件表明，他们的存货价值 55,230 锂，这些存货来自巴黎的 19 家批发商，以及里昂、日内瓦和纳沙泰尔的出版商。

他们与纳沙泰尔出版社的通信可以显示他们做生意的特点。第一封信，是罗贝尔 1772 年 6 月 6 日写自圣克洛德（Saint-Claude）的，涉及一桩地方事件，一件讼案。当地农民控告圣克洛德修道院，抱怨修道士向他们征收的领地税过重。为农民辩护的律师夏尔－加布里埃尔－弗雷德里克·克里斯坦（Charles-Gabriel-Frédéric Christin）把这件案子变成了对封建残余势力的全面控诉，在一份由纳沙泰尔出版社出版的小册子里向公众舆论发出呼吁。小册子标题很长，叫作《论圣克洛德修道院的创建，它的年谱，它的传说，它的契据，它的侵占行为，以及这片土地上居民的权利》（*Dissertation sur l'établissement*

de l'Abbaye de Saint-Claude, ses chroniques, ses légendes, ses chartes, ses usurpations, et sur les droits des habitans de cette terre），认识克里斯坦的罗贝尔想要 100 本小册子；他还希望这第一笔交易能够发展成一种持久的生意关系，尤其是如果纳沙泰尔出版社能将书籍安全运送过境的话。他渴望订购“秘密书籍，如《中国间谍》（*L'Espion chinois*）、《女 59
子学校》（*L'Académie des dames*）、《查尔特勒修会看门人堂布格尔的故事》（*Histoire de Dom B..., portier des Chartreux*）[1]、《梅萨丽娜：穿睡衣的修女》（*Messaline, La Religieuse en chemise*）和其他同类体裁的书”。这类书籍基本上都是色情书籍。（“色情”［pornography］这个词到 19 世纪才广泛传播。18 世纪的书商一般用“淫秽”［*scabreux*］或“放纵”［*libre*］这些词来指称色情文学。）纳沙泰尔出版社不印这类书，但是它能通过用自己出版的书和其他出版商交换来为他弄到这些书。很快，出版社与罗贝尔通信，讨论如何才能把这些小册子和其他各类书籍运给他。

罗贝尔建议采取“保险”系统的方式，也就是后来纳沙泰尔出版社跟蓬塔利耶的费弗尔做生意时所采取的方式，而且他找到了做这件事的合适人选：在克莱尔沃莱拉克经营的老吉永（Guillon l'aîné）。克莱尔沃莱拉克是汝拉山上的一个村庄，在法国边境一侧，离日内瓦很近。[2] 吉永能够雇到农民把书背到他在克莱尔沃的仓库，然后重新包 60
装成国内货物，再转运到法国的目的地。罗贝尔写道，一旦确认这条供应路线是安全的，他们就可以做大批生意了。他已经发出了第二份订单，并要求出版社另外补充大量“哲学书籍和低俗小说”。其中包括

[1]　B 是 Bougre 的缩写，意思是鸡奸者。——译者注

[2]　有关吉永的业务的详细讨论和文献，见 robertdarnton.org 网站的“中间商和偷运者”部分。

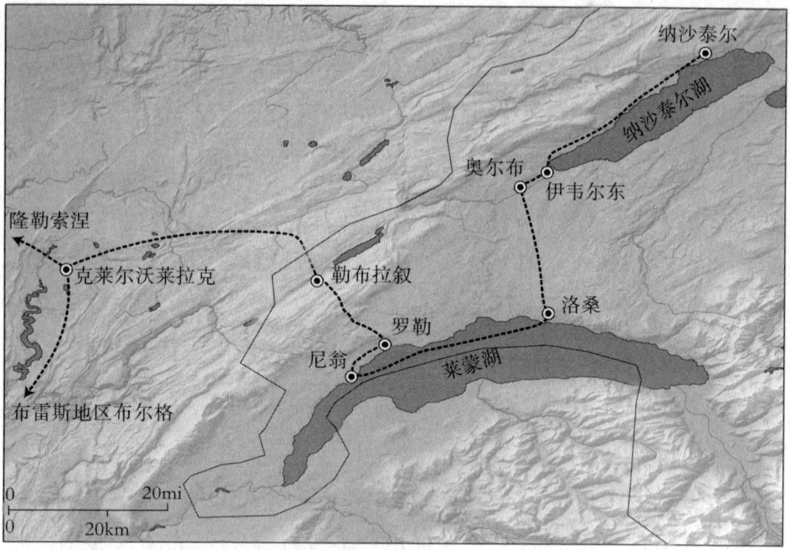

吉永在瑞法边境上经营的“保险”系统的路线

哈佛大学图书馆制图部，斯科特 · 沃克绘

12册霍尔巴赫的无神论著作《自然的体系》，12册路易–塞巴斯蒂安 · 梅西耶的乌托邦小说《2440年》和6册毁谤性书籍《身披甲胄的报人，或法国宫廷丑闻录》（*Le Gazetier cuirassé, ou anecdotes scandaleuses de la cour de France*）。

第一批货物安全运到。罗贝尔订购了更多的书，“哲学书籍”较少，多是法律书籍，但是盗版的。他支付了货款，甚至还提议把纳沙泰尔出版社的货从他在隆勒索涅的仓库运到索恩河畔沙隆。但是1773年，吉永的生意出了问题。他的通信联络遇到问题（信件得不到答复，货物送错地方），一支边境巡逻队逮住了一队偷运者，圣克洛德的主教还威胁把这些人送去当划船的苦工。直到 1774 年 9 月，罗贝尔才恢复订货。那时出版社已经开辟了经由里昂的运货路线，而且罗贝尔利用总包税所在边境巡逻的雇员，也可以获得从日内瓦郊区的小村庄梅兰（Meyrin）偷运的小货包。在其客户想要的各类书籍中，他注意到一本真实性可疑的《路易十五回忆录》（*Mémoires de Louis XV*），那是谈论路易十五统治时期种种丑闻的书，而当时这位国王去世才四个月："马上发 6 册过来。"

随后三年，订货和运货继续进行，其间偶尔发生图书贸易中常见的纷争，如到货迟，折帖毁损，对账单中的借方以及支付方式的安排意见不一致之类。尽管有这些抱怨，双方关系似乎还很融洽。罗贝尔，还有戈蒂埃，经常在贝尔福经营，出差到纳沙泰尔就停下来，而纳沙泰尔出版社在贝尔福和隆勒索涅以及布雷斯地区布尔格为他们提供稳定的货源，直到 1778 年法瓦尔热访问时他们的生意破产为止。

纳沙泰尔出版社在 1777 年 11 月 27 日写给罗贝尔和戈蒂埃公司的信中首先表明，它为他们遇到的严重麻烦而担忧，抱怨对早前的信件没有回复，有份订单也没有付款。随后就是几个月的沉寂。然后，
在 1778 年 3 月，出版社得知罗贝尔和戈蒂埃公司中止了他们的所有 61
支付。1778 年 6 月 23 日，罗贝尔向巴黎的商事法院（*Juges et consuls*）呈交了一份公司资产负债表。在出版社及其在布雷斯地区布尔格聘用的律师看来，这个诉讼程序似乎非常不合法，因为该公司的所在地是布尔格。[1] 当律师威胁把该公司诉至当地的司法管辖区法庭时，罗贝尔和戈蒂埃公司试图向出版社让步，提议偿还他们所欠的全部款项，

[1] "布雷斯地区布尔格司法执行官法庭的检察官雷德莱致纳沙泰尔出版社"，1778 年 7 月 31 日。

但是要延期四年，而且不付利息。这不能接受，出版社回答道，没有利息就等于减掉五分之一的债务（四年期每年 5% 的利息）。面对布尔格的律师持续不断的压力，罗贝尔和戈蒂埃公司最终还是全部付清了欠款。债务总额只有 311 锂，而且在布尔格办的这个案子只是主案件的一个附属，而主案件最终是在巴黎收场的。

1778 年 6 月 29 日，巴黎的法院审理了债权人控诉罗贝尔和戈蒂埃公司的案子。虽然在留存下来的文件中没看到最终的裁决，但是它大概跟大多数破产案的裁决差不多——债权人很可能同意减免一部分债务，并按照一个长期的偿付计划来收剩余的债款，这个计划能让罗贝尔和戈蒂埃公司继续做生意。幸好文件中包含了一份该公司的资产负债表，可以让我们对这家外省书商的生意进行非常详细的观察。[1]从这份资产负债表可以看出，罗贝尔和戈蒂埃公司的生意规模相当大。他们的债务达到 58,618 锂，资产达到 70,905 锂。资产负债情况看上去很不错，足能让债权人接受延期兑付尚未承兑的汇票，不必强迫该公司甩卖一切资产，并放弃他们的生意。资产包括该公司的图书存货，估价为 55,230 锂，以及客户欠款有 15,675 锂——这算不上一笔稳定的资产，因为未收的债务常常就一直欠着了。

资产负债表的债务侧表明，罗贝尔和戈蒂埃公司从 19 家巴黎出版商进货。这些出版商很多都是图书贸易中最重要的人物，如德赞、埃第安纳、赛扬、穆塔尔、纳庞、庞库克和迪多。剩下的货源是里昂的三家批发商和三家瑞士出版商：日内瓦的克拉默（Gabriel Cramer）和让 – 萨米埃尔 · 卡耶（Jean-Samuel Cailler），以及纳沙泰尔的萨米埃尔 · 福什（Samuel Fauche）。（纳沙泰尔出版社没有出现在债权人名单

[1] 塞纳省档案馆，现在的巴黎省档案馆，破产案全宗，D.4B6。

中，因为它的债务已在布尔格偿清。）巴黎债权人众多，可以解释为什么案子要在巴黎审理，据说罗贝尔在巴黎圣日耳曼德佩福塞街还拥 62
有住宅。不过最大额的欠款是欠里昂和瑞士的供应商的，该公司的大部分存货很可能就是他们提供的。

如资产负债表所示，图书存货有 40 多种——没有一种是非法书籍，大概是因为那种书籍在半公开的诉讼中不宜被提及。这份清单似乎不是该公司库房中所有存货的清单，因为它只提到有大量存货的书籍，通常在一百本以上。它很可能排除了临时购进的各类书籍以及“哲学书籍”。但是它显示出罗贝尔和戈蒂埃公司所销售的图书种类的概貌。它们涵盖的领域很广：

文学和纯文学	9 种
历史	7 种
宗教	6 种
法律	3 种
科学和数学	3 种
医学	2 种
杂类	10 种

大部分是严肃正经的多卷本书籍，如《法国法律准则》（*Maximes du droit français*，六卷本，估价 12 锂一套）、《罗林先生的简明古代史》（*Abrégé de l'histoire ancienne de Monsieur Rollin*，五卷本，估价 10 锂）和《法国戏剧集》（*Théâtre français*，十四卷本选集，估价 48 锂）。通俗图书不多，文学类书籍包括几套巨著：六卷本的莫里哀著作、十二卷本的卢梭著作，以及大众剧作家亚历克西 · 皮隆（Alexis Piron）的七卷

本著作。

该公司的欠款人名单为我们提供了一个难得的机会来了解零售商的主顾都是些什么人。有 33 个名字在列。其中 12 人是书商，大多是小零售商，如蓬塔利耶的费弗尔和萨兰莱班的孔西代朗。其余是一些读者，都是在罗贝尔和戈蒂埃公司流动兜售所到之处买书的人。例如“勒戈先生，隆勒索涅的律师”“雅凯先生，特雷武的检察官”“科利尼的帕里埃神父先生”“沃谢先生，蓬勒索涅的医生”和“莫罗先生，
63 马孔镇议员”。在他们的名字下面没有标注地址的一些人，很可能是布尔格的顾客。他们可以根据职业领域来辨识，分为以下几类：

法律……………………………………………………………… 3 人
宗教……………………………………………………………… 2 人
军官……………………………………………………………… 3 人
医药……………………………………………………………… 2 人
贸易（商人）…………………………………………………… 4 人
行政官员………………………………………………………… 1 人
“有产者”………………………………………………………1 人

统计数字太小，无法据之得出普遍结论，但这些数字能给人们启发；而且值得人们去思索，因为它们提供了一个研究书籍传播的难得的机会，从中既可以看到书籍是怎样从出版商兼批发商向书商流转的，又可以看到书籍是怎样从书商手里分销出去的。罗贝尔和戈蒂埃公司的大部分顾客来自外省社会的中间阶层。军官很可能属于贵族，正如那位唯一欠了巨额债务的人，“维埃纳侯爵，军官……1120 锂”。其余的人属于一个混杂的精英阶层，在 19 世纪可以归为“显贵”一

类。没有手工业者和工人。

1778年7月11日，当法瓦尔热到达布雷斯地区布尔格时，这个案子正在巴黎裁决。出版社指示他仔细注意罗贝尔和戈蒂埃公司的生意情况，但是他难以获得情报。他们的办公室除了一位职员外，没有其他人在，而这位职员不愿披露他们库存书籍的任何情况，甚至不愿给法瓦尔热一份他们的最新书目，只是提供了一份他们想用来抵债的10种书籍的清单。法瓦尔热拒绝这个交易。他也未能从当地商人口中打听到多少传言，就如他在信里所写的，“因为这里一切都被掩盖得严严实实”。他只听说，尽管中止了付款，该公司的生意总的来说还不坏。罗贝尔去巴黎和债权人谈判还债条款了，据说要么在延期四年之后全额支付，没有利息，要么就从公司存货中拿出书来赔偿。

破产法院的诉讼记录虽然没有写出确切的裁决条款，但罗贝尔和戈蒂埃公司的生意在1781年春天以前恢复得很好，纳沙泰尔出版社 64
的档案中有他们之后寄来的一些信件，有的寄自贝尔福，有的寄自布尔格。该公司这两个分部的合作似乎不太紧密。1781年5月，在贝尔福的戈蒂埃要50册《路易十五的私生活》（*Vie privée de Louis XV*）。6月，在布尔格的罗贝尔抱怨说，同样的书他老早就订了，可是货到得太迟，结果很难卖。由于纳沙泰尔出版社的货未能及时运到，他只好从别的供应商那里要了一些，卖了将近150册。随后三年，类似的信件——订单中夹杂着关于货运状况的投诉和评论——继续寄来。在谈论市场需求时，罗贝尔（信通常寄自布尔格）和戈蒂埃（信通常寄自贝尔福）都对《致国王的财政报告书》（*Compte rendu au roi*）特别感兴趣，这是雅克·内克于1781年发表的为他作为财政总监所实施的政策的辩护，大量论战性的小册子也应运而生（见本书第十二章）。他们还对卢梭的著作特别感兴趣。戈蒂埃解释说，卢梭的著作是卖给他在贝尔福要塞的顾客的："我们急需这些卢梭著作。这是给下个月就要调防（到另外一个要塞）的军官们的。"不过，纳沙泰尔出版社没有与罗贝尔和戈蒂埃公司恢复大规模的生意。它曾经上过该公司的当，不怎么敢信任他们了。1784 年 9 月，它拒签了一份大订单，之后就再没给他们发过货。

从推销和收账的观点看，法瓦尔热在布雷斯地区布尔格的逗留也许不算成功。但是，从罗贝尔和戈蒂埃公司与纳沙泰尔出版社的通信来看，他所收集到的情报揭示了很多有关外省城镇图书贸易的情况。而且布雷斯地区布尔格的来信包含了大量订单，足以显示罗贝尔和戈蒂埃公司生意的大致情况。[1]

从这些订单可以看出，需求量最大的是克里斯坦的《论圣克洛德修道院的创建》，因为这本书和当地公众密切相关，它在法国其他地方就不畅销。内克的《致国王的财政报告书》,《路易十五的私生活》，以及卢梭著作，在订购量极大的书籍中名列前茅。订单中没有出现的书籍，至少订数不多的书籍，是头几封信里提到的那种淫秽的"秘密书籍"。罗贝尔和戈蒂埃公司也许储存了大量这类书籍，但很可能是从一些专门从事地下出版的人那里弄到的，这些人中有日内瓦的让－萨米埃尔·卡耶和纳沙泰尔的萨米埃尔·福什，他们是那
65 个破产案的资产负债表里提到的一些有待偿还的大债主。除了《路易十五的私生活》，罗贝尔和戈蒂埃公司订购的畅销书中其他受到禁止的书籍都与启蒙运动有关，如霍尔巴赫的《自然的体系》、马蒙泰尔（Marmontel）的哲学小说《贝利萨留》（*Bélisaire*），还有梅西耶的《巴黎图景》（*Tableau de Paris*），这是一部关于首都生活的充满卢

[1] 每种书和每份订单的全套统计数据可在 robertdarnton.org 网站上查询。

梭式评论的随笔集。但是，罗贝尔和戈蒂埃公司主要不是经营非法书籍。他们偏爱游记类书籍，如约翰·卢卡斯·尼坎普（Johan Lukas Niecamp）的《东印度群岛游记》（*Voyages dans les Indes Orientales*）、马丁·夏洛克（Martin Sherlock）的《一个英国旅行家的信笺》（*Lettres d'un voyageur anglais*），和一些纯文学著作，如安托万－莱奥纳尔·托马（Antoine-Léonard Thomas）的《论不同世纪妇女的性格、道德观念和才智》（*Essai sur le caractère, le mœurs et l'esprit des femmes dans les différents siècles*）、雅克·德利尔（Jacques Delille）的《花园》（*Les Jardins*），以及一些儿童文学书籍，如让利斯伯爵夫人 C.-S.-F. 迪克雷斯特（C.-S.-F. Ducrest，comtesse de Genlis）的《美德年鉴，或供青少年使用的历史课本》（*Annales de la vertu, ou cours d'histoire à l'usage des jeunes personnes*）。他们遵循一种普遍采用的策略，即订购的图书品种很多，但每种图书的订购数量很少，因为他们要使库存量与顾客的需求达到平衡。他们解释说，“我们能卖多少就订多少。”

法瓦尔热在余下的旅程中逐渐得知，这是外省书商们的典型经营策略。在行程的最初几个小镇，他为推销出版社的货物做了最大的努力。下一站是里昂，那是一座大城市，也是一个富有活力的出版中心，他在那里将面对另外一系列任务。

第五章

里　昂

企业家与冒险家

里昂，蚀刻画，摘自《新版法国风光游》（*Nouveau voyage pittoresque de la France*），巴黎，1817（汝拉省图书馆，以下简称 BiCJ）

在小心翼翼地跨进里昂的书店以前，法瓦尔热仔细研读了出版社的董事们写在日志上的指示。他知道，他将不得不和出版业界一些最难讲话的客户谈判。里昂是法国第二大城市，自中世纪以来就是重要的图书贸易中心，里昂拥有大量以铅印文字为生的人——出版商、印刷商、书商、装订商、铸字商、纸品商、货运代理商、走私者，和形形色色的投机商。大大小小的阴谋一直在这些企业家当中酝酿翻滚，而在 1778 年，有几场阴谋眼看就要浮出水面来了。

里昂图书贸易的突出特征是盗印。[1] 瑞士出版商就是想以这个城市为集散地，把廉价盗版书输往法国各地的市场。自 16 世纪早期起，书籍就通过日内瓦到里昂的主要道路涌入，而到 18 世纪，随着洛桑、伊韦尔东和纳沙泰尔等地的新出版社出现，里昂的图书流入量大大增加。伯尔尼和巴塞尔的出版商通常集中在北部通道上，而如前所述，纳沙泰尔出版社还试图通过贝赞松和第戎开辟通向巴黎的路径。但里昂依然是其通向法国市场最重要的出口。里昂不仅有非常便利的水陆

[1] 关于盗印的总体情况，见弗朗索瓦·穆罗（François Moureau）编，《灰色出版业：书籍盗版（16—19 世纪）》（*Les Presses grises: La Contrefaçon du livre, XVIe-XIXe siecles*），巴黎：Aux amateur de livres，1988。国家完全知晓里昂盗印成风。例见里昂图书贸易（转下页）

交通，而且拥有专业的经纪人，他们能让贸易，尤其是盗版书籍的贸易，变得更加便捷。

17 世纪末巴黎书商行会在出版业确立了自己实质上的垄断地位，盗版贸易随之繁荣起来。[1] 巴黎出版商在路易十四王朝中央集权政策

（接上页）检查官克洛德·布尔热拉（Claude Bourgelat）1760 年 1 月致巴黎的检查官约瑟夫·戴梅里（Joseph d'Hémery）的信，巴黎国家图书馆，法文全宗 22080，no.101。在关于里昂及其书商和印刷商的研究中，尤为重要的是多米尼克·瓦里（Dominique Varry）的文章，他充分利用了纳沙泰尔出版社档案以及里昂的资料来源，例如："地下发行：纳沙泰尔出版社和里昂的出版社"（La Diffusion sous le manteau: La Société typographique de Neuchâtel et les Lyonnais），见《欧洲与书籍：16—19 世纪出版业批发交易的网络与做法》（*L'Europe et le livre: Réseaux et pratiques du négoce de librairie XVIe-XIXe siecles*），弗雷德里克·巴比埃（Frédéric Barbier）、萨比娜·朱拉蒂克（Sabine Juratic）和多米尼克·瓦里编，巴黎：Klincksieck，1996，第 309—332 页；"里昂与纳沙泰尔之间的交换"（Les Échanges Lyon-Neuchâtel），见《纳沙泰尔出版社（1769—1789）：纳沙泰尔公共与大学图书馆和纳沙泰尔大学文学院主办的学术讨论会论文集，纳沙泰尔，2002 年 10 月 31 日至 11 月 2 日》（*La Société typographique de Neuchâtel 1769 - 1789: Actes du colloque organisé par la Bibliothèque publique et universtaire de Neuchâtel et la Faculté des lettres de l'Université de Neuchâtel, Neuchâtel, 31 octobre au 2 novembre 2002*），罗伯特·达恩顿和米歇尔·施吕普编，纳沙泰尔：Attinger，2005，第 491—518 页；"18 世纪里昂的出版从业者：当'忠诚的臣民'也是'爱发牢骚的人'时"（Les Gens du livre à Lyon au XVIIIe siècle: Quand de 'loyaux sujets' sont aussi des 'maronneurs'），见《中世纪末至 1945 年西北欧城市的人民》（*Le Peuple des villes dans l'Europe du Nord-Ouest de la fin du Moyen-Age à 1945*），菲利普·吉涅（Philippe Guignet）编，里尔：西北欧历史研究中心，夏尔－戴高乐大学，2003，卷 2，第 229—242 页；以及"对纳沙泰尔出版社档案的新研究"，刊于《达恩顿辩论会：书籍与 18 世纪的革命》，第 235—249 页。亦见路易·特雷纳尔（Louis Trenard），《商业与文化：18 世纪里昂的出版业》（*Commerce et culture: Le livre à Lyon au XVIIIe siècle*），里昂：Imp. Réunies，1953；和罗杰·夏蒂埃，"书籍与空间：出版业的贸易流通和文化地理"（Livre et espace: Circuits commerciaux et géographie culturelle de librairie），《法国书籍史杂志》（*Revue française d'histoire du livre*），1971 年第 1 卷，第 77—103 页。

[1] 见亨利－让·马丁，《17 世纪巴黎的书籍、权力和社会（1598—1701）》（*Livres, pouvoirs et société à Paris au XVIIe siècle [1598–1701]*），日内瓦：Librairie Droz，1969，尤见第 3 卷，第 678—756 页；亨利－让·马丁，"17 世纪的巴黎出版业"（L'Édition parisienne au XVIIe siècle），见马丁，《旧制度时期的法国书籍》（*Le Livre français sous l'Ancien Régime*），巴黎：Promodis，1987；让·凯尼亚尔，"外省的经济萧条"（L'Anémie provinciale），见亨利－让·马丁和罗杰·夏蒂埃编，《法国出版史》，巴黎：Pomodis，1984，第 2 卷，第 282—293 页。

的支持下，买断了大部分图书的专卖权，与国家合作监管图书贸易，致使外省的印刷业急剧萎缩，最后只能做做当地的应时印刷品生意，而巴黎出版商还通过零售客户网络控制了国内大部分市场。外省出版商无法和巴黎出版商竞争，只好去做盗版书贸易，而那些盗版书，有一些是他们自己印制的，但更多的进口自国外。到1750年，法国外省图书市场已经充斥着廉价的盗版书，而里昂的书商也和瑞士出版商结成了一张联合经营的网络。

在1777年8月30日发布的一系列法令中，国家试图改革图书贸易的规章制度（关键的政令要追溯到1618、1643、1686和1723年）。[1] 改革通过限制巴黎出版商的垄断特权，使天平稍微朝外省书商倾斜，但最重要的是，它宣布了摧毁盗版书贸易的措施。政府承认，盗版书传播太广，以致许多书商的存货主要是由盗版书组成。
69 如果没收所有盗版书，就算可以做到，也必然会摧毁大量的生意，因此政府宽限了一段时间，让书商们清点持有的盗版书数量，并在离得最近的书商行会给图书打上标记，把它们合法化，再拿去卖。在限定的日期——这日期因地而异——过后，所有没有打上标记的盗版书都将被查缴没收。新的书商行会要和老的行会一起发起全国

---

[1] 关于1777年8月30日法令，见雷蒙德·伯恩（Raymond Birn），“观念的收益：18世纪法国的图书专卖权”（The Profits of Ideas: Privilèges en Librairie in Eighteenth-Century France），《18世纪研究》（*Eighteenth-Century Studies*），4(1971)，第131—168页；安妮·博埃斯（Anne Boës）和罗伯特·L. 道森（Robert L. Dawson），“盗版合法化与警察标记（1777）”（The Legitimation of Contrefaçons and the Police Stamp 1777），《关于伏尔泰和18世纪的研究》（*Studies on Voltaire and the Eighteenth Century*），230 (1985)，第461—484页；以及让娜·韦兰－福雷（Jeanne Veyrin-Forrer），“被扣押的书籍，打上标记的书籍：盗版书的巴黎印记”（Livres arrêtés, livres estampillés: Traces parisiennes de la contrefaçon），见弗朗索瓦·穆罗编，《灰色出版业：书籍盗版（16—19世纪）》，第101—112页。

性行动，彻底消灭盗版。1777年法令能否有效实施在当时仍是个未知数，不仅是因为国家常常未能完成自己的改革目标，还因为图书贸易管理当局已被全国各地的抗议声浪淹没了。法瓦尔热此次出差的一个目的，就是评估新措施的实施效果，而这意味着要摸清里昂市场的脉搏。

里昂的合法市场被几个自己印制书籍的富裕出版商把持着，享受着特权的适当保护。但是，里昂的大多数书商都是靠盗版书过日子的，而且其中许多人还经营"哲学书籍"。他们之间存在着残酷竞争，组成的联盟时分时合，不断采取新策略来适应变化的处境因为他们必须应付经济的转型（里昂是重要的议付汇票中心），以及政府时常发布的法令。里昂书商在内斗的同时，也常常团结起来对付共同的外敌，即由凡尔赛宫改革者支持的巴黎书商行会。[1]

不过，旧制度下的出版史不能归结为巴黎书商与外省书商的相互对抗，或者是合法图书与盗版图书的冲突。书商们利用一切可能的机会。有些巴黎经销商也偷偷从低地国家和瑞士订购非法书籍。有些外省出版商自己印制盗版书，以低于外国供应商的价格出售。旧的联盟和阵营时常分崩离析，然后又聚集成新的联盟和阵营。里昂书商尤其狡猾，因而从纳沙泰尔出版社的角度，决不可对他们掉以轻心。

出版社的董事们通过做生意，也通过访问他们的书店，与里昂的

---

[1] 由里昂书商牵头的外省书商反抗巴黎书商专卖权垄断的完整表达，见"里昂、鲁昂、图卢兹、马赛和尼姆的书商与印刷商关于出版业专卖权及其延续的商议的陈情书"（Mémoire à consulter pour les libraires et imprimeurs de Lyon, Rouen, Toulouse, Marseille et Nîmes concernant les priviolèges de librairie et continuations d'iceux），1776年10月15日，见法国国家图书馆，法文全宗22073，no.144。亦见"致国王及枢密院的大人们"（Au Roi et à nosseigneurs de son Conseil），此为一份里昂书商抗议巴黎书商出版业专卖权延续的请愿书，未注明日期，见法文全宗22073，no.141。

书商打过多年交道。1773 年，董事让 – 埃利 · 贝特朗在为一次商务旅行做准备工作时，对这些书商的特点分别做了简要描述，并写进了一
70 个和法瓦尔热的旅行日志非常相似的本子。[1] 有的书商高深莫测，如 J. M. 布里塞（J. M. Bruysset），是个“待人冷漠又狡诈的人”。有的高傲自大，“佩里斯兄弟（Périsse frères），机灵，有文人般的自负”。有几位怀有敌意，“布里塞 – 蓬蒂斯（Pierre Bruysset-Ponthus）是最不可能跟我们做生意的。”大多数书商都很尖刻，但是有一两位对打理自己的生意漫不经心，如贝尔纳 · 弗朗丹（Bernard Flandin），“你必须紧盯着他，他懒得出奇”。他们可能会摆架子，如让 – 马利 · 巴雷（Jean-Marrie Barret），“我觉得他讨厌我们”；要么他们会煞有介事地装大人物，如塞利耶（Cellier），“他除了租借我们的图书假扮书商外，啥也不是”。许多人不可信赖，也不能提供消息，如克洛德 – 马利 · 雅克诺（Claude-Marie Jacquenod）父子，“拜访一下他们就行了，别深谈”，贝特朗继续发出劝告。他们不讲诚信，常隐瞒他们生意的实情，还会像弗夫 · 雷吉亚（Veuve Réguillat）父子那样通过筹划破产来勾销债务，“什么也别跟他们说，除了布瓦 · 德拉图尔（Boy de la Tour）先生建议做的事”。德拉图尔是一位里昂商人，在 1771 年雷吉亚破产案的裁决中代表纳沙泰尔出版社。

法瓦尔热在启程出差之前，反复阅读了出版社董事们记在他日志开头的指示。他在里昂收到他们寄来的第一封信，信中强调了准备工作的重要性：“在进行任何拜访之前，先要仔细重温一下涉及里昂的注意事项，这样在商谈时，对付他们就能胸有成竹，在所有事务上都要花费必要的充足时间。”指示还为法瓦尔热如何针对一个个书商做

[1] 贝特朗，“旅行记事本”，1773，ms.1058。

好自己该做的事情，提供了一些具体的建议。[1]

法瓦尔热的任务很多，其中最重要的有两项：一是有关纳沙泰尔出版社在四开版《百科全书》的出版中所占份额的谈判，一是做好通过里昂书商行会偷运图书的安排。

最棘手的任务涉及《百科全书》的投机生意和组织这个投机生意的里昂书商约瑟夫·迪普兰（Joseph Duplain）。[2] 本书第二章提到过，纳沙泰尔出版社当时已经在和巴黎有实力的出版商夏尔－约瑟夫·庞库克合伙重印《百科全书》。庞库克买下了原版书的图集，这在他看来也就是买下了《百科全书》的版权。到此时，1750 年代由《百科全书》引起的那场丑闻已经平息，庞库克也已说服法国政府允许出新版。但是，迪普兰这个鲁莽又无耻的企业主印制了粗劣的盗版并投向 71
市场，从而击败了庞库克。最终，这一版本还发展成拥有 36 卷正文和 3 卷图集的四开版。起先，庞库克打算动员他在政府里的保护人下令清除法国市场上的四开版《百科全书》。可是这个版本卖得太好了，于是庞库克和纳沙泰尔出版社最后决定不跟迪普兰斗争了，而是和他联合出版。

1777 到 1780 年间，四开版《百科全书》如出版商所说出了三种“版本”（edition），但是他们所说的“版本”不符合现代书目学术语，现代术语要区分版本和“版前稿本”（states）。迪普兰开始印了 4000 套（实际是 4400 套，即每张折帖印 8 令 16 刀纸，因为要多印额外的折帖，以备弥补有缺陷或毁损的折帖之需）。随着订单雪片似飞来，

---

[1] 指示和日志文本有法文版和英文版，可在网站 robertdarnton.org 查阅。

[2] 下面几段概述了我在《启蒙运动的生意：百科全书出版史（1775—1800）》（坎布里奇，马萨诸塞州：哈佛大学出版社，1979）中详细探讨过的研究。

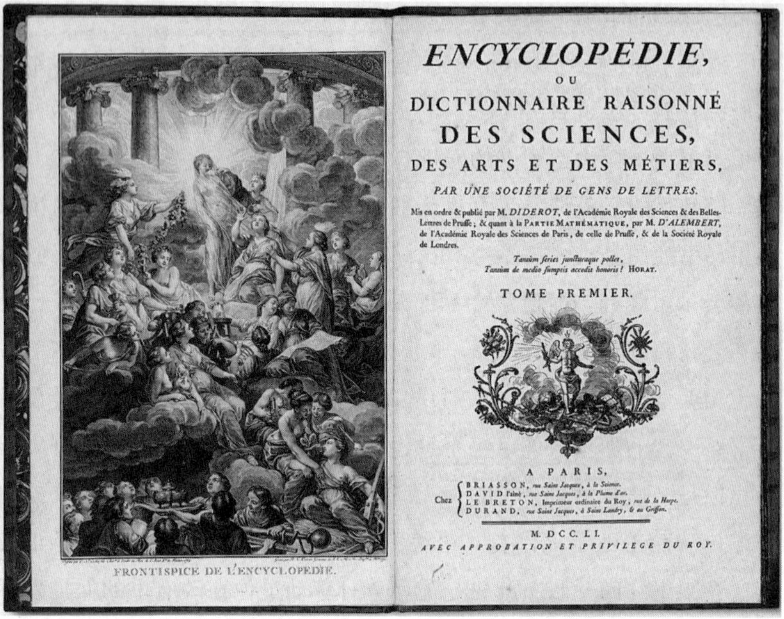

BPUN :《百科全书》扉页

他又把印数增加到 6000 套（实际是 6150 套，但是出版商们在信函中都采用约整数），并且重印了原版印数已经完成的折帖：所以在他的
72 表述和印刷合同中就有了“两版”之说。即使这样，大额订单仍在增加。因此，迪普兰、庞库克和纳沙泰尔出版社达成共识，印刷“第三版”2000 套（实际上每张折帖印 4 令 15 刀纸，即 2375 套）。最后，在考虑了损耗后，四开版的联合印制共达到 8011 整套。从盗版投机买卖开始的四开版《百科全书》，就变成了一项高达百万量级的巨大项目——它的赞助商们认为这是出版史上最赚钱的项目。

对《百科全书》的需求依然非常强劲，以致里昂的两家书商，让－马利·巴雷和约瑟夫－叙尔皮斯·格拉比（Joseph-Sulpice Grabit），也仿效迪普兰，在1778年初翻印了他的盗版。为了证明他们是认真的，他们以一次2000套的印量印了6张折帖（48页四开本），并且告诉迪普兰，若要他们住手，需花27,000锂买断。这可是一笔不小的数额——相当于一个印刷工一生的工资，但是经过非常痛苦的内心斗争，迪普兰同意支付这笔钱。三个盗印者签订了一份互不侵犯条约：巴雷和格拉比交出了印好的折帖，迪普兰支付了勒索赎金。这是一个离奇的歪招，即便依照里昂书商的道德准则来说也是如此。但是正如庞库克后来所说（他和纳沙泰尔出版社作为迪普兰的合伙人，不得不对他们的生产能力大加赞赏）："如果你无法打败盗印者，最好的策略就是跟他们达成交易。"

与此同时，洛桑和伯尔尼的两个盗印出版商也发起了一场类似的攻击。他们试图以八开的版式翻印四开版正文来突袭法国市场——这属于盗印盗版书，尽管庞库克继续拥有对原版《百科全书》的权利，因而对四开版《百科全书》也拥有一定的合法权利，但是法国政府是公开容许盗印的。在法瓦尔热出差法国之时，一场《百科全书》之战就在印制四开版和印制八开版的两组出版商之间爆发。他推销四开版的订阅，并在所到之处尽其所能阻挠八开版的销售。在第一站蓬塔利耶，他发现了八开版《百科全书》的出版商怎样越境偷运货物。如上所述，这个情报至关重要，因为庞库克一获得这个情报，便向法国当局报警，致使大量货包被没收，八开版《百科全书》无利可图，而法国读者订阅它的热情也被浇灭了。1779年，八开版《百科全书》的出版商从法国市场撤退，靠满足欧洲其他地方对廉价《百科全书》的需 73
求生存了下来，最终在1780年1月通过签订一份协议，与四开版的出版联盟握手言和。

庞库克和纳沙泰尔出版社在抗击外部对手的同时，也特别担心联盟内部有人背叛，因为迪普兰的活动看上去越来越可疑了。他经营着整个项目，掌握着大部分秘密，拒绝报告他的详细账目。合伙人们开始搜集情报，要查证他们是不是正在遭受一场巨大的骗局。经过大量侦查工作，并经历了一连串纠纷，他们获得了证据，证明迪普兰至少贪污了 48,000 锂。1780 年 1 月，在里昂的一次会议上，他们向他亮出了证据，这次会议变成了最后的清算。迪普兰百般抵赖，最终还是屈服了，同意给予全额补偿。整个事件并没有被公之于众，一直埋藏在纳沙泰尔出版社的档案里，直到近两个世纪才被曝光。

然而 1778 年 7 月，当法瓦尔热拜访迪普兰时，四开版《百科全书》投机生意的结局还无法预料。那时候，阴谋和对阴谋的反击还没有酿成危机，但是很明显，在《百科全书》的投机生意中，每次风波的发生都会让大量财富濒临险境。法瓦尔热作为纳沙泰尔出版社的职员关注了整个事件，因为他深知必须对迪普兰的不老实保持警惕；同时还得集中精力关注本出版社的当务之急——获得更大份额的印刷业务。为了大规模生产《百科全书》，它已经把印刷厂的产能扩大了一倍，还雇了 20 名新工人，但是迪普兰把印刷业务分派给了日内瓦、格勒诺布尔、特雷武和里昂的印刷厂，它们共有 53 台印刷机的生产能力。按照他和其他出版四开版《百科全书》的合伙人订的合同，他要利用订阅费的收入把印刷业务按照规定的费用比率分包出去。迪普兰把这些费用比率跟他实际付给印刷工人的工资之间的差额当作回扣私吞了。纳沙泰尔出版社不愿接受这么低的回报，因此迪普兰也就没有把大量印刷业务分包给它。法瓦尔热抵达里昂时，迪普兰只给了纳沙泰尔出版社三卷内容用于印刷，而且第三卷都已经印完了。如果迪普兰不让纳沙泰尔出版社多印刷一卷的话（他很可能是想从回扣中获利），出版社就得解雇工人，并且让它的仓库白白堆放花了很多钱买 74 来的准备用于印刷的纸张。

纳沙泰尔出版社为贮存这些纸张支付了费用，指望在把印完的书交付里昂后，用所得收益来回笼资金。可是迪普兰在信中竟暗示，他要拒绝承兑他已经发给纳沙泰尔出版社的汇票，这张汇票是用来支付出版社印刷前两卷《百科全书》的费用的，将在第三卷快印完的时候到期。作为拒绝承兑的借口，他指责纳沙泰尔出版社用纸质量差，交货也不及时。他在每一个环节都肆意刁难、讨价还价，由于三卷中每一卷都有这样的情况，结果36卷的“特别版”就增加了削减成本和完全投机（outright speculation）的机会。法瓦尔热不能阻止迪普兰牟取暴利。他只是一个职员，不是纳沙泰尔出版社的合伙人，也不是四开版《百科全书》出版联盟的成员；但是他能帮助雇主找到方法来止损和增加利润。

按照日志上的指示，他的第一个任务是收集有关四开版《百科全书》项目总体状况的情报。因为迪普兰守口如瓶，不透露一点秘密，纳沙泰尔出版社对这个项目的实际运营情况了解甚少。“拜访迪普兰先生，弄清楚四开版《百科全书》印刷业务的目前状况；里昂和其他地方有多少印刷机在印；如果已经开始印第三版，印数是多少。了解情况时不要显得太急切。”日志上的指示就是这样行文的，不厌其详。法瓦尔热要聚精会神地聆听迪普兰所说的每句话，却又不得表露出纳沙泰尔出版社非常想多印几卷的意图。但是他应当辩明，本出版社印刷质量优良、用纸合宜、校对细心，同时还要强调本出版社扩大业务份额的一般要求是合理的，因为它是这个项目的合作伙伴，还专门为印刷《百科全书》扩建了印刷厂。

法瓦尔热准备投入战斗了。他在专门处理纳沙泰尔出版社与迪普兰之间往来账目的雅克－弗朗索瓦·达纳尔的陪同下，走进迪普兰的总部。之前就对《百科全书》出版事务做足了功课的达纳尔提供了关键的支持。当然，法瓦尔热也从给他的那些指示中，外加借助纳沙泰尔出版社的商业信函，对此事作过详细了解。他碰巧读到过迪普兰的一些充满敌意的信函，而且发现公司收到的所有信函都不曾有过他那
75 样恶毒的语调。然而出乎意料的是，他受到了迪普兰的热情接待。迪普兰表现得十分亲切。他称赞纳沙泰尔出版社最近的印刷质量很高，还突然主动提出要它多印一卷，印数可增至6000册。更有甚者，他还说他会把刚刚开始印制的第三版《百科全书》中的三卷派给纳沙泰尔出版社去印。他甚至宣布，他要以纳沙泰尔出版社的名义把这一版推向市场，仿佛他们就是这一版的出版商。（前两个“版本”以日内瓦的让－莱奥纳尔·佩雷［Jean-Léonard Pellet］的名义出版，而迪普兰则藏在书名页上的假地址后面。）迪普兰希望靠这个花招来促销，因为有流言说，佩雷版错误百出，纸张质量也不好。

法瓦尔热不知道，迪普兰这出人意料的举动有两个更深层的原因。首先，他在计算四开版《百科全书》的卷数上犯了灾难性错误。印刷厂的一位工头向他保证，原本对开版的17卷正文，加上4卷对开版《补编》（在1776年和1777年出版的单独的项目），可以翻印成29卷四开版。实际上，这些内容要36卷才勉强容纳。按照订阅条款，每套书迪普兰（藏在表面上作为出版人的佩雷身后）只要负担344锂的费用，即29卷正文每卷10锂，3卷图集每卷18锂。依照每卷10锂的标准，增加7卷正文就要使每套的价格提高到414锂，可是迪普兰不能突破与订户签的合同所规定的限价。最终迪普兰靠要花招化解了这个问题，他让订户负担增加的7卷中4卷的费用，却不作任何解释。这样，在第三版的销售说明书中，他宣布纳沙泰尔出版社将提

供总价为384锂的36卷本，价格与前两个“版本”相同。这样一来，通过更换名义上的出版商，他就进一步撇清了责任。

其次，迪普兰的现金流转遇到了严重问题。他委托出去的印刷业务太多，因此往往印刷完毕的书到了，而订户应交的钱还没到。大部分订金是由以零售价卖给顾客的书商收取的。但书商收取应得款项需要时间，而且他们收到款后也不急于把它们付给迪普兰。所以他手头上没有足够的现金来兑付作为报酬付给印刷厂的汇票。他已经向纳沙 76
泰尔出版社发出了支付前两个“版本”的第六卷和第十五卷总计2019锂的印刷费用的期票，可是他又不能够或者不愿意在到期日兑付。他还缺乏现金支付他派给纳沙泰尔出版社做的第三版第二十四卷的印刷费用，而这一卷马上就要印完了。但是他提出了一个有力的理由来说服纳沙泰尔出版社接受延缓兑付：他将多分派一些卷——包括前两个“版本”的第三十五卷和计划印制的第三版的其中几卷——来让它印刷，而且第三版还将以纳沙泰尔出版社的名义出版（最后这个高调许诺是整个理由的精妙之处）。

迪普兰和纳沙泰尔出版社在往来信件中已经就这种安排达成了协议，而此时法瓦尔热正在骑马前往里昂的途中。所以在他出现在迪普兰的店里之前，一切都已经谈妥。当迪普兰通知他增加纳沙泰尔出版社的印刷业务份额，并提出把该出版社的名号印上第三个“特别版”的假封面这个诱人的条件时，法瓦尔热就明白了自己受到出乎意料的热情接待的原因。迪普兰没有能力承兑那张未兑付的汇票，而这个额外增加的印刷业务将作为对延期兑付的补偿。这个让步条件看似十分合理，因为迪普兰坦白地承认，他在里昂印刷一卷就能赚到1500锂的利润。再者，他还有理由证明，纳沙泰尔出版社不像别的出版商，它是本项目的合作伙伴，理应分担为应付生产急需做出支付上的调整时所产生的负担。而且纳沙泰尔出版社可以依赖达纳尔的支持，他能够在他的投资组合中安排汇票来把迪普兰债务的延期偿付包括进去。毕竟，达纳尔作为博塞的女婿，和纳沙泰尔出版社是有家族关联的。

因此，与法瓦尔热预料的相反，他和这个后来在《百科全书》出版的故事中变成了大恶棍的人相处融洽。迪普兰让他确信，他已经消除了巴雷和格拉比盗印四开版的威胁，而法瓦尔热则告诉迪普兰，他发现洛桑和伯尔尼的盗印者已经把他们的八开版《百科全书》偷运到了法国。迪普兰听到这个消息似乎很高兴。“我们得赶快行动，”他喊道，“我来查他们的案子，当他们发现自己成了政府的通缉对象时，他们就要傻眼啦。”法瓦尔热在发回纳沙泰尔的报告中，承认他对迪
77 普兰管理此项目的账目感到放心。不过他向出版社本部的上司保证，他没有违背他们的指示：“感谢上帝，每件事我都是按你们的指示去做的，要是你们跟他待的时间和我跟他待的一样久，就会发现这事不容易。”

接下来的一周，法瓦尔热继续每天和迪普兰商讨《百科全书》事务。迪普兰印了一份关于第三版的销售说明书和一封通知函，请书商们为它募集订户。在法瓦尔热看来，两篇文本都可以接受，他把它们寄回出版社，过后不久批准函就到了。销售说明书上以纳沙泰尔出版社的名义出版第三版的内容看上去尤其有吸引力，而且它强化了法瓦尔热作为《百科全书》推销员的作用。他把它的副本，连同纳沙泰尔出版社的书目，以及该社出版的《圣经》和《艺术与工艺全书》的销售说明书，放进马背上的行囊中，在随后四个月里每到一处都要向人分发。不过，在重新踏上旅途之前，他在里昂还有更多的事务要办理。

法瓦尔热的使命的一个重要方面，是和书商聊行话来吸引他们，以便他们能够就盗印的最佳前景向出版社提出建议。盗印什么书最

有赚头呢？纳沙泰尔出版社像靠近法国边境的其他十多家出版商一样，每天都面临这个问题。董事们只有依靠他们的直觉和从商业信函中收集来的情报，才能做出最终的决定。销售代表则可以通过与书商们聊天时捕捉到的一些信息来补充这种情报。法瓦尔热获得的众多建议中的第一个，来自布雷斯地区布尔格的韦尔纳雷尔。他鼓动纳沙泰尔出版社翻印刚刚在巴黎问世的书籍，《宾夕法尼亚法律和宪法，译自英文，并献给富兰克林博士》（*Les Lois et constitutions de Pennsylvanie, traduit de l'anglais et dédié au docteur Franklin*），它有可能吸引那些着迷于两年前在美国爆发的革命的读者。韦尔纳雷尔向法瓦尔热保证，该书的新版本一定会畅销。如果纳沙泰尔出版社愿意印一版，他答应预付一份大订单，购买 50 册，甚至还提议由他来提供原版书。他从原版出版商那里订购了 6 册，可以寄一册给他们。在把这个消息传达给本部后，法瓦尔热继续在随后的旅途中从书商们那里打探，里昂没人听到过这本书，也没人表露出丝毫兴趣。法瓦尔热到达格勒诺布尔时，他发现该市最重要的书商布雷特的店里就摆着几册，但是卖 78
不动。布雷特对它的质量评价不好："它就是一个法律大杂烩而已。"直到到达马赛，法瓦尔热才再次听到有关《宾夕法尼亚法律和宪法》的情况。在那里，书商们对它的反映也是负面的，于是这项计划最终作罢。

里昂是搜集这类情报的最佳地点，可是法瓦尔热发现书商们都三缄其口。他们自己都在大量盗印书籍，而且 1778 年夏天，他们都对四开版《百科全书》的销量眼红。尽管如此，法瓦尔热还是设法探出一些消息。里昂最大胆的盗印商之一让－马利·巴雷卖不掉孔狄亚克（Condillac）的那套综合了启蒙运动思想的六卷本《指导帕尔默王子的基础课程》（*Cours d'études pour l'instruction du prince de Parme*），因此他劝出版社放弃重印巴雷的版本。前景比较好的是里科博尼夫人（Mme Riccoboni）著作的翻印再版："巴黎版的销路肯定好，一直有人在求购这书。"法瓦尔热在继续前行的途中还将收集到其他资讯。阿维尼翁的书商推荐《名人词典》（*Dictionnaire des grands hommes*）。奥尔良的勒图尔米建议印克洛德－约瑟夫·多拉（Claude-Joseph Dorat）的小说《欧拉丽书简》（*Les Lettres d'Eulalie*），而库雷·德维尔纳夫（Couret de Villeneuve）钟情于《小塔利亚的游戏与娱乐》（*Les Jeux et amusements de la petite Thalie*），一本给儿童看的书，"他说是一本很好的书——意思是卖得好。"

在谈论最有潜力的畅销书时，书商们最看好的是卢梭的《忏悔录》（*Confessions*）。关于存在这部书的传言，以及卢梭手稿中其他未发表著作的传言，在卢梭1778年6月2日去世后不久就开始广泛流传。8月，当法瓦尔热到达马赛时，他汇报说，人人都在向他打听《忏悔录》。"人们坚信有这本书，不在巴黎，但是可能在荷兰。那书可以印上3000册。我们如果能很快搞到它并通知我们所有的最佳客户，他们肯定全都会要，甚至会用现金支付。"尽管纳沙泰尔出版社千方百计想搞到卢梭的手稿，但最终还是不得不勉强接受销售其他出版商的盗版。与此同时，它还在继续依靠法瓦尔热和它的书商客户提供的情报来寻求其他门路。

法瓦尔热在里昂的使命还包括其他一些内容，打探一下能否找人
79 铸造一副新铅字，供出版社印刷第三版《百科全书》使用，以及跟几家纸品商讨价还价，为纸张供应做准备。他还拜访了里昂几乎全部38家书商，结账并签下新的订单。他们从纳沙泰尔出版社订货不多，而是大量从日内瓦和洛桑进货，自己也生产许多盗版书。法瓦尔热还和瑞士的书商做了大量的图书交换。在他写给出版社的信中，有大量

报告谈及他们提议的交换——用他们书籍存货交换纳沙泰尔出版社的存货中折帖数量相当的书籍，以及对书商及其生意状况的评论。在里昂进行这种评估尤为重要，如给他的指示中所强调的："你要特别注意把根据你所能收集到的情报得知的有关书商的一切情况写下来。"法瓦尔热在描述时，关于里昂书商的评论仍然简明扼要且不带感情色彩。例如，他说雅克诺靠不住，像"一把双刃剑；我要十分小心不被他缠住"；弗朗丹很难讨价还价，而且是"一个能敏锐感知书的价值的人"；还有佩里斯兄弟，捉摸不透，"这些先生把牌揣在怀里不亮出来，但是他们承认，整个里昂除了一些微不足道的书籍和四开版《百科全书》外，什么没有在印。"每位书商都有鲜明的个性，而且大多数很难打交道："我在这个城市待了很久，但是你要是想找这些先生谈一谈，他们总是没时间听你的。好像他们都有个大帝国要忙着治理似的，其实他们做的生意一点都不大。"

法瓦尔热把这种低迷状态部分地归因于《百科全书》生意的兴旺，它把财力从其他图书的投机生意上吸走了："无论是谁，如果能搞到钱每月或每年投资图书生意，都会投到四开版《百科全书》上。"但是主要问题是人们无法确切知道政府打击盗版图书贸易的情况。在盗版书上打标记的措施还没有开始执行。法瓦尔热走访书商行会时也没有察觉到人们有执行 1777 年法令的热情。7 月 15 日，他写道："昨天我在书商行会待了一下午，我看不出怎样处理打标记这种烂事可以避免可怕的混乱。"虽然他亲眼目睹了夹带盗版的路易十五的掌玺大臣亨利－弗朗索瓦 · 达盖索（Henri-François d'Aguesseau）著作的货包（不属于纳沙泰尔出版社）被没收的场面，但是他对自己所受到的 80
接待感到高兴："我在这个掌握图书贸易生杀大权的审判庭见到了所有理事，他们对我还是挺有礼貌的。"

创业、启蒙、盗印、暴利——这么多因素聚集在里昂，使法瓦尔热延长了逗留时间。直到达成此行的另一个主要目的——找到一条能绕过书商行会这个“审判庭”的途径，他才能离开。

第六章

里　昂

国内走私

一辆载货的马车过桥

让－雅克·德布瓦西厄绘，《大石桥》（*Le Grand pont de pierre*）。哈佛艺术博物馆，贝林达·L.兰德尔的赠品，来自约翰·威特·兰德尔的收藏，R4166。哈佛大学影像部版权所有

法瓦尔热走访书商行会与他此次里昂之行的另一个目的有关，这个目的几乎与有关《百科全书》的谈判同等重要，即筹划偷运事宜。第二章解释过，纳沙泰尔出版社通过弗朗堡和蓬塔利耶或其他过境点发运货包，在这些地点由海关人员打上铅封，并签发货物通运准单。然后货运代理商把它们转运到里昂，让书商行会进行检查。一旦他们完成了检查——检查的彻底程度由他们决定——理事就会签发一份卸货证，货车车夫把它连同货物通运准单一起返还边境检查站，作为货包中不含盗版书和禁书的证明。货运代理商，通常是蓬塔利耶的让-弗朗索瓦·皮翁，就作为返还经过卸货处理的货物通运准单的保证人，如果在某个最后期限内，货物通运准单未能返还，他就得支付巨额罚金。

尽管这些都是纸面上的工作，但是，假如书商行会的检查员——有时也有警察陪同——不玩忽职守的话，作为反盗版书和禁书的杀手锏，这种制度运作还是相当有效的。当然，随着他们与外国供应商贸易的增加，他们玩忽职守的程度往往也会增加。但是，串谋和非法运输绝非易事。书商行会的理事及其同行们会跟瑞士的出版商作对——或是为了优待某些出版商，打压另一些出版商；或是为了保护他们自己的盗版书，抵御国外的竞争；或是为了推销正在被盗印的有特许权的版本；或是害怕被当作共犯受到惩罚；或仅仅是厌恶非法运营（这个情况很少见）。纳沙泰尔出版社虽然和法国外省的一些书商结成了 82
联盟，但也无法仅靠他们的善意甚至贿赂，就能指望让货物通过书商行会。这需要专业性的协助。

在法瓦尔热到达里昂前不久，纳沙泰尔出版社已经聘用了雷沃尔，让他设法使货物能够顺利通过书商行会，并转运到遍及法国的各个目的地。出版社曾经从波尔多的一位客户那里获得情报，说雷沃尔有办法让货物完全避免检查。于是，它就对他进行了试探，转弯抹角地考察他的偷运能力，并用做大生意的前景来引诱他。[1] 像与费弗尔及边境上其他偷运者做的交易一样，出版社要求雷沃尔在他的业务中把“保险”包括进去，即保证偿还任何被没收书籍的价值。他在一封以“雷沃尔公司”署名的信中回答道，最近书商行会对图书贸易的监管变得非常严厉，因为政府指望它执行新的反盗版法令。他确实找到了一种规避检查的“可靠方法”，但是费神又费钱，因此，“再怎么节省，每英担也要花 4 到 5 锂”。他和迪普兰有关系，可以利用政府容许的四开版《百科全书》的货包来藏匿禁书的折帖。这样，这部启蒙运动最重要的著作，这部在 1750 年代曾因引起公愤而被禁止的书籍，就要在 1770 年代为新一波非法书籍的传播起到掩护作用了。

纳沙泰尔出版社回信说，雷沃尔的提议听起来不错，但是他能保证把货物送到它在法国各地的客户手上吗？如果行，它就付每英担 4 锂作为“保险费”。雷沃尔在答复时，避免使用“保险”这个词，但

[1] 雷沃尔与纳沙泰尔出版社的通信，以及相关背景资料，可在网站 robertdarnton.org 的“里昂”和“中间商和偷运者”标题下查阅。

他承诺把货物运给出版社提到的那些位于蒙彼利埃、马赛、波尔多、卢丹和欧塞尔的书商。1778 年 6 月，出版社向这些地点发出了首批货物。因为没有按雷沃尔的指导跟《百科全书》的货包一起发运，它们被延误了。不过雷沃尔还是答应关注在路上滞留的所有货物，利用出版社发给迪普兰的货包，让更多货物顺利通过书商行会："我可以告诉你们，我们有安全的仓储设施；而且如果你们想利用《百科全书》
83 带来的机会，可以用一个货包来掩护四个其他货包——把这个货包放在其他货包的外侧或上部。"雷沃尔向出版社保证，用《百科全书》来做掩护，他可以"轻而易举地"让它们蒙混过关。迪普兰雇请他来处理所有已经运到的新近印制的《百科全书》，而"书商行会很少去检查它们，就是检查，也没人会查到里面，只查查表面。"

听起来雷沃尔确实有能力，见多识广，但是怎么才能信任他呢？他能提供保险吗？纳沙泰尔出版社印完《百科全书》之后，他还能继续搞偷运吗？这些是法瓦尔热需要解决的问题。

当法瓦尔热走访"雷沃尔公司"时，让他吃惊的第一件事就是，这个所谓的"公司"，只是雷沃尔和他妻子的夫妻店。"雷沃尔先生除了他妻子外再无伙伴，他在此地默默无闻。他是个年轻人，一点都不富裕，但胆子很大。他的确看起来很聪明，不过不应该太信任他。"这个自封的货运代理商常常自己开业做生意，除了自己的聪明才智和一些人脉外，资产很少。雷沃尔的生意，显然是从充当迪普兰的发货人开始的，当时迪普兰需要人帮忙发运大批量的《百科全书》。他们曾经是同学，迪普兰的另一个助理阿马布勒 · 勒鲁瓦也是，而迪普兰想利用他的关系作为一条路径，来取代纳沙泰尔出版社的正规货运代理商克洛代兄弟父子公司（Claudet frères et fils）。

克洛代公司是有实力、负责任的货运代理商，最近两年在里昂顺利地打理着纳沙泰尔出版社的生意，但是在法国政府宣布新的反盗版措施后，他们不愿再冒风险了。法瓦尔热日志里的指示指导他和克洛代公司保持友好关系，但是把“雷沃尔公司”认作“我们的新货运代理商”。法瓦尔热要从雷沃尔那里获得怎样避免被不仅是里昂还有各地的书商行会没收货物的情报，而且要把所有细节都用文字记录下来，甚至必要的话，“一字不差地把口述内容听写出来，寄给我们”。

当法瓦尔热把雷沃尔引入有关走私活动的细节讨论时，他学到了许多有关这个具有高度专业要求的职业的知识。雷沃尔不愿承担“承保人”的责任，他继续强调尽量利用《百科全书》来掩盖偷运的货 84
物。但是即使没有《百科全书》的货包，他也有办法安排非法书籍的运输。货车车夫要在里昂郊区克鲁瓦鲁斯镇的一个指定地点，把运往巴黎和北方的货物卸下来。里昂的圣克莱尔港也有一个类似的地点，可作为运往南方的货物的中转站。雷沃尔会在这些地方把铅封破掉，打开货包，拿掉一些非法书籍，用合法书籍替换它们，把货包包扎好，再打上伪造的铅封。他的仓库一直保持着合法书籍的供应，他会小心翼翼地从中选择，使替换的书籍重量相同。提货单必须提到货物重量，因为反盗版有一种更进一步的措施，就是货物在书商行会接受检查时要进行称重。这样处理一下，经过伪装的货物通过书商行会就不难了，而雷沃尔再把非法书籍当作国内货物转运到目的地，一路上它们很少受到检查，尤其是如果贴着“服饰用品”的标签。它们也许会在最终目的地附近的书商行会受到检查，这时雷沃尔在这些地方的货运代理商就会确保书籍安全无虞地运到客户手中。如果雷沃尔能收买一个检查员，他甚至无须在里昂进行任何这样的操作，就可以让货物通运准单获得卸货处理。那样，货物就可以先在蓬塔利耶等着，待时机合适就可以被直接运到目的地，而雷沃尔则可以通过邮件来操纵整个交易。他从未实际尝试这一方法，但不管怎样，重新对货包进行包装来掩人耳目，是他图书偷运最重要的手法之一。

雷沃尔把这套系统拼凑起来花了一些时间，而其运作的全部细节只有在他与纳沙泰尔出版社通信的过程中才逐渐披露出来，这些通信最后形成一包拥有 125 封信的卷宗。如果读者带着一种把偷运活动视作英雄行为的浪漫观点去读这些信，也许会感到震撼，但是据纳沙泰尔出版社从其他偷运者和中间人处收到的信件来看，这种活动似乎并不鲜见。对 18 世纪的出版商和书商来说，做生意少不了都要搞一些地下交易。纳沙泰尔出版社一开始向法国发运书籍，就需要找“承保人”，它和其中几位维持着稳定的通信联系。让 – 埃利 · 贝特朗 1773
85 年出差前在日志上写下他要做的事情时，就记下了“承保人多，这些日子都无事可做”这句话，他计划在圣叙尔皮斯和莱韦里耶尔分别找一位“有实力的承保人”，把出版社的书籍越境运到蓬塔利耶。

然而，越境偷运只是延伸到法国各地的复杂进程中的第一步。如果能巧妙地瞒过书商行会的检查，那么盗版书甚至禁书的运输，都可以与合法书籍的运输汇合起来，而地下发行体系就将沿循正常的贸易路线。因此，对出版业来说，里昂作为连通瑞士和法国的交流中心起到了关键性作用。

既然里昂如此重要，纳沙泰尔出版社对自己在当地的代理商的关注，自然不亚于对在边境帮它偷运的代理商的关注。雷沃尔只是它在里昂的一长串货运代理商中最新的一位，这些代理商可以从克洛代公司追溯到安德烈 · 肖德利（André Schodelli）、让 · 肖布（Jean Schaub）和其他几位。每一位都身怀绝技。绍布有办法伪造货物通运准单，还能在里昂郊外拉吉约蒂耶尔的“来三瓶”客栈里把货卸下来，从而瞒过书商行会。肖德利在书商行会的理事中发展了保护人。克洛代也这样干，甚至还当了一段时间的承保人，每英担要价 6 锂，包括 30—40 苏作为他的利润。但他的生意每次都泡了汤——要么是因为理事换了，要么是在一次检查中禁书不幸被查到，要么就是在某个关键节点上书商行会提高了警惕。雷沃尔比纳沙泰尔出版社雇请的其他所有代理商都技高一筹，做的时间也更长一些，所以如何在发行系统的各个重要节点上实现偷运，他的卷宗披露的内容最为丰富。

雷沃尔在向法瓦尔热和纳沙泰尔出版社介绍了他的业务之后，就开始讨价还价地提条件了。他坚持说他不会作出承诺，除非出版社把所有货运业务都委托给他做，而不只是那些涉及非法书籍的业务——这意味着要把克洛代公司从出版社的生意中逐出去。他还要求出版社雇用能完全听他调遣的车夫。他们必须在离里昂郊区圣克莱尔半里格远的布塔里客栈卸下货物，然后将货物通运准单和卸货单交给雷沃尔本人，以便他能够提防这些伪造的文件出现纰漏。他考虑的主要危险是皮翁不称职，皮翁从蓬塔利耶派车夫出发，而且经常不给他们准确的指示，或者不用邮件（专业术语是“发货通知书”［*lettre d'avis*］）通知雷沃尔。

纳沙泰尔出版社同意了这些条件，8 月底，雷沃尔就把几个在里 86
昂郊外的秘密仓库储放了一段时间的货包转运给了它的客户。他请出版社发运 300 或 400 磅的合法书籍给他，让他适当地储备一些材料，用来替代货包中的非法书籍。他警告说，皮翁对运输费用要价过高：将每英担货物从蓬塔利耶运到里昂，费用应该是 3 锂 15 苏，而不是皮翁所要的 4 锂 10 苏。雷沃尔自己的工作需要的时间和金钱比他预计的多，因为他必须把图书从他的仓库运到索恩河的对岸。“我们得把 S66 号货包拆开，重新包装成三个重量合适的小包裹，能让人背着走一里格马车不能走的小道，然后渡过索恩河，以便走上去往罗阿讷或巴黎的大路。”他向出版社保证，做好了这些安排，货物就不会拖延得太久。

当然，这种服务需要费用，比雷沃尔预计的多，因为要靠“值得信赖的人”帮助，就意味着要付给他们钱。他声言，他要的每英担5锂的运费（不是出版社最初打算付的4锂）和他的花费刚刚相抵。他抱怨他真是一点钱都赚不到，必须马上修改条件，如果不改他就不干了。出版社的董事们知道，这种话不必当真，雷沃尔总是要找借口增加收费的，而且他的生意似乎在急速发展。他在为好几家瑞士出版商工作，其中包括伯尔尼出版社和纳沙泰尔的萨米埃尔·福什。1779年1月，他向纳沙泰尔出版社保证说，“一切都很顺利”。随后四年，他让一个又一个货包通过了书商行会的检查，没有栽过大跟头。他的成功证明，的确能找到办法规避1777年法令提出的措施。

当然，小麻烦时常出现。运到马赛的货物有时会因罗讷河发大水而延误。雷沃尔在伪造货包铅封时偶尔也遇到过麻烦。布塔里客栈换了老板后，他还得就仓库的租借重新谈判。当一些海关人员在里昂城外一里格半远的地方查到一辆运载走私平纹细布的马车时，发生了一件离奇事故。雷沃尔把一些非法书籍藏匿在平纹细布下面，尽管
87 他让书籍顺利通过了书商行会的检查，但它们还是连同昂贵的纺织品一起被没收了交涉了好几个月才得到放行。随着生意的扩张，雷沃尔觉得需要雇用一位职员，可是此人后来竟卷走了他一张价值100锂的汇票。

其次，由于皮翁的失职还发生过一些令人头痛的事。他经常忘记写信向雷沃尔报告一车书籍即将运到，有时他又忘记指示车夫把图书卸在里昂城外指定的客栈。车夫稀里糊涂地把书运到了海关，又从那儿运到了书商行会，差点被没收。雷沃尔设法挽回了这车货，因为他

在催促给源源不断的《百科全书》放行时给过书商行会理事好处费。又有一次，他挽救了一批盗版书，因为派来检查的理事“是我们的一个好朋友，他们几乎全是”。雷沃尔留了一些钱作好处费以备应急之 88
需，用贿赂来维持这种友情。但是他不能指望书商行会的理事们会放过需要检查的一切货物。相反，他还是要把货包用合法书籍掩盖并重新包装，打上伪造的铅封，发运给他们。在没有《百科全书》的掩护来转运非法书籍时，这种操作是他的通常做法，只要通讯靠得住，效果很好。里昂、蓬塔利耶和纳沙泰尔之间的邮路非常通畅。纳沙泰尔出版社定期把指示连同提货单的副本寄给雷沃尔，货运代理商用信提醒他什么时候他们从像蓬塔利耶这样的中继站转运了货物。走蓬塔利耶路线的费用比走日内瓦路线便宜，而且还快四五天。不过，这其中也有一个不利条件：皮翁不称职。

尽管皮翁有最好的马，要价也比边境地区的其他货运代理商低，但他总是会把事搞砸。他最糟糕的一次失误，按照雷沃尔 1779 年 5 月 19 日写的一封急信所说，是有十二个货包发运到里昂却没有通知他，被车夫直接拉到海关让书商行会检查。深更半夜里，雷沃尔动用了“强制手段”（他没说明什么），才终于使它们免于“失事”。他大为恼火。“皮翁先生就是个丧门星”，他在后面的信里写道。这封信描述了这场救援，把它说成是“一次最大胆的行动，以前这类行动从未成功过”。他声称事后皮翁发了一封信，企图掩饰自己的疏忽。雷沃尔还说，皮翁甚至连货物装车也装不好，致使许多折帖被雨水淋毁。后来出版社发了一封信严厉责备皮翁，连同雷沃尔信件的副本一起寄给皮翁。皮翁回信否定了一切指控，并以一种伤了职业自尊心的调子为自己所提供的服务辩解：“除了通过信件外，我没有荣幸认识雷沃尔公司，但是，他们的信件副本使我觉得他们在试图捣乱，要不就是夸大事实，以此来扩大他们自己的影响。”[1] 出版社不相信皮翁的辩解，与他断绝了关系——至少断了几个月，但后来又不得不恢复和他的生意往来。因为他的主要竞争对手，圣叙尔皮斯的默龙兄弟，找不到足够的马来定期运输货物。

雷沃尔惩罚了皮翁，他扣下一些从为皮翁运输其他货物的车夫手中收到的货物通运准单，它们已经过卸货处理，必须在某个日期返还
89 弗朗堡的海关检查站，不然在那上面签了名的皮翁就要支付 2000 锂的罚金。在就要到期之时，恼怒的皮翁给纳沙泰尔出版社及雷沃尔都写了信，雷沃尔不以为然：“他是个骗子……他最懒得写信，通常是在货物运到 8 到 15 天后，我们才接到他的信，这有可能造成巨大损失。”不过雷沃尔最后还是及时返还了货物通运准单——插曲结束。这是一个小事件，但它表明雷沃尔和皮翁之间关系很紧张，这种紧张随时有可能拆散他们之间的联系，而走私活动要想成功，这种联系是必不可少的。

1780 年夏天，雷沃尔与纳沙泰尔出版社的关系达到信任和热诚的高峰。到 6 月份，他已经成功处理了大量货物，收到的运费累计高达 1991 锂。8 月份的一次出差时，他路过纳沙泰尔，得到了出版社董事们的接见。从他随后写信的语调看，他们十分合得来。他们想必讨论了迪普兰在管理《百科全书》项目时表里不一和侵占挪用的行径，因为雷沃尔在回到里昂后写过一封信说，迪普兰夫人最近去世了：“这像是上天惩罚他对金钱的贪欲，他为了满足这个贪欲，不惜牺牲其他人的利益。”雷沃尔给奥斯特瓦尔德寄了一些巧克力，给奥斯特瓦尔德的女儿寄了一些样品布料，给博塞寄了一些葡萄酒。他偶尔还写信

[1] “皮翁致纳沙泰尔出版社”，1779 年 5 月 29 日。

报告一下里昂正在盗印的图书。例如他在 1781 年 1 月写道，“格拉比正在印的《法国戏剧集》似乎颇受欢迎。”

然而，到 1781 年 3 月份，出版社开始抗议运输拖延和费用过高。尽管雷沃尔没有提高从出版社收取的费用，但是把渐渐增加的高额费用转移到了出版社的客户头上。客户们给出版社和雷沃尔都写了信，愤怒抗议。到 1782 年，客户经常投诉，以致雷沃尔对出版社抱怨道：“责怪的声音不绝于耳，一点正当理由都没有，真令人厌烦。”他责备出版社不理解他所冒的风险和日益增加的被没收的危险——不只是在里昂，而是在法国各地，要不是他能够动员所有主要路径沿线的代理人和“秘密朋友”，出版社原本会遭受严重损失。他很生气，以致声称准备放弃整个生意（不过人们肯定总是会体谅他信中的过激言辞）。纳沙泰尔出版社对于他为使货包免于检查而冒的风险没有一点概念。“我们赚的利润根本补偿不了我们为做这些事情所付出的艰辛和担心， 90
逮捕密札（关押令）也许就是对我们的犒劳！”

1782 年 7 月，这次争吵暂时平息。雷沃尔写道，由于采取了一些未详细说明的“新安排”，他可以瞒过警觉的法国政府，一方面降低了费用，一方面还提高了交货速度。他重组了公司，改名为雷沃尔和热斯特公司。显然，他有了合伙人。可是这个新策略并不奏效。1783 年 2 月，雷沃尔在处理一大宗政治禁书货物时失手了，这些书籍包括米拉波的小册子《论逮捕密札与国家监狱》和两本政治毁谤书，即《路易十五人事记》（*Les Fastes de Louis XV*）和《被清除的间谍》（*L'Espion dévalisé*）。这些书都不是纳沙泰尔出版社发运的，但是造成的危机十分严重，出版社只得完全中止向他发货。雷沃尔病倒了，这场灾难让他生了“一场非常危险的病”，受尽折磨。法瓦尔热这时正在日内瓦出差，他写道，有传言说雷沃尔的损失高达上万锂：“这对他来讲不是一件小事情。据信他可能撑不下去了……我们得做好里昂这条路线断掉的准备。”雷沃尔是在什么时候、怎样恢复的无从查考，但蓬塔利耶至里昂的路线一直是断的，因为在1783年6月12日，法国政府发布了本书第二章所提到的那个命令，要求所有进口书籍都必须接受巴黎书商行会检查，无论它们的最后目的地是哪里。

这件事情发生后，雷沃尔和纳沙泰尔出版社终止了生意往来，而他们之间的通信就变成了有关结账的旷日持久的争论。雷沃尔声称出版社欠他服务费用2400锂；出版社坚持认为只欠1800锂；之后，他同意从自己拟的资产负债表中减掉300锂；最终在1784年7月，他们敲定为2100锂。雷沃尔又从这个总额中扣掉771锂，因为他的仓库里还保留了一些《百科全书》。这样，出版社最后需要付给雷沃尔1329锂，大约相当于一个干粗活的普通工人四年的工资。

从雷沃尔1784年7月4日写的信可以看出，他对这个结果不满意，信的全文值得一读：

> 你们应该清楚，这个数额根本不能对我们所遇到的麻烦、担
> 91 心和仓储开销进行补偿。它几乎不够偿还我们在试图加快运输你
> 们的货包时，为了从压垮我们的失误中脱身而不得不付出的代价。
> 这绝对是真实的——出于我们对勒巴内雷［奥斯特瓦尔德］的爱
> 戴——我们曾经历过丧失自由、生命、健康、钱财和声誉的危险。
>
> 自由：因为如果没有我们的朋友从中斡旋，我们可能会被逮捕密札关进牢房。
>
> 生命：我们曾经几次与海关人员狭路相逢，并且手持武器逼迫他们归还货箱（有一次他们扣住了你们出版社的十二箱货，要不

是我们，它们就损失了，别指望能收回来）。

健康：多少月黑风高之夜，我们不顾天气恶劣，顶风冒雪，蹚过泛滥的河水，有时甚至踏着薄冰前行！

钱财：在各种紧要时刻，为了铺平运货的路子，为了避免被人告发，为了息事宁人，难道我们不要花很多钱吗？

声誉：因为我们落了个走私者的名声。

雷沃尔在 1784 年 7 月 22 日的信里重复了这种抱怨，并决定永远不再为纳沙泰尔出版社工作。直到 1788 年 1 月 29 日，他才再次来信，对当时关于他是否会重操旧业的疑问做出答复。他写道，许多出版商曾经求他这么做，但是他拒绝了。受伤太深无法痊愈，他说，“您肯定还记得，我们经历过多少不幸啊，健康、声誉、损失的真金白银，还有刻骨铭心的痛苦。”他还确信，自己正在被人监视。

然而……雷沃尔又告诉他们，要是纳沙泰尔出版社能够将货物运到马孔或者索恩河畔沙隆，他可以找到路子让货物顺利通过里昂。出版社没理这茬儿，但八个月后他又来信了，说他可以通过把货包伪装成运往阿维尼翁的过境货物来向国内运送。1788 年 11 月，出版社发给他一个到阿维尼翁的货包，结果顺利通过，于是他又写信热切要求发更多的货。可他们的通信到这时就中断了，不久以后法国大革命爆发，出版自由了，而一个在自由尚不可求的时代让读者可以拿到书的行业，也就此被摧毁了。

第七章

阿维尼翁

交换贸易

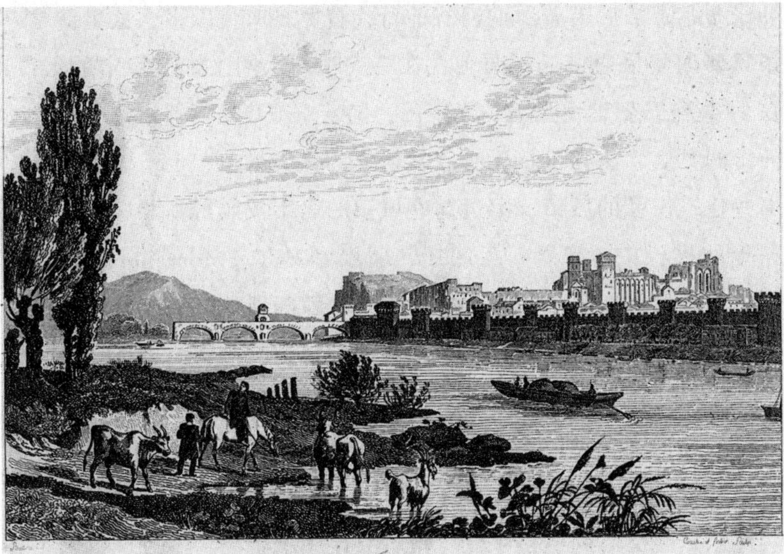

阿维尼翁，蚀刻画，摘自《新版法国风光游》，巴黎，奥斯特瓦尔德，1817（BiCJ）

离开里昂，法瓦尔热奔赴繁荣兴旺的南方市场。他绕道去了格勒诺布尔，然后沿着罗讷河谷前行，自罗马时代以来，这里就是一条重要的贸易通道。不同于现在有大坝和水闸来维持稳定的水位，在 18 世纪，罗讷河是无拘无束的，随着季节更迭时而洪水泛滥，时而干涸见底。法瓦尔热无心欣赏这里的优美景色，也不曾关注沿岸那些建筑恢弘的城镇，不过这些城镇的名字按照行程顺序依次出现在他的报告中：维恩、瓦朗斯、蒙泰利马尔（Montélimar）、奥朗日、阿维尼翁、阿尔勒、蒙彼利埃、普罗旺斯地区艾克斯（罗讷河东岸）、尼姆（罗讷河西岸），直到地中海边的马赛。对于一个手持《米其林指南》（*Guide Michelin*）或《蓝色指南》（*Guide Bleu*）来南法旅行的现代读者来说，这些名字会让他想到葡萄园、城堡、古罗马遗迹、罗马式教堂、有拱廊的街道，以及悬铃木荫蔽下的城市广场。法瓦尔热最关心的还是生意，报告只谈图书贸易，不过也提到了炎热的天气——此时正值酷热的 8 月——和他的坐骑，说他那匹马真不错，在吐着烈焰的太阳底下仍然保持着良好的状态。

谈到图书贸易时，法瓦尔热的话很多。当他于 8 月 1 日到达阿维尼翁时，他的注意力集中在一个对 18 世纪出版业的成功至关重要的方面，尽管这一点在今天几乎已经被忘却了。[1] 这就是“交换贸易”（*commerce d’échange*）——当时出版商之间的一种通行做法，即一家出版商拿自己印的图书和有合作关系的其他出版商进行等价交换。譬如说，一位出版商印了 1000 册书，他常常会拿出 100 册以上与其他出版商换一些书，想换什么可以根据他们的书目和商函来挑选。这种方法可以降低他的经营风险——比如他的书卖得不够好，不足以收回纸张和人力的成本；或者他的书销量因盗版书先打进市场而骤减——同时增加他手头的图书品种。通过交换，他建立起各类书籍存货的总书目，其中除了自己印制出版的图书外，还有以批发商身份销售的图书。

这些交易中没有货币易手——这一点很重要，因为现金常常很难获取。出版商会在账簿中把这类交易记录在专门的“交换账户”上，记下每种书所包含的折帖数。交换一般是以折帖形式进行的，尽管这可能产生一个问题——由于排字密度和纸张质量的差异，相同版式的折帖价值往往是不一样的。有些出版商喜欢按批发价交换，但产生

[1] 图书交换贸易吸引过关心近代早期的法国、英国和意大利的历史学家注意，但关于它的彻底研究是在对德国图书贸易进行的探讨中做出的。见约翰·戈尔德弗里德里希（Johann Goldfriedrich），《德国书籍销售史：受德国书商协会委托》（*Geschichte des deutschen Buchhandels: Im Auftrag des Börsenvereins der Deutschen Buchhändler*），莱比锡：Börsenverein für den Deutschen Buchhandel，1908—1909，第 2—3 卷；以及赖因哈德·维特曼（Reinhard Wittmann），《德国书籍销售史：概况》（*Geschichte des deutschen Buchhandels: Ein Überblick*），慕尼黑：C. H. Beck，1991。在近代，印刷商兼书商常常带着满车新近印刷的书籍到法兰克福和莱比锡的春季和秋季书市，从其他印刷商兼书商印刷的书籍中挑选图书进行交换，然后满载而归，换回的书籍品种繁多，足以构成书店的大部分存货，直到下一届书市再去寻觅新的图书。在 18 世纪末期，莱比锡的书商如菲利普·伊拉斯谟·赖希等改变了零售贸易，把它转变成独立于书市之外的现金交易。法国没有像法兰克福和莱比锡那样的书市，尽管博凯尔的集市也吸引了大量书商。不过我相信，交换——尤其是瑞士的出版商和阿维尼翁的出版商，及里昂这样的中心地区的批发商之间的交换——是 19 世纪前图书贸易的基本局面。

的问题更多，因为有时出版商们对同一种图书的市场价值评估并不一
95 致。本书第四章曾提到，纳沙泰尔出版社所有书籍的标准批发定价几乎都是每折帖 1 苏，这样，一卷典型的八开版 20 个折帖（320 页）的图书就要花费客户 20 苏，即 1 锂。因此，无论是按批发价还是按折帖来进行交易，纳沙泰尔出版社的策略都是始终一致的，不过它更喜欢按折帖来交易，因为它的交易伙伴一般都会高估他们存货的价值。

这种交换贸易是 18 世纪书业至关重要的组成部分。由于缺乏文献，这种做法的使用程度无从估量。不过纳沙泰尔出版社的档案表明，出版商之间交换图书的现象很普遍，尤其是在瑞士出版商和阿维尼翁出版商之间。因为他们拿了非常多自印的书籍来作交换，出版商自然也就变成了批发商。他们持有庞大的存货，正如他们往来邮寄的书目中所标示的。而且因为交换如此广泛，几家书商销售同一版本的同一种书是常有的事，不论他们是否承印此书。当客户要订购某种存货中没有的书时，印刷商常常临时通过交换帮他弄到。结果就形成了一个基于需求的图书库，由经常互相交换图书的出版商来调取。纳沙泰尔出版社的贸易与洛桑出版社和伯尔尼出版社的贸易没有多大差异。这三家出版社常常携起手来组成联盟，甚至共同盗印书籍，共担风险，分摊费用，分享利润。它们的书目每年至少要发布一次，内容很相似，而且它们在市场上也不会互相压价，因为它们在零售书商中都有自己的客户网。

不过竞争还是很激烈的，尤其在出版业的盗印这一块，所以出版商的敌人总比盟友多；而且如果在贸易中过分耍花招，盟友也会变成敌人。花招是防不胜防的。就拿交换折帖来说，一方可能提供纸质差的折帖，铅字有破损，行距设置得太大，这样劳动力的花费就会少一些。另一方也许会把畅销书从他提供用于交换的书籍中排除，或者可

能把某种他正在印刷的书隐瞒起来，在把市场的需求大量吸走之后，再把它拿出来交换。“哲学书籍”比遭禁不太严厉的盗版书牵涉的风险更大，卖的价格也更高；因此通常以较高的比率进行交换，一般是一张折帖的“哲学书籍”换两张折帖的普通书籍。

法瓦尔热最初在出版社仓库和管理办公室里了解他的从业之道 96
时，本该已经搜集了有关交换贸易的基本信息。但是在他成为拥有有关其他出版商第一手资料的资深销售代表之前，出版社一直没有授权他进行实际交换贸易的谈判。谈判需要专门的技巧和判断力：你得先行刺探某家出版商的存货情况，评估他想交换的书籍的销售行情，了解他是否值得信赖，能否认真执行合同中他的那一部分条款（一个出版商总能找到办法对运输费用、毁损的折帖，以及交货迟延进行诡辩）。图书交换贸易需要非常高的职业悟性，因此通常只由最高层人员通过出版商之间的商业通信来进行。

借助于来自遍及欧洲的书商的信函，纳沙泰尔出版社的董事们对图书的供求行情有了一般的了解。但是他们无法知道另一家出版商是否对仓库中想卖而不想换的图书的信息秘而不宣，或者是否打算低价倾销从纳沙泰尔出版社弄到的书籍，从而使出版社的销售量下降，或者是否会拖延交换贸易中他自己那部分书籍的交货时间，以期能够抢先把他们两家都打算卖的这种书籍投放市场。一个出版商要想在这些交换中有效地耍手段，需要事先了解一些最活跃的贸易中心正在发生的事情的内部情报。活跃的贸易中心主要是里昂和鲁昂这些外省首府城市，在这些地方，瑞士的几家出版社为了满足市场对廉价盗版法文书籍的需求，进行着激烈的竞争。而搜集这种情报没有人比销售代表更合适了，因为他可以在一个城市的各家书店串门拜访，捕捉传言，打探谁在印刷什么书这样的秘密。

这类侦查正是法瓦尔热法国之行的主要目的之一，但是要承担这样的使命，他首先得获取一些经验。1776 年他代表出版社出过一次短差，让他经历了一次很重要的基本训练，因此我们需暂时把他 1778 年这趟旅行放下不表，先来了解一下两年前他是怎样掌握图书交换技巧的。[1] 他的第一堂重要课程是 1776 年 8 月在洛桑上的。他在当地结识了让 – 皮埃尔 · 厄巴克（Jean-Pierre Heubach），建立了密切的个人关系。此人是一位大出版商，是纳沙泰尔出版社的合作伙伴。厄巴
97 克向他透露，里昂有一个名叫让 – 马利 · 巴雷的书商正在秘密盗印孔狄亚克的《指导帕尔默王子的基础课程》（巴黎，1775，用的是假地址帕尔玛），这是一部启蒙思想的集大成之作。根据业内传闻——这消息是经由一位意大利书商和洛桑的另一位出版商朱尔 – 亨利 · 波特（Jules-Henri Pott）辗转传到厄巴克耳朵里的——该版可能卖得好，但是也可能有些问题：因为其手稿已经在意大利被警察没收。法瓦尔热把这个情报报告给了本部，并记在了自己的日志里，以便在跟里昂的巴雷进行交换谈判时心里有数。

其间，他还嗅到了一本潜在畅销书的气息。那是关于第一次瓜分波兰这个热点话题的书，《瓜分波兰》（*Le Partage de la Pologne*，“伦敦”，1775），曾（错误地）被认为是腓特烈大帝所作。弗朗索瓦 · 格拉塞（François Grasset），这位经常跟纳沙泰尔出版社争吵的狡猾的（脾气也坏）洛桑出版商刚刚重印完这本书。法瓦尔热第一次拜访问他最近印了什么书时，他回答说“没印新书”。但是法瓦尔热还是很

---

[1] 我曾详细探讨法瓦尔热 1776 年的出差之行，见“一位出版商销售代表的旅行（1775—1776）”（The Travels of a Publisher's Sales Rep, 1775–1776），《书籍史》（*Book History*），20(2017)，第 111—125 页。

快知道了这本书的秘密重印（很可能是从一些工人或职员那里得知的，因为格拉塞总是跟他的雇员吵架），并马上找格拉塞要求交换100本。格拉塞不好拒绝，怕因此影响跟纳沙泰尔出版社的关系，于是这事就成了。

为这次成功所鼓舞，法瓦尔热又打起了日内瓦盗印出版商们的主意。他找的第一个人是格拉塞的弟弟加布里埃尔（Gabriel Grasset），这位出版商和蔼有余但可信赖程度不足。小格拉塞以两张折帖换三张折帖这种有折扣的方式，用“哲学书籍”换了一些纳沙泰尔出版社的书。他提供的书籍包括他当时正在印的哲学色情小说《哲学家泰蕾兹》（*Thérèse philosophe*）。更诱人的是，他告诉法瓦尔热，他很快就要出版三部伏尔泰的著作。伏尔泰就住在附近的费内（Ferney），常常把一些被他称作他的“小馅饼”的匿名小册子寄给像格拉塞这样的边缘出版商，而把他的比较重要的著作留给另一位日内瓦的加布里埃尔——人称“加布里埃尔天使”的克拉默。格拉塞不会泄露有关这些书的任何情报，甚至连书名都不会说。但是一次交换贸易会把欧洲这位最著名的作家更多的书引来，这样的前景让法瓦尔热垂涎：“它肯定卖得好。”法瓦尔热还发回了有关其他专营“哲学书籍”的出版商正准备印刷的书籍的消息。皮埃尔·加莱（Pierre Gallay）不久还要印两本色情书籍，雅克–邦雅曼·泰隆（Jacques-Benjamin Téron）正忙着出一部新版的《论精神》（*De l'ésprit*），此书是爱尔维修（Helvétius）著名的反宗教论著，同时还要出一个来自霍尔巴赫小圈子的更公开的无神论小册子《论偏见》（*Essai sur les préjugés*）。法瓦 98
尔热没有决定交换这些书籍，而只是将情报传回本部，让上司去定夺，这或许是因为他觉得自己还是新手，胆子不够大。

法瓦尔热每到一处都会探寻交换贸易的可能性，尤其在里昂，那是他在1776年访问的另一个重要的出版业中心。不过，日志本上的指示警告他，他在和里昂出版商谈判时一定要多加小心。这些出版商不仅内部长期勾心斗角，而且在瑞士出版商中挑拨离间，更换合作伙伴时招呼也不打。所以法瓦尔热行事十分谨慎，但是他又不能太胆小。让他感到欣慰的是，第一场小规模战斗他打赢了。他带着厄巴克提供的巴雷正在盗印孔狄亚克的《指导帕尔默王子的基础课程》这一情报，走进了巴雷的店铺。在他要求巴雷提供的交换书籍中，这本书占了很大的比例。巴雷十分诧异，同意用250册交换纳沙泰尔出版社的各类书籍。然而糟糕的是，当法瓦尔热把纳沙泰尔出版社愿意拿出来交换的书籍的清单递给他时，巴雷注意到有一本该出版社刚刚印完的书不在清单上。他是从自己的线人那里得知这本书的，书名叫《教皇甘加内利书信集》（*Correspondance du pape Ganganelli*），是一本了解教皇克雷芒十四世（Clement XIV）的生平和时代的畅销书。这位教皇在1773年取缔了耶稣会，一年后便一命归西。他的书信使法国读者着迷，信中表达出对耶稣会的压制曾经在法国引发激烈的论战。纳沙泰尔出版社本想靠销售它来换取现金，以使利润最大化，故把它排除在交换书目之外，但巴雷却要求也换给他100本。这样，就在法瓦尔热迫使巴雷拿出了他本不想拿出来交换的书的时候，巴雷也戳破了纳沙泰尔出版社的一个类似的小伎俩，而这样一来，法瓦尔热就很难拒绝巴雷的要求了。“这件事真让人窝心”，1776年8月他写信告诉本部，“可是他知道我们印了它，我不能否认啊。”尽管如此，这毕竟还是一桩互利的交易，而且最终还出现了一次转机，让纳沙泰尔出版社尝到了更大甜头。法瓦尔热从出版社的信函中得知，兰斯的一家大书商于贝尔－马丁·卡赞（Hubert-Martin Cazin），正需要孔狄亚克的这部著作，数量还不少，而且坚持要纳沙泰尔出版社把货发给他在里昂的代理商——风险由纳沙泰尔出版社承担，并免除从纳沙泰尔到里昂的运费。于是法瓦尔热急忙写信给卡赞，把刚刚从巴雷那里弄到书的消息告诉了他，但绝口不提书的来源。他不仅做成了一笔大买卖，还为出版社节省了一大笔 99
运费，同时又向一个重要客户证明，他的服务是出色的。这次三角交易是交换贸易的典型，也是法瓦尔热的精彩业绩，他把给卡赞的信的副本寄回出版社本部，这样出版社就有了关于这件事的记录，它证明法瓦尔热这位初出茅庐的销售代表还是挺能干的。

两年后，法瓦尔热到达阿维尼翁时，他已经有了足够的经验，可以直接和旧制度下最著名的盗印出版商谈判交换交易了。阿维尼翁就是盗印者的乐园。尽管在文化上属于法兰西，周围也都是法国领土，该城市却是效忠教皇的。在 14 世纪的政治动乱期间，教皇曾将阿维尼翁当作教廷所在地，后来教廷撤回到罗马，把该城事务留给一位由意大利人充任的教廷副使随意打理。在教皇的这块飞地上，法国图书享受的专卖权是没有法律效力的，所以阿维尼翁的出版商可以随心所欲地翻印图书，并且以比原版低得多的价格卖给法国各地的顾客。1769 年，阿维尼翁拥有 22 家书商和印刷商，以及 40 家生意兴隆的出版社——这对一个只有 24,000 名居民的城市来说，数量相当庞大。[1] 它的出版商的经营规模跟里昂和鲁昂的大出版社不相上下，而且和瑞士的盗印者有竞争关系。他们也和所有这些盗印者合作，这要看他们能从哪里发现最佳的赚钱机会。他们像瑞士人一样，尽量降低风险，

---

[1]　勒内 · 穆利纳斯（René Moulinas），《18 世纪阿维尼翁的印刷厂、书店和出版社》（*L'Imprimerie, la librairie, et la presse à Avignon au XVIIIe siècle*），格勒诺布尔：格勒诺布尔大学出版社，1974。法国政府完全知晓阿维尼翁的盗印情况，甚至从里昂书商那里获得了一些有关他们的情报，如皮埃尔 · 布里塞 – 蓬蒂斯就曾于 1769 年 9 月 16 日寄给监督检查官约瑟夫 · 戴梅里一份“关于盗版的备忘录”。见法国国家图书馆，法文全宗 22075，no.117。关于阿维尼翁及其出版商的更多资料，见网站 robertdarnton.org。

并用自己的存货跟有伙伴关系的出版商做交换，以增加品种。和瑞士出版商交换书籍需要长途运输，但是通过罗讷河运输相对便宜：从里昂到阿维尼翁的运费是每英担 40 到 50 苏，而从阿维尼翁逆流运到里昂则需 5 锂（100 苏）。[1]

不过，在法瓦尔热到达阿维尼翁时，1777 年法令已经预示了阿维尼翁盗印黄金时代的终结。阿维尼翁的出版商一边担忧新法规的长期后果，一边又希望利用好法令留出的那个短暂的机会，按法令规定的方法给盗版书打上标记，在法国进行推销。而要这样做，他们就必须让法国政府相信，他们实际上就是法国人，不是外国人。尽管教皇的
100 使节及其全体意大利管理人员被安置在教皇宫，但是这个城市和法国南部其他的外省首府基本上没有区别。老百姓都说普罗旺斯方言，靠地方贸易和制造业生活（丝绸业和出版业拥有 5 万工人）。精英阶层说法语，参与法国式文化生活——主要是在这座城市里的一所大学、一所学会、一座剧院以及一些沙龙、咖啡馆和书店里活动。实际上整座城市在 1768 年就属于法国了，当时克雷芒十四世取缔法国耶稣会引起了一场冲突，路易十五乘机吞并了阿维尼翁来向教皇施加压力。君主换代没有打断印刷商和出版商的生意，1774 年阿维尼翁再次成为教皇飞地时生意也在照常进行。但是 1777 年法令规定在附近的尼姆新建一个书商行会。虽然一年后法瓦尔热到达阿维尼翁时，这个行会还没有开始运作，但它也许不久就要没收流出该市的盗版书了。而且要是法国图书贸易主管部门判定阿维尼翁人是外国人的话，他们的图书存货也就不会被打上可暂时免于没收的标记。阿维尼翁的出版商可能永远都要像他们的纳沙泰尔同行们，只能靠偷运来经营了。但如果

[1] 见“皮埃尔 · 约瑟夫 · 罗贝蒂致纳沙泰尔出版社”，1775 年 1 月 16 日；“弗夫 · 若利父子公司致纳沙泰尔出版社”，1780 年 11 月 22 日。

法国管理部门强制推行摧毁盗版贸易这个新政策，他们全都要倒霉。

这就是 1778 年法瓦尔热在阿维尼翁面临的局势。这时他每走访一家书商，都不知道会碰到什么——是被当作伙伴接受呢，还是被当作敌人——被当作一个出盗版书的出版社的竞争对手来对待。他的第一感觉是气馁。“我搞不清这里究竟在发生什么”，8 月 8 日他写信给本部说，“因为我走到哪里都被人紧盯着。”该市最大的书商让 · 路易 · 尚博（Jean Louis Chambeau）接待他时“带着极度讽刺的神情”，其他书商也是冷冰冰的。不过，纳沙泰尔出版社已经和阿维尼翁人打了多年交道，法瓦尔热是有备而来的，他要做成一些交易。为了搞清自己的处境，他征求了弗夫 · 路易 · 布歇（Veuve Louis Bouchet）公司的建议。后者是经营丝绸贸易的商人，是帮纳沙泰尔出版社在里昂融资的达纳尔公司推荐给他的。作为新教徒教友，他们值得信赖，而且他们向他如实地评价了阿维尼翁的每一家书商。掌握了这些信息之后，他拜访了其中的 12 家。他在日志上记下他们的名字并加以说明时，用的是他一直使用的确定可信程度的方法，即把他们分别评级为“佳”“一般”和“差”。他把得到“差”评的排除掉，只描述了那些 101
可能愿意做交换贸易的书商。[1] 下面是对一个评级为“一般”的书商的典型记述：

博内兄弟，一般，被认为很正直，这在阿维尼翁很少见。像

[1] 以下是法瓦尔热的说明的最贴近释义，尽管引用不是完全准确：“尚博：佳，但是难打交道；奥弗雷：一般，强调价格要低；迪比埃，一般，也许会买些《圣经》；法布尔：佳，喜欢书目上的某些书籍，也许会下测试性的订单；梅朗德：极佳，但是连书目都不看一眼；奥巴内尔：一般，他提议交换，但不值得做；尼埃尔：不错的印刷商，但不在店里；塞甘：也很好，愿意进行交换，但是他的书目上没有什么好书。”

> 其他人一样，他们下订单时不愿付现金。他们的图书有：布封先生全集的一个版本，十四卷，大八开，有许多插图；马西荣的布道书，十三卷，小十二开，两种书做得都不太差，愿意以正文一张折帖换一张折帖、插图一张折帖换两张折帖的方式交换50套莫里哀的著作、50套皮隆的著作、50套多拉的著作……这样的交换让我动心，因为可能有利可图。

日志上的这段说明写得很潦草，而包含在信函中的一个更完整的汇报，对1778年阿维尼翁的这种贸易进行了万花筒般的综述。不过要深入了解这种贸易的操作，还应该在纳沙泰尔出版社的档案中，查阅1771年到1787年这段时期出版商们的卷宗。最能说明问题的是雅克·加里冈（Jacques Garrigan）的卷宗。加里冈是一家生意相当红火的出版商，位于当地的工业中心。法瓦尔热把他评为"一般"，可能是低估了，因为加里冈属于一个杰出的书商兼印刷商家族；他是当地书商行会的理事；而且，跟其他阿维尼翁人（譬如安托万·吉夏尔[Antoine Guichard]）的信不同，他的信里看不到显示他财务状况不稳定的半点迹象。

法瓦尔热1778年到阿维尼翁之前，加里冈与纳沙泰尔出版社从未做过生意。他们就建立关系进行商讨时，达成了做第一次交换贸易的协议，如果双方对交易的结果感到满意，将来大家就做贸易伙伴。这次的图书交换不是按折帖而是按批发价来进行。在加里冈的书单上，批发价变化相当大。纳沙泰尔出版社可能要承担将货运到里昂南出口通道的全部风险和运费，同样，加里冈要承担将货运到里昂正东南的维恩的全部风险和运费。加里冈提供了四种他已经印刷完毕的工具书，即《法兰西学院词典》（*Dictionnaire de l'Académie française*）、《意大利语老师》(*Maître italien*)、《家用词典》(*Dictionnaire domestique*)和《教士备忘录》(*Mémoires du clergé*)。他要从纳沙泰尔出版社的书目中选 24 种书来交换，其中包括多卷本版的戏剧集，如 30 套《亚历克西·皮隆全集》(*Œuvres complètes d'Alexis Piron*)、30 套《莫里哀剧集》(*Œuvres de Molière*)；一些新教著作，如 25 册《大卫的诗篇》(*Psaumes de David*)，一些历史和游记类书籍，如 25 套威廉·罗伯逊(William 102
Robertson)的《美洲史》(*Histoire de l'Amérique*)、12 册雅克 – 亨利·贝尔纳丹·德圣皮埃尔(Bernardin de Saint-Pierre)的《法兰西岛、波旁岛、好望角等地游记》(*Voyages à l'Isle de France, à l'Isle de Bourbon, au Cap de Bon Espérance, etc.*)；还有一种大众医学小册子，12 册萨米埃尔 – 奥古斯特·蒂索(Samuel-Auguste Tissot)的《大众健康建议》(*Avis au peuple sur sa santé*)。纳沙泰尔出版社则要从他所提供的书籍中选取价值相当的书籍。

出版社放弃了这笔生意。但是在两年后的 1780 年 9 月，加里冈——或是他的儿子让 – 马利：信是让 – 马利执笔的，但签名时加注了“代我父亲”——又提议进行类似的交换，附带条件是双方都将货发给纳沙泰尔出版社在里昂的货运代理商雅克·雷沃尔，各方承担各自的运费和风险。这次出版社同意了，发了价值 894 锂的书给雷沃尔，交换加里冈版的《法兰西学院词典》。词典上打了印记，表明已经根据 1777 年法令顺利通过了书商行会。雷沃尔怀疑那个印记是仿冒的，加里冈则向纳沙泰尔出版社保证，它们是合法的，于是雷沃尔就把它们送给里昂书商行会检查，以便能把它们转运到纳沙泰尔。但是检查员怀疑有假，扣留了它们。仿冒印记是比盗印更严重的违法行为，就像雷沃尔通知纳沙泰尔出版社的那样：“如果事实确凿，加里冈就摊上大事了。这事要是发生在一个法国人身上，他还可以侥幸逃脱，不会被判罚去作划船苦役。”印记最终被证明是真的，交换成功。尽管雷沃尔仍然认为加里冈是个“不随和的客户，爱吵架的人”，但纳沙泰尔出版社还是准备继续跟他做生意。

1781 年 6 月，加里冈提议再次交换。他现在发现有必要讲明两个条件：纸张和铅字的质量必须标准一致（他不会接受用灰色调的纸印刷的任何东西），而且发货不得拖延（有时交换交易的一方会扣下自己的货物，以便能趁着市场需求旺盛的时候，把同一种书卖给其他客户）。纳沙泰尔出版社同意了，并要求换得 31 套以上两卷本的《法兰西学院词典》，这是加里冈销量最稳的书籍，他以 18 锂的特价供货——通常的批发价是 24 锂。纳沙泰尔出版社还说要试着卖卖他的
103 另外两种翻印的书籍，一种是地理手册，是被称为沃吉昂神父（Abbé Vosgien）的让－巴蒂斯特·拉沃卡（Jean-Baptiste Ladvocat）的《袖珍地理词典》（*Dictionnaire géographique portatif*），另一种是扩版的儿童教科书，弗里德里希·埃佰哈德·冯罗霍（Friedrich Eberhard von Rochow）的《供乡村小学用的儿童之友》（*L'Ami des enfants à l'usage des écoles de la campagne*）。一年后两种书均被列入了纳沙泰尔出版社的书目，都很畅销。

由于建立了合作关系，并成功进行了一些交换贸易，加里冈开始表示出对一些禁书的兴趣，尤其是雷纳尔关于世界史的激进论著《欧洲人在东西印度群岛殖民和贸易的哲学和政治史》，此书最近在巴黎遭到了当局的封禁和焚烧，因此需求量很大。还有两种毁谤路易十五宫廷生活的图书：巴泰莱米－弗朗索瓦－约瑟夫·穆夫勒·当热维尔（Barthélemy-François-Joseph Moufle d'Angerville）的《路易十五的私生活》，和马蒂欧·皮当萨·德麦罗伯（Mathieu-François Pidansat de Mairobert）的《英国间谍，或偷窥者老爷和偷听者老爷之间的秘

密通信》(*L'Espion anglais, ou correspondance secrète entre Milord All'eye et Milord All'ear*)。他还提到，他和萨米埃尔·福什有过交易，福什是纳沙泰尔出版社从前的贸易伙伴，在做自己的其他生意的同时也做过许多“哲学书籍”的贸易。这样的书在加里冈的存货中也许不占大部分，可是他急切地想要弄到它们。他在 1782 年 9 月 20 日的一封信中询问一部性爱描写非常露骨的色情书籍:“你们能为我弄到《性爱狂》(*Foutromanie*)吗？”一般来说，阿维尼翁的出版商似乎只限于盗印合法书籍，然后用它们交换禁书，这些书是可以从瑞士出版商那里弄到的。

一直到 1783 年年中，交换贸易都在持续顺畅地进行，只是在 1781 年 11 月出过一次意外。雷沃尔因为生病，未能让纳沙泰尔出版社含有交换书籍的货包顺利通过里昂书商行会。它本来是会被没收的，幸好行会理事里有出版社的一个朋友，把它挽救了下来，退回给纳沙泰尔。不过，这次耽搁被加里冈看作一次严重违规，怒冲冲地写了封信严加斥责:“我等得不耐烦了，你们要按照协议命令雷沃尔把这个货包发给我；如果又耽搁了一次后还让我不满意，先生们，我就要让你们承担我发给你们的货物的全部费用了。我做交换贸易从来没有遇到过这样的麻烦。我是出于信任才先将货发给你们的。不要让我为此后悔。”

这通脾气中的关键词是“信任”。要使交换贸易成功，双方一达 104
成协议就必须将交换的书籍发出去。一方如果拖延发货，把剩余的书籍卖掉，那么不等对方将交换得到的相同书籍投放市场，市场需求就已经被吸引到别处了。像加里冈和纳沙泰尔出版社这种批发商，货物销售地许多都是相同的，尤其是在罗讷河谷地区和法国南部。几个区域性市场很大，足以吸收不同供应商的许多相同书籍，但是在盗印出版商中间，竞争非常激烈，大家都在争先恐后地推销他们的廉价盗版书。尽管他们有时会合作，但是没有互信基础，共谋是无法达成的，所以“信任”是整个图书贸易的关键。

在纳沙泰尔出版社解释了意外发生的原因后，加里冈恢复了交换贸易，并采用了更诚恳的语调。“我们彼此都要有这样的信任，避免货运耽搁”，1782 年 3 月 1 日他写道。后来他写的信指明纳沙泰尔出版社的存货中他最想要的是哪些书籍，和他所能提供的自印书籍。关注一下他们商谈的情况，就可以大致了解他的生意状况。加里冈也和其他出版商——尤其是纳沙泰尔的萨米埃尔·福什和日内瓦的让·亚伯兰·努费（Jean Abram Nouffer）——交换图书，因此他和纳沙泰尔出版社的交换贸易只能让我们部分地了解他的生意状况。[1] 不过，从几个例子也可以看出大体趋势。

1782 年 3 月 27 日，加里冈提议用最后剩余的 25 册《法兰西学院词典》（他重印了几次，似乎一直有需求）、100 册《供乡村小学用的儿童之友》和 100 册沃吉昂神父的《袖珍地理词典》，交换 50 册纳沙泰尔出版社出版的《英国间谍，或偷窥者老爷和偷听者老爷之间的秘密通信》、6 套莫里哀的著作、6 套克洛德 – 约瑟夫·多拉的著作和 6 套亚历克西·皮隆的著作。5 月 6 日，他提议他那边加上 30 套安托万·萨巴蒂埃（Antoine Sabatier）的《法国文学三百年》（*Les Trois siècles de la littérature française*），并要求纳沙泰尔出版社再提供如下著作：

> 30 套伏尔泰的《按字母顺序编排的理性》（*La Raison par alphabet*）[2]；

---

[1] 交换的全部细节可以从加里冈的信中了解，这些信以及关于阿维尼翁的其他资料可在网站 robertdarnton.org 上查到。

[2] 即《哲学辞典》（*Dictionnaire philosophique*）。——译者注

20 册夏尔·泰夫诺·德莫朗德（Charles Théveneau de Morande）的《身披甲胄的报人，或法国宫廷的丑闻》；

20 册保罗–亨利·迪特里希·蒂里，霍尔巴赫男爵的《健全的 105
思想》（*Le Bon-sens*）；

12 册夏尔·德雷兰库尔（Charles Drelincourt）的《忠魂的慰藉》（*Consolation de l'âme fidèle*）；

12 册让–罗多尔夫·奥斯特瓦尔德（Jean-Rodolphe Ostervald）的《灵魂的食粮》（*La Nourriture de l'âme*）；

50 册让–弗雷德里克·奥斯特瓦尔德（Jean-Frédéric Ostervald）的《圣史及教理书简易读本》（*Abrégé de l'histoire sainte et du catéchisme*）；

12 册《虔诚祈祷书》（*Prières de piété*）；

12 册菲利普·多德里奇（Philip Doddridge）的《真虔诚的开始与发展》（*Les Commencements et les progrès de la vraie piété*）；

6 册《圣经的神学》（*Théologie de l'Ecriture sainte*）；

25 册《诗篇》；

6 册弗朗索瓦–雅克·迪朗（François-Jacques Durand）的《关于各种圣经文本的新布道文》（*Sermons nouveaux sur divers textes de l'Ecriture sainte*）。

在现代读者看来，这样把新教的虔诚与启蒙运动的反宗教混在一起也许是矛盾的，而这种矛盾常常就在书商的订单中显现出来。阿维尼翁的另一位出版商，皮埃尔·约瑟夫·罗贝蒂（Pierre Joseph Roberty），进了 500 册《妓院或受到惩罚的蠢货》（*Le Bordel ou le Jean-foutre puni*），除此之外，又从另一家供应商那里订购了新教著作，他还向纳沙泰尔出版社解释说，“只有这类新教书籍能诱使我拿自己的书去和你们交换。你们知道印这类书籍有多么危险，需要的费用有多么高。”[1] 显然，加里冈是要把宗教书籍卖给法国南部的胡格诺派教徒，而把其他书籍卖给一些具有彻底的无神论思想的顾客。

这次交换贸易顺利达成了，没出意外，并且在 1782 年 8 月，双方同意结清他们相互交换书籍的账目。结账之后，他们又开始商谈了。加里冈声称他正在印一本“新的好书”:《危险关系》(*Les Liaisons dangereuses*)。它是交换贸易中为数不多的几种小说之一，如今仍然拥有众多读者，而且尽管这部小说主要是在叙说不光彩的奸情，但它在 18 世纪并未遭到查禁。他还提供了雅克 · 德利尔的《花园》，一部吟诵自然之美的伤感诗集，以及一本让 – 克洛德 · 潘热隆（Jean-Claude Pingeron）的地理小册子《牙买加掠影》(*Description abrégée de*
106 *la Jamaïque*)。他要纳沙泰尔出版社提供 12 套 25 卷版的卢梭著作、24 册《忏悔录》、12 册威廉 · 科克斯（William Coxe）描述俄国人扩张的《俄国人在亚洲和美洲之间的新发现》(*Nouvelles découvertes des Russes entre l'Asie et l'Amérique*)，以及 100 多册《英国间谍》。完成这次交换后，加里冈写道，他特别想得到新版的雷纳尔《哲学和政治史》，另外还要增订《路易十五的私生活》和《英国间谍》。尽管纳沙泰尔出版社在 1783 到 1784 年间曾与让 · 亚伯兰 · 努费合作出版雷纳尔的这部著作，但在 1782 年它通知加里冈，将不再加印自己的版本。10 月 4 日他回信说:“真遗憾，你们不能提供《哲学和政治史》。为什么要放弃印这部书的机会呢？你们应该印呀，和《路易十五的私生活》一道印！每种我都要 100 套。”他甚至提议想在纳沙泰尔出版社版的

---

[1] “罗贝蒂致纳沙泰尔出版社”，1775 年 2 月 8 日。

《哲学和政治史》上投资："我会投资500套的生产费用。"三周后他撤销了提议，因为他和另一家瑞士出版商交换到100套。

其间，加里冈正在出另一版《法兰西学院词典》，并在1783年3月和纳沙泰尔出版社进行了一轮新的交换贸易，价值543锂。加里冈提供181册《袖珍地理词典》，纳沙泰尔出版社发出了下列图书：

6套《亚历克西·皮隆全集》；

13册《亚历克西·皮隆全集》的第八卷（《自由诗》单卷）；

12套《让－雅克·卢梭遗作集》（*Œuvres posthumes de Jean-Jacques Rousseau*）；

12册让－雅克·卢梭的《忏悔录》；

24册威廉·科克斯的《俄国人在亚洲和美洲之间的新发现》；

12册埃梅·德瓦特尔（Emer de Vattel）的《国际法，或自然法原则》（*Le Droits des gens, ou principes de la loi naturelle*）；

12套克洛德－弗朗索瓦·格扎维埃·米约（Claude-François Xavier Millot）的《从克洛维到路易十五的法国史纲要》（*Eléments de l'histoire de France depuis Clovis jusqu'à Louis XV*）；

12套克洛德－弗朗索瓦·格扎维埃·米约的《英国史纲要》（*Eléments de l'histoire d'Angleterre*）；

50册《梅西耶三剧集》（*Trois pièces de Mercier*）（可能是《维罗纳的墓地》[*Les Tombeaux de Vérone*]、《神圣联盟的覆灭》[*La Destruction de la Ligue*]和《瓜德罗普岛的居民》[*L'Habitant de Guadeloupe*]）；

24册皮埃尔－昂布鲁瓦兹－弗朗索瓦·肖德洛·德拉克洛 107
（Pierre-Ambroise-François Choderlos de Laclos）的《危险关系》。

[显然，加里冈因为卖完了他自己的版本，所以需要再进一些。]

这次交换成功了，尽管他抱怨，“跟货运代理商——尤其是和雷沃尔先生——打交道好麻烦，他让我经历了许多不愉快的事情。”

经过几年的互利交换后，两家出版商建立了牢固的互信。加里冈一直在向纳沙泰尔出版社通报他正在印的书，也不时地建议它应该翻印哪些书。1783 年 3 月，他怂恿它翻印詹姆斯·库克（James Cook）的《南极及世界环游记》（*Voyage au pôle austral et autour du monde*），“一本好书”。“我不想对你隐瞒我的意图，如果你们不做，我就要自己印十二开七卷本了。但是不得到你们同意我不会做这个决定。”

他们的交换贸易在 1783 年 6 月戛然而止，因为此时韦尔热讷发布了命令，要求所有进口书籍都要运到巴黎接受检查，而不是在外省的书商行会检查。因此，从纳沙泰尔运到阿维尼翁的图书要绕道巴黎，其费用就高得令人难以承受了，而且巴黎的检查人员是外国盗印者的大敌，肯定会没收任何非法书籍。

纳沙泰尔出版社和加里冈之间的所有货运——以及该出版社与阿维尼翁的所有联系——都在 1783 年夏天停止了。两年后，加里冈写信说他很想恢复交换贸易，但是找不到办法来规避韦尔热讷的命令，这是他们中断联系的“致命原因”。在加里冈的倡议下，纳沙泰尔出版社考虑过利用日内瓦的巴尔德与芒热公司（Barde, Manget et Cie.）让货包绕过法国官员。然而巴尔德报告说，和纳沙泰尔的出版商一样，日内瓦的出版商也无法渗透进法国市场。

与此同时，阿维尼翁人在自己的边境也遇到了无法逾越的屏障。1778 年，他们就曾请求巴黎的图书贸易主管勒卡米·德内维尔（Le Camus de Néville）把他们当作法国人看待，法瓦尔热也曾报告说，他们指望他们的游说获得成功，“他们自信他们的盗版书能像在法国城市里一样被打上印记。他们把情况跟德内维尔先生陈述过，根据他们的报告，德内维尔先生也亲切地聆听过他们的意见。”尽管如此，法瓦尔热仍然看出，事情陷入了危机。“因为阿维尼翁位于法国境内 108
[他们辩称]，他们再也不能卖任何东西，这部分贸易会完全垮掉，他们全都要破产。其间他们趁着还可以做的时候都在抢着盗印书籍。”

但是德内维尔完全知道，涌进法国的盗版书大部分是在阿维尼翁印刷的。他裁定阿维尼翁是外国领土，它出口的书籍将受到严格监控。1785年的法令要求尼姆的新书商行会检查阿维尼翁出口的每一件图书货包。没收的书籍大量增加。于是出版社一家接一家地破产倒闭。1786年，阿维尼翁只有25台印刷机在工作——还不到1760年盗印鼎盛时期60台的一半。[1] 到法国大革命爆发时，它的盗印业已经寿终正寝。

[1] 穆利纳斯，《18世纪阿维尼翁的印刷厂、书店和出版社》，第259—260页。

第八章

尼姆、蒙彼利埃、马赛

南部地区的艰难求生

尼姆，蚀刻画，摘自《新版法国风光游》，巴黎，奥斯特瓦尔德，1817（BiCJ）

尼　姆

法瓦尔热离开阿维尼翁后，事情进展还很顺利。他顶住了8月的酷热，马儿看起来也像离开纳沙泰尔时那样精神抖擞。他唯一的难题是讨厌的疥疮。瘙痒难忍，通常还伴有红疹，甚至水疱，让他难受至极。如今人们患疥疮，涂抹扑灭司林乳膏就很容易治好，12个小时内就可以杀灭引起疥疮的螨虫，尽管瘙痒还要持续两到三周。可是法瓦尔热不得不依靠他那个时代的医学。他在尼姆看了外科医生后，决定遵从标准的疗法："我将要一天给自己放一次血，次日再（服灌肠剂）通便。"

他不知道自己是怎么染上这种病的。现代的皮肤科医生把它归因于受到被褥、毛巾或室内装饰物上的螨虫感染。在18世纪，法国的客栈不像瑞士的客栈那么干净整洁，它们的肮脏闻名天下。就在法瓦尔热旅行的时代，有位法国旅行者就曾把它们形容为"地地道道的粪坑。任何饭食都令人作呕。房屋、老板、老板娘、楼梯、房间、家具，一直到女佣，到处都是一个德性。另外，床铺要多硬有多硬，床单最脏，都没洗干净，墙壁或壁炉上几乎总是涂得乱七八糟，不堪入目……肮脏是全法国的通病。”[1] 法瓦尔热没有抱怨法国客栈的条件差，但他很可能清除了床褥上的疥螨。疥螨通常活不过三天；所以（或许在经过多次抓挠之后）感染也消失了。至少他在后来的信中不再提了。

和以往一样，他也不提有关他所经过的城市的任何事情，除了书店——而更常见的是，他会提到城市缺少书店。根据法瓦尔热的报告以及他随身携带的《出版年鉴》可知，在阿维尼翁之后，罗讷河谷和法国南部海岸地区的书店少得出奇。[2] 虽然他到处找书店，但是在现今地图上所有看起来好像相当有名的小镇，如肖梅拉克（Chomérac）、普里瓦（Privas）、维维耶（Viviers）和卡庞特拉（Carpentras），都一家也找不到。蒙泰利马尔、阿普特、奥朗日（当地的“书商”实际上是一个假发制作商，卖书是他的副业，而且只卖做礼拜用的书）、于泽斯、塔拉斯孔这些城镇，各自都只有一家书商，而且每个书商的生意都做得很小，不可能向纳沙泰尔出版社订货。实际上，除了宗教书籍和一些应时印刷品外，别的他们都很少卖。虽然阿尔勒有两家书商，瓦朗斯有三家，艾克斯有四家，可法瓦尔热查看这些书店的存货

---

[1] 雅克·安托万·伊波利特，吉贝尔伯爵（Jacques Antoine Hippolyte, Comte de Guibert），《1775、1778、1784 和 1785 年吉贝尔在法国和瑞士各地旅行纪事：遗作，由其遗孀发表》（*Voyage de Guibert dans diverses parties de la France et en Suisse, faits en 1775, 1778, 1784 et 1785: Ouvrage posthume, publié par sa veuve*），巴黎，1806，第 177—178 页。

[2] 一般来说，法瓦尔热提到的名字与 1778 年《出版年鉴》上书商的名字是相符的，尽管他常常发现《年鉴》有错误，而且名字的拼写前后不一致。《年鉴》最初于 1777 年以《作家与书商年鉴》（*Almanach de l'auteur et du libraire*）为名出版。1778 年内容扩充，并以《书商年鉴》（*Almanach du libraire*）之名再版，1781 年又以同名出了第三版。有关这些城镇及其书商的详细资料，见网站 www. robertdarnton. org。有关该地区印刷和图书贸易的最出色的综合研究，仍属马德莱娜·旺特尔（Madeleine Ventre）的《旧制度最后时期朗格多克的印刷厂和书店》（*L'Imprimerie et la librairie en Languedoc au dernier siècle de l'Ancien Régime*，巴黎：Mouton，1958）。

时，除了在艾克斯四家书店中最大的那家由达维德兄弟开的店外，都没看到新近出版的书籍。达维德兄弟的书店实力较强，法瓦尔热评估
111 时给了他们高分，尽管他们告诉他，他们的零售生意“太一般了，每样新书只能卖一两本”。

当法瓦尔热到达地中海地区，沿着这个盆地的边缘寻找贸易之路时，他发现这里的图书贸易也很不繁荣。土伦只有三家书商，调查后他确信他们卖的书大多是航海方面的。佩兹纳斯（Pézenas）和贝济耶（Béziers）也各有三家书商，其中佩兹纳斯的菲济耶（Fuzier）这家，在法瓦尔热看来前景最好。他已经募集到几个《百科全书》订户，要3套48卷版的伏尔泰著作，并保证还可以再要一些书，使货包凑足300到400磅。在贝济耶，弗夫·奥德泽内父子公司（Veuve Odezenes et fils）被评为“极佳”，已经订了6套《百科全书》，但法瓦尔热不指望他们再下任何订单。卡尔卡松的一家书商，雷蒙·埃里松（Raymond Hérisson），享有“极佳”的评价，但是生意规模不大，法瓦尔热无法从他那里弄到一份订单。其他大镇，如冈日（Ganges）、阿格德（Agde）、纳博讷（Narbonne）、洛代沃（Lodève），都是一家书店也没有。

所有这些地方景色都很优美，有中世纪的要塞、哥特式教堂、文艺复兴时期的公共建筑等，但在法瓦尔热的日志里，除了对图书销售惨淡前景的忧心忡忡之外，这些东西都没有留下踪迹。然而，也有三个值得注意的例外，那就是尼姆、蒙彼利埃和马赛。对流行书籍的需求集中在这三个城市，有一些一流的书商控制着整个地区的贸易。纳沙泰尔出版社和所有这些书商都有大量交易，而他们各自的目标也是毫无二致，都是要竭尽所能去占领市场的最大份额，削减其他书商的份额。结果导致了为生存而进行的全面竞争，这可以从法瓦尔热的报告和整个18世纪70、80年代书商们与纳沙泰尔出版社的通信中看出来。

法瓦尔热的首站是尼姆。由于两个基本因素——丝绸和新教徒，它的图书市场很红火。在18世纪中期，丝绸和其他纺织品制造业驱动了当地经济的发展，该市人口众多的新教徒（在1778年的估计中，占其总人口数39,000的三分之一），消费了大量书籍，主要是《圣经》和宗教仪式用书，但也有启蒙运动的论著。新教是一种看重书籍的宗教，为启蒙思想的传播开辟了有利的场域。尼姆书商的信函揭示了那些文化潮流汇聚的途径。尽管如此，和大多数其他外省中心城市的情 112
况一样，只有几家书商的经营规模大到能够定期从国外出版商订货。其中最突出的有两家，米歇尔·戈德和比谢（文献没有提供他的名字），能让其他书商相形见绌。虽然提“经营规划”这个词可能不符合他们那个时代的实情，但是这两家书商的经营理念是截然相反的：戈德下订单和付账坚持着一种保守的策略，而比谢则敢想敢干，不惧风险。

当法瓦尔热走进戈德位于尼姆市中心大街上的书店时，他感觉自己来到了一个友善亲切的所在。新教书籍俯拾皆是。戈德本人很可能就是胡格诺派教徒，并且致力于满足胡格诺派教徒的需要。1771年起，他定期给纳沙泰尔出版社寄信，从他的信函来看，这是一个冷静、严格、难以讨价还价的交易者，但在付账和结账时显得特别诚实。出版社的客户在接到货物后，一般都是用邮政汇票（或其他汇票）支付货款，这些汇票通常在12个月后到期。出版社在往来账户上记录每家客户积欠的债务，然后不时地通过与客户达成一项协议来结算。出版社会向客户寄一份本方记载的关于他借贷情况的报表，而客户也出一份他自己的报表（一份“逆向账目”［*contrecompte*］）。如果他的账和出版社的有任何出入，他们就要协商，达成一致后，他再寄一张期票来支付债款。然而，在开立新的账户之前，双方常常会因为账目不一致而卷入纷争，而这种纷争就能充分反映一个书商的素质和他的生意状况。例如，1772年，戈德在结账时纠正了出版社犯的几个错误，其中还包括一个对出版社不利的错误。1774年，出版社认为抓住了他的一个错误，发信对他严加斥责，甚至因为在商量时话不投机，还扬言要控告他。但是戈德没有退让，理由是“我们的正直，对我们来说比世上所有威胁都重要”。结果证明戈德一直是对的，出版社也只好让步了。这种耿直给法瓦尔热留下的印象很深，那是他在其他很多书店里做交涉时感受不到的东西。在了解了当地的商人之后，法瓦尔热报告说，戈德父子一直享有无可挑剔的声望，建议开立新账户和他们做更多的生意。和戈德父子谈判很艰难，但是跟该市的其他所有书商比起来，他还是更愿意跟他们打交道：“我很乐意再跟他们建立联系。他们是很友善的人。”

113 人与人之间的亲和力也许会因加尔文教派的团结意识而加强。法瓦尔热到尼姆不久，就去聆听胡格诺派最杰出的领袖保罗·拉博的“沙漠”讲道。1778年法瓦尔热到访时，新教徒已不再受迫害，但是他们对1685年“南特敕令”废除后所遭受的暴行仍然记忆犹新，敕令的废除剥夺了他们的所有公民权利，并引发了卡米撒起义和1702到1715年的内战。1745到1752年间，镇压措施恢复执行，拉博不得不躲藏起来，因为当局悬赏要他的脑袋。纳沙泰尔出版社的主要合伙人弗雷德里克－萨米埃尔·奥斯特瓦尔德和他有私交，因此拉博和他的儿子，即后来在1789年担任国民议会议员的让－保罗·拉博·圣太田，答应帮法瓦尔热促销纳沙泰尔出版社版的《圣经》，还额外向他提供了一些胡格诺派牧师的地址，这些牧师将在他整个后续的旅途中，为他提供帮助，介绍客户。

戈德的信中出现的第一份订单是要105册《圣经》——加尔文教派版的《圣经》，其中增加了让－弗雷德里克·奥斯特瓦尔德（弗雷德里克－萨米埃尔的一个亲戚）的注释。它在法国是禁书，太危险了，不能经由里昂运输，因此戈德指导纳沙泰尔出版社经由陆路运到都灵（Turin），然后再运到尼斯和马赛，那里有他信赖的货运代理商。他没有被额外的运费吓住，又追加了100多册，此外还订购了大量品种丰富的世俗书籍，主要是六卷本的雷纳尔《哲学和政治史》。"此书非常畅销"，他写道。如果出版社能以最快的速度印制盗版，他就要订购50套。出版社没有抓住这个机会——这是它最大的失误之一，后来的事情证明了这一点——于是戈德只好从一个胆子更大的盗印者那里弄来这些书。五个月后，由于出版社无法满足其他客户对这套书的需求，他还通过交换为客户提供了许多。

戈德如果认为一种书卖得火，就会毫不犹豫地订购50或100册。很少有外省的书商能以这样的规模来经营，而且在整个1770年代，戈德的生意继续扩张。根据当时的资料，他的营业额高达600,000锂。[1] 这是一个家族生意："戈德父子"（Gaude père et fils），1773年重组为"戈德父子和A. 戈德公司"（Gaude pére, fils et A. Gaude），1774年又重组为"戈德父子公司"（Gaude pére, fils & Cie.）。老戈德 114
（米歇尔）在商业信函中继续以"我们"匿名称呼他们的公司，同时也披露了他的一些个人信息。在1774年10月18日的信中，他提到他儿子雅克最近结婚了，而在1781年8月22日的信中，他提到"桑斯，我的姻亲"——尼古拉－埃蒂安·桑斯，图卢兹的一位大书商，在订购图书时跟他合作。其他的信还提到他买了一幢大房子，建了一座新仓库。这些信都透露出生意欣欣向荣的气息，尽管也含有对1775

[1] 《法国、欧洲和世界其他地方的商人、批发商、船东和制造商通用年鉴》（*Almanach général des marchands, négociants, armateurs et fabricants de la France et de l'Europe et des autres parties du monde*），巴黎，1779，第353页。

年以后普遍的经济状况的大量抱怨。

戈德也出版自己的图书，主要是严肃书籍，都完全合法，如《公证人知识大全》（*La Science parfaite des notaires*）、《物理学词典》（*Dictionnaire de physique*）和《法国天主教教会史》（*Histoire de l'Eglise gallicane*）。他还利用博凯尔附近的图书集市把批发贸易做大，这个集市吸引了法国各地和欧洲很多地区的出版商和书商。因此戈德像阿维尼翁和瑞士的出版商兼批发商一样，用他自己印制的大部分书籍和包括许多瑞士出版社在内的出版商交换等价值的书籍。通过这种方式，他一边增加书店里可售图书的品种，一边建立起一个合作同盟。他下订单时优先考虑合作伙伴，其中除了纳沙泰尔出版社，还有日内瓦的巴尔丹（Bardin）、洛桑的厄巴克和格拉塞，以及伯尔尼出版社。通常的做法是，他会用交换贸易来支付订单总价的一半，用汇票来支付另一半，汇票到期时，他就如实兑付。因为瑞士的出版商自己之间也进行交换，所以戈德如果想从他优先考虑的出版商那里要任何书籍，几乎都能弄到，而且，在供应图书的整个团体中，他可以把订单转给提供最佳条件的供应商，却不会被踢出这个团体。其实，他有时会从几家瑞士出版商那里订购同一种书籍，以便降低被没收或者运输拖延的风险。

纳沙泰尔出版社一开始就销售和货运条件与戈德进行谈判时，就学着了解他的谈判立场。他那一头不愿承担任何风险，坚持要出版社让非法书籍（主要是新教书籍）经由安全但昂贵的都灵－尼斯路线运输。运过几次后，出版社提议用偷运过境的方法经由里昂将书籍运给
115 他，“保险”比率为其价值的16%。戈德把它砍到12%。后来保险系统遇到麻烦，出版社打算找一个可靠的货运代理商让它的书籍能够顺利通过里昂书商行会的检查。1773年7月，它宣称解决了这个问题，于是在近期需要25册《圣经》和50册《诗篇》的戈德，把订货数量

翻了一番。然而不幸的是，货物在瑞法边境滞留了，最后还是走了都灵路线。戈德抱怨这次耽搁，重申拒绝承担风险，并警告出版社说，法国政府非常严厉，把新教书籍看作最邪恶的、煽动性的和反宗教的书籍。他坚持说，如果出版社想和他做生意，就必须自己花钱让货物安全通过里昂。

随后四年，直到法瓦尔热到访尼姆，纳沙泰尔出版社一直在不断调整它在里昂的运营，而戈德也一直在订购书籍，尽管有些货运出过差错。在出版社选定雷沃尔做它的里昂货运代理商后，路径似乎变通畅了，1778 年他们的贸易得到了扩张。因此，当法瓦尔热走进戈德的书店时，他很希望做成一笔大交易。戈德当时想订购莫里哀、亚历克西·皮隆和克洛德－约瑟夫·多拉的著作，这些书籍出版社都有存货。他自己则刚刚又出版了一版《法兰西学院词典》，销量稳定，书是给皮埃尔·博姆（Pierre Beaume）承印的，此人是尼姆的两家印刷商之一。戈德提议，他的订单费用，一半通过交换他的《法兰西学院词典》来支付，一半用通常的方式支付。不过，戈德和加里冈一样，要按照他为个别图书定的价格来交换，而不是以纳沙泰尔出版社喜欢的方式，按照折帖来交换。当法瓦尔热计算出要交换的书籍的相对价值时，他意识到如果依从戈德的提议，出版社会蒙受损失。而戈德则辩称，他能从其他经常与他进行交换的瑞士出版商那里弄到纳沙泰尔出版社所提供的书籍。如果不交换，他就不卖它的书了——这是法瓦尔热在和戈德谈判时遇到的分歧点。他找不到任何办法绕过它，结果只好在那个 8 月的日子里，两手空空地离开了戈德的书店。随后五年，尽管出版社继续和戈德通信，却再也没有把他拉回正式的客户群。戈德从其他瑞士出版商那里弄到了他所要的书，包括纳沙泰尔出版社出版的书，而在他停止向纳沙泰尔出版社下大订单之前很久，该出版社就已经将其大部分生意转向尼姆的另一家大书商比谢了。

116 浏览一下戈德的所有订单（可以把它们和法瓦尔热所拜访的其他书商的订单放在一起仔细研究，这些都可以在本书对应的网站上查到），可以清楚地看到新教书籍构成了他生意的核心。在最常订购的书籍的书单中，排在前四位的是《诗篇》和《圣经》，以及克洛德·德朗日（Claude de Langes）的《旧约和新约史》（*Histoire du Vieux et du Nouveau Testament*）和达尼埃尔·德叙佩维埃尔（Daniel de Superville）的《真正的领受圣餐者》（*Le Vrai Communiant*）。戈德还订购了大量布道书，以及孔多塞赞同宗教宽容的论著《一个天主教徒对法国有关新教徒的法律的看法》（*Réflexions d'un Catholique sur les lois de France relatives aux Protestants*）。启蒙运动的论著补充了戈德喜欢的宗教书籍，他从开始与纳沙泰尔出版社建立联系时起，就要求连同日内瓦版《圣经》一起，订购卢梭的著作和雷纳尔的《哲学和政治史》。他的订单含有伏尔泰的几种论著，一起订购的还有 3 套 48 卷版的伏尔泰全集、梅西耶的《巴黎图景》，以及《危险关系》和其他各种书籍。戈德从来不要无神论书籍和非法的政治论著，订单中只出现一本毁谤宫廷的《杜巴丽伯爵夫人的真实回忆录》（*Mémoires authentiques de Mme la comtesse du Barry*）。若是可以从他订购的那些种类繁多的书中发现一个大体模式的话，那就是：他选的书以新教书籍为主，辅以一些思想温和的书籍，如伏尔泰的著作这类启蒙图书。[1]

---

[1] 戈德和其他供应商的关系更具有冒险性，尤其是弗朗索瓦·格拉塞，此人大量经营禁书。1766 年 7 月，巴黎图书贸易检查官约瑟夫·戴梅里奉命调查在阿维尼翁印刷并在博凯尔集市上销售的盗版书交易。经过一系列的突击搜查，他没收了 47 个货包的书籍。包括格拉塞发给戈德的两个货包，其中就含有精选的色情和反宗教的禁书，如《修道院的乐事》（*Les Délices du cloître*）、《缝补女马尔戈》（*Margot la ravaudeuse*）和《阿拉斯的蜡烛》（*Chandelle d'Arras*）（巴黎国家图书馆，法文全宗 22098，no.30–48）。这是唯一的一次在警察档案中出现了戈德的名字。（博凯尔集市，尤其是 1766 年的突击搜查，需要深入研究。）

以纳沙泰尔出版社的观点看，比谢类似于戈德。他做的生意，无论是批发还是零售，规模都很大；他从许多供应商（主要是阿维尼翁和瑞士的供应商）处订货，自己也印几种书，通过交换来丰富图书品种；他主要经营同类图书——最重要的就是新教图书。他似乎为一个充满希望的市场打开了大门。可是纳沙泰尔出版社在给予比谢信任时太过轻率。经过五年的交易，他们终于发现他的房子是建在沙堆上的。1778 年他的生意垮台，而随后他为避免破产所作的努力，又暴露了一个貌似优秀但生意做过了头的书商的弱点。

比谢最初是在老吉永的推荐下与纳沙泰尔出版社建立联系的。吉永是偷运承保人，一直在博凯尔的图书集市上从书商中招徕客户。而从这个路子引进客户，对拥有图书贸易高档市场的生意是危险的。但是比谢很快就下订单购买新教书籍，而纳沙泰尔出版社当然要抓住销 117
售的机会。要是该出版社在发货前做过严格评估，它就会发现比谢早在十年前就曾因经营禁书而被禁止做图书贸易了。当时他的图书被当局没收，损失了 600 锂。[1] 然而，不知何故，他竟然设法恢复了生意，还成为书商行会有完全资格的会员，而且他的生意在 1770 年代早期似乎发展得很快。当法瓦尔热于 1778 年 8 月到达尼姆时，他发现比谢拥有一幢价值 20,000 锂的住宅，并得知他曾鳏居过一段时间，最近又结婚了，而且从中获利颇丰。

比谢不像戈德，纳沙泰尔出版社和他就货运条款进行谈判时，议价不难。他最初的订单量就很大，其中包括几卷伏尔泰和莫里哀的著作，以及新教书籍。这些货都顺利地运到了他手里，直到 1775 年一件货物在里昂附近被扣。比谢为此次失误责备纳沙泰尔出版社，理由

[1]　1778 年 5 月 4 日，比谢在一封致纳沙泰尔出版社的信中提供了有关这段插曲的细节。

是他们把货包发给了一个不能胜任的货运代理商，而不是他自己在里昂的货运代理商加布里埃尔·雷尼奥（Gabriel Regnault）。不过，比谢对法国图书贸易管理人员佯称，他没有订购这些书籍，只是跟它们的转运有牵连，说服他们把书退回了纳沙泰尔——只有几种被严格禁止的书，如《杜巴丽伯爵夫人逸事》被没收。

这次意外发生后，比谢对禁书的兴趣越发浓厚了。他建议纳沙泰尔出版社印一版自己的《杜巴丽伯爵夫人逸事》，印完后他还要购买500册，跟上回一样。纳沙泰尔出版社没有上钩。它很少印这种声誉不好的书，宁愿通过交换从印制它们的出版商那里弄一些来。印这种书的都是一些非主流的出版商，如日内瓦的让－萨米埃尔·卡耶、加布里埃尔·格拉塞和雅克－邦雅曼·泰隆。通过这些渠道，纳沙泰尔出版社也能提供大量的非法图书。从1774年年中到1778年春季，这些非法图书在比谢的订单中占了相当大的一部分。例如，在1776年9月5日，他订购了13册宣扬无神论的《揭开面纱的基督教》（*Le Christianisme dévoilé*）和26册《新约全书》。除了对新教书籍的稳定需求外，他的订单还包括了伏尔泰的许多论著、订数庞大的四开版《百科全书》，以及几种政治毁谤书籍，如《路易十五回忆录》和《特雷
118 修道院长回忆录》（*Mémoires de l'abbé Terray*）。到1778年，从他订单的构成可以发现，他要冒更多的风险，而且付账也越发困难了。1777年12月，纳沙泰尔出版社拒绝了他以布瓦塞朗（Boisserand）之名开的一张期票。布瓦塞朗是罗阿讷的一个地下经销商，最近已为躲债而跑路了。1777年5月结账时，纳沙泰尔出版社发现，同一笔交易比谢在自己账上的贷方记了两次。在图书贸易中，会计差错偶尔会发生，但实力极强的书商——比如戈德父子公司——是绝对不可能犯这种错误的。

在法瓦尔热到访前几个月，纳沙泰尔出版社从比谢1778年5月4日的来信中得知，他已经暂停了所有支付。他的债务已高达30,012锂。他估算他的资产有53,026锂，不过这个数额包括了他对自己图书存货的估价（42,258锂，这数字未经证实），以及别人欠他的债款10,767锂。看起来要收回这些债务已不可能了，尤其是他的财务报告显示，他已经把12,412锂的债权作为亏损勾销了——那是他自1763年开始做生意以来别人久欠未还的债务。他说他总是以德报怨：造成这些亏损是因为“那些人不讲信用，而我却用君子之道待他们”。他还把问题归咎于当地经济不景气。不过他许诺，要是纳沙泰尔出版社和他的其他债主一样，同意延长债务偿还期限，他就可能恢复他的生意；他会按5%的利息分期偿还债务，四年内全部还清。“我的提议是有诚意的，要是你们提出更高的要求，那就是要我做我无法做到的事，就是要我彻底完蛋，而那样的话我欠你们的债务也就跟着完蛋了。”

纳沙泰尔出版社不是第一次面对绝望的债务人的这种提议，知道这时决不能让步。它不想提升那些随时可能破产的商人的信用额度，而且它担心人们会在暗地里进行某种交易，让一些债主得利而让另一些债主吃亏。因此它答复比谢，只要他能找到值得信赖的人做他的赞助人，担保分期付款，就同意他的提议。比谢回答说其他债主都接受了他的条件，要是纳沙泰尔出版社把他告上法庭，可能使他破产，他就无法付清他的债务。如果给他四年期限，出版社就能够收回他所欠的所有款项，还带利息。纳沙泰尔出版社一边在信里向比谢表示难以接受，一边又委托法瓦尔热，一旦探明尼姆的情况，就以出版社的名 119
义进行谈判。他要查明比谢是否值得信赖，他生意的真实状况如何，并确定是否有任何可靠的人能为他的还债提供担保。

法瓦尔热拿着他先前在路上征得的几封推荐信，走访了一些商人和新教牧师。他的报告是很好的范例，说明了一位销售代表的收账职能，也说明了商人声誉的重要性。法瓦尔热咨询了最可靠的蒙托公司，这家公司告诉他，对比谢作出明确的评价很难，但是有很多评价是对他有利的。比谢很有事业心，做过大生意，在当前这场危机发生以前，他一般还是能按时付账的。他的第二次婚姻肯定能给他带来新的财富。在考虑了各方面的情况后，依蒙托之见，比谢很可能会讲信用地偿还债务。可是新教社团的一位领袖拉博·圣太田的建议却正好相反。他警告纳沙泰尔出版社不要受比谢欺骗，不要接受长期偿还债务的计划，而应尽快收回所有能收到的现金，哪怕因此要勾销一部分债务也在所不惜。

掌握了这个矛盾的信息之后，法瓦尔热在格雷夫街比谢的书店里和他展开了交锋。法瓦尔热立即了解到，比谢没有现金，也没有人为他将来还债担保。然而，他的生意状况似乎也不是糟得一塌糊涂。当比谢像被逼到墙角的债务人一样出示他的账目时，法瓦尔热发现，资产负债表看上去情况并不坏。而且从比谢的信函也可以看出来，他的许多债主——有巴黎的、里昂的、阿维尼翁的和瑞士的——都接受了四年限期的还债计划。法瓦尔热确信比谢没有和他们中间的任何人有过秘密交易。他们就清偿债务的所有可能性做了长时间的讨论，其间比谢争辩说，让他一边继续做生意，一边去收别人欠他的债款，并通过销售赚钱，来还清他欠纳沙泰尔出版社的全部债务：1,125 锂加上 5% 的利息，这是符合出版社的利益的。他已经承诺偿还其他债主共 20,000 锂了。“对一个外省书商来说，这是相当大的债务了”，法瓦尔热评价道。但比较让人担心的是，有传言说比谢撒谎成性，显然没有把他危险的财务状况告诉他的新任妻子。

120 法瓦尔热没有当即拍板，而是把事情留给纳沙泰尔的上司们去决定。他们想让比谢开出更好条件的尝试没有成功，最终在 1778 年 9 月同意了一个还款计划，要求比谢于 1780 年底还清他的债务。1779 年 2 月，比谢恢复从纳沙泰尔出版社订货。他要了 26 册《圣经》，并计划预付款。虽然他承认他必须赢回他们的“信任”，他还是向纳沙泰尔出版社吹嘘说，他过去一直是行得正坐得稳的：“不管你们信不信得过跟我的关系，你们公司都一定会从这个关系中受益。真诚和正直一直是我的为人之道，我决不会放弃它。”

比谢确实承兑了他还清债务的所有期票。他用他的存货图书开设了一个读书会作为他图书销售生意的补充；而且到 1782 年 5 月，他还自己印了一些书——主要是《论拼写》（*Traité d'orthographie*），并提议用它来交换纳沙泰尔出版社的书籍。虽然出版社没有同意跟他做这笔交换生意，但在随后两年里，它还是一直在为比谢的一些大订单供货。然而，1785 年 2 月，他未能兑付 355 锂的还债期票，又要请求债主接受一个偿还计划，这次延长两年。事实上，如在 1778 年恳求通融一样，他一字不差地采用了同样的措辞：“我的提议是有诚意的，要是你们提出更高的要求，那就是要我做我无法做到的事，就是要我彻底完蛋，而那样的话我欠你们的债务也就跟着完蛋了。”

尽管这是老调重弹——其他各方债务人也听到了这种表达方式——纳沙泰尔出版社无可奈何地接受了这个提议。考虑到比谢弄不到现金，它别无选择；他的债主如果把他逼得彻底破产了，那就什么也得不到了。总而言之，尼姆的一位商人就是这么建议的，但他还是认为这种还债计划只是一个“计策”，纳沙泰尔出版社的债款这回是收不回去了。[1] 三年后，比谢还欠着纳沙泰尔出版社的钱。最后是在

[1]　“安德烈致纳沙泰尔出版社”，1785 年 2 月 21 日。

1788年4月，用一张240锂的本票和又一次图书交换计划，他才把账结清，这次是用他自己出版的《法兰西学院词典》交换纳沙泰尔出版社的《诗篇》和新教论著《灵魂的食粮》。1788年10月，纳沙泰尔出版社最后一次收到他的消息时，他还在经营书店，管理着读书会，偶尔还出版书籍。
121

不过此时比谢已经沦为二流书商了。他在汇票上的签名不再被人当回事。一位专门从书商那里收账的商人兼银行家把他抛弃了，他还劝纳沙泰尔出版社也这样做："比谢现在就是一个破落户，赚的钱仅够糊口。到处都有人在起诉他，可从他那里又得不到任何东西。"[1]

戈德和比谢之间的反差揭示了图书贸易中经营高端市场部分的书商出现的两种趋势。有些人规避了风险，尤其是如果他们的财务基础殷实，足能让他们防备不测，而另一些人则在追逐利润时自不量力，出具的汇票的金额超出了柜台销售所得。前者一般都会避免风险极大的图书，尽管他们店里也会存有大量的启蒙运动论著，并且十分依赖盗版书经营。后者也卖那些书籍，但是还卖一些只能藏在柜台底下的书籍，如无神论书籍和政治毁谤书籍。

蒙彼利埃

法瓦尔热到达蒙彼利埃时，他不再抱怨他的疥疮，却开始担心起他的马来。它老是因前蹄失控摔跤。法瓦尔热试着去纠正这种倾向，想不同办法为它钉蹄铁，可是可怜的马儿蹄子肿得太厉害，他只好采

[1] "老巴蒂略致纳沙泰尔出版社"，1781年3月18日。

取给自己治病的法子来给马治病：放血（付兽医 10 苏）。“你要知道，我们更关心你的健康，而不是你的马的健康，”出版社本部的一封在蒙彼利埃等着法瓦尔热的信里这样说。从尼姆骑马到蒙彼利埃还是很轻松的；一旦到了那儿，人和马都可以歇息一些日子了。因为法瓦尔热和书店有许多生意要做，足够他忙几天的。

蒙彼利埃像尼姆一样，是一处繁荣的图书市场。其实这两座城市只相距约 56 公里，有许多共同之处。1780 年，尼姆有 49,000 名居民，八家书商，两家印刷商；蒙彼利埃有 31,000 名居民，九家书商，两家印刷商。两市都拥有大量新教徒人口，在中世纪，它们都曾享有一段

蒙彼利埃，蚀刻画，摘自《新版法国风光游》，巴黎，奥斯特瓦尔德，1817（BiCJ）

122 商业繁荣时期。虽然蒙彼利埃比尼姆小，却是朗格多克的行政首府。作为总督驻地，它拥有一所附有著名医学院的大学，以及几个高级法庭（不过不是省高等法院，它在图卢兹），有人数众多的官员、律师、教授和大专院校学生，此外，还有与大主教管辖区有关的神职人员，以及要塞里驻扎着的将士。在法瓦尔热到访时的蒙彼利埃，一个都市精英会经常光顾音乐会和剧院，出席所在学会的会议，订阅当地的报纸，也常去逛书店。

法瓦尔热检查了这些书店后，立即划掉了无足轻重的巴斯库（Bascou）和图尔内尔（Tournel）这两家。第三家是 J. B. 富尔（J. B. Faure），生意由寡妇贡蒂埃（Gonthier）继承管理，名声不错，但是不会下任何订单。第四家，亚伯拉罕·丰塔内尔（Abraham Fontanel），主要从事印刷业，卖书只是副业。第五家，塞扎里（Cézary），据说人很诚实，但是穷。两位印刷商，马泰尔（Martel）和皮科（Picot），他们的生意仅限于印制宗教小册子和应时印刷品。剩下的就是伊萨克－皮埃尔·里戈（Isaac-Pierre Rigaud），对外称里
123 戈和蓬斯公司，因为里戈吞并了阿尔贝·蓬斯（Albert Pons）的小生意，而蓬斯几乎就是一个旧货商。里戈给了法瓦尔热一份相当大的订单，法瓦尔热证实，出版社根据多年经历所掌握的情况不假：里戈还是像他们开始做生意时那样有实力。

在纳沙泰尔出版社的档案里，里戈的信有 99 封，历时 17 年。这些信展现了一种经营模式，而这种经营模式在许多卷宗中都能见到。它表明了一位老牌书商是如何靠挤压竞争对手来控制一个外省首府的图书贸易的。里戈像尼姆的戈德一样，和他讨价还价很难，他躲避风险，眼睛紧盯着底线。虽然他千方百计挤压竞争者，但他从不口是心非，从不采用那些名声不好的商人常用的欺骗手段，那种人总会找借

口逃避还债。供应商的服务每次出差错，里戈都要抗议一番，无论何时，一逮到机会就拼命压价，不过他一直按时付账。他是图书业最优品质的缩影：讲诚信，有实力。

关于里戈的最佳描述出现在 1764 年政府关于图书贸易的调查报告中，在法瓦尔热到访的多年以前。根据关于朗格多克的报告，他是蒙彼利埃最重要的书商，表现突出，尽管没人能对他的财产做出准确评估。有人估计他的财产有 50,000 锂或 60,000 锂，还有人说有 150,000 锂以上。之所以很难评估，是因为他的资产总跟他的生意相关，而不是实在的房地产，而且“他对于自己的事口风很紧”。根据报告记录，最重要的是他博得了许多人的尊敬：“这位书商做生意天分很高。他是新教徒，有为人诚实正直的名声，尽管他被指责传播大量新教书籍和其他禁书。但他在加入书商行会时出示过天主教领洗证明，而且从那时起，就已经在行使天主教徒的一些职责。”[1]

这个判断，从纳沙泰尔出版社收到的关于里戈与蒙彼利埃其他两位书商——塞扎里和丰塔内尔——的关系的报告里得到了证实。法瓦尔热在探听了当地人的意见后，对塞扎里做出了“很诚实”的评价，并从他那里转发了一份订单给出版社。这份订单含 23 种图书，多数都是拉丁文的医学论著，这肯定是为大学医学院的医生和学生准备的。其他书籍大部分是新教著作和历史书籍。

但是，就在塞扎里可以和纳沙泰尔出版社进一步发展生意的时 124
候，他遇到了麻烦。他的许多书都是从附近的阿维尼翁的印刷商那里进的，订了很多，能卖掉的却很少，结果货物积压得越来越多，发出汇票的金额也越来越大，却没有足够的现金兑付到期的汇票。阿维尼

[1] 法国国家图书馆，法文全宗 22185，f.22。

翁的三家出版商逼得紧，他说服其中一位名叫 J.-J. 尼埃尔（J.-J. Niel）的，从他的存货中选了一些书籍作为交换，以便勾销一笔 1400 锂的债务。从他写给纳沙泰尔出版社的信可知，尼埃尔选了一些最畅销的书，价值 3000 锂。他在信里还试图说服纳沙泰尔出版社延缓他兑付汇票的期限。后来情况急转直下，由于塞扎里拒绝交付那些书籍，尼埃尔便请来蒙彼利埃的法警查封了那些书籍，并运走了七箱，而塞扎里则躲了起来，以逃避进监狱。他母亲向法院申请查封书店，以免书店的存货再次被抢劫。塞扎里暗地里试图跟他的所有债主谈判。他向纳沙泰尔出版社保证，如果给他充分的时间，他就有足够的资产来偿还所有债务。首先他需要从当局获得通行证，这样就可以将分期付款账单分发给通过他订阅《百科全书》的顾客。

为了就如何答复塞扎里的这一请求做出决定，纳沙泰尔出版社联系了蒙彼利埃的一位律师，还联系了当地一位名叫维亚拉尔（Vialars）的商人——此人是维亚拉尔父子与图隆公司的，一个新教徒，也是奥斯特瓦尔德的朋友。那位律师确认，尽管塞扎里仍然在躲藏，但他还是有能力还债的。他曾提交过一份资产负债表自行宣布破产，该负债表显示，他的债务是 64,410 锂，存货值 42,668 锂。他还拥有两处房产，总价值 30,000 锂。律师建议，给他充裕的时间，让他恢复生意并以合理价格卖掉存货，比强迫他仓促甩卖要好，那样会使他破产，弄不到多少钱来还债。

1781 年 6 月 24 日，塞扎里的债主或他们的代表在一起开了个会，讨论合理的庭外和解方法。次日，塞扎里写了一封信给纳沙泰尔出版社汇报了会议结果。他解释说，里戈给他的存货估了价，现在正试图说服其他债主逼他放弃生意。他唯一的生存机会，是债主能减掉他一半债务，然后给他六个月的时间来还清剩下的一半。“我是诚实的人，

会严守信用，”他坚持说。“我在这个世界的全部心愿，就是夜以继日 125
地工作来清偿欠你们的债务。”然而，塞扎里面临着里戈这个强敌：“我非常痛苦地得知，本市某位先生（后面他指名道姓地提到里戈）利欲熏心，一心要置我于死地，为的是削减蒙彼利埃书商的数量，还想白白拿走我的书。他已经致信我的一些债主，劝他们不要接受这个安排。”

这是纳沙泰尔出版社最后一次收到他的信。维亚拉尔后来报告说，债主们决定免除塞扎里的一半债务，并卖掉他的全部存货来偿还另一半。他们指定一位名叫吕克·比隆（Luc Biron）的代理商处置这些存货，并在三年期限内付清它的估值。维亚拉尔怀疑比隆是里戈的代理人，但是纳沙泰尔出版社没有任何办法来阻止这种安排。1784 年 3 月，出版社收到了 142 锂，是欠它的债务的一半。这时，里戈很可能按议价获得了塞扎里的大部分存货，那价格是他自己定的，然后塞扎里就从图书贸易中销声匿迹了。[1]

这场争斗不涉及个人恩怨。里戈只是要排挤掉一个竞争对手，而且如下面所说明的，他还会以同样的办法挤压法瓦尔热曾向出版社推荐过的另一位书商——亚伯拉罕·丰塔内尔。里戈在给纳沙泰尔出版社的信中从不提及这些商战，照旧只谈图书贸易，虽然在第一封信里他对奥斯特瓦尔德个人表达了问候。其实，正是里戈的信所表现出的这种严格务实的特征，使它们显得有趣。它们揭示了一位成功的书商是如何协调供求关系，管理自己的生意的。里戈的订货单，一般都列有 10 到 20 种书籍，但每种只有寥寥数册，这是为了能把个别图书

[1]　这段叙述基于纳沙泰尔出版社档案中塞扎里的卷宗，ms.1132，ff. 267–273；维亚拉尔，ms.1228，ff.42–76；以及检察官希罗，ms.1135，ff. 219–220。

卖不完的风险降到最小，同时又确保货物有足够的重量，使他付出的运费更便宜一些。他非常重视运费这个因素，重视程度超过了他在信中强调过的另一个关键因素，即速度。里戈像其他书商一样，为了在市场上击败竞争对手，也要求能及时收到图书，尤其是时下正在流行的书，即“新书”。但是即便如此，他还是要求纳沙泰尔出版社，如它的存货中那些书籍不多，就推迟发运所有货物，不要把其他书籍
126 打成一个小包裹发货，那样运费成本太高：“别向我们发运任何小包裹，运费太贵了。等到你们积累到足够的数量、达到一定的重量再发货吧。”

1778 年 8 月里戈给法瓦尔热的订单显示了他进货方式的特点。该订单列有 18 种书籍，总共 291 册。[1] 其中 11 种他分别订了 2 到 4 册，7 种分别订了 6 册，只有一种订了 12 册：《叶卡捷琳娜二世女皇陛下为青年教育和公用事业建立的各种机构的计划和法规》(*Les Plans et les statuts des différents établissements ordonnés par S.M.Impériale Cathérine II pour l'éducation de la jeunesse et l'utilité générale de son empire*)。限制每种书籍的订购册数，就能防止书籍卖不掉在库房积压。而如果他的客户一直需要某种书籍，他总会多订一些，按需求来调整供应量。

重复订购的模式反映了市场对某些书籍的持续需求，同时反映了里戈在货物储备上的保守态度。例如，1773 年，纳沙泰尔出版社出版了盗版的巴居拉尔·达诺（Baculard d'Arnaud）的通俗言情小说《感情的考验》(*Epreuves du sentiment*)，他订购了 6 册；然后追加订购如下：

---

[1] 里戈的所有订单，连同本书所研究的其他 17 位书商的订单，可以通过网站 robertdarnton.org 来研究。

1773 年 7 月 21 日（首次订购）……………………………… 6 册
1773 年 9 月 20 日…………………………………………………… 12 册
1777 年 3 月 19 日…………………………………………………… 2 册
1777 年 9 月 26 日…………………………………………………… 3 册
1779 年 11 月 22 日………………………………………………… 4 册

消遣小说的销售也符合一种类似的稳定而持续的需求模式，这可以从他订购里科博尼夫人、让利斯夫人和克洛德－约瑟夫·多拉的著作的订单上反映出来。他重订次数最多的，即位列其最常订的“畅销书”书单（这些书单我已放到了网站上，和其他书商的“畅销书”书单放在一起）第一名的，是路易－塞巴斯蒂安·梅西耶的乌托邦小说《2440 年》。下面是此书那些年的订购情况：

1772 年 9 月 21 日…………………………………………………… 12 册
1773 年 9 月 29 日…………………………………………………… 50 册
1774 年 3 月 23 日…………………………………………………… 12 册
1774 年 10 月 14 日………………………………………………… 60 册 127
1775 年 8 月 16 日…………………………………………………… 25 册
1777 年 6 月 2 日……………………………………………………… 20 册
1779 年 11 月 22 日………………………………………………… 12 册
1780 年 9 月 8 日……………………………………………………… 13 册
1780 年 9 月 13 日…………………………………………………… 12 册
1781 年 1 月 17 日…………………………………………………… 12 册
1783 年 11 月 7 日…………………………………………………… 26 册
总计………………………………………………………………………… 254 册

要是里戈一次性订购了100多册——书商们在择机“撞大运”（making a *coup*）时偶尔会这样做，而所谓“撞大运”，是当时书商们的一句行话，意思是找准时机下个大订单，从激增的需求中大赚一笔——这种投机就可以被看作某种赌博了。但是，在11年内反复订货，说明《2440年》这本书深受蒙彼利埃读者的喜爱——实际上在法国其他的地方也是如此。

由里戈的订单可知，需求在一定程度上反映了纳沙泰尔出版社所能提供的东西。里戈在一些信里注明，他一般都是从纳沙泰尔出版社的书目和新书销售说明中选择书籍。但是，有几次他也要求出版社为他弄一些存货中没有的书籍。他在信里提到这些书籍，并说他有许多供应商常常提出要为他提供这类书籍——用交换贸易的办法，这在第七章中解释过。里戈十分熟悉图书交换办法的运作，自己也利用他在蒙彼利埃印刷的医学书籍做过一些交换。因此他告诉纳沙泰尔出版社，不要把它在里昂、阿维尼翁和鲁昂弄到的任何书籍发运给他，他自己在这些地方已经做过多次交换贸易。如果个别图书纳沙泰尔出版社无法按时提供，里戈就从别处进，通常是找另一家瑞士的批发商兼出版商。他不让他们相互竞争，因为正如他所说，他不喜欢“砍价”。不过他有时也从几家供应商那里订购同一种书籍，以便有把握按时收到货品。他讨价还价时也很卖力。有时候，无论订购12册还是订购1册，他都会要求白送1册。他还要求免费赠送书籍给他的个人图书馆。他一直在寻求低价购买畅销书籍，而且交货要最快，运费要最便宜。

128 无止境地追求廉价并不意味着可以忽略质量问题——质量既涉及书籍的物理形态，也涉及它们的内容。每当发现纳沙泰尔出版社的书籍有缺陷时，里戈都会严厉批评。他痛恨纸张质量差，不仅仅是因为他那双专业的眼睛受不了，还因为不利于销售。在手工制造纸张的时代，顾客对里戈在信中所强调的质量是在意的，这些质量包括纸张的白度、色调的均匀度、强度和重量。1769 到 1770 年间，纳沙泰尔出版社的印刷厂刚建起来，生产做工精良的书籍有困难，里戈对一些缺陷怨气冲天，譬如使用了老旧铅字，排字有错误，校对马虎，折帖组合有误，页边留得不合适，开本选得不对（他坚持《圣经》应该印成四开，而不是对开），等等。

无论何时，只要可能，里戈都要检查一下书籍的物理质量："不看一下就买是不谨慎的。"他常常要求纳沙泰尔出版社寄一两本书让他"试售"（*pour essai*）。对他来说，这种"试售"首先是一种测试市场需求的手段。如果这几册都卖不动，他就不再下订单了。虽然他好像特别擅长评估市场需求，但有时他也会失误。例如，有一本论及常用医疗方法负面作用的论战小册子，名叫《医学无政府状态，或被认为有害于社会的医学》（*L'Anarchie médicale, ou la médicine considérée comme nuisible à la société*），看上去在蒙彼利埃肯定畅销，因为医学院在该市的思想生活中扮演着很重要的角色。里戈曾经出版过在医学院引起争议的论著，并且专营医学书籍。得知有这本论著出版，他立即发了一份试售订单，"我们想订三四册《医学无政府状态》，把此书推广一下，如果卖得好，我们会下一份大订单。"然而这本书卖得并不好，所以他后来只加订了一次，而且只订了两册。

但里戈似乎也失手过一次，这也是他唯一一次受挫。事涉图书是《滑稽小说补编，或用作让·莫内传记的回忆录》（*Supplément au Roman comique, ou mémoire pour servir à la vie de Jean Monnet*），此书有关巴黎的剧院生活，但内容空洞无奇。他的首笔订单要了 24 册。显然是因为这些书卖得非常好，四个月后他又订了 100 多册。但当这么一大批书延迟两个月后运到他手上时，他就有点后悔了："我们终于收到了《让·莫内回忆录》，一本曾经那么吃香的书，现在却几乎无人问津了，
129 因为它其实就是一本杂编。我搞不懂一本这样的书怎么会在有品位的人中间引起轰动。"他随后就再也没有订过一册，出版社的其他客户也不再订购了。

里戈要求出版社在他订购的图书中添加一些新的色情图书，想在主菜中撒上"一些调味料"。可是当出版社开始加进一些时下流行的小书时，他又不高兴了，说它们是一些"只适合小摊贩卖的书"。他喜欢有真材实料的书籍，包括多达数卷的几种，如保罗－弗朗索瓦·韦利（Paul-François Velly）的《从君主制建立到路易十四统治时期的法国史》（*Histoire de France depuis l'établissement de la monarchie jusqu'au règne de Louis* XIV）："我们要试售两套韦利的《法国史》，十二开二十卷本，如果读者满意的话，我们再大量订购。"两年后他又订了两套；过了三年又订了四套。八套二十卷的著作，虽然是十二开的小书，却意味着比 100 本《滑稽小说补编》更大的投入。

根据里戈的订单对市场需求进行评估，关键是要考虑到开本和卷数以及订购数量之类的因素。根据他的订单列出的"畅销书"书单，《滑稽小说补编》排在第二位，尽管它实际上不应该被看作畅销书；而《从君主制建立到路易十四统治时期的法国史》根本没排上，虽然它最终占据了里戈一些顾客的书架的大量空间。考虑到这些特点，可以发现订货存在两种倾向：首先，对言情小说有需求，让利斯夫人、里科博尼夫人和巴居拉尔·达诺的小说就是很好的例子；其次，对启蒙运动论著有需求，主要是梅西耶、孔多塞和伏尔泰的著作。

里戈生意的启蒙运动特点表现得比他的信函更明显。他订购了 25 册纳沙泰尔出版社版的无神论著作《自然的体系》，并且说，要是

出版社能安全而及时地把货发运给他的话，他本来会要求订购100册的："机会失掉了"，他遗憾地写道。他征集了大量四开版《百科全书》的订户，总共84个；并且在1779年11月得知卢梭的《忏悔录》在瑞士某地印刷时，他催促纳沙泰尔出版社给他发货，数量相当大。最后这本书他还是从另一家出版商那儿搞到的，很可能是日内瓦出版 130
社，1782年这家出版社出版了卢梭去世后的第一版卢梭全集，包括《忏悔录》的第一部。之前的十年里，里戈订购过21套卢梭著作，版本从十一卷八开版到二十一卷十二开版不等。他批评道，有些单行本，如《卢梭评判让－雅克：对话录》(*Rousseau juge de Jean-Jacques*)，卖得并不太好，而且1782年卢梭的著作出得太多，市场已经泛滥饱和。

里戈对伏尔泰的书同样感兴趣，这也是因为它们具有销售潜力。1770年，纳沙泰尔出版社通知他，伏尔泰正在写一部巨著，即《关于百科全书的一些问题》，最终写了九卷，而纳沙泰尔出版社已经跟伏尔泰达成了出版协议。前文说过，伏尔泰这部书的纳沙泰尔出版社版，其实是日内瓦出版商加布里埃尔·克拉默出的原版书的盗版。伏尔泰更在意的是他的著作的传播，而不是想靠它们赚钱。他与纳沙泰尔出版社合作出版此书，是背着克拉默干的——也就是说，是伏尔泰在盗印自己的书，只是把文字随随便便修改一下就转发给了纳沙泰尔出版社。不过这项秘密协议带来了无休止的纠葛和延宕。里戈一听到纳沙泰尔出版社的通知，便立即抓住机会要弄到样书。1770年8月，他订购了30套，9月又增订了50套。后来，当出版社未能及时把货发给他时，他大为恼火，抱怨伏尔泰以及出版社："真让人惊讶，伏尔泰先生临到生涯完结时，还不能丢掉欺骗书商的习惯。如果所有这些小伎俩、欺诈和恶作剧都只归咎于玩弄它们的人倒也无所谓。但不幸的是，指责通常都是落到印刷商头上，甚至更多地是落到零售书商的头上。”

里戈不停地抱怨着，直到1772年6月纳沙泰尔出版社的最后一卷书运达。他批评说，纳沙泰尔出版社版和克拉默版之间的差异微不足道，对他的顾客来说可以忽略，可是他却因为耽搁失掉了销售时机。不过，也许他并不像他说的那么倒霉，因为1772年6月，他又订购了12套，1773年6月加订1套，1774年9月又订了2套，总数达到95套——对一部九卷本的著作来说，这是个骄人的数字了。

里戈的信中没有什么内容可以表明，他觉得有义务把启蒙运动当
131 作一桩事业，或者说他赞成它的理想。他也许像其他新教徒一样，赞同伏尔泰的宽容和理性的价值标准，但是这从他的信中看不出来。信的主题就是钱。很偶尔地，他会在谈生意的时候作一些个人评论，显得他也是个明白人。他指出，图书生意“跟珠宝生意很像——也就是说，一旦一种式样过时了，怎么压价都卖不掉”。图书是奢侈品，“是一种消费缓慢的商品……图书不像肉和面包”。但里戈仍然尊重几种经典书籍，如莫里哀的书，他的书“无论何时何地，始终都会畅销”。他也关心同时代作家的命运，特别是那些畅销书作家，如梅西耶、兰盖，尤其是雷纳尔。1778年卢梭和伏尔泰两人都去世后，在书商的信函中，雷纳尔引发的评论比其他任何作家都多。1781年，里戈问纳沙泰尔出版社：老神父在他的《哲学和政治史》遭禁后被赶出法国，打算定居瑞士，还要娶“一个年轻可爱的瑞士姑娘”，这个传闻是真的吗？“你们肯定理解，从一般人到每个书商，都必定会关心这位名人的命运。”

里戈的信不谈政治问题，除非涉及政府的图书贸易政策。不过，他确实订购过一些攻击1771到1774年间莫普内阁的激进著作。几年间，掌玺大臣勒内·尼古拉·夏尔·奥古斯坦·德莫普（René Nicolas

Charles Augustin de Maupeou）改革了司法体系，摧毁了高等法院的政治权力，并激起了一波反政府的抗议浪潮。这些著作就是在路易十六1774年5月登上王位和莫普8月倒台后出版的政治毁谤书籍。当里戈得知《莫普文献汇编，或掌玺大臣莫普与其心腹索尔韦之间秘密和私密的通信》（*Maupeouana ou correspondance secrète et familière du chancelier Maupeou avec son cœur Sorhouet*）将于1775年4月发表，他立即要求纳沙泰尔出版社赶快发运100套给他。这套两卷本的讽刺作品销售得很快，以至于起初出版社从其他出版商那里都换不到，于是里戈转向别处订购。但是他顺利地向出版社下了另一部类似且同样流行的著作的订单，即《莫普先生对法国君主制政体进行改革的历史记录》（*Journal historique de la révolution opérée dans la constitution de la monarchie française par M. de Maupeou*），他订了28套。尽管这种政治书籍激烈攻 132
击的目标是不复存在的政府，但是仍然被路易十六当局视为具有强烈煽动性——这样做是可以理解的，因为出版一些丑闻轶事以飨读者，就传播了一种概念，即波旁王朝已经退化为专制统治。里戈订购这些书籍时附带有条件，即出版社要承担全部风险。他“不承担风险”，这是他信中常用的词语。他不像那些边缘书商，从来不大量交易禁书。他卖过一些，如1764年监督官员在报告中所提到的，但是他自己不愿承受任何危险。不管他持什么政治观点，那是他自己的事，他做生意是非常保守的。

因为某些原因，1776年的卷宗里没有里戈的信。（从纳沙泰尔出版社的账本上看，那一整年他都在和出版社做生意。）随后十年里，他的信表明他操心的事仍和以前一样。他总是在使劲地砍价，抱怨货运耽搁，强调规避风险。1777年法令生效后，他担心打击盗版的运动会在他和瑞士供应商之间竖起一道屏障。但是直到1779年该法令都没有认真实施，而且对他的生意似乎也没有约束力。1783年以后，他在纳沙泰尔出版社的订货开始减少，当时出版社的财务危机迫使它削减出版业务。而里戈在1780年代后期也遇到了日益严重的困境。1786年2月，他付清了纳沙泰尔出版社的最后一份账单——和往常一样，没有表现出一丝为难。1787年7月27日，他写了最后一封信，表明时局艰难："我没有经常给你们下订单，这不是我的错，是读者的错，他们好像都不积极买书了。"这时候，读者都转而阅读报纸和小册子。从里戈的经历来看，图书贸易在法国大革命爆发前夕已经陷入严重的衰退。

纳沙泰尔出版社在蒙彼利埃的另一家客户亚伯拉罕·丰塔内尔，是在里戈的阴影笼罩下做生意的，不过他的生意仍做得不小，在出版社的档案中也拥有可观的卷宗，而他的来信之所以有趣，首先是因为它们是关于一位小零售商如何在地方市场边缘勉力谋生的叙述。

133 1772年8月，纳沙泰尔出版社收到丰塔内尔的第一封信，当时他打算在芒德开办一个读书会。芒德地处遥远的洛特河谷上游，在朗格多克－鲁西永的塞文山脉边上。这是新教的领地，丰塔内尔从纳沙泰尔出版社的一个胡格诺派关系人那里得到了它的书目。这位关系人名叫让－弗朗索瓦·马勒布，是卢丹的一位书商。丰特内尔是学美术和雕刻的，在图书生意上毫无经验。但是他想他可以进一些瑞士的廉价盗版书，开个书店，兼做读书会。他提出他可以把书目上的书各买两册，目的是卖一册，出借一册。研究了书目之后，他于9月订购了23种图书，大多涉及医学、农艺学和自然科学。一个月后，他通知出版社，他搬到了蒙彼利埃，指望在此地弄个营业执照，就可以作为书商来经营了。11月底，他订的第一批图书到货。虽然觉得运输费用昂贵，但他还是很满意，要继续订购。他尤其想要有关内科和外科的书籍，因为注意到它们在有医学院的蒙彼利埃卖得不错。

1773年5月，丰塔内尔的小书店开张了。同时他得知，从瑞士订购书籍不是一件简单的事情。他曾以为纳沙泰尔出版社可以把给他的货物混在给里戈的货包中一道运输，这样最划算。可是里戈却把给丰塔内尔的货物扣了下来，结果耽误了销售；而且里戈在把货物送给丰特内尔之前，还抽掉了出版社的书目单，因为不想让他订更多的书籍。丰塔内尔只好放弃了跟里戈的合作关系，但这样一来他就遭遇到长途图书贸易的各种常见困难：发货时间太长，中间人收费太高，货物运到时常常损坏严重。此外，由于里戈施压，蒙彼利埃的装订商也拒绝帮丰塔内尔装订，而从纳沙泰尔运来的货包中，书籍的折帖往往松散零乱。因此丰塔内尔要求出版社对他采取不同于对别人的做法，就是把书装订好了再发运给他，而且在安排任何货运时，都要避免让他的货物落到里戈的手中。看着里戈把塞扎里搞垮，并且使其他书商边缘化，他为自己的生存感到担忧。然而他仍然希望把自己的生意做大，并渴望订购价值上千锂的图书，以便充分利用蒙彼利埃的市场， 134
“在这里，新书，尤其是哲学书籍卖得相当好”。他在早期的一份订单中指定，“除了六册《自然的体系》、六册谢弗里耶（Chevrier）的《叫卖圣经的小贩》（*Le Colporteur*）、六册爱尔维修的《论精神》，类似的书籍（即哲学书籍）每种都要订两三册。”

出版社无法接受丰塔内尔的条件，但是在1773年5月，它同意接受一种“保险”业务，就是如第二章所说明的，以货物价值的16%作担保将图书运过边境，如果被没收就提供赔偿。出版社提议支付4%的运费，并承担最远运到索恩河畔沙隆或布雷斯地区布尔格的费用。丰塔内尔不干，要求出版社承担运至里昂的所有运费和风险。谈判在这一点上搁浅了，直到1775年1月才恢复，这时丰塔内尔付清了头几份订单的货款，出版社同意支付到里昂的一半费用。3月，他下了一份大订单，指出特别要订购“你们叫作哲学书的书，和通常卖得最好的书”。后来他又决定从弗朗索瓦·格拉塞那里搞到这些禁书，格拉塞是洛桑的出版商兼批发商，常常以比纳沙泰尔出版社低的价格抛售。尽管如此，从1775年12月丰塔内尔下的大订单来看，他还是从纳沙泰尔进了大量的货，其中包括品种广泛的图书，从历史和游记类书籍到小说和纯文学。“最近我开了一个以订阅为基础的读书会，这将给我机会向你们订购一定数量的优秀小说和其他文学书籍，”他解释说。

丰塔内尔的读书会似乎曾经是他生意的核心业务。它将顾客吸引到他的店里，而他就用库存的图书出租，并且出售它们。他还做起了印刷和绘画的副业。1778年法瓦尔热来出差时，对他的书店做了这样的评估：“丰塔内尔，一般。他的生意更多的是肖像画和印刷，而不是经营图书。”在1780年代早期，丰塔内尔主要就是靠这些副业生存的，所以尽管那时当地的图书贸易萎靡不振，他的生意还是撑了下来。由于获得了经营图书销售的营业执照，他现在已作为正式书商被列入《出版年鉴》，对未来抱有信心，如他在一封写给出版社的信中所指出的：“我的图书生意越做越大，其他的（书商）都不再干了，
135 只剩下我跟里戈。这令他极度嫉恨，他就想独霸一方。他天天把对我的仇恨挂在脸上。”

然而，1781年8月，丰塔内尔未能付清一张660锂的汇票，到11月仍然无法弄到现金，当时他正在波尔多出差并且生了一场大病。他的妻子原来一直留在蒙彼利埃照管店面，这时只得前去照料他，而出版社也同意将还债期限延长到他身体恢复健康。身体康复后，他在

蒙彼利埃恢复了对财务状况的控制，并继续订购图书。1782年5月，他报告说他的状况似乎前途光明。他资助建立了一所绘画和雕刻艺术专科学校，省里还奖励他一份年金，并授予他绘画赞助者和监护人的荣誉称号，“对我来说，这会让某些事情稍微方便一些”，他说道。从他的订单可知，他的存货品种非常丰富，包括新版的卢梭著作——对此书他要得尤其急切。到1782年底，他付清了他和出版社的往来账目上的全部到期汇票。

后来，命运的车轮再一次转到了对丰塔内尔不利的一面。到底发生了什么事情我们无从知晓，因为从1783年起，就再也没有见到他的来信了。他或许像其他边缘零售书商一样，也陷入了“订得多，卖得少”的困境。1784年6月，纳沙泰尔出版社又一次向维亚拉尔父子和图隆公司求助，催收丰塔内尔积欠的1216锂债务——这对一个小书商来说可是一笔相当大的金额。维亚拉尔跟他商谈了一个偿还计划，但丰塔内尔无法实现。按照维亚拉尔的说法，问题是丰塔内尔生意扩张得太快了:“我认为他做了力所不及的事。”随后两年里，“靠着恐吓和催逼”，维亚拉尔陆陆续续收回一些小额债款。维亚拉尔写道，把他告上法庭一点意思也没有，因为要是把他逼破产了，就什么也得不到了。“我明白，除了继续要求他分期支付，加大对他的威胁之外，没有什么办法。”[1] 1786年9月，还完了纳沙泰尔出版社的最后一笔欠款后，丰塔内尔仍然背负着218锂的债务，而出版社已经停止向他发运书籍了。

到那时为止，丰塔内尔和纳沙泰尔出版社已经做了不少生意，可以让我们对他的生意状况有个大概的了解。他的订单反映出对卢

[1] “维亚拉尔致纳沙泰尔出版社”，1784年8月30日，1784年11月3日，1785年5月1日。

梭著作的强烈需求，不论是早期版本的全集，还是死后出版的全集
136 补编，包括《忏悔录》。他的存货中有伏尔泰的许多著作，和几乎全部的“哲学书籍”，但是正如他在信中所解释的，他喜欢从其他供应商那里订购这类图书，费用比纳沙泰尔出版社低。也如他在信中所提到的，他尤其需要医学书籍，如阿尔布雷赫特·范哈勒（Albrecht van Haller）和赫尔曼·布尔哈弗（Herman Boerhaave）的论著，以及萨米埃尔－奥古斯特·蒂索的通俗小册子《癫痫论》（*Traité d'épilepsie*）、《论文人保健》（*De la santé des gens de lettres*）、《手淫》（*L'Onanisme*）和《大众健康指南》。丰塔内尔订购的书籍中，最稀罕的要算巴纳贝－菲尔米昂·罗苏瓦（Barnabé-Firmian du Rosoi）的历史剧《亨利四世歌剧》（*Henri IV, drame lyrique*），这本书别的书商从未订过。像许多其他书商一样，丰塔内尔也喜欢经典作家如伊拉斯谟、塞万提斯、拉封丹和莫里哀的著作。他也需要品种繁多的各类新教书籍、教育方面的论著、历史书籍和小说，如克洛德－约瑟夫·多拉的《反复无常的不幸》（*Les Malheurs de l'inconstance*）和巴居拉尔·达诺的《情感的考验》。

这些书很可能在蒙彼利埃流传很广，而这要感谢丰塔内尔的读书会。可惜的是，他没有说明这个读书会是如何运作的，常去光顾的是哪些人。可以想象，当地要塞的军官和总督府的行政人员、大教堂的神父在精读丰塔内尔书店架子上的图书，翻阅他的雕刻画作品宣传册，交流对最新版的卢梭和伏尔泰著作的评价。法瓦尔热拜访丰塔内尔时，也许混入了这类顾客当中，尽管他对书店的氛围一字不提。丰塔内尔本人也说得很少；而当他大胆发表一些一般性意见时，都是作为一种自明之理来表达的，几乎是所有小书商都会说的典型的行话。“时局艰难啊”，他在一封信中说道；在另一封信中还说，“我干活是

为了挣钱，不是要浪费钱。”

法瓦尔热经常听到这些套话，它们有许多变体，尤其是在他旅行的下一站马赛，他在那里见证了一种与蒙彼利埃的里戈和丰塔内尔之间的矛盾相似的冲突。在这个大型的外省中心城市，一种模式逐渐变得清晰可见：在这种贸易的中心区域，法瓦尔热几乎每到一处都会遇到一两位强势的书商，以及几位在边缘挣扎求生的经销商。

马　赛 137

新教徒落在了身后，地中海展现在眼前：法瓦尔热一到马赛就知道，他进入了另一个世界。8 月 15 日，他写了一份长篇报告给出版社，这天是“圣母升天节”假日。大街上熙熙攘攘，商店都不开门，要塞炮声隆隆，港口船只的鸣笛声不绝于耳，都在向圣母致敬。马赛（1780 年人口约 85,000）是法国第三大城市，也是法国最重要的海港。地中海周边的人聚集于此，许多人身着各式各样的本地服装，蜂拥穿过马赛的街道，表现出在瑞士无法想象的狂热劲儿。当时有人描述马赛人“放浪形骸、生气勃勃，喜怒哀乐都无法自制。他们性情奔放，热血沸腾，脾气暴躁，遇火即着”。他还注意到人们普遍无所顾忌，“肆无忌惮地纵情酒色”。[1] 诚然，这种描述符合当地的“风俗”，
那是 18 世纪游记文学都会使用的标题，内容全是些陈词滥调，其中 138
有些至今还在流行。不过，这种描述也不全是废话，因为尽管夸大其词，它和文学市场还是有所关联的。

---

[1]　雅克－安托万·迪洛尔（Jacques-Antoine Dulaure），《法国主要胜地概况》（*Description des principaux lieux de France*），巴黎，1789，第 1 卷，第 96—97 页。

马赛，蚀刻画，摘自《新版法国风光游》，巴黎，奥斯特瓦尔德，1817（BiCJ）

1764年，当地的总督报告说，有关书商和印刷商的全国调查一定不能放过马赛，因为非法书籍和小册子在这里泛滥成灾："它们对宗教和道德造成了同样致命的破坏，并引发了无节制的舆论自由，这有可能导致非常危险的后果。"马赛有一个书商行会，负责检查所有进口书籍，但是总督指出，总有各类书籍瞒过检查员的眼睛，尤其是经由尼斯运输的书籍。他呼吁加强监管。[1] 政府最终做出回应，派来一位非常严厉的图书贸易检查员，名叫皮埃尔·迪朗（Pierre Durand）——按照法瓦尔热的形容，他是一个为了让自己的盘子里有

[1] 法国国家图书馆，mss. Fr. 22185，f.8。

肉会把兄弟吃掉的人。[1]

鉴于这些情况，法瓦尔热专门下了一番功夫谋求让·伊斯纳尔（Jean Isnard）的帮助，此人是一位书商，可以帮助日内瓦和洛桑来的货物顺利通过书商行会，他同意也向纳沙泰尔出版社提供这方面的帮助。在法瓦尔热走访了马赛的19位书商后，伊斯纳尔获得了他的好评。尽管马赛的书商人数众多，但是大多被归为“一般”，或者干脆就是“差”。法瓦尔热在给出版社的报告中，做了这样一份简单的介绍：

阿莱芒（Allemand）：一个年轻人，继承了父亲的图书存货，但没有好好利用。名声差。最好别跟他做生意。

布瓦耶（Boyer）：不在，去美洲了。

阿贝（Abert）、尚邦（Chambon）、帕里斯（Paris）：都不值得信任。

鲁莱（Roulet）：一般，可以用现金交易。

泰纳（Taine）：佳，但只偶尔订购几类书籍，维持他的读书会，这是他的主要生意。

伊斯纳尔：极佳，但是要退休了，正在甩卖他的存货。

叙布和拉波特公司（Sube et Laporte）：极佳，而且有同情心；很快就会下订单。

卡尔德塞格：成事不足，败事有余（见下文）。

[1] 法瓦尔热的看法是从许多书商和货运代理商那里得来的，从他们寄给纳沙泰尔出版社的几封信中可以得到证实。见“阿莱芒致纳沙泰尔出版社”，1777年6月4日；“吉贝尔致纳沙泰尔出版社”，1777年6月9日。

其他人都没有必要评价，无信任可言。

事实上，纳沙泰尔出版社在马赛几乎只跟该市最大的书商让·莫
139 西（Jean Mossy）做生意，莫西还兼营印刷和出版业务。在出版社的档案中，他的卷宗里有48封信，很值得一读。莫西不只谈论和生意直接相关的事，对各类主题也会随口加以评论，而且是用个人的语气。他给人的印象是唠叨、诙谐、狡诈、谨慎和坚韧——与出版社在法国北部的客户差异很大。而且，由于莫西常常会滔滔不绝地讲起最新的出版物、作者，以及经济状况，因此，他的信可以被当作图书贸易以及旧制度时期最后二十年困扰马赛的市场萧条的实况播报。

莫西最初几封冗长的信中，有一封是1771年12月25日写下的，他在信里回避了纳沙泰尔出版社要和他建立生意往来的提议。出版社声称能以低于他的法国供应商的价格供货，出的是标准价格，每张折帖只有1苏。由于法国政府刚刚开征纸税，每令（500张）20苏，而纳沙泰尔出版社的书是用法国境外生产的纸印刷，所以具有无与伦比的价格优势。莫西在回信中指出，法国政府为了抵消国外纸张在成本上的不公平优势，也开始对进口图书征收很重的税：每英担60锂。他堂而皇之地宣告，不管怎样，他是不会去讨论这些财政上的考虑的，因为他首先是一个爱国者："我不会向你们隐瞒这个事实，我是一个优秀的法国人，我爱我的祖国，我决不愿意讨好可能伤害同胞的企业。" [1]

这纯粹是一句空话。莫西接着向纳沙泰尔出版社表示了祝贺，说它关于盗印布干维尔（Bougainville）的《世界环游记》（*Voyage autour*

---

[1] 莫西的信像本书研究的所有18位书商的信一样，可以从网站robertdarnton.org上读到。我在翻译时，有几处是意译的，以便让意思表达清晰；引文有些长，因为它们提供了一位书商关于自己生意的表白，是个不可多得的例子。

du monde）法文版的决策非常英明。在后来的信中他透露了一些信息，说他和国外的一些盗印出版商——包括在日内瓦、伊韦尔东和伯尔尼的瑞士出版社——有广泛的联系。他解释说，真正的困难在于，他与其他出版商的关系都是以交换贸易为基础的。通过和他们交换折帖，他获得了自己书店所需的普通版图书存货，同时使他自己出版的图书避免了积压的危险。他的零售生意不大，而他不愿意撇开现金交易；所以，如果纳沙泰尔出版社坚持要把书卖给他，而不是拿一部分来换他的书，他就不可能和它做生意。他承认，图书关税有可能掐断法国书商与国外供应商之间的所有贸易，并以一种无可奈何的语气说道：140
“对此我能怎么办呢？我只有叹气而已……患了重病，就要用猛药，虽然会伤身体，但是能救命啊。”然而，这种姿态使他的谈判立场更为强势：莫西愿意和纳沙泰尔出版社做生意，但只能按他的条件，交换图书，而且要换新书。像其他成功书商一样，每种书籍他都只要几册，并且将各种门类的众多书籍凑成一个相当大的货包，从而节省运费。在某些情况下，他计划在订货之前就向顾客预售。最重要的是规避风险：“说到新版书，我不会操之过急。它们并非都能畅销；除非我了解它们，否则我不可能大量订购。我摸着石头过河，所以我的销售不错。此外，现在市场非常萧条，尤其在这个城市，人们做事必须小心谨慎。”

这种营销策略是在法瓦尔热的日志中被评为“佳”和“有实力”的经销商的典型策略。然而各类商品在马赛都享有庞大的市场，莫西作为该市最大的书商，可以订购大量图书。1768 年，他顶着其他印刷商的奋力阻挠，悍然侵入他们的领域，创建了自己的印刷厂。马赛当时总共只有三家印刷厂，而莫西向当局指出，根据 1704 年法令，马赛是可以拥有六家印刷厂的。到 1771 年，他雇用了 60 人，把他的书店和他在马赛兵工厂建的印刷厂联合起来经营。[1] 根据1764年的调查报告，其他印刷商都只印制宗教书籍和行政机构要求的应时印刷品，而莫西跟他们不一样，他印普通版图书和商业性期刊《马赛广告报》(*Affiches de Marseille*)，后者在1781年被他用更具雄心的《普罗旺斯报》(*Journal de Provence*)所取代。莫西还办了一个订阅处(*bureau de recette*)，顾客可以在此订阅其他报刊。此外他还充当批发商，向马赛及周边地区的小书店供货。他集印刷商、出版商、批发商和零售商于一身，成了全省图书贸易界最富有、最显赫的人物。[2]

若仅从尚存的两份职业名录来看，马赛的图书贸易似乎是很兴旺的。1777年的《出版年鉴》列出了马赛的全部19家书商，而1781年
141 的《出版年鉴》列出了14家。但是正如书商人数波动所暗示的，这些零售商大多数做的都是小生意。“他们的名声都相当好，就是财力不足”，马赛的出版业仍然欠发达。[3]

为什么马赛的图书市场相对较弱——甚至比人口少得多的贝赞松和鲁昂还要弱呢？关键因素是该市的行政和法律体系相当薄弱。像贝赞松和鲁昂这样的外省首府都有高等法院、总督府，以及各类官方机构，其支撑者是一个受过良好教育的职业阶层。邻近的艾克斯由于有高等法院和行政办事机构，因此招揽了许多省内的法律事务，而马赛

---

[1] 马赛档案馆，FF.208–209。

[2] 关于莫西的资料出自马赛档案馆，FF.208和209，由档案保管员伊莎贝尔·博诺(Isabelle Bonnot)在1986年1月29日的信中慷慨地提供。我还从詹姆斯·K. 普林格尔(James K. Pringle)处获得了有关莫西家庭和马赛的政治的资料，他于1984年在约翰·霍普金斯大学做了一场学术演讲，题为“平静的冲突：马赛规划中的地主和商人(1750—1820)”(The Quiet Conflict: Landlord and Merchant in Planning of Marseille, 1750–1820)。

[3] 法国国家图书馆，mss. Fr. 22185，f.8。

不同，它从来只是个商业中心，主要依附于它的港口。当然，马赛的商人和制造业主都受过良好的教育，可是他们会热衷于买书吗？遗憾的是，法国各地的书商都很少在他们的信函中说明顾客的身份。就算这样做了——像提及《百科全书》的订户这样的例外情况[1]——他们所提到的更多是律师、医生、行政官员和教士，而不是生意人。但是这个证据太弱了，不能支持商业和制造业的资产阶级对图书没有需求这样一个普遍结论。此外，马赛的另一位与纳沙泰尔出版社有广泛生意往来的书商卡尔德塞格，其档案中有几句评论显示，马赛至少有一些商人会花钱买书，有时花钱还不少。卡尔德塞格在退出生意之前，征集了许多《百科全书》订户。他在给纳沙泰尔出版社的信里标明了12位订户的身份，其中就包括一位步兵上尉、一位代理人、一位零售商和八位批发商。

莫西虽然没有标明顾客的职业，但是谈到他们一般的性格特征："你们想必知道，读者最没有耐心，普罗旺斯人尤其如此，他们都是心急火燎的。"莫西的顾客要求送货迅速，而且要最新出版的色情书籍。因此可以预料，他经营了大量禁书。这类书籍在马赛很畅销，正如1764年的调查报告所提到的，像卡尔德塞格这样的边缘小书商，会在这部分图书生意上大肆投机。

然而莫西不做这种投机生意。确实，当他看到地下贸易有机会出现热销品时，他也会抓住机会，但他只在没有丝毫风险的时候才这样做。1774年，有关路易十五统治时期最后几年的政治危机的书籍开 142
始问世，他订购了一些，但坚持要纳沙泰尔出版社让货物在最危险的

[1] 见我关于《百科全书》传播的研究，《启蒙运动的生意：〈百科全书〉出版史(1775—1800)》，坎布里奇，马萨诸塞州：Belknap，1979，第6章。

里昂书商行会顺利过关。《英国间谍，或偷窥者老爷和偷听者老爷之间的秘密通信》一书，基本位列他最常订购的书籍清单的榜首。梅西耶的《巴黎图景》也是如此，他听说当局突袭巴黎某家书店没收了此书，就立刻订购了40套——巴黎的事件“将使此书在这一带非常畅销”。当新出版的书亮相市场，只有当他觉得肯定能迅速卖掉时，他才会抢购。如果不能马上供货，他也不会订购，哪怕是伏尔泰的著作也不要。实际上，他像尼姆的戈德一样，对伏尔泰的著作大量充斥市场很不满，它们不断被盗印，同时又修修补补，想方设法弄得像新著，实际上还是老内容。“我们做生意的技巧不是要弄到太多的存货，并尽快把它们处理掉……伏尔泰先生的新著作，除了首次问世的时候畅销，过后都卖不动，因为它们一直在一版接一版地微调。往里面添加两三篇（旧）文章就又变成了新书，而这种所谓的新书往往一直待在角落。”

简而言之，莫西做生意所遵照的策略基于两个原则：一是尽可能密切地跟踪市场需求，二是要规避风险。他预计能卖多少就订购多少，从不多订。“我必须根据我的销售来估算”，他如是说。他从不冒险下大订单，而是先要几册试试，如果卖得好，就再订。“只有知道了一种商品的价值，并且想到它很可能会成功之后，人们才能全力投入。”总之他一贯谨慎行事：“要是我们的经营不以谨慎为先导，那么很快就会出局。”

道理似乎很浅显，因为商业贸易就在于尽力使供求达到平衡。但是很少有书商能像莫西这样不懈地遵守这个原则，他们常常高估销售潜力，而他们的失算就会导致请求供应商推迟兑付汇票。莫西总能按时支付他的汇票。他也会视情况增加或减少订货，情况有经济方面的，也有政治方面的。由于他在订货时还顺带说了那么多业内的事情——不像大多数书商，他们的信始终简明扼要——因此，他写给纳沙泰尔出版社的信提供了有关图书贸易状况变化的丰富信息。

他最初的来信中，一连好几封都在强调应对进口图书关税的问 143
题，并强调需要建立有效的供应路线。到 1775 年年中，关税取消了，纳沙泰尔出版社也让货包顺利通过了里昂书商行会。1777 年，莫西雇请了自己的货运代理商鲁贝兄弟公司，该公司能在没有管理部门找麻烦的情况下把货运到马赛的店里。主要路线是从纳沙泰尔到蓬塔利耶、里昂和马赛，当时运作相当好，尽管有时运输要花两个月，而且费用高达货物价值的 15% 以上。然而，1776 年底，皮埃尔 · 迪朗，那位被法瓦尔热形容为凶得要吃人的警察官员，开始担任书籍审查官。莫西后来把这一打压归于政府发动的消灭盗版运动的第一步，消灭盗版也是 1777 年法令的首要目的。正如法瓦尔热在里昂和阿维尼翁了解到的，参与图书贸易的每个人都在担心，政府将如何执行允许书商让书商行会在他们库存的盗版书上打上印记再卖掉的政策，并且将如何继续进行打击盗版的运动。

新法规在马赛和其他大多数城市都未能有效实行，直到 1778 年春天。3 月，莫西完全中止从国外供应商处订货，并通知纳沙泰尔出版社，在可预见的将来，他们都无法恢复贸易，因为迪朗太严厉了，莫西说他是全法国最僵化死板的审查官之一。“货包都被翻得底朝天了，所以我决定暂停订货，直到这第一把火烧尽为止。我已经同意把我所有的盗版书都打上印记，现在正在操作当中。审查官天天到我店里来。可想而知，对我们的生意来说，这些日子可真不怎么好过。”

尽管纳沙泰尔出版社竭尽全力重新打通了走私路线，他们还是停了一年没有向莫西发货。但即使如此，莫西仍然减少了订单，因为美国独立战争使经济陷入低迷，图书贸易也颇受连累。莫西报告说，他在本地小零售商中的客户都不能按时支付汇票了，他还担心远方发生的事件给他造成的危险，因为他在加勒比地区有 40,000 锂的投资。

反盗版运动在马赛继续进行，严厉得无以复加，以致莫西担心他的信函会被拦截，甚至他的书也可能会在某次对书店的突袭中被没
144 收。1782 年 6 月，他要了一个在图书贸易中相当常用的诡计：他发了一封假信，要求纳沙泰尔出版社停止发运所有不能在书商行会公开顺利过关的书籍。他留下这封信的副本放在文件夹里，作为他遵守政府法规的证据，然后又在一封密信中解释了这个计策，通过安全路线寄出。他还指示出版社在它的下一封信中说，它们只是请他做货运代理商，把货物转运给意大利的客户，而且发几个要接受货物的意大利书商的姓名和地址，让出版社自己的假信也显得真实可信。

莫西靠这种诡计干了一年多。他坚持要求纳沙泰尔出版社写信时措辞要极其小心，把货物发给他时，要做得好像是要运给热那亚的格拉维耶（Gravier）或罗马的布夏尔（Bouchard）。因为鲁贝可以把货包从马赛的港口安全地运给他，所以他主要关心的就是里昂了。出版社同意承担货运系统中这一段运输的风险。它主要依赖其最专业的偷运者雅克 · 雷沃尔，此人赢得了莫西的尊重，但是莫西担心里昂书商行会似乎对雷沃尔已经产生了怀疑，因为他被没收过几个货包。

随着这些安排最终开始顺利运作，货物也安全运达，莫西写信的口吻变得更加信任了。他只订购他觉得顾客肯定会买的图书，但是他也有自己的品味，而且会毫不犹豫地对市场上出现的图书的质量发表自己的看法，特别是对他不喜欢的书籍。他轻蔑地表示亚历克西 · 皮隆有一版著作乏善可陈："我认为作者名字很响，但书本身的内容并不怎么样，废话连篇。"他批评了皮埃尔 · 贝尔百科全书式的《历史与批判词典》（*Dictionnaire historique et critique*）的一个糟糕版本，说它

是一部“冗长乏味的狂想曲”。尽管他购买了相当数量的反路易十五及其情妇们的政治毁谤书籍，但他对其中一些评价很差。他宣称，《杜巴丽伯爵夫人的真实回忆录》“是一本实在不值得劳心费力去印刷的书”。

让莫西感兴趣的作者是那些在大革命前夕最广为人知的作者，主要是因为他们曾经受过当局的迫害。他也许纯粹是因为爱闲聊才收集有关他们的信息，但是，通过专业秘密情报网收集信息确实是书商生 145
意的一个重要方面。莫西常常向纳沙泰尔出版社问询有关雷纳尔、梅西耶以及“声名太臭的兰盖”的报道——他指的是西蒙－尼古拉－亨利·兰盖（Simon-Nicolas-Henry Linguet）这位喜好论战的记者。1780年，兰盖因蔑视法国政府被关进巴士底狱，后来叙述其这段经历的《巴士底狱回忆录》（*Mémoires sur la Bastille*，1783）成了畅销书。卢梭于1778年去世后，生意圈内谈论的全是猜测《忏悔录》是否存在。莫西想成为最先拿到此书的人，“我们听到很多有关J.-J.卢梭这部遗著的消息……人们正在谈论他的生平，而这本书就是他的生平回忆录。有传闻说这本书现在正在瑞士印刷。人们当然会大量订购。”

最终莫西的书店成功地得到了《忏悔录》和新版的卢梭著作，很可能是从日内瓦的出版社设法获得的。鉴于此，他最常订购的书籍清单中没有卢梭的著作，订购书单中最显眼的仍是他经常提及的其他作家的著作，如雷纳尔的《哲学和政治史》、兰盖的《巴士底狱回忆录》，以及梅西耶的《巴黎图景》《2440年》和《我的睡帽》（*Mon bonnet de nuit*）。书单中也包含一些实用书籍：有一部拉丁语 法语词典、一本德语教材和《性病论》（*Traité des maladies vénériennes*），还有几本经典，如《拉封丹寓言集》（*Fables de la Fontaine*）和《塞维涅夫人书简集》（*Lettres de Mme de Sévigné*），以及几部言情小说，如范妮·伯尼的《塞西莉亚，或一位女继承人的回忆录》、奥利维耶神父（Abbé Olivier）的《倒霉的那不勒斯人的奇遇》（*Les Aventures de l'infortuné Napolitain*）和斯特恩（Laurence Sterne）的《伤感之旅》（*Voyage sentimental*）。莫西总能根据公众的需求精心选订图书。当然，他也会从其他出版商那里进一些别的书，他还表示自己常常会从瑞士的几家出版社订购同样的书籍，以便有把握及时获得足够的供货。总之，从他做生意的方式所能了解到的一切都表明，他的订单可以为人们了解马赛人的阅读需求提供了一个相当可靠的指南。

然而，根据莫西对于马赛公众情绪的评论可知，当时发生的事
146 件，尤其是美国独立战争，让人们失去了不少阅读的兴趣："人们除了政治什么都不关心。"当战争终于在 1783 年底结束时，他期待生意会有所好转，但这个希望落空了。整个 1780 年代，他一直都在抱怨经济不景气。他试图利用公众对美洲的强烈兴趣出版《美洲贸易通论》（*Traité générale du commerce de l'Amérique*），还计划从纳沙泰尔出版社的存货中挑选一些图书来交换 50 套。可是当出版社把它们推荐给自己的顾客时，却听到抱怨说此书早已出过，只是书名不同，叫作《美洲贸易论》（*Essai sur le commerce de l'Amérique*）。以新书名出版旧书，这是 18 世纪出版界众所周知的行业欺诈行为。在收到纳沙泰尔出版社的抗议信后，莫西支吾其辞，还反咬一口，对一些瑞士出版社更恶劣的"不正当行为"提出抗议。但他最终还是承认了他的产品可能不是"百分之百全新"。他让步了，降低了自己这些书的交换价值，希望和出版社还是"好朋友"。

在平息这场争吵之后，莫西和纳沙泰尔出版社还必须应对另一个困难——也正是这个困难，最终将导致他们之间生意关系的终结。法国政府 1783 年 6 月 12 日的命令要求所有进口书籍都要送到巴黎书商

行会检查，这预示着图书从纳沙泰尔运往马赛的费用将高得令人无法承受，同时货包还要接受非常严格的审查。莫西一听到这个消息，就向纳沙泰尔出版社发出了警报，并指出法国政府的这种做法有点莫名其妙。图书贸易的条规通常都是出自图书贸易管理署，由书商行会执行，但是6月12日的命令却是从外交部发出的，而且发给了总包税所。莫西有广泛的信息沟通渠道，同时也很注意时刻掌握本行业内部运作的情况，他终于明白了：法国政府这是要彻底摧毁非法图书贸易，而不只是打击盗版书，而且法国政府对外省的书商行会并不信任。外交部的这道命令看来很危险，可能会切断纳沙泰尔出版社的货物经由里昂到马赛的运送通道，还可能给出版社在法国全境的货运带来重重障碍。

面对这种大灾变，纳沙泰尔出版社只好退回到传统的货运路线，即改走经由都灵和尼斯的这条更费钱的商道，并同意承担到都灵的运
费，莫西在都灵有一个可靠的货运代理商。他特别想弄到当时最畅 147
销的禁书，如前面提到的雷纳尔的《哲学和政治史》、兰盖的《巴士底狱回忆录》、梅西耶的《巴黎图景》，以及匿名作者的政治毁谤著作《英国间谍》。1784年，纳沙泰尔出版社设法运送了几个货包给他，但是都灵路线太长，费用也太高。1785年12月，莫西报告说，总包税所的人员正在没收所有经过尼斯的货物。如果出版社要把贸易继续做下去，就必须把货物送到里昂，从里昂起这些货物就可以作为国内货物安全运输了，只要它们能顺利通过里昂书商行会。但是，出版社未能做好必需的偷运安排，因为当时已经不能再指望雷沃尔提供服务了，于是1786年2月以后，它就停止了与莫西的通信联系。莫西在最后几封信中炫耀说，他仍然是马赛图书贸易的魁首，仍然在向别的国外出版商购书，不过对于未来的生意他并不看好：“我们非常清楚，

图书贸易正受到极为严重的阻碍，十年后所有的零售书商毫无疑问都会破产。”

在马赛书商的队伍中，莫西和卡尔德塞格分别位列首尾两端，有点像蒙彼利埃的里戈和塞扎里以及尼姆的戈德和比谢，只是卡尔德塞格在社会阶层中地位特别低下。他白手起家，好不容易做起了小生意，却是个生意场上的赌棍，最后还是输得倾家荡产。尽管他的卷宗比较薄，但辅以其他方面的资料，仍能展现当时图书贸易底层的一段风雨飘摇的生涯。

1777 年，卡尔德塞格开始与纳沙泰尔出版社通信时，他甚至没被列入当年《出版年鉴》的书商名单中。在收到出版社的一份书目后，他要求将各类书籍发运给他，数量不要多。然后他在信的末尾指明了他最感兴趣的书籍:“我需要哲学书籍。我不知道你们能否为我弄到。”如果出版社确定供货，他就要当时市场上名声最臭的 14 种禁书，包括色情书籍如《查尔特勒修会看门人堂布格尔的故事》、反宗教书籍如《论三个骗子》(三个“骗子”即摩西、耶稣和穆罕默德)，以及政治毁谤书《杜巴丽伯爵夫人逸事》等。

148 看书名就知道卡尔德塞格做的是非法图书生意。莫西把“哲学书籍”当作调味料撒在他的订单中，而卡尔德塞格不同，他把它们当成主菜。他也订购其他类型的图书：儿童故事书、消遣小说、颇受欢迎的博马舍（Beaumarchais）的《审判备忘录》(*Mémoires*)，甚至公认的优秀作家如普芬道夫（Pufendorf)、比尔拉马基（Burlamaqui)、瓦特尔（Emer de Vattel）和马布里（Mably）的著作。但是他从来不要求出版社大量供货。在首次向他发货后不久，出版社就开始怀疑他的经济实力。

这批货物是通过弗朗什－孔泰和罗讷河谷的秘密通道运输的，经过将近四个月的磕磕绊绊，于1777年5月14日运达。首先是在蓬塔利耶被卡住——原因是出版社的货运代理商不给力，而不是边境上的困难；然后又被滞留里昂。当时出版社在里昂的货运代理商是克洛代，他在让货物通过书商行会的检查员这一关时遇到了大麻烦。当时正是监管异常严格的时期。克洛代发现，他必须把折帖弄乱，以便掩盖货包的内容，并且等待几周，再找个合适的时机瞒过检查。当他把账单——每英担6锂的“保险费”——寄给卡尔德塞格时，他以为这笔钱算是稳赚到手了。然而卡尔德塞格却气咻咻地向出版社发出了抱怨。他写道，里昂的偷运业务糟透了——太草率，太慢，而且太贵。不过他对书籍本身还是很满意的。他还要订购，并且对纳沙泰尔出版社赞不绝口：“你们的信写得真是亲切感人，说真的，只有你们才能算是图书贸易界的顶尖人物。”

有经验的人也许一听就知道这是可疑的恭维话，尤其是卡尔德塞格收到货后未能按照惯例寄出期票。他不按时寄期票还有个借口：书商常常会延时支付，要通过配帖完成了货物“验收”之后才能付款。这是个花时间的活儿，卡尔德塞格解释说，因为货包里的折帖是乱的。他进而询问，他的期票要在两年后到期，而不是一年后，出版社不能接受吗？出版社断然拒绝。有实力的书商也许会先就延期支付的问题商谈条件，之后再谈订货的事，但条件一旦谈妥以后是不能改变的。对于出版社的拒绝，卡尔德塞格似乎也平静地接受了。他的答复 149 表明，他充分意识到财力殷实的重要性。因此他让出版社放心，他会尽一切可能避免损害自己的信用，因此他要撤掉正打算寄出的订单。至于期票，待他从装订商那里取回图书后就会寄出来，而装订商这时正在做配帖。9月1日，在到货四个月后，卡尔德塞格终于寄出了

468锂的期票，并宣布他的账目已经结清。

但这时，出版社又开始担心期票到期时他不会承兑，因为就在卡尔德塞格从马赛打来保票的时候，克洛代从里昂发出了警告。最令人不安的消息来自克洛代在马赛的一位联系人。他说卡尔德塞格就是“一个无赖，我们不会奉劝任何人相信他”。[1]

克洛代知道如何评估危险的信号。他是一个经验丰富的偷运者，经常跟小书商打交道，这些小书商就经常让出版商手里拿着期票却兑不了现，数额还很大。他警告说，纳沙泰尔出版社的信任太轻易了。为了把问题讲清楚，他又寄了第二封信，转抄了他在马赛的一个朋友的信，该信全面描述了卡尔德塞格的品格，值得全文引述如下：[2]

> 卡尔德塞格先生在热纳先生的书店做了四五年店员。他摆出一副绅士派头，靠小恩小惠笼络朋友，在所有热闹的聚会上都要显摆显摆。热纳先生知道他自己没有资金，因此紧盯着他，还责骂他不忠……最终干脆把他解雇了。然后卡尔德塞格决定自己做生意，并且开始请求所有朋友掏钱帮助他，问张三要6个路易，问李四要4个路易，最终能要的都要到了。我们自己也被他骗走了450锂。经过一番艰难地讨要，直到去年2月，也就是在他把一个家具木匠的女儿娶到手后，他才还给了我们，他老婆的6000锂嫁妆几乎被他花了个精光。他岳父虽不是很有钱，倒也乐于助人，但是到关键时刻也不肯帮忙（卡尔德塞格）了。他大骂岳父不地道，说这桩婚事本来不是他要的。有鉴于此，超过6锂的钱我们

[1] “克洛代致纳沙泰尔出版社”，1777年4月4日。

[2] “克洛代致纳沙泰尔出版社”，1777年6月27日。

都不借给他。

到这年年底，纳沙泰尔出版社就看清了自己手里的这个客户是什么货色了。它停止向他发货，并不停地催款，因为除了他的许诺和所有没有兑付的期票，出版社什么也没有得到。1778 年 8 月，法瓦尔热到达马赛时，他竭尽所能想把期票换成现金。期票很久以前就到期了，可是卡尔德塞格找各种借口来逃避付款，甚至在法瓦尔热到访他的书店时设法溜之大吉。法瓦尔热厌倦了和马赛这个“最明目张胆的骗子”过招，最后找了一位律师和当地的一位收账人。即便如此，他也只得到 150 锂的头期款，还得带着另一张 400 锂的期票离开这个城市，而这张期票也只好悬滞了。他在日志中发泄了自己的沮丧，最后下结论说，“这个卡尔德塞格真是个无赖，我们不应该再和他打任何交道。” 150

纳沙泰尔出版社永远得不到这 400 锂了。1779 年 2 月，出版社得知卡尔德塞格抛下老婆和山一样的债务，人间蒸发了。7 月份，他的一个朋友寄来一封信，提出这样一套说辞：“卡尔德塞格逃到加的斯去了，不过他现在想回来恢复生意。如果债主们愿意减免 85% 的债务，他愿意努力工作把剩下的还清。他年纪轻，又勤奋，如果给他一点机会，他很想从头再来。”[1]

9 月，卡尔德塞格自己从一个无名藏身地写信给纳沙泰尔出版社，再次提起这件事情。他解释说，看到债务噌噌地往上涨，他吓坏了。投机生意损失了 10,000 锂，去蹲债务人监狱似乎是在劫难逃了。所以

[1]　“德韦尔与比尼奥公司致纳沙泰尔出版社”，1779 年 2 月 19 日。亦见 1779 年 3 月 5 日“克洛代致纳沙泰尔出版社”，和 1779 年 7 月 15 日“伊索阿尔致纳沙泰尔出版社”。

他决定逃跑，带了两套西服、十二件衬衫和四板条箱书，他打算在加的斯把它们卖掉。他希望他老婆继续做生意，因为他留下了一个仓库和价值 19,000 锂的图书，他以为债主们会把他积欠的债务减免一半。但是，就在他到达加的斯时，收到一个朋友的信说他老婆回娘家了，他岳父已经把他的财产全部搬走，说是要把他女儿剩下的嫁妆保住。朋友警告说，如果卡尔德塞格想避免他所有的货物被拍卖掉，最好乘头班船赶紧回来。他照做了，可是他到家时，拍卖已经完成，岳父还指责他携带四分之三的财产逃跑。在法庭上，他面对指控百口莫辩："因为我已经失去了自由。"不过他可以靠原来生意剩下的东西从头再
151 来。危难之际他只希望纳沙泰尔出版社救救他，即免掉他 85% 的债务。他知道出版社得到了一些对他不利的报告，但他认为那些报告肯定言过其实了："我的不幸是因为野心太大，而不是太浪费或太放纵造成的……我年轻，我会努力工作来偿还所有债务，有朝一日会恢复我的名誉，除非你们逼我背井离乡，死在安第斯群岛。"

这个吁求很可能没有多大的诚意。但卡尔德塞格很小心，没有附上回信地址。他不想冒因为赖债不还或者假破产而坐牢的风险。因此他建议纳沙泰尔出版社同意他通过朋友来偿还债务的计划。他的这个朋友名叫伊索阿尔（Isoard），曾给出版社写过几封信陈说卡尔德塞格的真诚，并证明大多数债主已经同意他只偿还 15% 的债务，毕竟这总比一分钱不还好。两个月后，卡尔德塞格在另一封信中又谈到这个话题。尽管他已经让许多债主同意了他的提议，但是他宣称，他会"按最秘密的方式"偿还纳沙泰尔出版社 25%，而不是 15%。

被逼到墙角的债务人有时会和部分债主达成秘密交易，以便征得他们对自己的某个再筹资计划的支持，这种支持会进一步赢得其他那些获利较少的债主的认可。纳沙泰尔出版社对这种计谋心知肚明，不

会轻易上当。它请马赛的一位商人查了一下情况，而该商人的调查结论是，卡尔德塞格所提议的结算方案，伊索阿尔连一个签名都不会提供。因此卡尔德塞格的计划就像“一个诱骗债主上当的新套路，和他迄今为止的所有行为一样，毋容置疑证明他缺乏诚信”。[1]

得到这个情报后，纳沙泰尔出版社对卡尔德塞格最后一封信的回应就毫不客气了。那封信出版社是在 1780 年 1 月收到的。卡尔德塞格在信中说，他急需一个答复，再也坚持不下去了，出版社同不同意他的计划将决定他的命运，因为如果他得不到债主们足够的支持，他就不得不逃走，不管这对他名誉伤害有多大。“我爱自由甚于世上的所有荣誉，因为如果我迈出这一步，那我就可以说，这都是被毫不宽容的债主们逼的。”出版社干脆没有理睬这封来信，后来他也就再无音信了。

[1]　“德·韦尔与比尼奥公司致纳沙泰尔出版社”，1779 年 12 月 22 日。

第九章

图卢兹、波尔多、拉罗谢尔、普瓦捷

西南地区的勉强维持

图卢兹，蚀刻画，摘自《新版法国风光游》，巴黎，奥斯特瓦尔德，1817（BiCJ）

图卢兹

离开罗讷河三角洲地区后，法瓦尔热走过一连串风光优美的小镇，也产生了一连串的失望。没几个小镇有书店，即使有，生意也太
154 小，不值得从像纳沙泰尔这么远的地方订货。《百科全书》曾经在有些地方（如冈日、佩兹纳斯、贝济耶和卡尔卡松）卖得相当好；有几家书商（如佩兹纳斯的菲济耶、卡斯特尔的勒波蒂埃）被评为“佳”，并且答应向纳沙泰尔出版社本部寄订单；不过，《出版年鉴》上出现的书商名单让人产生一种错觉，以为这里存在一个密集的经销商网络。例如，卡斯泰尔诺达里镇（Castelnaudary）列出的两位是小店主，只是作为副业卖几种书，主要是宗教礼拜仪式用书，而卡尔卡松的让·贝斯（Jean Besse），在疑似中风导致失声后，便不再做生意了。所以法瓦尔热对这些小镇都是一掠而过：佩兹纳斯，有着华丽的古建筑；贝济耶，它那 14 世纪的大教堂，在去纳博讷的路上老远就能望见；卡尔卡松，有要塞的城市，矗立着 53 座巍峨壮观的塔楼。法瓦尔热也许品尝了佩兹纳斯的小馅饼（在卡斯泰尔诺达里下馆子，但他可能没尝到烩什锦这道菜，因为时令已经过了），不过，品尝菜肴和观赏风景这些内容是不会出现在他的日志中的。从马赛到图卢兹的旅行期间，他记下的唯一一条个人评论是有关气候的：下雨。在他到达

卡尔卡松之前，就开始下起倾盆大雨，但是他很开心，因为被炎炎烈日烧烤了那么久，人和马都快被烤焦了。9月11日或12日，法瓦尔热终于到达了一个有潜力的图书市场：图卢兹。

图卢兹（有54,000名居民）从各方面看都需要一个繁荣的图书市场——这个城市是从地中海到大西洋遍布法国西南部的各条通道上的一个战略要地；它在丰饶的产粮区具有商业中心的作用；它拥有一个高等法院、一所规模庞大的大学、两所学院，以及众多行政管理机构和宗教机构。然而，这里的图书贸易并非像人们所预料的那样繁荣。1764年的全面调查报告显示，该市的24家书商都很值得尊敬，但生意都不是很兴旺："他们中没有人发大财，因为图书贸易在该市颇受限制。"[1]

法瓦尔热在视察了图卢兹的书店后，把他们的生意不景气归结于两个因素：一是当地的书商行会执行法规过于严格，二是残酷的商业竞争。"没有什么比这家书商行会更死板了，而且是书商们自己把它弄成这样的，因为他们互相出卖，纷争和妒忌在他们中间非常盛行。"他举了一个装订商的例子，此人征集了80到85个《百科全书》订户，155
不料竟被一些书商抢走了，理由是他做生意越界了。书商们普遍依赖廉价盗版书的销售，可是一发现他人卖盗版书的证据就马上揭发。而且，当书商行会开始执行1777年法令发布的反盗版措施时，这种揭发好像立即增多："他们都害怕被抓住或被出卖。"而且他们都不能容忍销售新教书籍，尽管图卢兹有大量胡格诺派教徒。法瓦尔热得出结论，"必须说，这个城市是偏执的中心"。

---

[1]　法国国家图书馆，mss. fr. 22185，f.176。关于图卢兹，见克洛迪娜·亚当，《18世纪图卢兹的印刷商兼书商及他们的产品》，图卢兹：勒米拉伊的图卢兹大学出版社，2015。

法瓦尔热是在走访了该市的几乎所有 23 家书商，并和一位名叫肖鲁（Chaurou）的当地商人讨论了他们的生意之后，得出这些结论的。肖鲁还答应在纳沙泰尔出版社于此地遇到麻烦时，愿意代表它出面解决。法瓦尔热在给本部的报告中，按照他通常的评分方式，对每位书商做了简要的评价。最高评价给了安托万 · 拉波特（Antoine Laporte），“图卢兹书商中的翘楚，十分可靠”。他还推荐了弗朗索瓦 · 雷斯普朗迪（François Resplandy），他和拉波特合作从事货运安排:“他们是好朋友，都不属于互相出卖的那一帮人。”

最后，在视察了许多家书店并和书商们商议过之后，法瓦尔热发现结果令人失望:“对于像图卢兹这样的城市，我本该发给你们价值几千法郎的订单，而不是几百法郎的订单。”他寄出了拉波特和雷斯普朗迪的订单，由此我们可以大致了解他们在 1778 年的生意状况。拉波特要了一些正规书籍：历史书籍，有威廉 · 罗伯逊的《美洲史》、克洛德 – 弗朗索瓦 · 格扎维埃 · 米约的《古代和现代通史纲要》（*Eléments d'histoire générale ancienne et modernne*）；两部小说，即路易 – 塞巴斯蒂安 · 梅西耶的《热泽内穆尔：戏剧小说》（*Jezennemours, roman dramatique*）和伏尔泰的《天真汉》（*L'Ingénu*）；以及一些流行 的非虚构类作品，如纪尧姆 · 德圣维克多（Guillaume de Saint-Victor）的《接纳，或妇女共济会》（*L'Adoption, ou la maçonnerie des femmes*）和埃利 · 贝特朗的《勒泰弗农，或山中的日子》（*Le Thévenon, ou les journées de la montagne*）。就算货包落到了图卢兹图书贸易审查官（一个难说话的律师）手中，或落到书商行会检查货物的理事们手里，这些书也没有一种会惹出多大麻烦。不过拉波特不冒风险。他要求出版社把货包发运
156 给里昂的雷沃尔，指示他重新打包，伪装成纺织品货包——包装成运输装饰织物常用的方形货包，再转运给肖鲁。肖鲁已经同意担任出版

社在图卢兹的货运代理商，他可以让货物不用通过书商行会直接送到书商的手中。

雷斯普朗迪的订单截然不同，风险要大得多。尽管其中也有几种正规书籍，如拉封丹的《寓言集》和罗伯逊的《美洲史》，主要的却是反宗教的启蒙运动书籍，如伏尔泰的《终于得到解释的圣经》（*La Bible enfin expliquée*）和霍尔巴赫的《自然的体系》，以及大量色情书籍，其中许多是反神职人员的，如《修道院里的维纳斯》（*Vénus dans le cloître*）、《嘉布遣修士骄奢淫逸的生活》（*Vie voluptueuse des Capucins*）、《修女的风流韵事》（*Le Monialisme, histoire galante*）。它们要通过相同的秘密通道运输。实际上拉波特和雷斯普朗迪与法瓦尔热一起商谈过，打算将他们的图书装在一个货包里运输。然而事实证明这行不通，因为订货太多了。但是，这两人明显是伙伴关系——一位是著名经销商，维持着合法和貌似合法的交易，另一位是小零售商，由前者罩着做生意，销售最危险的书籍。如果一位顾客走进拉波特货色齐全的书店，就某些类别的图书——“色情书籍”“哲学书籍”——随口丢下几句话，拉波特就知道怎样去满足他的需要。

按照法瓦尔热的安排，货物能安全运抵图卢兹，但是时间长，运费贵。雷斯普朗迪抱怨时间拖得太久——三个月，其中大部分时间是让货物在雷沃尔的秘密仓库里蒙尘——尤其是费用，价值 656 锂的货物，运费花了 69 锂。然而在法瓦尔热到访六个月后，他在 1779 年 1 月 2 日的信里又表示非常希望再和出版社做生意。他发现纳沙泰尔的书目里都是些“非常好的书”，而且他感到有办法应付其他书商的敌意。书商行会按照 1777 年法令重组时，他的朋友拉波特当选了理事。但是雷斯普朗迪承兑期票有困难，因为里昂和巴黎的货币兑换商缺乏硬币。因此他向出版社提议，做些交换贸易，并提议按照他的定价提供如下书籍：

伏尔泰的《按字母顺序编排的理性》，两卷本…………… 3 锂
《查尔特勒修会看门人堂布格尔的故事》，两卷本，有图…5 锂
157 《哲学家泰蕾兹》，两卷本，有图…………………………4 锂
《尼农·德朗克洛生平与书简》（*Vie et lettres de Ninon de Lenclos*），三部……………………………………………………… 24 苏
《自然之声》（*Voix de la nature*），五部…………………… 30 苏
《蓬帕杜夫人书简集》（*Lettres de Mme de Pompadour*），两卷本… 20 苏
《杜巴丽伯爵夫人逸事》，两卷本，有肖像……………… 40 苏
《特雷修道院长回忆录》，两卷本………………………… 40 苏

然而，纳沙泰尔出版社没有兴趣跟一个离得那么远的小经销商做交换，运输费用非常昂贵。而且雷斯普朗迪提供的书籍出版社都有，因为已经和日内瓦和洛桑的出版商做过交换。雷斯普朗迪的信证实了出版社已经了解的情况：对这类禁书的需求很普遍，但这并不是要和一位外省书商维持交换贸易非常有说服力的理由，除非他的订货中大部分都是合法图书，即各类不违禁的书籍，哪怕是一些盗版书也行。

纳沙泰尔出版社与图卢兹的其他书商做生意时也遇到了类似的困难。拉波特第一次在法瓦尔热手上订了货后，就决定不再继续下订单了，大概是因为他觉得运输太慢，运费太贵。另一位书商，迪普莱克斯（Dupleix），则拒绝交易，除非纳沙泰尔出版社同意除销售外再另做一些交换贸易。其他两位，萨卡罗（Sacareau）和穆拉（Moulas），也要求做这样的交换贸易。在 1777 年 9 月 2 日的一封信中，他们解

释说，最近他们的生意合并了，有大量存货需要处理。随信附带的书目含有125种图书，其中许多是启蒙哲人——孟德斯鸠、爱尔维修、卢梭，尤其是伏尔泰——的著作，以及品种繁多的其他各类著作，包括一些新教和詹森教派的著作。但是纳沙泰尔出版社的主要生意是卖书，不是换书。另一位拥有大量存货的大经销商福雷（Forest），1772年曾试图与出版社建立关系，但没有成功。他很难说话，坚持要出版社承担全部运输费用，而且要接受以汇票支付，期限为18个月，甚至两年。出版社不愿接受这些条件，而福雷也不愿修改它们。他声称，纳沙泰尔出版社提供的一些图书，他可以从布鲁塞尔的供应商那里弄到，价格相同，所以他决不会再从纳沙泰尔建一条供应线。马纳维（Manavit）（被法瓦尔热描述为“极佳”，可是“条件困难”）1781年从纳沙泰尔出版社订购了12套雷纳尔的《哲学和政治史》，可是四年里他都没有付过一个子儿，甚至有两套直接拒付，借口是缺了一些折帖。 158

图卢兹唯一跟纳沙泰尔出版社做过大量生意的书商是尼古拉－埃蒂安·桑斯。1778年9月，法瓦尔热没有给他“极佳”的评价，因为这家在其商业信函中自称“桑斯公司”的商号，走近看似乎并不起眼。“桑斯的唯一合伙人就是他妻子。”桑斯在1774年曾宣告部分破产，也就是说，他中止了全部支付，同时说服债主给他足够时间来偿还债务。据一些向法瓦尔热提供信息的人说，他的生意恢复得相当好，可是他们仍然建议，除非他以现金支付，否则不应卖给他任何东西。

1776年10月，桑斯首次致函纳沙泰尔出版社。为了证明他财力稳健，他建议他们与里昂的几家书商以及他的姻亲——尼姆最大的书商米歇尔·戈德联系。他补充说，最近图书贸易严重衰退，他只好在做正常生意的同时兼做旧书生意，旧书是在私人图书馆出售时购买的。不过，如果纳沙泰尔出版社能承担将货物运到里昂的所有费用和风险，他看好与它做生意的前景。得到赞许的答复之后，他又写信说他特别想订购“你们能供应的所有哲学书籍和色情书籍”。他也希望交换书籍，并且举例说他的存货可以提供一两百册伏尔泰的《哲学通信》(*Lettres philosophiques*) 和一两百册最畅销的色情书籍《哲学家泰蕾兹》。

纳沙泰尔出版社答复说，它不愿做如此长途的交换，并且发了一份它能出售的“哲学书籍”书单。结果桑斯的首次订单就包含了很大一部分极端非法的书籍。他还要求以期票形式错开支付的时间，期限为 18 个月到 21 个月不等，他解释了这样做的理由，说他不得不给予他自己的客户长期信贷，“因为这个城市并不富裕”。出版社领教过从外省专营禁书的小经销商收账的困难，已经学会在收到用这种口吻写
159 的信时要十分小心。它答复说，桑斯必须让一位像戈德这样地位稳固的书商会签，也就是为他的期票（普通本票，有他的署名，票据抬头填写持票人）做担保。

桑斯不高兴了，回信说要是这样，他就撤销订单。“我们考虑了销售这种哲学书籍和其他这种性质的书籍的风险，所以改变主意，不想冒这种风险了，尤其是冒了这种风险还不让我们称心如意。”他还补充说，纳沙泰尔出版社的几乎所有图书，他都能从别的供应商那里弄到。可是，图书在他发出撤销订单的威胁五周前就已经发运了。因此，他同意接受发给他的货，并提议用现金支付，以免出版社不放心——但要有 6% 的折扣，这是现金交易的惯例。

这个回答让纳沙泰尔出版社松了一口气，于是继续向桑斯供货，而桑斯则反过来继续试图说服它做交换贸易。他特别想把积压过多

的《哲学家泰蕾兹》和《哲学通信》抛掉。在1777年11月4日从里昂发出的信中，他告诉纳沙泰尔出版社，他刚刚从巴黎到达里昂，很快就要去阿维尼翁，此行目的是补充存货。在巴黎时，他得知政府的法令过不了多久就要生效。因此他建议纳沙泰尔出版社赶紧发运大量盗版书给他，让他打上印记，趁着机会的窗口还没有关闭要抓紧时间利用。

虽然这个计划并未实现，纳沙泰尔出版社还是退回到里昂做它的偷运经营，而桑斯则在他的合作伙伴拉波特到重组过的书商行会上任之后，得到了他的保护。到1778年9月，法瓦尔热估计条件已经成熟，出版社可以继续跟桑斯做生意了。但是，运输依然很困难。出版社1777年6月发出的一个货包，到11月才运到。桑斯终于在1779年放弃了从纳沙泰尔进货的企图。

他们的生意往来为期很短，而且没有涉及大量图书，因此桑斯的订单对他生意状况的反映也很有限。他肯定经营过大量非法书籍，其中有伏尔泰的著作和色情小说，如《哲学家泰蕾兹》，以及西蒙－尼古拉－亨利·兰盖的论战小册子，如《关于一元主义的哲学论文》(*Essai philosophique sur le monialisme*) 和《兰盖先生致韦尔热
讷伯爵先生的信》(*Lettre de M. Linguet à M. le comte de Vergennes*)。他 160
订购的大量书籍中还包括一些小说，如路易－塞巴斯蒂安·梅西耶的《热泽内穆尔：戏剧小说》和克洛德－约瑟夫·多拉的《爱情的牺牲》(*Les Sacrifices de l'amour*)，以及一些旅行文学，如帕特里克·布赖登（Patrick Brydone）的《西西里和马耳他游记》(*Voyage en Sicile et en Malta*)，还有新教著作，如各种版本的《诗篇》。

纳沙泰尔出版社与桑斯和图卢兹其他书商的关系，让人感到他们好像错失了一些机会。那里实际上有对各类图书的大量需求，尤其是对廉价盗版书的需求，但这些需求被书商之间的纷争抑制住了，而更

重要的还是为远距离做生意的困难所阻碍。除了走私的风险、里昂图书贸易的“瓶颈状态”还有高昂的运费，纳沙泰尔出版社这家出版商兼批发商还得培养对客户的信任。它可以依赖当地的人脉关系，以及偶尔派遣像法瓦尔热这样的销售代表去走访，但也常常不得不根据信函里透露出的贫乏信息来作判断。

图卢兹档案的最后一份卷宗——“贝尔热公司”（Bergès et Cie.）卷宗，就有能说明存在这种困境的例证。1781 年 5 月 26 日，贝尔热在写给出版社的信中说，他好长时间没有收到他们的信了。他高兴地通知他们，自己刚刚在波尔多获得了一批弗夫·卡拉米（Veuve Calamy）的戏剧著作的存货。如所附的半页样张所示，印刷和纸张的质量都是令人满意的。他愿意以每英担 30 锂的包销价格卖掉这批书籍，免费运到里昂交货。他也提议交换书籍，并发了一份他可以弄到的书籍的目录，有医学书籍、教科书，以及大量禁书，如《按字母顺序编排的理性》和《查尔特勒修会看门人堂布格尔的故事》。如果出版社乐意购买这些书籍，他愿意按书名后面标出的价格优惠 5% 出售，并给予一年的付款期限。

纳沙泰尔出版社表示有意就这笔生意进行商谈，并且寄出了自己的书目。贝尔热回信附上了一份大订单，包含通俗作家的 30 种书籍，总价值 864 锂。在说到现在正在卖什么书，以及他可以从其他供应商那儿弄到些什么书时，他显示了自己在职业上的精明老到。例如，他指出，日内瓦的让·亚伯兰·努费正在销售他自己出版的雷纳尔的《哲学和政治史》，只卖 24 锂，含有地图，给 25% 的折扣，每订购 12 套还白送一套。贝尔热已经订购了 50 套——而纳沙泰尔出版社出版
161 的内克的《1778 年内克先生关于建立外省行政机构致国王的备忘录》（*Mémoire au Roi sur l’établissement des administrations provinciales*），他一本

都不会订，因为“离此地不远就已经有人印了，而且此书在图卢兹已经泛滥，到处都是”。他在 1781 年 6 月 23 日的信中说，他在波尔多的生意做得和在图卢兹一样好，还说只要出版社“在条件上灵活些”，他乐意跟他们做生意。“我们刚刚重印了我们的书目，已经把你们的一些书加了进去。我们的销售代表目前正在巴黎，下个月将去你们那里，他带着我们的书目，会给你们送一份看看。”

在确认贝尔热的订货时，出版社请求他多给自己一点时间，因为短期内很难把所有书备齐。其间它写信给图卢兹的商人肖鲁（他了解当地书商的支付能力），问他纳沙泰尔出版社能否给予贝尔热“信任”，如果可以，信用额度为多少。肖鲁回信说，贝尔热的生意纯属子虚乌有。贝尔热曾经是萨卡罗和穆拉公司的职员，他在那里学会了贸易诈骗。后来他就诱骗出版商发货给他，并计划偷偷把它们卖掉。他的骗术已经被揭穿了，现在正东躲西藏呢:“这个年轻人一文不名，就算被逮住，你们托付给他的任何货物很可能全都会打水漂。”

贝尔热这次行骗的尝试还是很漂亮的。他掌握了商业信函的所有样式，甚至学会了企业管理者在信末极其重要的“签名”（这些签名和起草信函的职员的正式笔迹总是不同的）。他拥有关于当前图书价格的准确信息。他知道如何就有利于自己的条款进行谈判，也知道如何诱惑急于出售存货的出版商兼批发商。但是他所有的一切——书目、销售代表、与其他商号的信函，以及他的公司本身，都是瞎编出来唬人的。在纳沙泰尔出版社的档案中，类似的骗局比比皆是，其中有些还曾经得逞过。18 世纪的图书生意委实难做——在每个层级上，从出版商和他们的熟练印刷工，到书商和他们的店员，到处都如履薄冰。

法瓦尔热沿着加龙河从图卢兹走到波尔多时，他信件的主要话题不再是图书贸易了。他只提到五家书商：四家在蒙托邦，一家在阿让，其中只有蒙托邦的克罗西埃有可能成为纳沙泰尔出版社有潜力的客户。那段旅程中，他的马占据了他几乎全部的注意力。

162 从图卢兹到蒙托邦约48公里，道路泥泞，他的马一天摔倒四五次。当法瓦尔热准备离开蒙托邦时，他意识到马已经病得很厉害了。它的脖子上有个肿大的淋巴结，鼻孔像着了火，还剧烈地咳嗽。当地一个兼做兽医的蹄铁匠认为，它的气管里有什么东西卡住了。法瓦尔热决定赶往托南，他在那里有一个收账任务，因此他牵着马徒步前行。他一直走到了马尔芒德，走了近136公里。显然他在路上过了几夜（日志中没有说在哪儿睡觉，也许就裹着毯子睡在路边），因为马儿太虚弱了，不能走远路，又不愿吃东西。在马尔芒德，一个名叫巴利耶（Ballier）的关系人领他去找了另一位蹄铁匠，为马做了很长时间的昂贵（24锂）检查，并进行了治疗。诊断结果为“腺疫”（马的一种疾病，症状是喉咙红肿），蹄铁匠把它归因于中暑。经过一天未详细说明的“治疗”，马儿饱餐了一顿麦麸和干草。法瓦尔热欣喜地看到它甚至恢复了一些“活泼劲儿”。可是晚上它又呕吐了一整夜，把吃下去的东西全都吐了出来。毫无疑问，它太虚弱，不能再继续赶路了。于是法瓦尔热把它托付给蹄铁匠照料，自己租了一匹马前往16公里外的托南。[1]

到了那儿后，法瓦尔热就要直面一个难题：向一位名叫杜布瓦（Dubois）的牧师讨回646锂的欠账。这位牧师从纳沙泰尔出版社订购了大量宗教书籍，卖给胡格诺派教友，却不愿付款，催债信一封接

---

[1] 当时有关马的兽医学观点，见克洛德·布尔热拉（Claude Bourgelat），《马医学原理，或关于马的知识及马医学的新准则》（*Eléments d'hippiatrique ou nouveaux principes sur la connaissance et sur la médicine de chevaux*）三卷本，里昂，1750—1753；关于马的历史地位的全面描述，见达尼埃尔·罗什（Daniel Roche），《16—19世纪西方的马术文化》（*La Culture équestre de l'Occident, XVIe–XIXe siècle*）三卷本，巴黎：Fayard，2008—2015。

一封，他都置若罔闻。法瓦尔热得知，镇子里人人都称杜布瓦是个不可救药的“刁民”。于是他求助于一种保护制度，这是旧制度下解决债务纠纷的一条途径。纳沙泰尔出版社在马尔芒德有一位关系人，他有个朋友，这位朋友又有一个亲戚属于当地最有权势的贵族世家——巴亚家族。当法瓦尔热出示了杜布瓦做生意不诚实的证据后，这个家族的族长巴亚·德苏布旺（Baillas de Soubvent），便为他提供“最高保护”，把杜布瓦召来要他解释自己的行为。按照法瓦尔热的描述，杜布瓦“浑身筛糠似的发抖”，根本不敢自辩，直接写了两张将在巴亚监督下兑付的期票，难题终于告解。这就是贵族义务（*noblesse oblige*）。

9月28日，法瓦尔热回到马尔芒德，发现在他离开的这段时间， 163
马的病一点没有好转，反而在早前的肿块边上又生了第二个肿块。于是他让马儿接受了正规的兽医手术治疗，在18世纪，兽医的水平与其他医学分支大致相当。蹄铁匠用炽热的烙铁刺入两个肿块，手术费1锂10苏。这时，出版社写信给法瓦尔热，催他抓紧时间。本部需要他，他应该缩短行程，一些小镇就不要去了，赶在下雪之前回去。可是，带着一匹只能步行不能骑的马怎么快得了？他试图把它卖掉，却发现只能卖2路易（48锂），而买一匹马要花12路易（288锂）。还有就是，他发现自己舍不得离开它了，“我知道这马很不错的”。他希望在蹄铁匠的照料下它能恢复健康，于是决定租一辆马车去波尔多，办完事后再返回马尔芒德取马，然后骑着它直奔下一个主要站点拉罗谢尔。

波尔多

1778年10月1日，法瓦尔热到达波尔多。他应该会对这个大都市的景色印象深刻:港口两侧是昂热-雅克·加布里埃尔(Ange-Jacques Gabriel)壮观的新月形交易所广场，三年前才完工；维克多·路易大剧院仍在建设中;沿着宽阔的码头，排列着宏伟豪华的宅邸;林荫大道、广场和连排房屋，其中大约5,000幢是自1700年起就有的——都在炫耀王国第四大城市(人口83,000)的新生财富。但是法瓦尔热无暇欣赏这些建筑。他立即投入了工作，试图从25家实力最雄厚的书商中弄到订单。

然而，令法瓦尔热懊恼的是，这些书商做生意的方式与他格格不入。他们对守约甚至比里昂人更随便，他们在餐桌上花的时间甚至更多，想在下午跟他们会面几乎不可能。法瓦尔热愿意在店里待着，要

波尔多，蚀刻画，摘自《新版法国风光游》，巴黎，奥斯特瓦尔德，1817(BiCJ)

求见店主。而店主会出门，要么是因为忙，要么就是除了拿一份纳沙泰尔出版社的书目，其他什么都不愿做，只是含糊地答应说，一旦找 164
到时间就会研究这个书目，然后再来谈生意。法瓦尔热返回店里三四趟，都被告知下趟再来。就算他最终逮住了店主，也很少能做成一笔交易，因为几乎所有书商都不了解 1777 年法令会如何实施，现在都不愿订货。法瓦尔热在给出版社的报告中抱怨，几天里他跑遍了整个城市，成效微乎其微。

把潜在的客户划分为通常的三类后，法瓦尔热排除了四家"差"的书商，以及一家装订商和一家纸品商，他们应该没有被列入《出版年鉴》。剩余的书商可以给予不同程度的信任，但是他们都对即将实施的打击盗版书的措施深感忧虑，故此时不敢从瑞士进货。只有一家，纪尧姆·贝尔热雷（Guillaume Bergeret），同意下订单。法瓦尔热把它的订单抄在给出版社的信里：含 19 种书籍，有莫里哀的戏剧、克洛德－约瑟夫·多拉的小说、威廉·罗伯逊的《美洲史》，以及各种非虚构类文学书籍，没有一种是非法的。但是贝尔热雷坚持要每 6 165
册送一册，而不是每 12 册送一册，因此法瓦尔热怀疑出版社的董事们是否会同意。他发现的另一位书商，也是唯一一位有前景的书商，是名叫罗克（Roques）的香水商，他愿意偷偷销售新教书籍。无可否认，波尔多是一个令人失望的地方；美国战争中断了它的贸易；一切基本上都处于严重停滞状态。

其实早在美国革命爆发几年前，这种不景气就已经开始了。1774 年 1 月，夏皮兄弟公司（Chappuis frères）——属于"一般"书商通知纳沙泰尔出版社，它还需要两年时间才能支付货款。他们解释说市场已经饱和，还咬牙切齿地抱怨"目前的不景气，以及随之发生的消费匮乏。事实上，我们不知道还有哪一种贸易会像图书贸易这样不讨人喜欢，不值得做”。[1] 九个月后，他们宣布破产，但最终通过和债主们谈判，达成一项协议恢复了生意。

因此，尽管从表面上看，波尔多有高等法院、总督府、一所大学、一所学会、一座要塞，以及大西洋最大的海港，但这里却找不到纳沙泰尔出版社图书的销路。只是尽管如此，纳沙泰尔人还是和该市最大的书商贝尔热雷维持了 12 年的生意关系，他的信函可以让我们了解当地图书市场需求的状况。

贝尔热雷的信表明他是图书贸易的老手。[2] 他从许多出版商兼批发商进货，在他们中间挑起纷争，因为正如他所指出的，他可以从许多不同的来源弄到同样的图书。在和纳沙泰尔出版社的交易当中，他讨价还价，尽可能把价格压到最低，但省下来的钱往往又被运输费用抵消了。实际上，货运环节的各个方面——路线、安排、耽搁，以及费用——就是他和出版社通信的主要话题。

1773 年 6 月 22 日，他用一个很小的订单作为“试验订单”来测试纳沙泰尔出版社的业务能力。他从出版社的最新书目中选择了几种书籍，并遗憾地指出书目里缺乏“哲学书籍”。法国政府刚刚对所有进口图书开征每英担 28 锂的关税。贝尔热雷愿意承担 12% 的“保险费”，通过跨境偷运来规避关税。但是纳沙泰尔出版社和它的主要偷
166 运者吉永已经陷入困境，因此建议走日内瓦 – 都灵 – 尼斯路线，每英

[1] “夏皮兄弟公司致纳沙泰尔出版社”，1774 年 1 月 22 日。

[2] 关于波尔多的书籍的次要文献，已列在网站 robertdarnton.org 上，我要对简 · 麦克劳德（Jane McLeod）的帮助表示感谢，她在 1982 年 6 月 30 日的信中提供了有关贝尔热雷的资料。她在《特许忠诚：现代法国早期的印刷商、赞助人和国家》（*Licensing Loyalty: Printers, Patrons, and the State in Early Modern France*，大学园：宾夕法尼亚州立大学出版社，2011）中，对贝尔热雷和其他波尔多书商进行了探讨，尽管她研究的焦点是印刷商，而不是书商。

担运费16锂。它向贝尔热雷保证，倘若他在尼斯有可靠的货运代理商，这条路线是很通畅的。在回信中，出版社还附上一份手写的“哲学书籍”库存书目。

尽管贝尔热雷并不专营禁书，这份书目还是吊起了他的胃口。于是他要求出版社在为他准备的货包中添加几册《袖珍本神学》(*Théologie portative*)、《哲学家泰蕾兹》，以及类似书籍。他愿意支付运输费用，但不愿支付偷运费用。出版社回答说，它最近开辟了一条经由里昂的偷运路线，在那里雇请了一位新的货运代理商来让货物通过书商行会的检查。因此，倘若他们在价格上达成一致，前景似乎一片光明。贝尔热雷不愿支付出版社对非法图书索取的费用，而出版社反过来也不愿降低价格，理由是:“我们注意到你订购的书籍中有几种被称为哲学书籍，我们存货中没有，但可以求助于我们的客户来供应。在这方面，我们必须警告你，由于可想而知的原因，这些书籍售价要比其他书籍高……我们不能以和我们书目中其他书籍相同的价格把它们卖给你，因为我们自己必须花较高价格买进。但是尽管如此，我们将试着以最可能接受的价格为你弄到。在我们这儿，这类书籍正大量增加。”

贝尔热雷最终同意了纳沙泰尔出版社为他的订货所定的价格。出版社于1773年9月把货物发出，经由里昂顺利运达。贝尔热雷按时支付了货款，没有发生口角——不像实力较差的经销商，如我们已经看到的，他们常常要找些借口不彻底付清账单。1775年2月，他发出另一份大订单：60种图书，其中11种是“哲学书籍”。“哲学书籍”书名后面标注了x的，大都是地下贸易的畅销书，并且说明:“请你们把标注了x的书籍跟其他书籍用‘配婚’的方法合在一起装运。”所谓“配婚”，本书第二章解释过，就是把非法书籍的折帖嵌入合法书籍的折帖当中，这样货包在经受书商行会检查时就能蒙混过关。运往波尔多的货包大部分是在里昂接受检查的，出版社在那里的代理商保证，这些检查都是表面上做做样子。

167 货物这样运输很安全，就是时间要延长两个多月。贝尔热雷抱怨运输服务缓慢，还抱怨出版社一些价格定得太高，但是也称赞他们的印刷质量好。实际上，他还委托它印刷了一本关于拼读的盗版教科书，作为自己投机项目的图书来销售。但是在1775年夏天，他和出版社的关系变差了。4月份，贝尔热雷订购了30套激进的政治论著《莫普先生对法国君主制组织进行改革的历史记录》第1—3卷。直到6月底，出版社才把书运到，而提供给他续篇第4、5两卷时花的时间更长，因为它瞒着贝尔热雷从里昂的一家经销商进货，而此人原本是对法国客户优惠的。贝尔热雷抱怨，他的竞争者由于直接从里昂进货，比他早三个月就收到了货。10月份，他警告出版社，这样一耽搁，可能让他失掉客户，而他也许不得不从别处找客户："我必须彻底放弃订购你们的货了，尽管我很不愿意这么做。你们将近三个月前就预告要运到的货物，到现在还没有要运到的迹象。你们必须明白，我不能这样做生意。"

出版社向他道歉，并尽其所能整顿了在里昂的经营活动，但是已经无法恢复跟贝尔热雷的大部分生意了。1776年和1777年，它只向他发了几次货，然后到1778年，也就是法瓦尔热到访的这一年，它又未能按时供应50套威廉·罗伯逊的四卷本《美洲史》，这部著作成为畅销书，很大程度上是因为人们对美国革命感兴趣。早在纳沙泰尔出版社从遥远的里昂得到相对便宜的盗版书很久以前，巴黎和鲁昂的版本就已经到达波尔多了。因此贝尔热雷撤销了订购，并发了另一封斥责信："你们很清楚，如果人们不能趁着新书还新鲜时购进它们，那它们一般就会一直闲置在库房里了。"然而，法瓦尔热10月份到访时，他还是订购了12套罗伯逊的《美洲史》。人们对美国的兴趣还没有衰退，尽管战争对波尔多的贸易产生了全面的灾难性影响："因为战争，商业变得如此萧条和衰败，以致本市的各种贸易都已经衰落。因此我也要减少订货了。"

随后的六年里，只要贝尔热雷察觉到纳沙泰尔出版社提供的新书能吸引他的客户，他就还会继续下订单。

1781 年，他订购了 25 套梅西耶的《巴黎图景》。1782 年，他要 168
了 100 套梅西耶的《法国国王的肖像》（*Portraits des rois de France*），但是，在出版社跨境偷运货包遇到麻烦时，他就撤销了订货。1784 年，他订购了 12 套纳沙泰尔出版社十卷本的雷纳尔《哲学和政治史》。不过，在 1773 年那么看好的贸易，却一直没有发展到双方想要达到的程度。供需之间相隔距离太远，障碍也太多。

尽管如此，从贝尔热雷的订单还是可以了解到这家可能是波尔多最大的书店需求最多的书籍。贝尔热雷对遭到严禁的非法图书感兴趣，但也青睐教学书籍和实用书籍，如雷斯托（Pierre Restaut）的《简明法语语法原理》（*Abrégé des principes de la grammaire française*）、蒂索的《大众健康建议》和莫潘（Maupin）的《葡萄酒酿造技艺》（*L'Art de faire le vin*）（这书在波尔多畅销不足为奇，莫潘写了许多关于葡萄栽培的书）。贝尔热雷还订购了大量儿童书籍：蒙热先生（M. Monget）的《婴幼儿道德小故事》（*Les Hochets moraux, ou contes pour la première enfance*），和一本匿名文选，《儿童读物，或既能让孩子们快乐又能让他们爱美德的小故事选》（*Lectures pour les enfants, ou choix de petits contes également propres à les amuser et à leur faire aimer la vertu*）。他的订单还包括大量历史书籍和游记，以及自称揭露了共济会秘密的书籍：J. J. 勒弗朗索瓦·德拉朗德（J. J. le François de Lalande）的《共济会简史》（*Abrégé de l'histoire de la franche-maçonnerie*），和自称揭露了魔法秘密的书籍：P.-A. 阿莱茨（P.-A. Alletz）的《现代阿尔伯特，或已经得到证实的合法秘诀汇编》（*L'Albert moderne, ou recueil de secrets éprouvés et licites*）。尽管贝尔热雷在信中表露出对伏尔泰和雷纳尔著作的兴趣，但是启蒙哲人的论著他订购得并不多。他的订单中名列首位的作家是路易－塞巴斯蒂安·梅西耶，此人在当时法国的读者中相当走红，尽管他在纳沙泰尔出版社收到的订单中表现突出，某种程度上是因为出版社在自己的书目里把他的作品放在了主打位置，同时也印刷了不少自己的版本。从订单中得到的统计数据还表明，读者对与路易十五统治后期的政治危机有关的政治毁谤书和论著有大量需求，尤其是《杜巴丽伯爵夫人逸事》。总的来说，贝尔热雷的订单表明，人们对各类书籍都有广泛的需求——其中虽有一些色情图书，
169 但大部分都类似于分类摆放在外省大型书店书架上的那些普通书籍。

拉罗谢尔

法瓦尔热坐马车回到马尔芒德后，发现他的马病情大大好转，因而如释重负。但是前两周不停地下雨，山道崎岖，泥泞不堪，因此他一天行路不能超过 7 里格（约合 24 公里）。更糟糕的是，“这可怜的畜生仍然很虚弱，总要扑倒在地。”从利布恩到科尼亚克的道路非常湿滑，马蹄铁都松掉了，这段约 116 公里的路他走了 4 天——现在乘小汽车一个半钟头就到了。法瓦尔热的开支账上显示，他几次在蹄铁匠店停留，给马重新钉马掌（费用从 1 锂 10 苏到 2 锂不等）。他还买了一条鞭子（1 锂 10 苏），可以看出，他不得不用暴力驱赶马儿行路。
170 另一笔 4 锂的支出用来修补他的靴子，说明他步行走了许多路。虽然他没有在信中抱怨，但这显然是一段艰难的跋涉。

沿途有些书店看上去前景不错，但没有一家拥有大客户。利布

拉罗谢尔，蚀刻画，摘自《新版法国风光游》，巴黎，奥斯特瓦尔德，1817（BiCJ）

恩的一家经销商方丹（Fontaine）颇受推荐，因为他能规规矩矩承兑汇票，他说他很想跟纳沙泰尔出版社做生意，很快就会下订单。路易·德利耶是个精力充沛的年轻人，在桑特有一家陈设不错的书店，他也做了这样的承诺。罗什福尔的法耶（Faye），他的书店存货看上去相当好，也下了订单，其中包含广泛而丰富的各类书籍。接下来，法瓦尔热终于来到拉罗谢尔，受到了让·朗松的热情接待。朗松是一位富有的商人，曾师从奥斯特瓦尔德学习，他高兴地款待了这位来自遥远的汝拉地区加尔文教大本营的谦逊朴素的年轻人。然后，法瓦尔热冒着雨逐个走访了各家书店，他的马儿则留在马厩里休生养息。

拉罗谢尔以其港口和新教徒而闻名。当法瓦尔热于10月中旬抵达这里时，它的图书市场似乎也很景气。拉罗谢尔的商人是从大西洋

简陋的蹄铁匠店

让 – 雅克 · 德布瓦西厄，《蹄铁匠店》(*Farrier*)。哈佛艺术博物馆，贝林达 ·L. 兰德尔的赠品，来自约翰 · 威特 · 兰德尔的收藏，R4105。哈佛大学影像部版权所有

贸易中发迹的：对外出口纸张、纺织品和葡萄酒，从圣多明各（Saint
171 Domingue）进口蔗糖，从加拿大进口皮草，在非洲中途停留时还能做一笔利润丰厚的生意——为加勒比的种植园贩运奴隶。但拉罗谢尔从未经历过可以与波尔多和南特相媲美的繁荣。实际上，它的人口增长缓慢。1780 年它只有 16,200 名居民，在法国所有城市中排第 50 位。1764 年政府关于图书贸易的调查报告指出，拉罗谢尔只有两家书商和两家印刷商——数量太少，没有必要设立书商行会。地方官员负责监督审查他们的经营活动，也不需要花多大气力："他们都是正派人"，他指出，"都很聪明，行为也很得体。他们的财富都是劳动所得，并且也不是很多。"[1]

[1] 法国国家图书馆，mss. fr. 22185，f.100。

法瓦尔热视察生意状况时，也发现他们的财富不是很多。自1764年以来，书商只增加了一家。第一家是潘蒂内尔（Pentinelle），属于评价最低的“差”一类。第二家是夏博索（Chaboceau），被评为“佳”，但是他不想从老远的瑞士进货。剩下一家帕维，也是“佳”，是个很难打交道的客户，纳沙泰尔出版社自1772年开始和他做生意起就了解这一点。

这家商号的正式名称是帕维父子公司。帕维的次子写信最多，信中措辞倒是准确，但不时出现的拼写错误有点令人不舒服。他的第一封信写于1772年2月8日，暗示他们的书店迎合的是拉罗谢尔庞大的胡格诺派社群的需求——或许还暗示，新教教义导致他们对启蒙运动抱有同情。他询问了纳沙泰尔出版社提供新教《圣经》和布道书的能力，也显示出对“像《自然的体系》这类哲学书籍”的兴趣。最近对进口图书征收的关税从每英担68锂降至28锂，“还是够高的，但已经比较客气，说得过去了”。帕维指望纳沙泰尔出版社能像他的其他国外供应商一样，分担一些关税，但不知道哪条运输路线最好。经由尼斯和马赛的货物运输很昂贵，所以他希望出版社能以合理的价格让货包顺利到达里昂。

帕维在随后的一封信里表明，如果可行的话，他准备订购两种新教宗教仪式书籍，另外还要订购12册梅西耶的《2440年》、10册《自然的体系》，质量要好。他知道新近出版的引起轰动的无神论专著《自然的体系》有四种版本：一种是印刷华丽的荷兰版，还有两种版本也可以接受，另有一种纸张低劣，他不会要。（正如上文已经提到的，纸张质量是会18世纪的读者满意的关键因素。）在4月25日的 172
信中，帕维要求出版社，如果运输安全，费用又合理，就在货物中添加几种其他的图书。其中包括贝尔的《历史与批判词典》，一些政治论著，如“刚刚问世的《蓬帕杜夫人书简集》，以及你们可能有的这类图书”。显然，帕维十分了解新近上市的书籍，而且订购其中被严禁的书籍也毫不犹豫。

随后两年里，帕维继续探测纳沙泰尔出版社供应图书的能力，多半是新教书籍，以及几种有关历史和游记方面的图书和各类哲学书籍。但是直到 1776 年 3 月，他才下了一份确定的订单，要通过里昂运到奥尔良，那里有他的一位货运代理商，可以把货物安全地转运到拉罗谢尔。订单包含了 23 种书籍，有些是出版社书目中的，有些他希望出版社能帮他从其他瑞士出版商兼批发商那里弄来。他在随后的订单中表明，他是根据——至少是部分地根据——客户的要求来选订图书的：“有人要以下图书，你们如果有就请发给我。”随后的 12 个月他都定期下订单，而出版社也都供货了，没有出任何纰漏，还承担了运至里昂的费用和风险。

到此时，出版社还向拉罗谢尔的一些个人小批量发运了部分货物。这些人均是小店主，包括让·朗松，他与奥斯特瓦尔德保持着友好关系，并且为自己和朋友订购了一些书籍。帕维反对这种非正式的交易，因为这可能抢走他的市场：“这些朋友帮另一些朋友订购，这样一来，从朋友到朋友，整个城市都得到了供应，而书商的书就卖不掉积压下来了。请你们注意这个问题，不然的话，我们必有口角。”其实，跟这些业外个人做的生意规模是不可能扩大的，不过帕维的反应表明了正规书商普遍的担忧，因为他们常常渴望经营禁书（只要不会冒太大的风险），但讨厌不相干的人——摊贩、装订商和小店主——闯进来跟他们抢生意。

对帕维和纳沙泰尔出版社关系发展妨碍最大的，是政府逐渐加码
173 的针对盗版书和禁书的打击。早在 1776 年夏天，帕维就已经发出了

奥尔良书商行会可能要加强检查的警报。1777 年，发给他的四批货物都闯过了这个危险的转运站，尽管他劝过出版社换一条安全一点的路线。出版社偏爱比较便宜的内陆水路，由索恩河顺流而下到里昂，穿过罗阿讷，然后再由卢瓦尔河顺流而下到奥尔良及法国西部各个市镇。帕维建议采取更直接的路线到利摩日（Limoges），这条路安全一些，但费用较高，因为要走山路，用骡子驮，货包重量不得超过 150 磅。

1778 年，鉴于帕维的生意在衰退，出版社表示可以承担把货物运到奥尔良的费用和风险，而帕维在奥尔良有可靠的货运代理商。出版社强调，这是它这一方做出的重大让步，“因为我们不得不向我们雇用的人支付优厚的报酬，这就要削去我们的一大块利润。”于是帕维就恢复了订货，订的主要是新教书籍和色情书籍，这些是他生意的主体部分。他也从其他供应商那里订购同样的书籍，证明他是相当熟悉地下贸易情况的。1776 年 8 月，他把纳沙泰尔出版社《欢场女子》的价格从 36 苏砍到 30 苏，把《神圣的传染》（*La Cantagion sacrée*）从 40 苏砍到 30 苏。然而，1779 年 7 月，出版社通知他，它不再为客户采购“哲学书籍”了。它在供应方和客户方那儿都遇到了许多麻烦，供应方是一些印刷这些书籍的小出版商，它和他们发生了纠纷，客户方则拒绝付款，且不愿分担因书籍被没收造成的损失。

而帕维的答复听起来太正经了，根本不像真话。他写道：“我很赞成你们从我的订单中除掉某些书籍。其实我正想写信跟你们谈这个问题，因为我只想囤一些好书，而政府也正在采取措施消灭那些可能扰乱社会秩序的书——这些书太危险，尤其是若一些受教育程度低，分不清香花毒草的人读了它们的话。这样图书市场才能重振雄风。”和与莫西的通信情况一样，出版社有时会收到一些“假信”，满纸高风亮节，这是书商们想制造一些证明材料，当他们在政府那里遇到麻

烦时可以拿出来自证清白。然而，这时候图书贸易监管部门的主要
174 注意力已经转向了没收盗版书，而这正是帕维与纳沙泰尔出版社交易的大头。1779 年 7 月 31 日帕维写信称，1777 年法令正在他所在的地区严格执行。所有提货单上都必须详细说明货物已经在书商行会通过检查，并重新包装，打上铅封。当然，纳沙泰尔出版社在里昂的货运代理商有办法应对这个问题，帕维的其他瑞士供应商，包括萨米埃尔·福什以及他儿子的福什长子公司也能做到。但是运输费用在节节攀升。1779 年 12 月，帕维抱怨他刚刚收到一个货包，价值 169 锂的书要 36 锂的运费。1780 年 8 月，他结清了 515 锂 5 苏的账，而后近四年都没有再下过图书订单。

另一项打断贸易的管理措施是 1783 年的政令，要求所有从国外进口的书籍，无论其最终目的地是哪里，都要在巴黎书商行会接受检查。1784 年 2 月 21 日，帕维通知纳沙泰尔出版社，他已停止从瑞士订购书籍了："目前从国外进货的困难想必已经重创了你们的销售，当局执行这项命令的严厉程度迫使我中断与你们各州的所有通信联系。"一个月后，他写信建议，在巴黎雇一位书商，让货物顺利通过书商行会，这样出版社应该能够克服这些困难。说他和巴黎的很多人都有贸易往来，但是这种安排他自己难以处理。他会为秘密业务支付每英担 10 锂的费用和从纳沙泰尔到巴黎的运输费用，条件是出版社要承担所有风险。他特别想订购 50 册《夏特勒公爵大人的私生活或辩护词》(*Vie privée ou apologie de Mgr. le duc de Chartres*)，一本颇受欢迎的毁谤书。

到 1784 年 9 月，帕维放弃了对撤销 1783 年政令的指望，而纳沙泰尔出版社也放弃了招募代理商让货物混过巴黎书商行会的努力。它提升了把货物发往里昂的可能性，它在那里的代理商可以把货物重新

包装，伪装成国内货物再转运到拉罗谢尔。但是这种业务的费用为每英担15锂。帕维现在想要订购梅西耶的新版《2440年》。然而，他计算了一下费用：偷运15锂，运输25锂，总计每英担要花40锂，结 175 果是每本书要比批发价多6到8苏。他宣称这是"难以接受"的。他强调说，里昂人就能把瑞士的书籍运给他；因此纳沙泰尔出版社应该也能做到，而且只用支付15锂偷运费用的一半。

1784年10月24日，出版社回信说，这种安排行不通："去里昂的路太危险，沿途的检查很严格，必须避开这些检查，也不能走奥尔良。因此只能从奥弗涅（Auvergne）和利穆赞（Limousin）走，可那要途经很多山间小道，很不好走。"虽然一年来帕维和纳沙泰尔出版社一直在商讨各种可能的办法——通过里昂偷运，用船沿莱茵河运到荷兰，在奥弗涅和利穆赞用骡子运输——但什么都落实不下来。1785年12月，他们结清了账目，从此再也没有恢复交易。

如帕维在信中说明的，他订购了大量新教书籍和"哲学书籍"。与其他外省书商相比，他的订单变化稍微小一些，这或许是因为他特别喜欢订购纳沙泰尔出版社的禁书的缘故，至少开始时是这样。这些禁书或是出版社自己的存货，或是它通过交换从其他专营地下交易的出版商那里弄到的。在他订购最多的15种书籍中，排前三的是各种版本的《圣经》《诗篇》和一种《教义问答》，还有两种布道文集——是他在不同时机订购的九种布道书中的两种。在现代读者看来，这些布道书与那些如今被认为是色情作品的书籍同在一个书单上显得，有些不伦不类：这些色情作品包括《加尔默罗修会负责收发的修女的风流韵事，作为查尔特勒修会看门人一书的姊妹篇》（*Histoire galante de la tourière des Carmélites, ouvrage fait pour servir de pendant au Portier des Chartreux*）、《游荡的妓女，或玛德莱娜与朱莉的对话》（*La Putain*

errante, ou dialogue de Madeleine et Julie）和《新女子学校》（*La Nouvelle Académie des dames*）。但是，在18世纪的书商眼里，卖给胡格诺派教徒的书籍的危险性并不亚于那些单纯的色情书，甚至不亚于那些带有反教权思想的色情书。帕维订购的其他书籍中，有许多也是其他书商最喜欢订购的，主要是梅西耶的《2440年》和《杜巴丽伯爵夫人逸事》。《接纳，或妇女共济会》在其订购最多的书籍名单中排第五位，说明这时的法国读者普遍对共济会着迷。根据帕维订购书籍的模式来判断，他的客户对这本书的需求依然很旺盛。1776年3月16日，他订购了12册；1776年7月27日订购了39册；1779年1月19日订
176 购了12册；1779年9月18日又订购了6册。1776年3月16日，他还订购了12册《共济会的职责、规则或一般规章制度》（*Les Devoirs, statuts, ou règlements généraux des francs maçons*）。关于读者的其他阅读倾向，订单显示他们对政治论著的需求也很强烈，如约瑟夫·塞日（Joseph Saige）的《国民教义问答》（*Catéchisme du citoyen*）和米拉波伯爵的《论专制主义》就很好卖。而且其中启蒙运动的论著——从1770年就已经失去其震撼性价值的伏尔泰的《哲学通信》，到霍尔巴赫的《自然的体系》——还是占了很大一部分。帕维也为他的客户订购了一些淫秽书籍，像许多其他正规书商一样，如果能有可靠稳定的供应线，他还会向客户提供更刺激的淫秽书籍。

普瓦捷

法瓦尔热完成了在拉罗谢尔的生意后，不得不解决马的问题。天
177 还在下雨；到普瓦捷有约133.5公里，道路十分泥泞；而且他还得赶快，

因为最近在拉罗谢尔收到出版社的信，催促他不要耽搁，走最直接的路线赶回本部。尽管情况不利，他决定让马再做一次努力。10 月 23 日或 24 日，他到达 56 公里外的尼奥尔（Niort），在那里找到一家表现不错的书商（名叫埃利［Elies］），他答应下一份订单。然后他冒着淅淅沥沥下个不停的雨，走了至少 25 公里的路赶到圣梅克桑（Saint-Maixent），在那里找到了另一位书商（布律内［Brunet］）。但是从这里开始，马就几乎不能走了。当它最终蹒跚着到达普瓦捷（52 公里以上）时，它的腿肿得太厉害，肿块都破裂了，露出深深的伤口。

法瓦尔热怀着深深的遗憾，决定把它卖掉，再买一匹壮实一些的马，但是他没把握如何在外国跟陌生的马贩子讨价还价。幸好他遇到一位瑞士同乡，从拉绍德封（La Chaux-de-Fonds）来普瓦捷做生意

普瓦捷，蚀刻画，摘自《新版法国风光游》，巴黎，奥斯特瓦尔德，1817（BiCJ）

的商人，并且还得到了纳沙泰尔出版社在普瓦捷的一位主要客户米歇尔-樊尚·谢弗里耶（Michel-Vincent Chevrier）的帮助。最后，他谈成了一笔交易，比上次在马尔芒德谈的稍好：卖马得了4路易（96锂），花9路易（216锂）另买了一匹——比前一匹几乎高出一个手掌（10厘米），也强壮得多，6岁，并且“名声好”。“我很遗憾这笔损失”，他在给出版社的信中这样写道。想必这是指不得不买马所蒙受的钱财损失，但也可能是抛弃一匹朝夕相伴四个月并骑行了数百公里的马伤了他的心。即使在当今，据说一个旅行推销员也会对他的小汽车产生深厚的感情。

闯过普瓦捷的马市后，法瓦尔热勘察了该市的其他地方。尽管普瓦捷在现代观光者眼里魅力四射，但是在18世纪，它从旅行者那里得到的却是差评。他们抱怨它街道狭窄，路面高低不平，房屋破败不堪，一派落后的景象。它的人口在整个18世纪增长停滞，维持在大约18,000人，“因为缺乏贸易，也因为天性懒惰，人们很贫穷”。[1] 普瓦捷其实是一个外省首府，有总督，也有一些重要的司法和行政管理机构。1778年，那里有12家书商，它们的营销对象是比较富裕的居民（这些人在大革命前的一般特点是“文雅、机智、懒散，而且不适合做生意”）[2]，以及几个法院、当地驻军部队和一所大学（其法学院有200名学生）。

178 经过法瓦尔热的考察，大多数书商被评为“差”。有四家被评为“一般”，但他们的生意不够大，不足以支持从瑞士进货的运输费用。

---

[1] M. 迪穆兰（M. Dumoulin），《地理，或以财政区划分的法兰西王国概况》（*La Géographie, ou description générale du royaume de France divisé en ses généralités*），巴黎：Leclerc，1767，第5卷，第73页。

[2] 雅克-安托万·迪洛尔，《法国主要胜地概况》，巴黎：Lejey，1789，第41—48页。

一家是雅克·博班，1776年12月曾下过一份大订单，但纳沙泰尔出版社拒绝向他供货，因为不相信他有支付账单的能力。博班在普瓦捷法院里设了一个书摊，以满足律师的需求。根据1764年的图书贸易调查报告，他是个既不能读又不能写的小摊贩。他给纳沙泰尔出版社写的信倒是清晰易读，但那很可能是他儿子写的，他儿子曾经违背他的意愿就任过神职，后来离职回家做生意。博班（或者是他儿子以他的名义）在一封信里坦率承认，"我不想用铺张的展示向任何人炫耀，我说我没有大量财产，决不会感到丢脸。"他最终同意用现金支付，纳沙泰尔出版社也就于1782年向他发了一趟货，其中各类书籍都有，就是没有非法书。可是这次货运花的时间太久，费用也太高，随后他就再也不继续订货了。

按照法瓦尔热的估计，只有两家书商有能力维持与出版社的生意往来。一家是菲利克斯·福尔孔，是当地书商行会的一位理事，家境殷实。法瓦尔热觉得他"性格古怪"，而且特别忠实于自己的理事角色，不会买任何盗版书。但另一家，米歇尔－樊尚·谢弗里耶，就是另一回事了：他答应为纳沙泰尔出版社提供帮助，让它的货包在书商行会接受检查时绕过福尔孔，而且如果他们能同意他的条件，他想继续扩展生意往来。努力达成互利的条件确实是出版社跟谢弗里耶之间通信的主题，这类通信从1772年6月就开始了。要把货物运到普瓦捷，出版社首先要应对图书进口关税，然后是偷运／保险系统的违法运作，最后是从里昂到奥尔良路途上的意外障碍。谢弗里耶似乎不在乎长途进货的困难——他提到过他曾从布永出版社订购图书——他在乎的是价格要实在。

纳沙泰尔出版社提供的各类图书谢弗里耶都想要一点儿，包括手写的"哲学书籍"书目里列出的作品。尽管禁书只占他生意的一小部分，但他对它们的了解却非常专业。其实他也向出版社提供了一份自己的“哲学书籍”的“书目”。它精选了67种——比出版社提供的还
179 多出了很多——按字母顺序列出，但4种色情书籍除外，谢弗里耶把它们加在书单末尾，即《哲学家泰蕾兹》《女子学校》《梅萨丽娜，穿睡衣的修女》和《缝补女马尔戈》。除了这些色情图书，他的书单里还有当时可以印刷的门类齐全的反宗教书籍。其中许多得自秘密手稿，这些手稿在18世纪上半叶流传甚广，包括英国自然神论者和自由思想家——约翰·托兰（John Toland）、安东尼·柯林斯（Anthony Collins）、亨利·圣约翰（即博林布鲁克子爵［Henry St. John, Viscount Bolingbroke］）和托马斯·伍尔斯顿（Thomas Woolston）——的著作的译本，以及法国的论著。和帕维的订单一样，这些论著包含伏尔泰的反教权主义著作和霍尔巴赫小圈子的无神论著作。谢弗里耶的头几封信里提到的图书，只有少数几种运到过普瓦捷，因为除非出版社建立一条直通到他的书店的安全路线，否则他不会承诺大批订购书籍。

1772年12月，他们进行了一次试验性货运，货包经由里昂运到，没有出差错，但是在路上走了五个月。谢弗里耶答应，如果出版社能够解决货运问题，他就会扩大双方的生意规模。实际上，为了垄断纳沙泰尔出版社在他书店方圆百里内的生意，出版社印制的书籍，以及它的普通存货中通过交换得到的书籍，他都要求每订购12册白送一册。出版社还必须承担将货包运到里昂的费用和风险，但是他会多支付售价的4%作为这项服务的补偿——如果运到奥尔良，则可多支付5%，那儿有他的一个货运代理商，弗勒里寡妇（Widow Fleury），她能安全处理这些货包。出版社回复了一个反向提议，提出了稍微不同的条件，价格也有点高。谢弗里耶又以一个反向提议来应对，谈判持续了三个月，各方都修改了自己的条件来回应，费用计算细化到三分

之一个百分点。[1] 其间，谢弗里耶又下了一个订单。出版社把货物发运后不久，就给他开了一张见票即付的票据（*billet à présentation*），列出他累计欠下的债务：474 锂 15 苏，可在见到票据后 10 天内给付。

谢弗里耶拒不接受这张票据。他反对的理由是，货还没有到，出版社不应要求付款。如果货包运到奥尔良的弗勒里寡妇（她丈夫刚刚去世，于是她接管了家里的生意）的库房，他自己就要开给她一张期票，期限一年，额外还加 10% 用于弥补运输费和风险金。他警告出版社说，没有它，他做生意也容易，因为它卖给他的书，他也能从 180
布永和荷兰的供应商那里弄到，他和这两地的供应商做过大量生意。"如果我们停止一起做生意，我会感到遗憾，但要是条件于我不利，我宁愿一点生意都不做。"

这些谈判的每项细节都牵涉大额款项，因为谢弗里耶和纳沙泰尔出版社都指望做大规模的生意。对于谢弗里耶的反对意见，出版社抱歉未完成告知义务就把票据开给了他，但仍然坚持不修改条件——这倒不是因为不尊重他，而是因为出版社已经根据"计算这种实证之学"，对拟议的交易的各个方面都认真盘算过。谢弗里耶回答，他也很抱歉，但不会改变他的条件。"你们将失去一家优质客户，我本来是会帮你们卖许多书的，而且付款也不会有问题。"他同时抱怨说，出版社发运的两批货物，他都还没有收到。

原来它们是在路上耽搁了，纳沙泰尔出版社的"承保人"吉永没有能力把它们偷运过克莱尔沃莱拉克附近的边境。于是出版社被迫用骡子沿着通往利摩日的山路运送这两批货，这条路安全，但是迂回曲

[1]　关于交换的详细叙述，见网站 robertdarnton.org 上关于谢弗里耶的论文及附随的信函，文中说明了牵涉 18 世纪生意交易的计算和谈判的情况。

折。从纳沙泰尔出发后，分别花了 11 个月和 9 个月，直到 1773 年 12 月，它们才运到谢弗里耶手中。价值 626 锂 19 苏 9 德尼的货物，运费就花了 160 锂 15 苏。

谢弗里耶最后以高出书单所列 10% 的价格开出了期票，6 个月后到期，他还提议，如果出版社能免除运费和风险金把货物运到奥尔良，他就继续照这样付款。这个计划在 1774 年似乎可行，因为法国政府先是降低后来又取消了所有进口图书的关税，这项关税致使书价高得离谱。由于不再和税务检查官打交道，出版社现在就可以经由里昂运输货物，利用它自己的货运代理商来避免货物被里昂书商行会没收。他们与谢弗里耶的生意恢复了，并延续了 18 个月，尽管他始终在抱怨延误，还抱怨毁损——出版社仓库的工人若没有把货包包紧，折帖有时就会和绳索摩擦而被扯烂。

更严重的问题发生在 1775 年年中。谢弗里耶发现，在 45 公里外
181 的卢丹有一家经销商叫让－弗朗索瓦·马勒布，正在以比他低的价格销售纳沙泰尔出版社的图书。马勒布无权从事图书贸易，因为他既没有加入书商行会，又没有购得营业执照。但是他却能从纳沙泰尔订购大量书籍，以低价来进行现金交易，主要是卖给小贩，由他们在整个普瓦图大区和卢瓦尔河谷地区沿街兜售。谢弗里耶和拉罗谢尔的帕维、奥尔良的库雷·德维尔纳夫以及该地区的其他主要书商一样，对这种行业外的人参与竞争愤愤不平。“马勒布先生如果是一位书商，我不会这么生气。但是你们必须承认，一个对图书贸易一窍不通的人，能在普瓦捷到处宣称，任何渴望阅读的个人都可以依靠他以每张折帖 1 苏的价格获得图书，这是说不过去的。”1778 年 10 月，谢弗里耶和法瓦尔热谈生意时，他的气还没有消。尽管他向法瓦尔热下了订单，但是出版社仍然觉得他提出的条件——免运费和风险金运到奥尔

良——不可接受。到1778年底，他们就停止了和他的生意往来。

尽管有这些困难，谢弗里耶订购的书籍也足以让我们来评估他的交易模式。如他在几封信中提到的，纳沙泰尔出版社提供的图书，他也能从其他出版商兼批发商那里弄到，如布永出版社，他经常跟它做生意。他的信证实了法瓦尔热在里昂和阿维尼翁与书商们商讨时得知的情况：出版商之间进行广泛交换，就意味着可以从不同的供应商处弄到相同的图书。谢弗里耶向纳沙泰尔出版社下的订单没有什么特别之处；但由于他是普瓦图两家最重要的书商之一，因此根据他的订单得出的统计数据，可以看出在大革命前的一段时期，该省各地的图书需求情况。

像拉罗谢尔的帕维一样，谢弗里耶也要迎合当地胡格诺派教徒的需要。他卖了许多新教版本的《圣经》和《诗篇》。梅西耶的《2440年》在他订购最多的书籍的清单上排第二位，紧随其后的是卢梭的著作。谢弗里耶也订购了大量伏尔泰、雷纳尔和几位霍尔巴赫小圈子的作家的著作，尽管数量都不多。启蒙文学肯定在他的贸易中占有很大比例。历史书籍也很重要，因为他订购了保罗－弗朗索瓦·韦利的《从君主制建立到路易十四统治时期的法国史》、雅克·泰勒（Jacques Tailhe）的《罗林先生的简明古代史》和威廉·罗伯逊的《美洲史》。谢 182
弗里耶用一些宣扬色情的"哲学书籍"——如《缝补女马尔戈》——给他的订单添加调味料。但是他对消遣小说兴趣不大，尽管他也订购过里科博尼夫人的言情小说。总的说来，他喜欢经过检验已被证明是优秀的著作，如莫里哀的戏剧和雅克－克里斯托夫·瓦尔蒙 德博马尔（Jacques-Christophe Valmont de Bomare）的《博物志通用推理词典》（*Dictionnaire raisonné universel d'histoire naturelle*）。

从谢弗里耶的成功可知，他是熟谙图书市场的。他的书店地处普瓦捷主要大街——总督路（*rue de l'intendance*）上，让整个城市及大部分周边地区都能接触到当时流行的书籍。从图卢兹到普瓦捷，法瓦尔热一路上遇到的主要书商可以说都是如此。他们需要最新出版的图书和像历史与旅行这些领域的正规书籍，以及相当一部分“哲学书籍”。法瓦尔热的法国之行已经走过了一半，他发现他所遇到的市场都有很强的同质性。书商们不仅要的图书种类一样，也都能从几家经营范围基本相同的出版商兼批发商那里弄到这些图书。然而，在法瓦尔热旅行的下一站，他见到了图书生意完全不同的方面：由无名的小经销商们进行的远离正规贸易渠道的图书销售。

第十章

卢　丹

沿街兜售与毛细管分销体系

枫丹白露附近的独特路景

让－雅克·德布瓦西厄绘，《里昂路上枫丹白露森林的入口》（*Entrance to the Forest of Fontainebleau on the Road of Lyon*）。哈佛艺术博物馆/福格博物馆，伊丽莎白·R. 西蒙斯小姐的赠品，M554。哈佛大学影像部版权所有

法瓦尔热从普瓦捷到卢丹一路很轻松，40公里的路程，不到一天就到了。他对新买的这匹马很满意，跑起来比以前那匹快得多。但是，乍看上去，卢丹几乎不值得逗留半天。它不具备拥有一个图书市场所需的条件，或者说，甚至任何其他商品的市场都不配拥有。当地的人口数量在低水平上徘徊，只有大约4000人。经济依赖当地的农业，辅以羊毛产品和皮货。它没有重要的教育和行政管理机构——只有一个总督的无薪特派员的办公处、一个小法庭，以及一所小学院。它和商路没有什么重要的连接，只有几条小路通向东北面的图尔和东南面的普瓦捷。而且它没有一家书商或印刷商。

然而，在1770到1786年间，卢丹却成为联结瑞士出版商兼批发商和法国零售摊贩或集市商贩之间广泛生意网络的枢纽，这些商贩就在整个卢瓦尔河谷地区和周边各省兜售图书。它的偏僻实际上成了发展这种贸易的优势，因为法国政府不想劳心费神对这么一个小镇的图书贸易进行监管。因此卢丹成了研究图书贸易毛细管分销体系的理想地点。

处在这个网络核心的企业主是让-弗朗索瓦·马勒布（Jean-François Malherbe）。他没有权利经销图书，因为他和书商行会没有关系，也没有营业执照。他的公开身份是货运代理商，可以经营各种货物。在 1779 年的贸易年鉴上，他被列为装货人，业务主要是农产品发货，也发运“各种书籍”，佣金为 2%。[1] 因此严格说来，他是公开以图书贸易为副业的，尽管他只是以货运调度员而不是书商的身份在年鉴上闪现过。 184

马勒布的卷宗里留存的最早几封信中，有一些零散的参考资料表明他是个胡格诺派教徒，在瑞士有亲戚，创办纳沙泰尔出版社的四位合伙人他都认识。他很可能在纳沙泰尔上过学（当时奥斯特瓦尔德、贝特朗和贝图正在那里办学），其间在萨米埃尔·福什家搭伙。他 1770 年 3 月 10 日写给福什的第一封信有许多私密内容，表明他和整个福什家族关系很密切。除了问候孩子们和共同的朋友之外，他委托福什把他旅居纳沙泰尔时遗落在那儿的怀表卖掉。当时马勒布就已经在尝试做货运代理生意了，但是做得不顺利，手头非常紧。其实这封信就是从圣梅克桑一处秘密地址写出的，1767 年他破产了，怕因债务坐牢所以正在那儿藏身。

正当他的律师试图与他的债主谈判庭外和解之时，马勒布与他在加的斯的一个朋友开始小打小闹地做某种生意。倘若福什能帮他弄到一笔重要的资产，或许他还会和瑞士的朋友做生意：“帮我找一个带两到三万嫁妆的女朋友吧。我希望有更大的资本，但我父亲在世期间我不可能拿到多于一万到一万二的钱。这老头太喜欢享乐了。”他父亲是个冷酷无情的人——他补充说，所以不能指望家里借钱给他，帮他恢复破产的生意。最可行的计划是把他散落在各处的资产归集到

[1] 《法国、欧洲和世界其他地方的商人、批发商、船东及制造商通用年鉴》，巴黎：l'Auteur，1779，第 4 卷，第 174 页。

一起——无疑不能让债主知道——并再次开始收进出口商品的销售佣金。图书在他所考虑的商品中占有突出地位。“你们的《新约》和《诗篇》在我们普瓦图的农民中间很受欢迎。”1772年底，普瓦捷的一家法院终于结束了一场跟他的破产相关的讼案，让他恢复了在卢丹的生意。

之前不稳定的财务状况使马勒布看上去不像是个有前途的客户。但是，他在一封接一封的信中提到各种听上去对发展贸易有助益的行动，从而博得了纳沙泰尔的关系人的好感。例如他宣布要去参加胡格诺教派在“沙漠”中举行的室外讲道仪式，并在那里把宗教书籍推销
185 给牧师和他们的教众。他提议为纳沙泰尔出版社征集《赫尔维西亚月刊》的订户。他认识普瓦捷、索米尔（Saumur）、图尔、昂热和南特的书商，他试图拉他们做纳沙泰尔出版社的客户。他也和一些个体企业主有联系，如布卢瓦的一位名叫莱尔的小学校长、拉罗谢尔的一位商人德博尔德（Desbordes），以及罗阿讷的一位货运代理商布瓦塞朗，他们都非常想做图书投机生意。为了揽到订单，他在他的客户中散发纳沙泰尔出版社的书目，并在全卢瓦尔河谷地区出版的商业小报中，夹带该出版社的图书广告。马勒布明白，他的出路就在图书贸易。其实，他在破产前就曾经为萨米埃尔·福什和加布里埃尔·克拉默推销过图书。

但是，马勒布的主业是为各类商品的供应商转运货物，为他们安排销售并收取货款，以及推销地方产品，而销售图书只是副业，偶尔做做。他很想向瑞士客户供应“胡桃油、亚麻、大麻……我们的芫荽籽、茴芹、茴香、南瓜、鹅毛、鸭、家禽，我们的羊皮、羊皮纸、粗革等等”。他所有的信都冗长啰嗦，但都能给人同一个印象：他样样生意都做一点，而且乐意做任何生意。他赚取生计既靠他灵活的头

脑，也靠经由通信网络广泛收集的信息。

由于马勒布有货运代理商的经验，他能向纳沙泰尔出版社提供许多有用的信息，既涉及运输货物的最佳路线，也涉及防止货物被没收的最佳方法——无论是在法国边境，还是在王国内部的书商行会，这些路线和方法都很适用。他还发送有关偷运者“保险业务”的报告，并就保险费率向纳沙泰尔出版社提建议。当货运通道的某些路段发生阻塞，或者运费昂贵时，他就发送警告信息。他用这一封封信证明了自己在为纳沙泰尔出版社开辟新图书市场方面的价值。1773 年底，他在索米尔的一家客栈设置了几间库房，还雇了一个工人把从卢瓦尔河沿线各地运到那里的货物辗转颠簸一路转运到罗阿讷港，而从里昂运来的货物也都是在这里卸货的。

用一连串的信证明了他的新生意大有希望之后，马勒布就开始提要求了。他问纳沙泰尔出版社能不能把各类图书发运一些给他，他可以作为存货，一有机会就委托别人把它们卖掉。出版社拒绝了。它像许多出版商兼批发商一样，不做这种委托的投机生意。马勒布不甘罢 186
休，又抛出了一个更具有吸引力的提议。他刚刚计划预售几种新教讲道书籍，出版社可以把货发给他，同时贷给他一小笔钱作为他充当中间人的报酬。1773 年 3 月，他们就价格和运输路线达成协议。但是货物在边境被卡住了，他们只好分开打成两个包，各重 190 磅，用骡子驮运越过中央高原，从利摩日运到里昂。这趟货离开纳沙泰尔后走了 10 个月之久，最终到达卢丹时，价值 250 锂 10 苏的货物运费竟累计高达 118 锂 10 苏——马勒布抱怨说，要是出版社在里昂的货运代理商听他的话沿卢瓦尔河运货，至少可节省 30 锂。

马勒布实际想做的生意的性质，在他 1774 年初的信里已有显示。1 月 7 日，他写道，一个“零售摊贩”（merchant peddler/*colporteur*）

找到他，交给他一长列书单，想要订货。零售摊贩有许多种。[1] 在大城市，他们通常都是在脖子上挂一个陈放商品的托盘沿街叫卖（这就是 *col-porteur* 这个词的由来）。他们做这种买卖必须得到警察允许，而且要佩戴一个铜质徽章证明自己合法——至少原则上是这样。但实际上，他们常常干违法的事，也偷卖禁书。马勒布遇到的那些零售摊贩比皮鞋贩子要高一等，因为他们属于流动商贩一类，被称为集市商贩，他们驾着马车，载着品种丰富的图书，从一个市镇转到另一个市镇，走街串巷兜售，书籍是从瑞士和低地国家等地的出版社和批发商那里进的货。他们在集日期间设摊，为散居农村的顾客服务。他们中许多人来自诺曼底，主要来自库汤斯，那里有整个家族世世代代就靠做零售摊贩维持生计。但是他们常常没有固定住址，无法派人上门催收未支付的汇票。他们因为常常不能支付货款而声名狼藉，所以得不到批发商信任。为了说服供应商给他们供货，他们通常付一部分现金，并留下一张期票，约定在确定的日期和地点结清账目——地点常

[1] 这个课题仍然很少有人涉猎，关于它的研究，可见洛朗斯·方丹（Laurence Fontaine），《旅行与回忆：19 世纪瓦桑的流动商贩》（*Le Voyage et la mémoire: Colporteurs de l'Oisans au XIXe siècle*），里昂：里昂大学出版社，1984；安娜·索维（Anne Sauvy），"'在法国四处奔波的流动书贩'，绰号叫皮斯托尔的诺埃尔·吉尔"（Noel Gille dit la Pistole 'marchand forain libraire roulant par la France'），《法国图书馆简报》（*Bulletin des bibliothèques de France*），1967 年 5 月，第 177—190 页；让-多米尼克·梅洛（Jean-Dominique Mellot），"18 世纪末的鲁昂和'流动书贩'：拉弗夫·马许埃尔及其客户"（Rouen et les 'libraires forains' à la fin du XVIIIe siècle: La Veuve Machuel et ses correspondants [1768–1773]），《国立文献学院书库》（*Bibliothèque de l'Ecole des chartes*），147(1989)，第 503—538 页；和让-多米尼克·梅洛，"香槟地区的书商：18 世纪末诺曼底的流动书贩"（Libraires en Champagne: Les forains normands du livre à la fin du XVIIIe siècle），见《旅行书贩（1450—1830）：1997 年 5 月 23 日和 24 日国立高等图书馆学院举办的学术研讨会论文集》（*Le Livre voyageur [1450–1830] : Actes du colloque international tenu à l'ENSSIB du 23 et 24 mai 1997*），巴黎，2000，第 153—175 页。

常是一间客栈，一般认为那儿就是他们的落脚点，但这地址常常人走 187
屋空，成为债主们所说的“空中住址”（*domicile en l'air*）。

马勒布知道，沿街叫卖是一桩有风险的生意，但是那些找他的零售商贩在他看来却是一种可以指望的机会：“如果这个人对路子，他就能帮你们揽到许多生意，因为他是在城市之间做行商生意。”他在寄给纳沙泰尔出版社的信里夹了零售摊贩 J. 布莱索（J. Blaisot）的一封信。布莱索从出版社的书目中选了 19 种书籍，每种要 12 册，但马勒布说服他把订购册数限制在 3 到 4 册，不要让出版社冒大宗交易的风险。布莱索选书类似于正规书商——其中有各类书籍，包括一些历史作品、旅行游记、梅西耶的《2440 年》，以及某一版本的卢梭著作。货物必须在奥尔良交付，运费和风险金由出版社承担，布莱索在奥尔良一家著名的货运代理商皮索和科涅公司（Pisseau et Cagnyé）的仓库取货。为了证明他说的是真话，他建议出版社与奥尔良一个有名望的书商库雷·德维尔纳夫联系，他和此人有大量生意往来。

1774 年 2 月，马勒布写道，库雷和皮索都报告说，他们了解布莱索，这人时不时会买一些书，而且总能按时付款。因此他建议纳沙泰尔出版社同意他的订货。它通过汝拉山的偷运者发运了货物，六周后布莱索在奥尔良安全地取到了货。他支付运费和风险金很爽快，尽管这些费用高达图书批发价的三分之一：价值 91 锂的货物付了 30 锂。四个月后他又来到卢丹，把图书本身的款项付给了马勒布。看上去一切都表明，马勒布为纳沙泰尔出版社开辟了一个新市场。

按照马勒布的评估，这个市场偏爱启蒙运动的书籍：“眼下唯一的潮流，就是那些反映新哲学家们观点的书籍，也只有这些书能畅销。”1774 年，纳沙泰尔出版社感到迎合这个需求并不难，因为那时它已经能让货物顺利通过里昂了。在运输费用的计算上，马勒布主动

提出了一个很专业的建议——实际上是提了一个一般性的模板来指导
出版社的计算。它通常以每张折帖 2 苏的批发价格销售“哲学书籍”
188 （两倍于他们销售盗版合法书籍的价格），10 张折帖就达到 1 锂（20
苏）。10 张折帖的重量略轻于 5 磅（以单位 *poids de marc* 计算）。这样，
一个有 1 英担折帖的货包，包括包装材料在内，大约价值 200 锂。1
英担书籍的货包从纳沙泰尔运到里昂的费用就可以这样计算：

从纳沙泰尔经由日内瓦运至里昂	10 锂
日内瓦和里昂支付给车夫的追加报酬	1 锂
在里昂委托偷运代理商的费用	2 锂
其他各种费用	1 锂
总计	14 锂

价值 200 锂的 1 英担货物要 14 锂费用，即商品价值的 7%。因此出版社应该能以这个批发价的合理百分率，免费而且无风险地把货物一直运到里昂交给客户。马勒布辩称，如果出版社按照这种算法来向它的车夫以及它在日内瓦和里昂的货运代理商布置任务，就可以防止费用任意上涨，而它在法国的客户也就不会抱怨它的服务不好了。

不管人们怎样理解这种算法，这个计算说明了图书贸易职业人员考虑他们生意的思路。如他们所见，地下分销体系在经济上是可行的。它的主要问题是不易协调，以及人员素质参差不齐，尤其是零售商贩不可靠。

正当纳沙泰尔出版社重新打通了经由里昂的路线时，零售商贩中间有传言说，马勒布在供货侧有了突破性进展。他向他们分发了纳沙泰尔出版社的书目，包括手写的禁书书目（他曾经雇了一个抄写员

抄了许多份），而他们也把卢丹纳入他们流动贩售的路线，希望能利用到来自纳沙泰尔的货源。1774 年 3 月，马勒布再次向纳沙泰尔出版社提议，给他提供充足的书籍，让他建立一个“存货库”，以便他把它们分成小包卖给零售商贩，收取现金。每隔六个月马勒布寄给出版社一张销售款项的汇票，其中将扣除他的一小笔服务佣金。他见识过《蓬帕杜夫人回忆录》（*Mémoires de Mme de Pompadour*）、《上帝与人》（*Dieu et les hommes*）和《现代的阿雷蒂诺》（*L'Arétin moderne*）在他所在地区过高的价格，一本要卖到 6 锂。他们即使把价格调低一些也能在这类非法图书上大赚一笔。

纳沙泰尔出版社的董事们当然不会把整个仓库的“哲学书籍”都 189
供应给马勒布。但是他们持续地按订单向他供货，这些订单来得越来越勤，非法书籍在其中占的比例也越来越大。很快，马勒布就从为自己捞钱的目的出发来订货了。他从出版社订货，卖给零售商贩，获取可观的利润。他不像纳沙泰尔的瑞士人，他在卢丹有优势，知道零售商贩们哪些可靠哪些不可靠，对于他信任的商贩，他可以接受期票，对于他不熟识的商贩，则要求以现金预付高额定金。在某些情况下，他像和布莱索做交易一样，把他们的订单直接转给出版社，而这就为我们了解这些零售商贩的生意提供了些许机会。

例如在 1774 年 6 月，马勒布推荐了圣梅克桑的一个叫普朗凯（Planquais）的零售商贩，此人三个月前就拿走了纳沙泰尔出版社的一份手写书目，带回来一份有 59 种书籍的订单，其中大多数都是要两到四册。普朗凯在他的顾客当中摸过底，显然料定他能从出版社订 190
到足够装满半个马车的书籍。他的订单中有几种合法图书，如马蒙泰尔的《道德故事集》（*Contes moraux*）和里科博尼夫人的小说；有卢梭的大量著作，如 2 册《爱弥儿》（*Emile*）、4 册《社会契约论》（*Contrat*

social）以及 2 套十五卷版的文集；另有伏尔泰和狄德罗的一些著作；还有一些粗俗的图书，如 4 册《哲学家泰蕾兹》、4 册《教会的荣光》（*Lauriers ecclésiastiques*，意指教士们的艳遇），以及 3 册《阿拉斯的蜡烛》（世俗色情小说）。他甚至还订购了一册《叫卖圣经的小贩》，这是弗朗索瓦 – 安托万 · 谢弗里耶的一部讽刺作品。普朗凯自己身为零售商贩对这本书是怎么想的我们不得而知，因为他的订单不过是一份从马勒布手中不加评价地选出的书单而已，或许也有普朗凯不会写字的原因。

两个月后，马勒布报告说，来找他的零售商贩越来越多了，他需要更多的“哲学书籍”书目：“零售商贩们非常想搞到这类书。卖这些书比卖别的书赚钱多，因为他们给这种书定价随心所欲，可以按照人们对这类书的需求程度来调整。”到 9 月份，书目寄到，正好布莱索和普朗凯也来取他们新到的货，一道来的还有第三位零售商贩，马勒布没有提到他的名字。这三人都下了大订单，全部是禁书。马勒布转递订单时附带了一个要求，即出版社得付给他 2% 的佣金和一些额外的酬劳，因为他为出版社揽到了客户。

然而出版社并没有酬谢他，而是要他先把出版社的账款收回来，然后才能处理这些新订单。马勒布回答说，那些零售商贩还在卖货的路上，要到 1775 年春天才能转回来，他也只能在那时跟他们结账；而布莱索已经从孔福朗（Confolens）和昂古莱姆（Augoulême）来信打听他的货了。让他失望会很可惜，让普朗凯失望也一样，马勒布补充说——尽管他或许可以从纳沙泰尔出版社的竞争对手萨米埃尔 · 福什那里进货来满足这两位零售商贩。福什是在 1763 年和公司吵了一架后离开的，然后开了一家自己的公司继续做图书买卖，销售了大量“哲学书籍”。这番争辩让纳沙泰尔出版社放弃了它的主张。可是当货物在 1775 年 6 月运到后，马勒布又来信说，他自上个秋季以来就没再见到过布莱索或普朗凯。有传言说他们都破产跑路了。的确，按其他一些零售商贩的说法，普朗凯已经放弃了流动兜售，躲到他的家乡诺曼底的某个地方去了，而布莱索是在朗格多克失踪的。尽管如此， 191
马勒布仍能找到替代人选；他本人的处境现在似乎也改善了，因为他父亲给了他一笔价值 10,000 到 12,000 锂的财产。他可以自行把普朗凯的货物买下来，卖给他新近结识的一些流动商贩。

他新近结识的那些流动商贩中，有一人名叫诺埃尔 · 吉尔（Noël Gille），看上去特别有前途。他常驻蒙塔日，1775 年 8 月在卢丹摆摊卖了一周的货。马勒布很看好他，把一批价值一千锂的图书（大部分是“哲学书籍”）卖给了他。可是如下文所述，一年后诺埃尔 · 吉尔宣布破产。与此同时，纳沙泰尔出版社正在向普朗凯追讨一笔 237 锂的债款，那是他为一次发货寄来的汇票。出版社来圣梅克桑找他，发现他没有家庭住址。而马勒布带来的消息更加糟糕：普朗凯还拖欠拉罗谢尔的帕维 1000 锂债款，帕维试图把他逮起来，但也无法找到他。“人们怀疑他在科尼亚克呈交了他的资产负债表（也就是说，实际上他已宣布破产）……一个在图尔做印刷生意、最近从我这里买了一些图书的商人说他认识这个人，把他说得一无是处。”

布莱索、普朗凯和吉尔属于同一类人，马勒布跟他们做生意定然会吃大亏。问题是他根本无法避免被他们卷进不能自拔的麻烦，那可是一张在市场、乡村集市和路边客栈的各个隐蔽结点彼此相联而成的债务网。他不在大街上的商号里购货，因此始终都是个中间人的角色，在图书贸易的国际商人和国内小贩之间牵线搭桥。“这些零售商贩都是些老赖，你有什么办法？”他哀叹道，“我卖给他们的东西并不多，但还是难免受他们的骗。现在诺埃尔 · 吉尔宣布破产了。他们几乎谁都没有诚信，而那些在固定地点经营的正规书商开价又太高，根本没法跟他们做生意。”

从 1776 年 11 月起，马勒布对那些零售商贩就再没什么好话了，尽管他禁不住总想跟他们做生意，偶尔还会屈服于这种诱惑：“零售商贩分布最广泛，从他们那里能赚到一些钱，只是他们人品太差，没
192 有家，没有住址，其中四分之三都行过骗。”1777 年 1 月，他写信告诉纳沙泰尔出版社，他曾经把他们的一些书卖给“来自莫城市郊的某个凯讷（Quesne），绰号‘英国人’”，而此人已人间蒸发。另一个叫德尼·布亚尔（Denis Bouillard）的零售商贩也是这种情况。到了 10 月份，由于欠钱不还的债务人名单已经长得吓人，马勒布不得不雇请一位法警到诺曼底的库汤斯教区（许多零售商贩都是在那儿出生的）去抓他们，尽管他并不指望发现这些“居无定所的人”已经在他们的家乡定居。似乎一点儿办法都没有，除非再次下决心撇开他们自己干，或者至少要他们订购货物时必须付现金。

马勒布虽然继续做着货运代理商的生意，但也成了书商，生意做得还挺大。他没有办法洗手不干，因为他在卢丹的仓库里积累了庞大的存货。所以当生意中的零售部分垮掉时，他就要试着另找销路。1777 年春天，他的目光转向了“一个比零售商贩安全得多的新市场”——刚刚建国一年的美国市场。“如果这个国家真的像形势所预示的那样成功独立了，那我们就将获得一个繁荣的贸易分市场。”随着美国人的前途越来越光明，他的想象力也被激发了起来：“我们乐意让美国商船进入我们的港口，并把我们的货物直接发往波士顿和其他目的地，我们的贸易将由此繁荣起来，而英国人就只能眼巴巴地看着。瓦然通（Waginsthon［编按：原文如此，指乔治·华盛顿］）将军似乎已经占了豪氏三兄弟（Howe brothers，即 George Howe，Richard

Howe 和 William Howe）和康华里（Charles Cornwallis）将军的上风。如果真是如此，美国人就将赢得这场战役，英国人则会被击溃……这场战争预示着政治事务中的一场前途有望的革命。”

然而“瓦然通”和世界政治并没有直接解决卢丹的图书贸易问题。在南特港停驻的船长们常常会载上少量货物在其他停靠港卖掉，做点私人投机生意。马勒布就用这种方法，借助一位朋友的影响力销掉了价值 1200 锂的图书。然后他憧憬着自己一边扩大从卢瓦尔河到沿海的贸易，一边等待新世界的开放；因为说实话，免费携带少量货物倒卖的船员比零售商贩要好些。“如果这种销路能产生更多的顾客，它就比牵涉零售商贩的任何事情都更可靠，那些零售商贩无家无业，而且通常都是骗子。”

可这些前景到头来还是镜花水月。马勒布被困在一个极小的零售 193
生意圈子里，需求大，但是现金少或信用低。正规书商不愿和他打任何交道。他们在和纳沙泰尔出版社的通信中抗议，因为马勒布将它的图书降价销售，截走了他们的生意。

法瓦尔热 1778 年到访这个地区时，他从许多大书商那里都听到了这种情况：拉罗谢尔的帕维、尼奥尔的埃利和普瓦捷的谢弗里耶都这么说。在奥尔良，库雷 · 德维尔纳夫告诫纳沙泰尔出版社必须放弃马勒布。像他这样无照经营本身就是非法的，何况他还专营非法书籍，这是会招灾惹祸的：“因为这类人销售许多反宗教、反道德、反政府的书籍，他们难免被人揭发，最终破产。”

然而马勒布从来没有被逮住。而且，法瓦尔热在卢丹和他详细商议后，还发了一份有利于他的报告：“收集了有关此人目前状况的情报后，我确信对他没有什么好担心的。他的行为举止得体而积极；他父亲去世给他留下一大笔财产，尽管他母亲每年养老要花 1200 锂；

而且总的来讲，他销售商品头脑很灵活。在我看来，他非常机灵。”但是一个月前，纳沙泰尔出版社收到过老巴蒂略（Batilliot L'aîné）的一封信。老巴蒂略是巴黎一位专管图书贸易事务的银行家和收账人，他警告说：“就我所知，马勒布一文不值，你们要小心提防才是。”[1]

马勒布的“实力”到底有多强？散见于他信中的信息表明，他出身于一个受过良好教育而且相当富裕的家庭，在卢丹附近拥有农用地，并且与南特的跨大西洋贸易有联系。在1777年6月28日的来信中，他要求纳沙泰尔出版社给予他信任，他说他父母已经同意他以11,500锂的价格出售他们所拥有的一幢房屋，以资助他的生意。他还拥有两块分成制租田，曾试图把它们卖掉来筹集资金。这个尝试没有成功，他写道，因为在美洲战争期间，海外贸易衰退，致使本地区经济遭到严重破坏，土地价格降到了不可接受的水平。他自己投资了咖啡和蔗糖贸易，他解释说，但是在太子港、开普敦和加的斯的债款无
194 法收回来。由于无法筹措现金，他试图把咖啡运给纳沙泰尔出版社来偿还自己的一些债务。但出版社拒绝销掉他欠的巨额债款，因为发现他的咖啡没法喝。他设想的生意一个接一个都没能做好，结果马勒布只能越来越依赖父母。他在1778年他父亲去世前写的信中解释道：“奥斯特瓦尔德先生清楚地知道，我不富裕，我最好的一些生意设想仍在受父母的制约。”

在法瓦尔热1778年10月末到访之后，马勒布的生意起起落落的情况可以从他的来信中详察。这些信冗长啰嗦，书写也难看，不堪卒读。实际上出版社曾告诫过他，要恪守他们就每份订单达成的条件，“不要用冗长而晦涩的语句来烦我们”。不过，语言啰嗦倒也增加了马

[1] “老巴蒂略致纳沙泰尔出版社”，1781年2月18日。

勒布来信的价值，因为从这些信中可以看出，一个身处行业边缘的小经销商是如何经历图书生意中的各种偶然事件的；而且，由于马勒布个人与纳沙泰尔出版社的董事们都熟识，因此他谈起自己的处境都很随便实在，不像那些正规书商。

马勒布按时付款了四年，到 1777 年就不行了。这一年他的亏空已高达 1494 锂。1777 年 6 月，纳沙泰尔出版社警告他，它不能再向他发货了，等收到他的货款再说，因为它授予他的“信用”只能到此为止。马勒布回信说没事儿，等他父亲去世后他就会得到一大笔遗产——好像这事马上就要发生似的。而这件令他开心的事就在 1778 年 4 月 21 日发生了。[1] 马勒布终于能够兑现一张未付的期票，并满怀希望地谈到他重振生意的前景，因为他继承了父亲的遗产，还有了让货物瞒过监管当局的新办法。

1779 年初，在法瓦尔热到访几个月后，马勒布同意按六五折的价格订购纳沙泰尔出版社大部分“哲学书籍”的存货。这些货分成七个大货包于 5 月发出，9 月份安全运达。账单高达 3356 锂，对当时的图书贸易来说算是巨款了。马勒布承诺在不到三年的时间内用期票分期偿还债务。可是当第一张 848 锂的期票在 1780 年 3 月到期时，他在巴黎的钱庄老板却拒绝承兑。

随后的六年里，马勒布的大多数来信都试图避谈、拖延或要求减
免他的债务。他有一连串数不清的理由：北美的战事全面破坏了商业 195
贸易；缺乏硬币和汇票谈判艰难；运费上涨，尤其是在 1777 年法令颁布以后；还有，自己的销量下降了，而且卖出去的货款也难以收回。

---

[1] 1987 年 1 月 16 日，在寄自卢丹市政厅的一封信中，当地身份登记处的登记员慷慨地提供了资料。

当然，纳沙泰尔出版社也遇到了同样的问题，而随着自身财务压力的增大，它对马勒布陷于困境的同情心也少了。1780 年 5 月，它拒绝让他重新制订一些款项的偿还计划。11 月，他在巴黎的钱庄老板拒绝兑付另一张期票，这次是 408 锂。马勒布声称这笔钱他要用莫城书商普律多姆（Prudlhomme）为他存入的资金来偿还——普律多姆是许多欠他钱不还的书商中的一位，这些欠款总计将近 1500 锂。雪上加霜的是，他也不能卖掉他继承的土地来筹钱，因为地价急剧下跌，而就算按便宜的价格出手，想买的人也弄不到足够的现金来买农用地产。

1780 年 12 月，出版社警告马勒布，他们已经放手让巴蒂略采取一切必要的措施来逼他还款，包括法律诉讼。巴蒂略是贸易界公认的恶犬，从欠债书商那里榨取资金的手段非常残酷。他的服务收费很高，这就又增添了马勒布账上日益增加的赤字，此外还有拒付期票的高额费用——拒付期票是一种法律手续，当债权人手持一张汇票在到期日要求支付时，债务人或其代理人（通常是一个钱庄老板，债务人可能把钱存放在他那里）拒绝承兑，就要履行这种手续。1781 年 2 月，出版社通知马勒布，马上有一笔 1318 锂的期票到期，他最好把它付掉。

1781 年 3 月 3 日，马勒布给债主们发了一封通知信，宣布他正面临破产，必须中止所有支付。他把资产负债表交与索米尔的一家商号即弗夫 · 布泰、达耶与迪皮公司（Veuve Boutet, Daillé et Dupuis）保管，并且在和通知信一起寄给他的主要债主的私人信件中，恳求最好是通过友好协商来解决他的案子。根据通知信所言，他的债务高达 58,000 锂，至少原则上可以用 73,002 锂的资产来抵偿。这些资产包括 36,000 锂的不动产（三块分成制租田、一座葡萄园，以及在卢丹的一幢房屋）和价值 400 锂的家具——“在我居住的房子里，因为我没有自己的房屋和家庭，我和我妈一起吃饭，这可以消除大家对我可能因过日子大手大脚而导致破产的担心”。其他财产包括别人欠马勒布 196 的债务，但是其中许多是“可疑的”，而且他已经减免的更多——有25,785锂“被当作未偿债务减免，有些是无力偿还的人欠的”。资产负债表包含他作为货运代理商的所有交易，不只是他作为书商的经营活动。他估计仍然可以收回的债款在800到1000锂之间。但是他在一封专门写给纳沙泰尔出版社的信中请求宽恕，他对在不久的将来偿还债务不抱希望。“我再也不知道能相信谁了，我碰到这样的书商真倒霉。这些正规的书商付钱都难，或者根本就不付。零售商贩干脆就从我这儿偷。他们搞走了10,000锂。”土地价格下跌又使他无法卖掉农用地。他能够减少拖欠纳沙泰尔出版社的债务的唯一办法，是和在南特的朋友协商，给出版社发运一些咖啡——或者卢丹附近出产的土特产，如胡桃油、蜡和蜂蜜。按他在通知信中说明的，他提议按年分期偿还，从1782年到1784年，每年偿还总额的三分之一。其间他会继续做生意，尽可能地迫使他自己的债务人还款。“这是防止我破产，使你们避免损失的唯一办法，尽管近十年来我都在为此努力不懈地工作。”

1781年5月8日，纳沙泰尔出版社答复说，他们已经调查过他的境况，并且搜集了足够的信息，觉得要求他立刻还清债务是有道理的。不过它同意，如果他偿还了几个月前他拖欠未承兑的第一张价值1318锂的汇票，他们才会考虑延期。马勒布答复说，他做不到。他弄不到现金。他欠福什的钱比欠纳沙泰尔出版社的还多，但福什好说话。如果纳沙泰尔出版社要诉诸法律，就会搞垮他，它也就收不到多少债款了。他是诚实正直的人，是生意环境不好让他深受其害。他会日以继夜地工作来还清一切债务，直到最后一个子儿。他会一如既往，继续戒除任何嗜好。“我勤奋地工作，不花钱买任何奢侈品，我没有结婚，一日三餐都是我妈供应的……我的自由，我的生意，都是拜我的朋友所赐。我所想要的一切就是为他们工作。”

6月，巴蒂略派了一名法警敲开了马勒布的门，要求他支付新开
197 的1318锂的汇票，并另加一些费用。马勒布不能支付。他对纳沙泰尔出版社的解释只是他弄不到现金。“一个人满怀善意却遭此苦难折磨，这太残酷了。”两周后，他在一封信中发出悲叹，听起来他真的是绝望了。巴蒂略没收了马勒布仓库里三个纳沙泰尔出版社的图书货包，都没有拆开。它们估价1559锂。巴蒂略威胁说，他要拍卖它们，不管价格如何。“这些价值1559锂10苏的货，在卢丹卖不到300锂，而且你们也非常清楚这些货物的性质如何，它们是不能摆在大庭广众之下的。我将要承担法律费用，给我造成更严重的后果……很可能会引来警察介入，没收我的书，搜查我的家——你们准备让我承担多大的痛苦啊？”

很难知道奥斯特瓦尔德和出版社的其他董事们读到这个恳求时有何感想。由于多年来收到了马勒布许多这种极其令人烦恼的信，他们也许已经不再相信他了。毕竟，他也可能是在诈骗。别的书商写的信看起来也很绝望；然后在面临破产时，他们有时（如马赛的卡尔德塞格）就试图在债主之间挑拨离间，为了换得优惠条件会秘密支付其中几位的债款，而把其余债主的债款支付推迟。巴蒂略的威胁可能是一种吓唬人的方法。但是，马勒布关于公开拍卖图书会产生负作用的理由是不可否认的。因此，最终纳沙泰尔出版社警告他，不容许他在费用上和在给予的三年延期期限里，向任何别的债主（大概指福什）提供优惠。1781年7月，马勒布回信说，他如释重负，也感激不尽，并且寄了四份新的还债汇票，三年期限，利息3%。

即使这样，他还在继续讨价还价。纳沙泰尔出版社拒绝接受他的

这些汇票，坚持要三份数额大一些的期票，利息5%，分别在1782年、1783年和1784年到期。马勒布同意寄这些新汇票，但到期日要延长一年至1785年。1782年10月，他未能清偿与另一次交易有关的价值290锂的期票，并回避了出版社的质疑，寄出了一份替代的期票，又把日期往后推了推。随着三份大额期票的到期日渐渐临近，情况也在继续恶化。到1783年，巴蒂略也破产了，同时纳沙泰尔出版社自己的付款也遇到了麻烦，主要是因为它遇到了跟压垮马勒布一样的难题，而且程度更严重：书商们陷入了困境，无钱偿还出版社的债务。

1783年4月，当三份期票中的第一份到期时，马勒布又未能承 198
兑，他再一次寄出一份替代的期票，推迟了到期日。1784年5月，他没能支付第二份期票。这次，为抵御出版社的威胁，他试图让远在佛兰德斯（Flanders）的一个叫卡博舍（Caboche）的巴约勒（Bailleul）人来兑付一张500锂的票据。卡博舍拒绝承兑，然后就躲了起来——有传言说，他躲在瑞典的哥德堡（Gothenburg），但马勒布听说他很可能已经回到巴约勒，接受他刚刚去世的母亲和一个叔叔的遗产。马勒布的第三份期票在1785年也未能兑现，而这时他已不再佯称他还有未还清旧债的客户了。

然而他还在做图书生意。不再能够从纳沙泰尔出版社进货，他就改从布鲁塞尔和阿维尼翁进货。他也许在亲自兜售，因为在写给纳沙泰尔出版社的最后几封信里，他提到过去普瓦图和圣通日（Saintonge）卖货。他的最后几封信还是在抱怨同样的事情：债务未还清，搞不到现金，土地价格低。尽管出版社继续威胁要打官司，但其实没有什么招数来强迫他支付。他们很难说服法国的法院把本该被法国监管当局没收的图书的货款判给他们。“我们已厌烦这些讨人嫌的通信了”，1785年7月，出版社写道。这时马勒布仍然未能偿付那份以卡博舍名义开出的500锂的替代期票。为了表示他讲诚信，他发运了一些更劣质的咖啡和一些次等纺织品来抵债，出版社说会把它们卖掉，不管能卖得多少钱。他从来不设法拿出现金，却又从来不停止表白他是正直诚实的人："我不怕别人说我。我和我妈住在一起，生活俭朴。我爸死后，我妈就让我和她在一起吃。我没有家庭开支，我就是个单身汉。我的生活开支极少。我只在生意必需时才花钱——邮资和一些差旅费。"

1787年1月，马勒布去世了。纳沙泰尔出版社试图从他的遗产中弄一些补偿，但是它的代理人，普瓦捷的一位商人报告说希望不大，[1] 而且卢丹的一位客户也证实，马勒布的资产被一座债山埋掉了。三位律师花了23天整理他的文件和财物。他的图书存货处理得到
199 5,202锂，显然总督的特派员对这些图书没有提出异议。他的家具和其他财产可能卖得20,000锂，卢丹的这位客户报告说，但是这些都被60,000锂的债务冲掉了。[2] 纳沙泰尔出版社最终把马勒布从"不良债务人"的账上划掉了，损失了1,368锂15苏3德尼。

马勒布的订单反映了在毛细管分销体系中流通的书籍的种类，而从伴随这些订单的说明可以看出他是如何评估市场对这类图书的需求的。他似乎非常了解市场，而且在巴黎有为他提供消息的人，其中一个名叫雅克－亨利·梅斯泰（Jacques-Henri Meister）的亲戚，是狄德罗的一个朋友和合作者。纳沙泰尔出版社在和马勒布发生争吵之前，甚至还寻求过他的建议，应该盗印什么书籍。他推荐哲学家的著作和色情文学："有传闻说，孔多塞先生有一部论著。还有一套黄色戏

[1] "洛朗斯致纳沙泰尔出版社"，1787年3月18日和1787年6月17日。

[2] "吕卡致纳沙泰尔出版社"，1787年7月26日。

剧集，两卷本的，八开版，比我从你们那里进的好得多。《神妙圣事图，或揭开面纱的基督教》（*Tableaux des saints mystères ou Christianisme dévoilé*）正备受追捧。”

尽管马勒布在早期的信中曾暗示他要重点关注新教书籍，但是到1775年，他就变了调子，指出伏尔泰的新著“肯定有大量需求”，而有关信仰的书已经过剩，“宗教热情已大大冷却了”。他的许多信件都指出，读者对抨击路易十五及其大臣的政治毁谤书籍需求强烈。1775年11月4日，马勒布写道，《法国掌玺大臣莫普先生对法国君主制组织进行改革的历史记录》的新版本一定畅销。他的顾客常常要类似的书籍，这类书籍把政治抗议和毁谤性报道结合在一起，尤其是像《莫普文献汇编，或掌玺大臣莫普与其心腹索尔韦之间秘密和私密的通信》以及《身披甲胄的报人，或法国宫廷的丑闻轶事》这样的书。

除了对个别书籍的需求进行评估之外，马勒布对何为最流行的图书也有敏锐的意识。1776年12月，他要订购“一些最近八到十年间写作的有关政治经济学的优秀书籍”。1779年11月，他指出对哲学家们著作的需求一直居高不下，同时还诡异地伴随着对巫术书籍的需求，“你们有没有《自然政治论，或论政府的真正原则》（*Politique naturelle, ou discours sur les vrais principes du gouvernement*，霍尔巴赫小圈子的一部匿名论著），弗雷烈、布朗热、爱尔维修和沙夫茨伯里（Shaftesbury）（荷兰版）的著作，以及《用称呼和咒语在几个城市和村庄验证过的小阿尔伯特的真实奥秘》（*Véritable secret du Petit Albert éprouvé dans plusieurs villes et villages avec appellation et conjuration*）、《红龙》（*Le Dragon* 200
rouge）、《大魔法书》（*Grand grimoire*）、《阿格里帕》（*Agrippa*）、《手册》（*Enchéridion*）？后面的书很荒唐，但很受欢迎。”到1781年底，当马勒布开始陷入严重的财务困境时，他发现伏尔泰的著作销量有所

下降，并发现他1779年从纳沙泰尔出版社订购的大量粗劣的“哲学书籍”很难卖掉：“这类图书不再流行了。”唯一让他感到欣慰的是，黄色书籍还有人要：“写风流事的书仍然畅销。”

尽管马勒布对图书市场需求的评论与正规书商的评论没有太大差别，但他们在禁书上的侧重点则明显不同——因为他是零售商贩们的中介，所以他侧重的就是他们喜欢的那类图书。根据他在纳沙泰尔出版社的订单作出的统计十分详尽，因为直到1785年，正如马勒布在信中所强调的，他的所有书籍都是从纳沙泰尔出版社及其以前的合作伙伴萨米埃尔·福什那里进的。（要更准确地反映马勒布的生意，统计数据只包含了他自己的订单，不包含他转递的零售商贩布莱索、普朗凯和吉尔向出版社下的订单；也不包括他在1779年2月下的大订单，那是出版社为了清仓而做的一次大甩卖，反映不了当时的市场需求。）

马勒布最常订购的书籍中，除了新教版的《圣经》《诗篇》和礼拜仪式用书外，最“畅销”的就是针对路易十五统治后期最著名人物的政治毁谤书籍。由此往后依次是：唯物主义哲学书籍，如霍尔巴赫的《自然的体系》、爱尔维修的《论人》（*De L'homme*）；一些反教权的小说，如伏尔泰的《奥尔良少女，壮烈而滑稽的诗，诗歌十八首》（*La Pucelle d'Orléans, poéme héroï-comique, en dix-huit chants*）、亨利－约瑟夫·迪洛朗的《马太兄弟，或人类精神的大杂烩》（*Le Comfère Mathieu, ou les bigarrures de l'esprit humain*）；一些色情诗集，如《喜剧与一些色情诗歌集》（*Recueil de comédies et quelques chansons gaillardes*），一部匿名诗集；以及尼古拉－埃德默·雷蒂夫·德拉布雷托讷的色情小说《堕落的农民，或城市的危险》（*Le Paysan perverti, ou les dangers de la ville*）。

马勒布热衷于卖打着“哲学书籍”幌子的各类非法图书，但这掩盖不了他也订购了许多完全合法的书籍的事实，尽管那些合法书

籍都是盗版书。在消遣小说中，他喜欢克洛德－约瑟夫·多拉的轻松 201
戏剧和诗歌，以及萨洛蒙·热斯内（Salomon Gessner）被译成法文的令人伤感的田园诗。他订购了总计 127 套克洛德－弗朗索瓦·格扎维埃·米约的《古代和现代通史纲要》，这是一部十五卷的西方史纵览，而且他是重复订购的，1775 到 1785 年间共订购了 8 次。这种重复订购尤能说明问题，显示出市场对这种书籍一直有需求。马勒布订购了保罗－弗朗索瓦·韦利的二十卷本《从君主制建立到路易十四统治时期的法国史》5 次，订购了雅克－克里斯托夫·瓦尔蒙·德博马尔的十二卷本《博物志的推理与通用词典》8 次，还 4 次订购了六卷本的孟德斯鸠的著作。

从马勒布订购书籍的总体模式可知，他和他的零售商贩所服务的读者，既需要内容实在的严肃书籍，也需要各类刺激性的毁谤书籍和反宗教书籍，这种模式还表明，激进书籍已经渗入图书贸易的最细微的渠道。

因为马勒布与零售商贩打的交道极为广泛，所以他的卷宗可以作为我们研究当时图书零售状况的切入点，而图书零售乃是旧制度下图书贸易中最隐蔽、最不为人所知的部分。零售商贩常常在警察的档案中出现，但也只是闪现了一下——至多只有巴士底狱里的一次审问那么长，之后就不见了。如上面所提到的，大多数零售商贩（或称“赶集式的流动商贩”［*marchands forains*］，有时称“*foirins*”，这个词能让人联想到“集市”［*foire*］，他们就在这种地方卖书）都是驾着马车走乡串户，时而走大路，时而拐进偏远的小道。他们在 18 世纪法国的“流动人口”中是瞬间兴起的一部分，因此，如果他们中的某一位在几个资料来源中都出现过，那他的行踪就值得追寻了。我在资料中最常见到的，是在卢丹从马勒布那里进过一些货的流动商贩诺埃尔·吉尔，诨名是“皮斯托尔”（*La Pistole*，皮斯托尔是一种外国硬币，或者表示一笔价值 10 锂的钱款，但也可以表示一种监狱，那里的囚犯额外花点钱就可以改善自己的监禁条件）。

吉尔最早出现在警察档案中。[1] 1774 年 7 月 23 日，巴黎负责监督图书贸易的老检查官约瑟夫·戴梅里发现吉尔在蒙塔日的玛德琳教堂后面摆摊售书，蒙塔日是外省的一个小型中心城镇，在奥尔良
202 以东约 70 公里。戴梅里受命调查蒙塔日玛德琳集市上的可疑经营活动，很快就抓住了吉尔。他检查了书摊上陈列的八九百本书，从中找到了几种禁书，然后就召集当地的四个警察，把他的图书没收了，并把他押回住所——位于皮德朗康街的岳父家。在彻底搜查了屋里所有的柜子后，戴梅里又找到一些书，除了一本狄德罗的《不谨慎的小宝贝》（*Bijoux indiscrets*）之外都没有什么意思。他登上二楼，这里是吉尔和他妻子占据的一间俯瞰大街的小卧室，他妻子也从事图书生意。戴梅里命令他俩把衣袋掏空，搜集了几封信和收据。然后他要求查看他们的账本和信函。据戴梅里后来审讯的报告，吉尔回答说“他不会写字，是他妻子和以补鞋为业的小舅子帮他写的……他没有纸，连笔或写字台都没有。”戴梅里指出，这听起来可疑，但他确实看到吉尔在审讯笔录末尾签名时有困难，而且字也写得很笨拙。之后他把吉尔送到当地拘留所，自己回客栈吃饭、睡觉，完成了这一天卓有成效的工作。

戴梅里研究了被没收的文件，于次日早上 9 点来到拘留所，要对吉尔进行一次彻底的审讯。审讯过程由书记员详细记录了下来，读起

[1] 法国国家图书馆，法文全宗 22081，ff.357–368。

来和大多数审讯一样：一问一答，以过去时记录，就像是一场猫鼠游戏。戴梅里在提问中想套吉尔的话，让他说出对自己不利的情况，而吉尔在回答时，则力图避免承认犯罪。下面是审讯记录大致内容的转述。

> 年龄？30。出生地？诺曼底库汤斯的蒙叙尔旺（Montsurvent），补鞋匠的儿子。住址？岳父家。他岳父也是补鞋匠，但吉尔几乎总是不在家。身为一个零售商贩或流动商贩，他要赶集，跑市场。什么时候开始卖书的？12 岁，沿街叫卖历书和通俗印刷品。六七年后，他效仿他的两个哥哥，开始卖普通图书，两个
> 哥哥都是零售商贩。其中一个在战争中失掉一只胳膊，因此每月 203
> 有一皮斯托尔的抚恤金，弟弟诺埃尔的诨名“皮斯托尔”就是这么继承的。这期间他的住处在哪？没有住处。四处奔波，走到哪就住在哪——诺曼底、法兰西岛、香槟、安茹——驾着马车拉着货。有什么权利当书商？“他认为自己就是书商，因为他卖书。”

这个回答是狡辩，吉尔完全明白。一个人要想从事图书生意，必须属于某个书商行会，或者拥有一个正式的营业执照。但是戴梅里没有追究这一点，以便将注意力集中到货源这个关键问题上。吉尔说，他从巴黎进货，也从鲁昂的寡妇马许埃尔那里进货，从不进非法图书。

> 还有其他供应商吗？绝对没有。难道不记得一个叫亚当的人吗？嗯……记得，他曾经是马许埃尔寡妇的一个店员，但吉尔有一年没收到他的信了。撒谎！戴梅里在检查吉尔的信件时，发现了亚当几周前写的信。吉尔心虚地回答，那肯定是在他老婆的口

袋里找到的，因为他一点都不知道。亚当曾经自信地提议给他提供不道德的图书这怎么解释？嗯……吉尔拿到过几本《女子学校》（如今被认为是一本道地的色情图书）。把它们卖给谁了？“路过一个地方就卖给了当地的乡村牧师，也卖给各种各样的人。”

至此，吉尔的防线正在崩溃，而提问也开始击中要害。下面这一段以对话形式呈现，内容仍然紧贴原始文献。

戴梅里：你是不是也和别的书商做生意，但没有把他们的名字告诉我？

吉尔：没有，除了和里昂的比松。

戴梅里：那为什么我在你的文件里发现那么多书商的信呢？譬如，这份书目是哪里来的？

吉尔：大概是里昂的伯努瓦·迪普兰或伯努瓦·庞蒂·布里塞送给我的吧。

戴梅里：不对，肯定是一个关系亲密的人给的，因为上方写着“我的书目要保密。”这个供应商是谁？

吉尔：也许我以前知道，但是我现在想不起来了。

204 戴梅里：你是铁了心认定你没有和别的书商做任何生意？既不买他们的书，也不把书卖给他们？

吉尔：我跟你说过我在巴黎、鲁昂和里昂的关系。除了去过几趟里尔和奥尔良，我只在那个地区做生意。

戴梅里：你撒谎。你的文件证明，你和日内瓦、布永、布尔日、图尔奈、列日，还有其他地方的人做生意。

吉尔：我承认从布永的出版社进过一些历书和《不谨慎的小宝

贝》，至于其他地方，我只跟装订商做生意。

戴梅里：什么？你在布尔日和枫丹白露装订书籍？你本来可以就在你家附近做的，还能节省运费。你还有别的所谓的装订商吗？

吉尔：没有了。

戴梅里：好好想想。譬如在奥尔良？

吉尔：我记得在奥尔良装订过一些《蒙塔日习惯法》（Coutûmes de Montargis）。

戴梅里：你怎么解释这张说明？上面奥尔良的书商勒图尔米要你把装订好的一种书发运给他，这书很可疑，因为他只用几个字母表示书名。

吉尔：那只是《基督教节日的模仿》（*Imitations des journées chrétiennes*）。

戴梅里：那勒图尔米在信里附的单独说明中说要你提供的另一种书是什么？

吉尔：那只是一种算术书和《基督教节日》。

戴梅里：你撒谎。不可能有人会在单独的说明上询问除禁书之外的任何事情。那马努里订购的标注为“三个天”“四个基督”的这些书籍，说解释参见单独的说明，这是些什么书？

吉尔：我不知道。

戴梅里非常清楚这里指的是两种宗教书籍，《天堂向所有人开放》（*Le Ciel ouvert à tous les hommes*）和《耶稣基督批判史》（*Histoire critique de Jésus Christ*），而且如那份文件的上下文所显示的，吉尔也清楚戴梅里分明知道那些是什么书。但是他俩继续这样你来我挡

地打太极，直到戴梅里意识到他无法再从吉尔身上榨取更多情报为
205 止。然后他就结束了审讯，把吉尔押回牢房，并写了一份报告给巴
黎警察总监：

> 诺埃尔·吉尔没有得到任何授权就从事图书买卖，到处流窜，与一些人的关系极其可疑……已故的寡妇马许埃尔和鲁昂的费朗先生从老远的地方向他提供受禁的和危险的书籍。鲁昂还有一个叫亚当的，向他提供各类不良图书，此人似乎也是一个最危险的家伙。诺埃尔·吉尔的信件证明，他和日内瓦、奥尔良和布尔日等地的非常可疑的图书货源有联系。
>
> 我想把盗版书问题撇开不谈，只说违背道德和反对宗教的书籍，这些是他生意的主要部分之一。这里有各种见不得人的勾当，而他好像就在这些活动的中心。我十分肯定，他跟那些冒犯道德和信仰的书籍有牵连。
>
> 我让吉尔在所有文件上签上了他姓名的首字母，并且对他进行了一次本可以更深入的审讯。他对他在奥尔良的朋友的通信讳莫如深，即使是最近才寄来的他也说他忘记了，这解释不通。
>
> 你会发现，先生，我做了一切我能办到的事情。我觉得此人很值得关注。

吉尔坐了两个月的牢。获释后他又立刻驾起马车，继续售卖禁书。一年后，他出现在纳沙泰尔出版社的通信中，最初是由卢丹的马勒布供货的零售商贩，后来就成了出版社的客户，直接从纳沙泰尔订货。就像马勒布告诉出版社的那样，零售商贩总是铤而走险，大量参与图书生意中非法部分的经营，因为这一块利润最高。当然，他们常

常付不了账，接受他们的期票必须小心。不过，吉尔成了家，在蒙塔日有了固定住址。1775年8月，他在卢丹逗留时，在市场上摆摊卖了一星期图书，这就给马勒布留下了印象。在吉尔赶着马车离开之后，马勒布就对他的实力做了调查，得到了关于他的“好评”。

三个月后，当吉尔请马勒布帮忙从纳沙泰尔出版社进货时，他同 206
意做中间人。他要求出版社开两份发票，一份按它的标准价格开，他自己留着，一份加价5%，他要交给吉尔，让他支付。这样他就可以偷偷从他的客户那里收取佣金。然而，他其实不必费神隐瞒，因为两周前吉尔就从枫丹白露写信给出版社，要求双方直接交易，理由是马勒布收取了“过高的佣金”。出版社拒绝了，它知道要小心对待零售商贩。但是出版社心想马勒布会当他们的收账人，便同意满足吉尔的订货，共21种书籍。其中除两种外，均是严令禁止的图书，而且吉尔要的数量很多：50册《自然的体系》、50册《社会的体系》、50册《奥尔良少女》、50册《健全的思想》、24册《自然政治论》、24套《爱尔维修著作集》、26套《法国掌玺大臣莫普先生对法国君主制组织进行改革的历史记录》、24册《马太兄弟》、24册《放荡的帕纳塞斯》（*Parnasse libertin*）、12套《关于百科全书的一些问题》、12套《莫普文献汇编，或掌玺大臣莫普与其心腹索尔韦之间秘密和私密的通信》、12册《2440年》、12册《身披甲胄的报人》、12册《论自然》（*De la nature*）、12册《戴翁骑士的消遣活动》（*Les Loisirs du chevalier d'Eon*）、12册《白日的福音》（*L'Evangile du jour*）、12册《耶稣基督的神迹》（*Miracles de Jésus Christ*）和6册《中国间谍》。

货物安全运抵卢丹。吉尔于1776年4月取到货。他用现金付了头期款12路易（288锂），驾车离去，给人留下一个积极的正面印象。“吉尔先生在这儿待了三四天”，1776年4月24日，马勒布给出版社写信说。“他的马车满载而去，还有一个店员跟着。他的图书品种似乎很齐全。他付了我12路易，拿了价值300到400锂以上的图书……他像是可靠的人。除非他卖的许多禁书让他陷入大麻烦，我不信他会造成任何损失。”四个月后，吉尔破产了。

在吉尔的案子中，破产的形式是中止偿付所有债款，并将资产负债表存放于一个商事裁判法院（*juridiction consulaire*），该法院被授权与他的债主进行协商。[1] 资产负债表显示，吉尔的借方高达28,874锂，他的贷方37,097锂，但后者包括别人欠他的债款24,097锂，主要是无法还款的“不良债务人”。面对无法控制的亏空，吉尔躲藏起来。他雇用一个名叫厄斯塔什·布里昂（Eustache Briant）的人，他
207 自称是“凡尔赛国王池塘的门房”。他写了一份陈情书，向法院宣读，为吉尔的案子申辩。陈情书恳求延迟吉尔的债务支付，以便他能恢复生意，最后偿还债主。陈情书还要求法院发布一道命令（*lettre de cession*），防止债主把吉尔投进债务人监狱：“想到人身被监禁，他不寒而栗，而且让他非常伤心的是，他不得不放弃生意，抛妻别子，出走避难，以免坐牢。”[2]

吉尔的处境有多绝望？资产负债表上的信息显示，如果债主没收了他的资产，他将失去他所拥有的一切。他拥有一辆货车、两匹马、马具和其他装备，价值1,000锂。他估计他的图书存货价值10,000锂，和外省的正规书商所拥有的相比并不多。而他妻子的财产，“床及被褥、家具、亚麻织物、服装、银餐具、镜子和其他物品”，总共

[1] 以下叙述基于塞纳省档案馆（现巴黎省档案馆），破产案文件收藏品，D.4B6，第59号文件夹，第3773号卷宗。

[2] 来源同前，日期为1776年8月14日的陈情书。

值 1,000 锂。夫妇俩带孩子组成一个温饱小家，有一点点奢侈品，但是没有自己的住宅，寄居在吉尔的岳父家里。

资产负债表上列举的吉尔的债务人名单表明，他在由其他零售商贩和非正式的经销商组成的网络中经营，他们一边向顾客零售，一边在彼此之间买卖。名单列举了 27 位债务人，其中 10 位是流动商贩。其余的是图书摊主（*marchands libraires*），即有小店的书商，不过他们也经常沿街叫卖推销。这些人都未出现在书商年鉴里，所以大多数人可能都在法律规定的图书贸易之外活动。零售商贩身份模糊，主要从他们的债务上辨认。如莫雷尔（Morelle），欠 725 锂，“诺曼底的零售商贩”；皮耶（Pillait），欠 933 锂，“来自洛林”；还有两位也许属于由马勒布供货的零售商贩，后来没有付款就失踪了：安德烈 · 勒普朗凯（André le Planquer）（很可能是库汤斯的普朗凯家族出来的众多零售商贩之一，他欠了 836 锂），还有弗朗索瓦 · 凯内尔（François Quenelle）（欠 475 锂）。

资产负债表也能让人大致了解吉尔的那些欠了小额购书款的顾客是什么人。例如，当泰斯（Dantais），“阿图瓦的乡绅”；库尔泰斯（Courtais），“布洛奈的乡村助理牧师”；还有其他几位助理牧师。尽管证据参差不齐，但牧师和显贵（富裕的有产者和一些贵族）似乎构成了顾客的主力。和资产负债表一起存放的记载债务人的笔记本里提 208
到的德拉布律雷里（De La Brûlerie），是茹瓦尼堡的领主，买了《曼特农夫人的书简和回忆录》（*Lettres et mémoires de Mme de Maintenon*）；迪萨伊（Dusailly），住在讷穆尔的“市长”，买了《罗马革命》（*Révolution romaine*）；马里昂（Marian），默伦的夏特莱法院的推事，买了《庭讯日志》（*Journal des audiences*）；沙托勒纳尔（Châteaurenard）的一位教区牧师，买了《宗教颂词》（*Apologie de la religion*）；沙托勒

纳尔还有一位律师，买了一本《法律词典》(*Dictionnaire de droit*）和一本《优秀公证人》(*Parfait notaire*)。吉尔的顾客中有一些是专业人士，买了他们工作中用得着的书籍，但是证据太少，不能支持一般性结论。吉尔也许只让精英人物赊购书籍，而经常赶集的平头百姓，买书则要付现金。吉尔存放于商事裁判法院的文件绝口不提从纳沙泰尔出版社进的禁书，这是完全可以理解的。他在蒙塔日被抓之后，很可能学乖了，不再保留进行非法经营活动的证据。

最后，资产负债表的借方披露了供应商的名字：几家巴黎出版商和许多外省大量经营禁书的书商，这些书商也经常出现在纳沙泰尔出版社的档案中。他欠了鲁昂的马许埃尔 4000 锂，欠了里尔的亨利 742 锂，欠了敦刻尔克的布贝（Boubers）336 锂，欠了凡尔赛的布莱索 750 锂，欠了奥尔良的库雷·德维尔纳夫 1080 锂，欠了马勒布 1085 锂。

吉尔是如何从债务负担下脱身的，我们不得而知，但他肯定是逃脱了。他以蒙塔日的正规“书商”身份出现在 1781 年的《出版年鉴》中。(《出版年鉴》还提到埃尔的一位“诺埃尔·吉尔”，很可能是佛兰德斯的里斯河畔埃尔 [Aire-sur-la-Lys]。）而且他又重新出现在了纳沙泰尔出版社的文件中。在 1779 年 7 月 30 日的一封信中，他下了一份大订单，几乎全要“哲学书籍”，提出用现金或巴黎一家商号的汇票支付。

吉尔上次被逮捕时，告诉戴梅里他不会写字。实际上他是能够写信的，尽管笔迹幼稚，拼写也很拙劣，还是值得将其法文信件完整抄录如下（主要文本的译文附后），因为它反映出一个图书零售商贩对文字书写的掌握程度：

Monsieur

jeresus lhoneur delavotre an dat du courant je vous suit tres oblige de voux ofe de credit que vous aves biens voulut mefaire mais entansions ne sent pons dajete des merchandise accredit pour an peier des jroenteres jeme beaucoup mieux 209
a jete au contans pour le peu que jajete contant onmefai la remis de 12 a 15 pour sant de fasons que jevoi monbien efis de dime sit vous voulet trete avec moi vous pouve manvoier votre cathalo sur tout les livre [“filo”被删去] *philosophique duquelle je poures vous faires eun debis au condisions que vous meranderrer les marchandise fran de porre jusqualion voicit monnadres est ches monsieur pierre tair alions roulier faubour de resse a lions ala quelle persone vous pouve anvoier mes balle e tire anranbourcemans il vous an refuserapons pour vous surte vous pouve luiecrire sitvous voulet manvoier dans la premier ball*

[接着吉尔列出了 23 种禁书要纳沙泰尔出版社发运，所有书名都有严重的拼写错误。[1]]

Sit vous juge aprepau demepedier mademan je vous cert aublije demandanet avis evous oservere que cest au contant cit vous ne trouve pas la comodite a tire a vu sur le roulier vous pouve tire aus sur moi au je vous anverret une lette de change sur paris

Vous obligeres monsieur celui qui a lhoneur destre tres parfetmans votre serviteur noel gille

---

[1] 从订单中以下书名可以看出吉尔的拼写水平：“*lette a un genit*”（霍尔巴赫的《给欧仁妮的十二封信》，“*Lettres à Eugénie*”），“*citomme delanaturre*”（霍尔巴赫的《自然的体系》，“*Système de la nature*”），“*bibes de volterre*”（直译为伏尔泰的圣经，指其作品《终于得到解释的圣经》，“*La Bible enfin expliquée de Voltaire*”），“*an faires detrui*”（霍尔巴赫的《地狱的毁灭》，“*L’Enfer détruit*”），“*teraise philosf*”（据说由阿尔让侯爵等所作的《哲学家泰蕾兹》，“*Thérèse philosophe*”），和“*heuvre de janjacle rousau*”（让－雅克·卢梭的著作，*Œuvres de Jean-Jacques Rousseau*）。

Demontargis le 30 juillet 1779

Vous manverret vouz propetus dant la bale

先生：

就在今日我收到了您的荣誉（授权），我万分感激您友好地授予我的信用，我的意图是根本不要赊购商品以便在我返回后付款。我很愿意用现金购买少量商品，如果我用现金支付可以给我12%到15%折扣的话，这样我可以看到我的好处，并且赚得利润。如果您想和我交易，您可以寄一份书目，尤其是哲学书籍的书目，我可以为您销售。条件是您可以将货物免费运到里昂，这是我的地址，是车夫皮埃尔·泰尔先生家在里昂的郊区的地址［？］将我的货包交给此人并且收货款。他不会拒绝您，为了您的安全您可以写信给他，如果您想在发给我的第一个货包中……［之后为随信所附订货书单，而信的结尾如下：］

210 假如您决定把我订的货发给我合适那么如果您能发通知给我并指出用现金支付我将感激不尽，如果您觉得以这位车夫名义开立期票不方便，也可以以我的名义开立，我将把巴黎的汇票寄给您。

先生，您将施恩于有幸做您的最完美的仆人的诺埃尔·吉尔

1779年7月30日于蒙塔日

您可以将销售说明书夹在货包里寄给我

辨读这封信最好的方法是大声读它，倾听让人联想到笔在纸上胡写乱画发出的声音。纳沙泰尔出版社没有回信，一个职员在信的背后写道："订货不予供应。"不管怎样，这是一份有价值的文献。结合吉尔破产文件卷宗中的其他资料一起看，可看到他几乎什么书都卖。一

有机会就卖一本每日祈祷书给某位助理牧师，或卖一本法律知识小册子给某位律师。但他卖的最多的还是“哲学书籍”。他的文字拼写和他所卖的书籍之间的差异，反映的就是图书贸易零售环节经销商的文化水准——在零售商贩的马车上，“heuvre de janjacle rousau”（让－雅克·卢梭的著作）和“*tereaise philosf*”（《哲学家泰蕾兹》）就是堆在一起卖的。

由于缺乏吉尔这类底层人物的资料，我们并不清楚他是否具有代表性。沿街兜售的穷小贩，跟那些被警察描述为“驾着马车在法国各地流窜”的流动商贩是很不一样的。至少在1776年的一段时间里，吉尔实际上拥有两匹马。虽然他和当补鞋匠的岳父住在一起，但毕竟还算有个落脚点，不像许多其他的流动商贩。他妻子还拥有一面镜子和一些银餐具。不过，吉尔总是在路上奔波，而且就我们所知，他也总是背负着债务。他生活在社会边缘，风雨飘摇，生存境遇与警察档案中出现的其他一些零售商贩十分类似，他们也曾因为买卖禁书而留有案底。下面举两个例子：

> 勒隆：带着一辆车一匹马在乡下转了一个月。他通常待在莫城，在当地一家布列塔尼人开的小客栈里有个仓库，就在大市集的旁边……勒隆又胖又矮，走起路来步履坚实；头上盘绕着一圈棕色鬈发；着一件发白的外套。[1]

> 皮科：皮科身高5英尺2英寸（约160厘米），金发碧眼，脸 211
> 庞丰满，鼻子有点肥大，肩膀阔，脖子短，说诺曼底方言，带点

[1]　法国国家图书馆，法文全宗22096，f.493：约瑟夫·戴梅里的便笺，1764年12月15日。

> 鼻音，走路步子沉重……皮科也在维莱尔科特雷和苏瓦松附近流窜，平时住在沙勒维尔一个织袜工家里。他有一匹马和一辆车。他还藏有许多来复枪和手枪。[1]

当他们出现在破产案文件中时，只是随便被称为“流动商贩”，但他们有个共同的特征：总是四处奔波，没有固定住址，如前面提到的，常常有个“空中住址”（*domiciles en l'air*）。为了争取到像马勒布这样的供应商供货，他们会用硬币付头期款，喜欢用几个金路易付现款；用客栈的地址开一张期票；而当它到期时，人又不见了踪影。他们相互之间也做买卖，因此圈子里也积欠债务，欠吉尔钱的零售商贩名单有一长溜儿，所附的地址都不固定:弗朗索瓦·凯内尔，“住在奥尔良的三王客栈”；约瑟夫·圣德尼（Joseph St. Denis），“住客栈老板维亚丹先生处，在布里的普罗万圣十字街”；让·圣德尼（Jean St. Denis），“住客栈老板布鲁耶处，在博韦的克莱蒙的海豚客栈”，J. B. 勒让德（J. B. le Gendre），“住阿歇特夫人处，在马恩河畔沙隆附近的韦尔蒂的法兰西盾客栈”；罗贝尔·普朗凯（Robert Planquais），“住客栈老板芒让处，默伦的大图尔克客栈”；让·普朗凯（Jean Planquais），“住维亚丹先生处，在普罗万”；J. B. 泰扎尔（J. B. Thezard），“住维亚丹先生处，在普罗万圣十字街”；比戈（Bigot），“住戈达尔先生处，在塞纳河畔维农的金狮子客栈”；约瑟夫·勒利埃弗尔（Joseph le Lièvre），“住客栈老板佩兰处，在布里的十字圣号客栈”；纪尧姆·迪博斯特（Guillaume Dubost），“住三王客栈，在诺曼底的莱桑德利”；米歇尔·加隆德（Michel Galonde），“住

---

[1] 法国国家图书馆，法文全宗 22099，ff.43 和 45：一个探子致戴梅里的便笺，未注明日期。

客栈老板杜塞先生处，在莱格勒的白十字客栈”；小皮埃尔（Pierre le Petit），“住客栈老板马雷夏尔先生处，皮卡底的巨鹿森林客栈”。[1] 这些人留下的踪迹很少，但是在图书世界中扮演着重要角色，他们就像血液里的红血球，把书籍传遍图书贸易的毛细管分销体系。

最后一份证据也值得详细引用，就是由前面提到的“凡尔赛国王池塘的门房”厄斯塔什·布里昂呈交巴黎商事裁判法院的陈情书，此人除了在凡尔赛有职位外，还扮演着代笔人的角色。[2] 陈情书的目的 212
是要靠描述流动商贩的艰难生活来为吉尔博得同情（下面的译文没有纠正代笔人的语法错误）：

> 诺埃尔·吉尔，流动书贩（*marchand foirin* [原文如此]），在法国四处奔波（*roulant par la France*），现住凡尔赛附近的大蒙特勒伊：考虑到他所经历的亏损、灾祸、疾病和花销，以及因此在催收切实合法的欠款时遇到的困难，这意味着他无法偿还他欠所有债权人的钱，这就是为什么要草拟两份分别有关他的资产和借方账目的声明，后者表明了他所经历的亏损、灾祸、疾病和花费，这两份声明都要存放于巴黎商事裁判法官先生们的文书办公室和夏特莱法院的文书办公室……

然后陈情书一一列举了吉尔所遭受的“不幸”：

> 首先，身体差：

[1] 塞纳省档案馆，D.4B6，第 59 号文件夹，第 3773 号卷宗。

[2] 同上。

这位吉尔先生身患六种疾病，这些疾病差点要了他的命，有一种病致使他几乎卧床六个月……

其次是生意受挫：

这位吉尔先生在法国四处奔波从事书商生意，按照零售商贩的惯例，做这种生意花费相当高。鉴于货物的重量，以及为了完成销售需要在王国境内一个个城市之间运输往来，拥有马和车对他来说非常重要，因此，他决定买一辆车和几匹马，马车装上商品，然后出发做生意。他从一个城市到一个城市，销售上述商品。为了销售商品，他不得不长途奔波，因为批发商卖给他的货品价格过高……

213 坏天气：

这位吉尔先生在路上遇到坏天气就要顶风冒雨，马车也会受损。他必须寻求帮助。在路上，在雨中，为应付各种各样的麻烦他不得不把商品货包装了卸，卸了再装。他遭受了相当大的损失。雨水淋坏了大量商品。在集市上还有一些损坏。

供应商敲诈：

批发商按极高的价格把商品卖给他，而为了卖掉它们，他又不得不削价，造成了亏损……

可怜的马：

马生病和受伤使他的生意停顿。他的生意中断了，失掉了销售额，而他又筹不到资金付给他的债主先生，这迫使他去求大额贷款，去商谈汇票，这些都要付高额利息……

牢狱之灾：

这位吉尔曾遇到被怀疑出售禁书的厄运，为此他被逮捕，投入监牢。他在监狱待了将近两个月。经过辩解，他重获自由……

他的悲叹一个接一个：供货耽搁致使损失惨重，运费飙升，邮资高得难以承担……零售生意的各个方面都出过岔子，而且都不是吉尔的过错所致。

法院似乎不太可能认为这些论据有说服力。七个月后，法院又接到同一位代笔人从同一个地址，并且以几乎一字不差的措辞，为另一位零售商贩写的陈情书。[1] 没有一份文献可以当真。没有一份文献能让人对图书零售有清晰的了解。零售商贩只是短暂地出现在警察的报告、破产案文件、商业信函中，而且还很罕见地以他们自己的文字，以粗劣潦草的笔迹，出现在一张纸上。然而，在大革命爆发前的这些年里，他们却是在图书贸易最偏远的区域连接供需双方的媒介。

[1] 塞纳省档案馆，D.4B6，第 62 号文件夹，第 3980 号卷宗，为克洛德 · 勒内 · 萨比讷所写的陈情书，"*Marchand forain libraire roulant par la France*"，日期为 1777 年 3 月 18 日。

第十一章

布卢瓦、奥尔良、第戎

法国中心地区的高端市场与低端市场

布卢瓦，蚀刻画，摘自《新版法国风光游》，巴黎，奥斯特瓦尔德，1817（BiCJ）

布卢瓦

法瓦尔热仍在为他的好马开心，匆匆忙忙往家赶。他一路向东，穿过法国中部地区，沿途有最美丽的法国乡村风景。从卢丹到索米尔、希农（Chinon）、图尔、昂布瓦兹（Amboise）、布卢瓦、奥尔良和第戎，他行经葡萄园、牧场和矗立着城堡的河岸。可惜时下正值11月份，寒意袭人。葡萄藤上的葡萄已被摘尽，许多城堡正在沦为废墟，而道路还是那样崎岖不平。法瓦尔热路过的风景会让人想起16世纪的辉煌荣耀，当时的卢瓦尔河谷是王国的中心。国王们把他们的宫廷从一个宫殿迁到另一个宫殿，而他们的生活方式也随之传播开来。这些生活方式最终就认定为法兰西文明本身——礼仪、殷勤、优雅、崇尚美食美酒，以及对语言的驾驭，最后一点很大程度上要归功于卢瓦尔最伟大的作家弗朗索瓦·拉伯雷（François Rabelais）。[1] 然而，这种社交礼仪并没有延伸到精英之下的各社会阶层，或许对于法瓦尔热就很陌生。在拉罗谢尔他告诉过让·朗松，他什么艺术天赋都

[1] 关于这个主题，见诺贝特·埃利亚斯（Norbert Elias）的著作，尤其是《文明的进程》（*The Civilizing Process*），修订版，牛津：Basil Blackwell，1994；和《宫廷社会》（*The Court Society*），纽约：Pantheon，1983。

没有，当然也没有任何能在有产者客厅里炫耀的优雅举止。从他的信件判断，他心心念念的事就是在开始下雪前赶回纳沙泰尔。[1]

虽然出版社要求法瓦尔热不要绕道，也不要在没有生意前景的地方耽搁，但他仍然有许多书店要去走访。他发现卢瓦尔河沿途和罗讷河沿途一样，印刷商只卖自己印制的应时印刷品，而书商们卖的不外乎课本、每日祈祷书和宗教小册子。索米尔有一家印刷商和两家书商，没有一家值得重视，“因为该城就没有什么值得注意的东西”。希农比索米尔还差，尽管有一家书商实力还行。图尔的前景稍微好些：有两家不错的书商，有一家（沃基耶·朗贝尔［Vauquier Lambert］）还兼做印刷生意，还有三家被评为“差”的书商。更值得重视的是，图尔是勒图尔米三兄弟之一的总部所在地，这三兄弟是卢瓦尔河谷最有进取心的经销商。他们做得像一个联合企业，既流动销售，又各有一家书店。勒氏兄弟老二在布卢瓦经营，老三为兄弟仨订货，在奥尔

[1]　与法瓦尔热不同，18 世纪的旅行者常常会对沿途的美丽景色进行评论。例如，一个英国人在穿越布卢瓦附近的卢瓦尔河时，就在她的日记（后来被译成法文）中写道：“我愿永不厌倦地赞美这个地区乡村，对所见之景色将久久难以忘怀：左边，卢瓦尔河蜿蜒流淌，沿岸散布着一丛丛绿树，房屋掩映其间；右边，山坡上铺满了葡萄园。”见《大革命前夕的法国生活（1783—1786）：克拉多克夫人未发表的日记》（*La Vie française à la veille de la Révolution[1783–1786]: Journal inédit de Madame Cradock*），巴黎：Perrin，1911，第 298 页。弗朗索瓦·德拉罗什富科公爵在沿着法瓦尔热走过的、从索米尔到图尔之间的道路旅行时，在其日记中写道：“我禁不住去反复体味沿卢瓦尔河的路途带给我的乐趣；不可能看到比这更美丽、更光怪陆离的景色了。”见《弗朗索瓦·德拉罗什富科的法国之行（1781—1783）》（*Voyages en France de François de La Rochefoucauld[1781–1783]*），让·马尔尚（Jean Marchand）编，巴黎，1928，第 196 页。一位匿名的助理牧师对法瓦尔热法国南部之行沿途的风景和建筑也有类似的欣赏，这可以从他的日记中读到：《从卢瓦尔河和索恩河畔到地中海和朗格多克及普罗旺斯海岸的旅行日记》（*Journal d'un voyage aux environs de la Loire et de la Saône jusqu'à la Mer Méditerranée et sur les côtes du Languedoc et de la Provence*），亨利·迪朗通（Henri Duranton）和克里斯蒂娜·洛韦涅－加尼埃尔（Christiane Lauvergnet-Gagnière）编，圣太田：圣太田大学出版社，1993，第 95—119 页。

良有个店，法瓦尔热打算去那里招揽他们的生意。看过图尔之后，他在昂布瓦兹短暂停留了一下，了解到该镇唯一一位名叫菲利普的书商，不过就是个零售商贩，“他不值得信任”。然后他就到了布卢瓦，而那里发生了一些很有意思的麻烦事儿。

布卢瓦除了兼做零售商贩的勒氏兄弟老二外，其实就只有两家印刷商，皮埃尔－保罗·夏尔和菲利贝尔－约瑟夫·马松，他们把生意合并在一起，而且只卖宗教仪式用书和祈祷用书。[1] 然而，由于另一位企业家的努力，布卢瓦已经成为纳沙泰尔出版社的一条相当重要的销路，此人名叫康斯坦丁·莱尔（Constantin Lair），他像马勒布一
217 样，做的不是正规的图书贸易。以跟市场边缘的许多个体户同样的方式，[2] 莱尔发现了靠满足读者对图书的需求来赚钱的商机。他在自己家里储存和贩卖这些读者需要的书籍，不用担心远在普瓦捷和奥尔良的书商行会来检查。图书贸易只是莱尔从事的几种副业之一。他还是一位教师，并且兼做葡萄酒商和公寓老板，以艰苦拼搏来维持他的布卢瓦有产者阶层边缘的地位。在法瓦尔热于 1778 年 11 月到访时，纳沙泰尔出版社对他已经很熟悉了。

莱尔第一次和纳沙泰尔出版社联系是在 1773 年，他是在马勒布的建议下写的信。那时，马勒布为求得出版社的青睐，正试图寻找零

---

[1] 见帕特里克·多比尼亚尔（Patrick Daubignard），《布卢瓦的印刷商和书商（1554—1790）》（*Imprimeurs et libraires blésois [1554–1790]*），布卢瓦：Les Amis de la bibliothèque de Blois，1988。

[2] 类似的企业主的例子，见我关于特鲁瓦的布律扎尔·德莫韦兰的专题论文：“禁止的生意：法国大革命前夕一名地下书商的生活”（Trade in Taboo: The Life of a Clandestine Book Dealer in Prerevolutionary France），刊于《扩大的圈子：关于 18 世纪欧洲书籍传播的论文集》（*The Widening Circle: Essays on the Circulation of Literature in Eighteenth-Century Europe*），保罗·J. 科辛（Paul J. Korshin）编，费城：宾夕法尼亚大学出版社，1976，第 11—83 页。

售商卖他们的书。莱尔位于推荐名单之首，因为如马勒布在一封给奥斯特瓦尔德的信中所解释的，他在布卢瓦的显贵中间有丰富的人脉关系，在那里开辟一个市场有利可图。当莱尔开始与纳沙泰尔出版社通信时，自我介绍为一名小学校长，还拥有一座大葡萄园，足能靠人们对卢瓦尔河谷葡萄酒的需求来牟利。他教英国学生学法语，他们就在他的公寓里吃饭住宿。他还教别的寄宿生其他课程（有一封信里他提出要把一份数学讲义的手稿卖给出版社）。由于“建了一幢宽敞而漂亮的房屋”，他也接待旅客和与地区法院有业务关系的人，这里的法院是 1771 年在掌玺大臣莫普重组司法体系期间建立的。他的信字体隽秀，看得出他文化程度相当高。莱尔还以自豪的语气告诉出版社，他建了一间漂亮的图书馆，有许多上流人士前来光顾，他们很喜欢这样“一个既有趣又雅致的社交圈”。为了迎合他们，他必须订购和销售图书。他从巴黎和其他地方的供应商那里得到了书目，计划以订阅巴黎的报刊为补充，把他的藏书馆改成读书会。这种举动激起了正规书商兼印刷商的敌意，但是莱尔打算在巴黎弄一张执照，以获得在正规的书商行会体制外售书的权利，让他们无话可说。

莱尔在早期写给出版社的信中，说他做的小生意是一个爱书绅士的业余爱好。他强调自己“在品味上偏好文人学者，尊敬他们，并觉得他们的著作真的有价值，一直试图获取”。他有意谈到《百科全 218
书》的各种版本，并表露出对伏尔泰的钦佩之情：“伏尔泰先生无与伦比，那么大年纪还写下那么多著作，真是不可思议。”他向出版社下的订单包含大多数著名哲学家的著作，还有一些更受欢迎的作家的著作，如西蒙－尼古拉－亨利·兰盖，其论战小册子对他特别有吸引力，因为它们文风犀利，主题也引人入胜。听起来莱尔本人并不像激进分子。他悲叹由于耶稣会被镇压，法国的教育质量下降了，而且他批评由伊韦尔东的福蒂内－巴泰勒米·德费利斯（Fortuné-Barthélemy de Félice）出版的新教版《百科全书》，说它有反天主教的偏见。

从 1773 年到 1775 年，莱尔在纳沙泰尔出版社订购的图书越来越多，而他的信函中商业气息也越来越浓。他需要更多伏尔泰和卢梭的著作，他写道，因为它们“有实实在在的销路，能赚到钱”。他也要各类新版书——当前流行的有关时事性话题的著作、最近出的小说，以及粗俗图书。他许诺，如果出版社向他提供“小品图书，那些用和我们这个时代人们的轻浮举止相符，并与我们民族的天赋密切相连的艺术手法写的小玩意，那种我们时髦的少男少女热烈追求的轻松作品”，他可以为它开辟一个赚钱的市场。“有些人问我要情色小说，”他补充说，“你们经营这些书吗？”他的顾客不乏“有钱而且有好奇心的人”，他们向他下了预订单，要购买莫里哀、博林布鲁克、伏尔泰和卢梭的著作。有位顾客提出要求，图书要用上乘的荷兰纸印刷，用淡黄色小牛皮装订。也有人要特价书，如廉价版的狄德罗《百科全书》和雷纳尔的《哲学和政治史》。

从莱尔提及的关系人和顾客——一位法律教授，一位在大教堂任职的教士，以及葡萄酒农——可以发现，这是一个外省显贵的小圈子，尽管他也许确实强调了他们的财富和俗气，以便给纳沙泰尔出版社留下深刻印象，并赢取它的信任。他写道，如果出版社相信他的付款意愿和能力，可以向他大量发运书籍，并接受他开出的期票或汇票，期限为 12 个月。通过销售这些书籍，莱尔可以积累足够的现金在到期日支付货款，或者，更可能的是，他可以在他的一位生意关系
219 人的期票上背书之后交给出版社，由于期票上的签名也是一种信用担保，所以出版社可以通过协商要求以现金兑付。

从莱尔与纳沙泰尔出版社的通信可以了解到典型的近代资本主义财务关系是如何在一个具体案例中运转的。一开始，从莱尔的支付情况判断，他似乎是“有实力的”。1773 年 12 月，他用一笔来自巴黎的汇款支付了伊韦尔东版《百科全书》的 252 锂货款。而在支付这笔钱的同时，他又下了相当大的图书订单，包括几种启蒙运动的书籍，据他说已经安排好卖给当地的“业余爱好者”。这第二批货运到时，他写信说，他对版本的质量很满意，但是对运费不满，认为过高。但他还是又下了一份订单，提议对他从诺曼底的苹果酒商和白兰地酒商那里收到的期票进行背书，交给纳沙泰尔出版社，这些酒商到布卢瓦是来购买葡萄酒以弥补他们那儿的苹果歉收的。莱尔的葡萄收成很好，他打算买一张执照来扩大图书生意。

就在 1774 年初，莱尔的信开始出现一些征兆，预示了可能会出现无力偿还债款的麻烦。葡萄也许可以有助于图书生意，但它的收成是不稳定的，而且正如他所说，当地经济完全依赖于葡萄酒和白兰地，这在当地是“决定现金充裕还是稀缺的唯一要素”。在 16 世纪，布卢瓦的宏伟城堡和王家宫廷参观还能把许多有钱人吸引过来，但是在 18 世纪，该市的人口增长在 11,000 人的水平上停滞不前，而且那里只有一所法院和一座要塞。纳沙泰尔出版社拒绝接受莱尔提供的由陌生的诺曼底酒商签名的期票，而他的汇款单在巴黎也遭到拒付。然后他换了一张期票，向出版社保证他有 20,000 锂可以在需要时自行支配。1774 年全年他继续订货，数量越来越多，品种越来越丰富，也更侧重于禁书，尤其是无神论书籍和色情书籍，如《自然的体系》和《查尔特勒修会看门人堂布格尔的故事》，那些拖欠了货款又来风险更高但获利较丰的图书生意上投机的经销商，往往就喜欢订购这类书

籍。1774年11月，莱尔去了趟巴黎，商谈书商执照购买事宜。[1]他
220 到的正是时候，看到了老巴黎高等法院的正式回归，取代了莫普改革时建立的法院。可这对他来说却是一件不幸的事情，因为恢复以前的司法体制意味着布卢瓦要失去它自己的莫普法院，而莱尔也就要失去来法院办事然后在他家膳宿的顾客了。

莱尔的生意从1775年开始走下坡路。6月份他的一张期票被拒付，11月份纳沙泰尔出版社开具一张直接要他付款的汇票，因为他的账目已经陷入严重赤字。这种汇票被称为*traite*，也作*billet à vue*（见票即付的汇票）——一种被认为向债务人出示他就会支付的票据，但是根据法律他也可以拒付，因为它不像期票（promissory note）或汇票（bill of exchange），上面没有债务人的签名。显然莱尔拒绝接受（在这点上也许缺少一些信函），而他的赤字在1776年和1777年继续扩大，这时出版社又发出了两张汇票，他还是没有支付。1777年6月，出版社宣称已经失去了耐心。它向他发出一份结账单和一张873锂的汇票，并威胁说如果拒付就要起诉他。莱尔试图用一份400锂的汇款作为首付款来搪塞，出版社把它记入他的账目，同时还坚持要收回剩余债款。“你滥用了我们的宽容，”出版社写道。它不会再接受他的任何汇票了，因为它们总是跳票，出版社准备把他告上法院。1778年2月，莱尔回信提了一大堆理由：信贷紧，去年收成太糟，还说女儿就要结婚了，他不得不把现金拿给她做嫁妆。出版社再次核算了他的欠款，共计486锂4苏，他又发出了总共300锂的三份期票，想把到期日推延到1779年。

---

[1] 他大概成功获得了营业执照，因为在1781年的《出版年鉴》上，他被列为布卢瓦的“书商”。

出版社拒绝受骗。它说，纳沙泰尔的葡萄园收成也不好，但还债问题不应该由气候来决定，从而驳回了他关于收成的喋喋不休的哀叹。它退回了他的期票，命令在巴黎的专门处理图书贸易坏债的收账人巴蒂略去收账，不行就提起诉讼。莱尔在1778年3月7日的一封信中恳求出版社发发慈悲。他没有打算欺骗它，他只是把钱花光了。出版社无奈又宽限了两个月，并开出两张汇票，每笔243锂2苏，分别在5月和6月到期。

5月到了，果然，第一张汇票莱尔就未能支付。出版社怒不可遏 221
地写了一封信。"你是铁了心要永远让我们恼火吗？"他为拒付辩解，声称结账单有错误，还说出版社发运的书籍折帖有破损。出版社驳回了这些拒绝承兑的借口，然后收到了一个妥协的答复。莱尔说，他为支付第二张汇票做出了极大的努力，但是在9月中旬葡萄收获之前，他无法支付更多了，让他感到欣慰的是今年葡萄预期收成很好。出版社仍然很生气，答复说它有一位销售代表就要到访布卢瓦，会催他还债。

就在这时，法瓦尔热到了。他立即去查留局待取的邮件，看看本部是否寄出过有关莱尔账目目前状况的信息，但是一无所获，因此账目结算是不可能完成了。不过，法瓦尔热在莱尔兼做寄宿宿舍和学校的书店里和他正面交锋后，向出版社的董事们发出了一些好消息。莱尔的庄稼收成确实不赖，他言之凿凿地答应马上就会付款。他承认他是咎由自取，活该失去出版社的信任。他给法瓦尔热留下的印象也不错，以至于法瓦尔热能在信中这样评价他：莱尔"名声不错，值得尊重，他有一些资产，但是有三四桩生意效益差，还有三四种庄稼收成不好，使得他无法承兑部分生意款项的支付"。

几天后，莱尔发出一份180锂的期票，声称这应该能付清他的账款了。出版社接受了这张期票，尽管还有四个月才到期。但是它继续责备他拒付债务余款，以致不能最终把他的账结清。他们不会再接受任何理由，“庄稼收成的好坏不应妨碍结清账目”。

但这次出版社没有收到他的回信。1782 年 6 月 2 日，莱尔的妻子来信告知，她丈夫刚刚去世了。出版社继续尝试结清账目，但是莱尔的遗孀不知道他们的要求是怎么回事。根据它的一份报表，她欠了 110 锂 8 苏，而根据另一份报表，她又欠了 374 锂 8 苏。1785 年 1 月，她认下了 352 锂 8 苏的债务，并发出了 109 锂 6 苏的分期支付期票，到期日推得很晚，请出版社多多包涵：“我求你们考虑一下我一个寡
222 妇所处的困境，我带着两次婚姻留下的孩子，我的丈夫又留给我一个烂摊子。”出版社回信说，它将把她的期票作为最终结算来接受——“鉴于你所处的窘况确实值得我们同情”。

指望一夜暴富，过度下单，开空头期票，反过来指控对方，找借口，扯皮，结算，最后由一个寡妇来接手生意，并试图从“烂摊子”中榨取财富——莱尔的故事，就像纳沙泰尔出版社文献中的其他故事一样，表现出后来被巴尔扎克诊断为“幻灭”的综合征。

奥尔良

奥尔良不像布卢瓦，它在 18 世纪逐渐发展繁荣。由于地处卢瓦尔河最北边的拐弯处，奥尔良战略地位重要，控制着上下游以及法国中部地区与巴黎之间的贸易。它的人口从 1700 年的 30,000 人增长到 1780 年的 39,000 人，包括制糖厂和纺织厂雇用的许多工人。它有总督府，一个代表国王执法的辖区（*bailliage*）法院，以及各类文化机

构——一所学会、一座剧院和一所拥有 240 名法律学生的大学，这些都有利于它的书店生意。法瓦尔热 1778 年 11 月 5 日到访此地时，它拥有 12 家书店。

在法瓦尔热的信中，这些书商只以姓氏出现，他在走访时给了他们相当高的评分。尽管法瓦尔热避开了以对盗版书深恶痛绝著名的当地书商行会理事（雅各布），但是他跟副理事（米索［Mussot］）关系还是融洽的，此人答应瞒着雅各布帮助纳沙泰尔出版社的货物通过检查，还答应自己也要订他们的货。佩德鲁（Perdroux）办了一个读书会，他对法瓦尔热的图书样品吹毛求疵，但也不是恶语相加，因为他的生意大多是销售宗教书籍。鲁佐寡妇（Widow Rouzeau）和老舍维永（Chevillon l'aîné）两人都被评为"佳"，他们主要经营古典书籍，

奥尔良，蚀刻画，摘自《新版法国风光游》，巴黎，奥斯特瓦尔德，1817（BiCJ）

而不是纳沙泰尔出版社经营的当代书籍。经过仔细审查后，法瓦尔热发现其他几家被列入《出版年鉴》的书商“都不值得信任”。剩下的两位，其中一位是库雷·德维尔纳夫，另一位就是勒图尔米兄弟中的老三——法瓦尔热从进入卢瓦尔河谷地区起就一直在追寻他。

当他最终和勒氏兄弟老三让－巴蒂斯特·勒图尔米见上面时，法223 瓦尔热希望能和他谈成一些赚钱的生意。他从图尔和布卢瓦的另外两位勒氏兄弟那里得知，兄弟三人抱团经营，让－巴蒂斯特负责订货。可惜的是，法瓦尔热的到访不是时候，让－巴蒂斯特次日要结婚，因此抽不出时间和他商谈书籍订货事宜。他们只匆匆讨论了汇票和出版社在最近的货运中犯的错误（出版社发了25册《济贫院颂》[*Eloges de l'Hôpital*]，而不是他所订的《帕斯卡尔思想录》[*Pensées de Pascal*]）。于是法瓦尔热离开了书店——一家坐落于市中心马特鲁瓦广场、显然配备完善的店铺——虽然没有获得新订单，但是他心里有了底：勒图尔米正通过婚姻使其家族关系更深地融入奥尔良，他可以作为一家有实力的客户获得信任。

这种实力得来不易。勒氏兄弟从做零售商贩起家，沿街兜售木刻印刷品和廉价小册子。[1] 从不起眼的开端起家，他们的生意渐渐做大，通过联合经营打通了各类书籍的销售。兄弟三人各有各的存货，在周
224 围的村镇建立自己的客户网络。1779年，他们把共同的事业分成三个独立的生意，但让－巴蒂斯特向纳沙泰尔出版社保证，他们会继续紧密合作，并且要出版社对他们三人都给予信任。

在1764年法国政府关于印刷和图书贸易的调查报告中，他们仨

[1] 亨利·埃利松（Henri Herluison），《关于奥尔良印刷商和书商的研究》（*Recherches sur les imprimeurs et libraires d'Orléans*），奥尔良，1868，第142页。

没有一人被提及。根据有关奥尔良的报告，当地的图书贸易似乎非常开放。未被授权的经销商遍布城乡，镇上官员对他们所卖的图书一无所知，如果无人检举，警察从不干预。1778 年，政府试图加以控制，组织书商行会来审查货物，没收非法书籍。正如法瓦尔热所指出的，新书商行会的头目雅各布打压盗版书籍特别严厉。调整了偷运系统之后，贸易有所恢复，但再未达到 1778 年以前的水平——因为那时盗版书和禁书很容易弄到，尤其是在城市以外的地方。在 1760 和 1770 年代，勒氏兄弟就是在那些地方开创了他们的生意，并且获得了显著成就。

遗憾的是，在纳沙泰尔出版社的档案中，让－巴蒂斯特·勒图尔米的卷宗有许多空白，而且存留的信件对三兄弟走村串乡兜售图书的情况披露甚少。但是从让－巴蒂斯特的订单记录和出版社抄录在“信件副本”分类里的回信中，可以了解三兄弟卖的是些什么书。与奥尔良最著名的书商库雷·德维尔纳夫以及连戏剧书籍都不进的鲁佐寡妇不同，勒氏三兄弟大量经营非法书籍。

让－巴蒂斯特·勒图尔米早期向纳沙泰尔出版社下的订单中就含有几种“哲学书籍”，随着订单一摞摞地堆积，禁书的比重也越来越大。出版社在货运记录中标明，它用“新出的哲学书籍”充塞要发运给他的货包，即使他没有订购这些书。大多数货物都顺利运抵，但在 1775 年 12 月，一个货包在瑞法边境的弗朗堡被截住了，因为通常容许这种货包不经检查就过关的海关官员这时接到了一个特别指令，要对货包进行搜查，看看是否夹带了煽动性的小册子。虽然在勒图尔米的货包没有发现这种小册子，但海关还是没收了 20 册《喜剧与一些色情诗歌集》和 25 册《路易十五回忆录》。勒图尔米同意赔偿一半损 225
失，但是中止了订货，直到出版社担保无风险地将货物运到里昂给他。到1776年底，出版社把运货通道上的所有关节都打通了，勒图尔米这才在1777年2月25日下了一份特大订单。其中包含51种书籍，内容十分广泛，从言情小说和哲学论著到色情图书，还提出了一个特别要求：想要出版社能够弄到的所有有关“上个朝代历史”的书籍，即关于路易十五统治时期宫廷政治和生活的毁谤性书籍。如我们所知，自这位国王1774年逝世起，这些都是畅销书。

一个月后，勒图尔米又要了更多这类书籍，但是他指出图书贸易的行情已经变差了。他的主要竞争对手库雷·德维尔纳夫急需现金，正按跳楼价甩卖他的存货，这“大大挫伤了图书贸易”。但勒图尔米继续下大订单，还附带了一个匿名人士的提议，要出售一个“手稿收藏品——放荡和滑稽搞笑的诗歌”，供纳沙泰尔出版社出版。这个“收藏品”包含21篇作品，有些诗很长，有数百行，如“为女士们带来快乐，一个用滑稽有趣的韵文写的故事，454行”，以及由臭名昭著的散文作品改编的诗歌，如“用滑稽有趣的韵文写的查尔特勒修会看门人堂布格尔的故事节略本，614行”。但纳沙泰尔出版社不出版这种东西，不过勒图尔米信中的提议和提到的其他东西表明，他知道经营地下图书市场的路子。

通过收集勒图尔米的订单，我们可以列出一份他经营的这部分图书生意——既有沿街兜售，也有铺面位置好的书店零售——的畅销书单。大多数书籍他通常都只要出版社发几册给他，大概是因为要防止库存过剩。书单上排第一的是让－弗朗索瓦·马蒙泰尔的《印加人，或秘鲁帝国的毁灭》（*Les Incas, ou la destruction de l'empire du Pérou*），勒图尔米订购了6次，总共118册。此书从一位杰出哲学家的视角，谴责了他所见到的西班牙帝国的征服者和传教士在美洲的暴行，尽管书中有反教会思想，但从未被法国政府禁止。勒图尔米按优惠条件订

购，因为他买的是出版社印刷的盗版，比较便宜。他最常订购的书籍 226
是出版社的普通存货。其中大部分是色情图书:《少女学校》（*L'Ecole des filles*）、《风尘女》和《喜剧与一些色情诗歌集》。色情与政治随意交杂是排在书单上部的那些书籍的普遍特征，如《杜巴丽伯爵夫人逸事》《阿拉斯的蜡烛》和《土耳其人回忆录及他们在法国逗留时的风流韵事》（*Mémoires turcs avec l'histoire galante de leur séjour en France*）。书单中还包括了伏尔泰的三种著作和两种完全合法的（即使是盗版的）书籍：萨米埃尔－奥古斯特－安德烈－达维德·蒂索的《论上流社会人士的疾病》（*Essai sur les maladies des gens du monde*）和让－雅克·拉特利奇的喜剧《智慧局》（*Le Bureau d'esprit*）。勒图尔米订购的全部书籍的清单中，每种书都有一点儿，从霍尔巴赫男爵的无神论著作到布道文集和小说。和其他书商的订购书单相比，历史和游记类书籍相对较少，更令人惊奇的是，卢梭的著作竟然一本都没有。当然，勒图尔米也许从其他供应商那里订过卢梭的著作，不过他做生意的一般宗旨似乎很清楚：集中在图书生意最危险也最赚钱的部分。

勒图尔米不像其他大量经营非法书籍的书商，他从来没有被抓住，而且从来不拖欠货款。1778 年 2 月，即法瓦尔热到访前九个月，他支付了 1180 锂的书款——对一位外省经销商来说算是大额了。对于货物中的缺页和损坏部分，他和出版社有分歧，有时会在勒图尔米的账目结算上演变成争端。法国政府采取的不定期打压措施也使他和出版社的关系受累。1778 年 10 月 5 日，奥尔良的新书商行会建立后，勒图尔米写信表示担忧他的生意会受到严重干扰，不只是在奥尔良，在他们兄弟三人沿途兜售的乡村也可能如此。但是出版社继续通过里昂的雅克·雷沃尔把货物运给他。1780 年，他们的贸易往来渐渐衰微，并在随后几年中止了，很可能是因为出版社的财务困难迫使其从生意

中风险较高的部分撤出，但也可能是因为一批价值 348 锂的货物所产
227 生的纠纷。勒图尔米声称他从未收到这批货，因此拒绝承兑出版社开出的要他付款的期票。他似乎是有道理的，因为出版社派去收账的一位当地商人证明了他的清白和实力：“此人起先几乎一无所有，竟在大约十年内积累了巨额财富，以至于能做一番规模相当大的事业。他的这些大事业也都能如愿以偿地获得成功，所以我们现在都认为他非常有实力。”[1] 简言之，勒图尔米的职业生涯是一个成功的故事——一个从零售商贩蹿到正规书商上层的罕见例子。

勒图尔米的竞争对手路易 – 皮埃尔 · 库雷 · 德维尔纳夫的命运，正好和他相反。库雷起家时占尽天时地利，最后却以实质性的破产告终。他出身于一个与印刷业和图书销售业有着深远渊源的家族，历史可以追溯到 1582 年。[2] 1772 年，他接父亲的班当上了书商首领，而一年前，年仅 21 岁的他就获得了“国王印刷匠”的头衔。经营着一个拥有四台印刷机的印刷厂和一家位于奥尔良市中心米尼姆街（后来的国王街）的“永生书店”（*l'Immortalité*），这个家庭的许多成员都忙碌不已。根据 1764 年王国政府的调查，父亲库雷名望很高，工作努力，看起来也很富有。他的儿子们接班时，主事的似乎是大哥弗朗索瓦。一份 1772 年 5 月 14 日的印制通告和书目上有“库雷 · 德维尔纳夫兄弟”的签名，但这个日期之后的任何信件都再没有提及弗朗索

[1] “弗夫 · 夏森格和小波帕伊公司致纳沙泰尔出版社”，1784 年 7 月 12 日。

[2] 见亨利 · 埃利松，《关于奥尔良印刷商和书商的研究》，第 126—134 页；这篇关于库雷的文章是一位显然很熟悉他的同时代人写的，见 J. F. 米肖和 L. G. 米肖（J. F. Michaud and L. G. Michaud），《古今全传》（*Biographie universelle ancienne et moderne*），巴黎：米肖兄弟，1811—1862；还有一篇未注明日期的手稿，“卢瓦雷传记文献”（Bio-Bibliographie du Loiret），是卢瓦雷档案馆的居伊萨尔（Cuissard）好心提供给我的。

228

勒图尔米兄弟以印刷品零售商贩起家，卖的多半是他们自己委托印刷的粗制滥造的木刻作品，而且在大革命早期，他们继续经营如图所示的这类印刷品

（译者按：这幅木刻作品是法国大革命时期的一幅宣传画，画中人物为“平等女神”，她手持天平秤和《人权宣言》，身边有象征民众武装的长矛、象征“人民主权统一不可分割”的束棒和象征丰收的小神像，脚下的小红帽图案典型地反映了大革命的平民特质，而作品下方的标示“奥尔良勒图尔米公司制作”，则说明了勒图尔米兄弟在大革命时代的政治立场）

奥尔良博物馆

瓦。他们的姐姐嫁给了巴黎最富有、最有权势的出版商夏尔－约瑟夫·庞库克。路易－皮埃尔在写给纳沙泰尔出版社的信中几次提及他的姐夫，并且在他自己的印刷厂印刷了几卷庞库克的巨著《方法论百科全书》(*Encyclopédie méthodique*)。在出版业界有比这更好的人脉的外省书商几乎不存在。

库雷有两份印制书目出现在纳沙泰尔出版社的档案中他本人的卷宗里。从中我们可以清楚地知道他的书店里卖的都是些什么书。第一份书目日期是 1772 年 5 月 14 日，列举了 169 种书籍，涵盖的内容十分广泛。宗教书籍——《圣经》，宗教论著，尤其是布道文——占支配地位。俗世书籍主要有词典、历史书籍，以及严肃的非小说类作品，涉及诸如植物学和医学之类的主题。在纯文学作品和小说中，最引人注目的作家是 17 世纪的巨擘：高乃依(Corneille)、
229 拉辛(Racine)、拉封丹、拉罗什富科(La Rochefoucauld)、费内隆(Fénelon)和波舒哀(Bossuet)。启蒙哲人的著作只占书目的很小部分，尽管含有一些温和的著作，如伏尔泰的《亨利亚德》(*La Henriade*)、孟德斯鸠的《波斯人信笺》(*Lettres persanes*)和卢梭的《新爱洛伊丝》(*La Nouvelle Héloïse*)。这些书籍有 13 种是库雷自己出版的。其中大多数是宗教书籍，诸如《使徒书与福音书评注》(*Epîtres et évangiles avec des réflexions*)、《给基督徒的新年礼物》(*Etrennes du chrétien*)和《基督徒的日子》(*La Journée du chrétien*)。第二份书目是 1774 年 5 月的，包含 38 种书籍，大多数是库雷出版的，而且多是宗教书籍。《现代哲学家，或在理性法院被判有罪的无信仰者》(*Le Philosophe moderne, ou l'incrédule condamné au tribunal de la raison*)是几类书籍中正统调子的典型。库雷通过邮件把书目发送给其他书商和书商兼印刷商。在第二份书目附带的通告中，他自我介绍说是出版业界的

一员。他声称，他印制的图书做工精良，一定好卖，书的价格可以面议，或者可以从对方的库存里挑选书来交换。

书商中间时常有这类书目流传。它们能提供关于某个出版商生意特点的有用信息，尽管在评估任何生意的可靠性时，专业人员会依赖通过贸易情报网获得的信息，也会依赖它们与所涉公司的直接通信来推测。库雷的信很像其他书商兼印刷商的信，只有一点不同：他的信写得漂亮，辞藻甚至过于华丽。他措辞非常用心。他对语言的关心——以及他使用语言的方式——在1774年5月写给纳沙泰尔出版社的一封信中表现突出："如果我的几段诗——那是我在闲暇时的作品，或许能有幸得蒙你们的纵溺，在贵社那极受大家喜爱的刊物上觅得一席之地，我会感到不胜荣幸。"换句话说，库雷不只是一位书商，还是一位诗人，他想让纳沙泰尔出版社在它的月刊上发表他的诗。

纳沙泰尔出版社的《赫尔维西亚月刊》是一份精心编辑的刊物，刊载纯文学随笔和像库雷投来的这类轻体诗。库雷也出版一种期刊，叫《奥尔良广告报》(*Affiches de l'Orléanais*)，前身是他父亲的《奥尔良通告报》(*Annonces de l'Orléanais*)，主要用于传播当地的广告。他提出与纳沙泰尔出版社交换刊物，并让奥斯特瓦尔德确信，《赫尔维西亚月刊》应该扩大它在法国的知名度，这有利于法国文学的进步。虽 230
然库雷写信用的是印刷商兼书商同行的语气，但是他的地位与奥斯特瓦尔德的地位相比要差一大截。1774年，奥斯特瓦尔德61岁，在纳沙泰尔享有学者和市民领袖的声望；纳沙泰尔出版社大规模出版书籍，并且卖到了整个欧洲。而库雷当时才25岁，正试图扩大从其父亲那里接手的生意，同时想在奥尔良为自己闯出一片天地。

当地的历史资料显示，库雷似乎积极参与了该城的文化生活。他是奥尔良皇家物理学会的创始会员，该学会后来发展成该城的学院。

他对植物学兴趣浓厚，是当地植物园的资助者。他是一个共济会支部的积极成员，还写出了几大本诗歌和随笔，或许在一些沙龙和文学圈子里朗读过，之后自行出版。通读他的这些出版物，可以对一位自以为有文学天分的书商做出评估，同时提出一个有关书商作为文化中介的作用问题，即他们个人的品位和信念，会在多大程度上影响他选择向读者提供的书籍？

库雷 21 岁时发表了他的第一部作品《穴居人》(*Les Troglodites*)，那是一部用古典的亚历山大格式诗歌体写下的五幕悲剧。1770 年作品获得审查官批准，"在奥尔良的国王印刷匠库雷 · 德维尔纳夫的印刷厂"出版。如库雷在序言中所说的，他从孟德斯鸠的《波斯人信札》获得基本灵感，打算证明"上帝保护美德，一个堕落的国家迟早会被具有优良道德的民族战胜"。这种美德的主题以更伤感的情绪出现在一部选集里，名为《用作儿童和青年读物续编的选集，或适合用来既让他们娱乐又启发他们向往美德的短篇故事选》(*Recueil pour servir de suite aux Lectures pour les enfants et les jeunes-gens, ou choix de petits contes, également propres à les amuser et à leur inspirer le goût de la vertu*，1782)。库雷在解释选择这些故事所依据的理由时，强调了简朴、自然和儿童固有的天真无邪这些主题。另一部选集，《法国的阿那克雷翁，或用于社交场合的歌曲、浪漫曲、小抒情曲、叙事诗歌和诙谐语集》(*L'Anacréon français, ou recueil de chansons, romances, ariettes, vaudevilles, et*
231 *à propos de sociétés*，1780)，具有库雷自己写作并显然在社交聚会上朗读过的那种轻体诗的特色。它以一首为向"C 夫人"献殷勤而作的诗开篇，然后洋洋洒洒发展成两大卷，都是些空洞乏味、装模作样的诗句，他声称它们表现了法国人特有的"无拘无束的快乐"。

在一种卢梭式情感潮流的冲击下，库雷作品的俗气逐渐消退，如《论友谊，随后附上几首库雷·德维尔纳夫的即兴诗，其中结合了P夫人对日内瓦卢梭的亡灵表达的母亲般的感激之情》(*Discour sur l'amitié, suivi de quelques poésies fugitives, par M. Couret de Villeneuve, auxquelles on a réuni les Sentiments des reconnaissance d'une mère, addressés à l'ombre de Rousseau de Genève, par Madame P****, 1782)。这本小书的主要部分是库雷在一次共济会聚会上的演说。他作为一名"完美的共济会会员"发言，祈求"宇宙的伟大建筑师"，却根本不提基督教，并且声明平等原则是社会美德——"宽容、慈善、热爱祖国和邻居"——的基础。按照库雷的解释，这些观念绝不是抽象的，它们挑战了旧制度的等级秩序。他强调，贵族无权属于社会上层，而且任何主张拥有特权的贵族都只会遭到蔑视："如果你没有个人功绩……我将把你看作栖息在世系树上的人，害怕会跌落尘埃。"附随的P夫人的随笔支持了这种主题思想。P夫人其实就是库雷的姐姐，出版商庞库克的夫人。她称赞卢梭是自然情感和社会关系的捍卫者，尤其在家庭内部。然而，书以库雷最俗气的一首即兴诗结束，显得不伦不类："在一个舞会上，递给……夫人一只橙子，上面写着，给最美丽的夫人，同时把这首诗献给她。"

他的这些出版作品中，没有任何独创的或不寻常的东西。它们表明，这是一位年轻写作者在涉猎互不相干的一些主题，并试图在文人共和国(the republic of letters)属于他的那个小角落里获得些许认可。这些作品与其他有抱负的作者的作品的不同之处在于，它们是库雷自己出版并销售的。尽管有几位出版商，包括奥斯特瓦尔德，偶尔也发表一部著作，但库雷是唯一一位一边经营着图书生意，一边又试图追求文学生涯的书商——至少在法国，这是独一无二的。英国的塞缪尔·理查森(Samuel Richardson)和德国的克里斯托 232

夫·弗里德里希·尼古莱（Christoph Friedrich Nicolai），他们同时扮演这两种角色获得了巨大成功。库雷的写作没有获得任何认可，但他写的东西很多，所以我们还是能够据以了解他在当时相互冲突的种种文学思潮中的立场。他主动加盟了启蒙运动。他的思想观念明显源自孟德斯鸠和卢梭，而且他表达这些思想观念的方式好像还有点激进。

库雷选择在他店里销售的书籍时，会受到这些个人信念的影响吗？从他印制的书目来看，答案是否定的。上面已经提到，他进的货以正统的宗教书籍和严肃的非虚构类书籍为主，掺杂了一些正规的文学书籍，主要是17世纪作家的著作。当然，库雷可能会偷偷销售非法书籍，也不会在他印刷的署有他名字的书目上列出非法书籍，只是他向纳沙泰尔出版社订货的模式无法反映出这一点。这些订单上被归为激进的书籍很少。位列他的“畅销书”——统计数据显示的他最常订购的书——书单榜首的，是米约的通俗而规矩的《古代和现代通史纲要》。接下来是雷纳尔神父的《哲学和政治史》，这套书当然表现了一种激进的启蒙思想，尤其是其中由狄德罗匿名撰写的片段。不过，库雷是在1781年该书被禁之前订购的，之后再也没有订过，而这时此书已成为地下市场的畅销书。书单上的其他书籍几乎都是实用性的——有关治病、养马和美发的小册子。库雷订购了数量较多的儿童读物，这些书是他编写自己的儿童故事集的范本。除了雷纳尔的《哲学和政治史》，书单上唯一一本启蒙运动书籍是纳沙泰尔版的伏尔泰《关于百科全书的一些问题》。卢梭的著作显然不在书单之上。

库雷订购书籍的总书单上——跟他的“畅销书”书单形成对比——有三种有关共济会的书，这可能反映了他个人的兴趣。总书单上还有一些伏尔泰的著作，有霍尔巴赫的激进论著《自然的体系》，

和两本关于路易十五及其大臣的政治毁谤书籍。然而，这些禁书像 233
是打破了库雷只经营图书贸易中随处可见的、公开流行的书籍这一规则。启蒙运动书籍在他书店的架上占有一定位置，但是比重很小。他的个人信念里有激进思想，但这对他向读者供应的图书没有什么影响。

库雷的生意作为商业经营活动似乎没有什么特别的地方。在与纳沙泰尔出版社建立关系之后，他为了寻求获得稳定的供货——并让出版社对他建立起"信任"——连续不断地下小批量的订单，并按时支付货款。他必须克服所有从瑞士进货的外省书商都会遇到的障碍：运输费、延迟、像里昂书商行会这样的检查点所造成的种种麻烦，以及被他斥为"巴黎书商为防止盗版书销售和流通而施行的精心阻挠"。库雷卖了很多盗版书，所以听说政府要整顿图书贸易时，他深恐大难临头。以前，图书的进口在奥尔良不曾受过检查，但是1777年法令在该市建立了书商行会，其主要任务就是消灭盗版书。库雷通知纳沙泰尔出版社，他不想冒风险，要停止从国外进口图书了。1778年1月，他证实新书商行会确实像他所担心的那样严厉，因为它是在政府的密切监视下工作的。不过，五年后，他当上了副理事，不久又升任为理事。他许诺，在这个职位上，他有可能为纳沙泰尔出版社的货物打开方便之门。

库雷与纳沙泰尔出版社做生意所受到的最大限制是经济上的，而不是政治上的。他在1775年1月发出了多年来第一封抱怨图书贸易遇到艰难时期的信，并且拒绝承兑出版社开给他的期票。他自己另开了一张期票，将到期日延后，并附上一份订单再要一些书。随后，期票和订单的交替一直持续了三年，伴随着拒绝承兑、关于到期日的争执，还有对库雷账目上尚欠余额的意见分歧。他们的交锋最终变得十

分尖锐，以至于库雷在1779年7月25日的信中宣布，他要结清账目，
234 停止向出版社订货了："你们授予的信用太低，你们的生意和我们的一样艰难，做事却缺乏弹性，这迫使我放弃这种联系，对我来说成效太差了。"

实际上，通信一直断断续续地保持到1787年6月，出版社的最后一封信表明，它还在催库雷偿还一笔233锂的旧债。虽然库雷的最后几封信散佚，但从出版社的回信可以看出，他对出版社有关他账目的情况有异议。也许他对出版社缺乏弹性的抗议不无道理，但出版社与真正"有实力"的书商就不会陷入这种争端，那些书商为了捍卫自己的声誉——而且正如他们所说，捍卫他们的签名的荣誉——会及时付清货款。法瓦尔热1778年视察库雷的生意时就对他颇有微词："库雷·德维尔纳夫虽然表面上光彩照人，但肯定属于平庸之辈。"库雷设法让他的生意支撑到了1789年；但随着大革命波及奥尔良，他的生意就垮了。他动身去了巴黎，在革命政府中谋到了一份负责监督印刷厂的工作。其间，勒图尔米兄弟继续做他们的生意，推销一些赞同第三等级事业的通俗印刷品——在1780年代为生存进行的全面竞争中，零售商贩兼书商们击败了这位书商兼作家。

第戎

法瓦尔热11月10日离开奥尔良，11月15日很晚才到达第戎，5天行路将近320公里。考虑到他半路上还停下来视察了欧塞尔的书店，这速度已是相当快了。马儿还能挺住，但马具已有磨损的迹象。法瓦尔热必须买一条新缰绳，马鞍也要重新整理一下，同时还要换一

副马掌。欧塞尔只有两家书商，都因“付款很难”而出名。不过其中一家，皮埃尔·博纳尔，让法瓦尔热觉得是个诚实的人，有一间存货不错的书店，而且下了一份大订单，品种还不少。

第戎拥有厚实的椭圆形城墙和四座大门，法瓦尔热通过其中之一
入城。他沿着两旁种植了榆树和椴树的宽阔街道进入了市中心，那里
坐落着一些书店。城里有众多宏伟壮丽的建筑物，屋顶上铺着绚丽多
彩的瓦片，建设年代可追溯到15世纪勃艮第公爵的鼎盛时期。另外还
有许多联排楼房，都是最晚近的新古典主义风格的建筑。从一个出版
商的角度看，第戎的贸易似乎有一种令人愉悦的平衡：葡萄酒桶运出 235
去，书籍货包运进来。当然，这种说法太简单了，没有考虑到第戎经

第戎，蚀刻画，摘自《新版法国风光游》，巴黎，奥斯特瓦尔德，1817（BiCJ）

济的复杂性。除了葡萄酒，第戎还做小麦、纺织品、铁器和镜子等方面的生意。作为外省首府之一，第戎还是个图书贸易中心，因为它拥有门类齐全的各种机构，包括一所高等法院、一所间接税法院和一所审计法院、一座总督府、一所拥有大型法学院的大学，以及一所学会，它们都是书店的重要客源。书商数量从 1764 年的 7 家增加到 1777 年的 10 家，1781 年又增加到 12 家。他们征集的《百科全书》订户数量非常多（152 册，几乎是格勒诺布尔的两倍，而两城人口相同，都是 20,000 人）。该省具有读写能力的人数比率比较高，成年男子可达到 54%。读者们会订阅当地的通报（*affiches*），也会光顾读书会。所有这些迹象表明，第戎可能是纳沙泰尔出版社的一个潜力巨大的市场。

236 然而法瓦尔热没有在第戎的书店久留。出版社已经命令他不要耽搁，他也需要在下雪前赶到汝拉山关口，以免大雪造成山路骑行的困难。第戎城里的十家书商中他只考虑去两家看看，一家是让 – 巴蒂斯特 · 卡佩尔，一家是路易 – 尼古拉 · 弗朗坦（Louis-Nicolas Frantin），都是纳沙泰尔出版社的潜在客户。他给了弗朗坦一份书目，但似乎觉得不会有任何成果，也确实没有；弗朗坦从未给纳沙泰尔出版社写过信。出版社倒是收到过另外三家书商的几封信，他们是弗朗索瓦 · 德万特（François Desventes）、安托万 · 伯努瓦（Antoine Benoit）和让 – 巴蒂斯特 · 马伊（Jean-Baptiste Mailly）；但是他们也都没有发展成客户。所以现在只有卡佩尔——他在市中心的圣让广场开了一家印刷厂和一间书店——能帮忙了：纳沙泰尔出版社必须靠他来打进第戎这个似乎很有潜力的图书市场。

法瓦尔热认识卡佩尔。两年前，他在出差期间拜访过卡佩尔，并曾报告说，尽管卡佩尔是当地书商行会的头儿——抑或正是因为这一点——他特别想买禁书，并帮助纳沙泰尔出版社推销它们："第戎……

卡佩尔先生是好书商之一。至少他的书店品种很全。他经营大量‘哲学书籍’……他是书商行会的检查员。我们经过茹涅（地处汝拉山脉通路上的一个小镇）的所有货包都是他经手。他对此没有顾忌，但是警告我在他的检查员任期结束后要小心。接任的人可能要差些。”

尽管前景不错，但在随后的两年里他们的生意并没有做大。纳沙泰尔出版社在供货路线上总会遇到麻烦——无论是在瑞法边境，还是在第戎本地。它需要在第戎有一位可靠的代理人帮它让货物顺利通关。第二章说明过，卡佩尔拒绝当它的代理商，尽管他有时愿意合作。该市最重要的货运代理商弗夫·拉莫父子公司（Veuve Rameau et fils）愿意处理纳沙泰尔出版社的货包——但是当他们知道货包的内容时就放弃不干了。1777 年 3 月 18 日，他们写信愤怒质问：“你们为什么把禁书发运到王国来？……我们再也不想接收任何这样的货物了；如果有人发过来，我们就第一个要求把它们没收……因为我们不想卷进任何违背国王命令的活动……真令人吃惊，你们自己违犯国法，竟敢让我们以个人名义对任何失误负责。”[1]

纳沙泰尔出版社很少收到这样赤裸裸效忠体制的信，为应付警察拦截而有意写的可公开的那种假信除外。弗夫·拉莫的言辞显然是认真的，它证明了国外出版商在运输系统的中间人中很容易找共谋的说法并不属实。 237

法瓦尔热 1778 年再次尝试安排到第戎的货运时，他撇开了弗夫·拉莫父子公司，转向雅克·尼布拉父子公司，他们是货运代理商，兼做制造蜡烛的小生意。尼布拉同意接受纳沙泰尔出版社的货物，并设法让附随的货物通运准单得到处理（一个很棘手的活儿），尽管当

[1] “弗夫·拉莫父子公司致纳沙泰尔出版社”，1777 年 3 月 18 日。

地书商行会没有这方面的权力，因为第戎不是正式的口岸城市。这里的书商行会行事马虎草率。它的官员在三楼一个邋遢的房间开会，而且没有足够的资金租借大面积的存储空间来实施货物检查。[1] 因此，书籍货物运到第戎后，通常先由当地海关官员拆封，然后送到大市场，和其他各类货物堆放在一起。根据与法瓦尔热协商作出的安排，尼布拉将从大市场取回货物，拉到他自己的办公室，拿掉出版社单独包在货包上部的所有禁书，然后请卡佩尔来检查。尽管卡佩尔作为理事肩负着责任，但他乐于为纳沙泰尔出版社提供方便。他发现没有非法书籍，就会对货物通运准单进行处理，这样尼布拉就可以把它寄回给瑞士边境的海关官员了。虽然重量在货物通运准单上有记载，但卡佩尔会忽略核实，所以没有迹象表明有书被拿掉了。如果货物就是发给他的，他就会把它带回书店。如果不是，尼布拉会把它转运给出版社的另一家客户，而且货包不会再有被检查的危险，因为它已属于国内货物了。法瓦尔热得知，这种方法对洛桑和日内瓦的出版商兼批发商来说很有效。当他离开该城时，一切似乎准备就绪，纳沙泰尔和第戎之间的图书贸易将有重大推进。

但是事情并没有那么顺利。1778 年 12 月，在法瓦尔热到访一个月后，尼布拉证实，他会发挥他的作用，但是又警告纳沙泰尔出版
238 社，他不保证对任何失误负责，而且现在风险似乎很高，因为新理事上任替代了卡佩尔，他们宣称检查将十分严格。一年半以后，尼布拉放弃了货运代理商的生意，一门心思做蜡烛去了。他的引退是纳沙泰尔出版社的一大损失，因为在第戎巍峨厚重的城墙内，出版社找不到

[1] 科多尔省档案馆，mss. C381–383。

任何人来照顾它的货物。[1]

其间，纳沙泰尔出版社与卡佩尔之间的生意徘徊不前。1777 年 2 月，他们的生意好像有了些希望。奥斯特瓦尔德去巴黎出差，他在贝赞松乘上的马车，途中曾作短暂停留并拜访了卡佩尔。他显然说服了卡佩尔相信纳沙泰尔出版社是一个卓越的供应商，因为几天后，卡佩尔就根据奥斯特瓦尔德留给他的书目下了一份订单。订单包含 36 种书籍，种类十分广泛：游记文学、历史、儿童读物、小说和几种 17 世纪的古典著作（莫里哀和拉封丹的著作）。他还要求订一部政治毁谤著作《特雷修道院长回忆录》，尽管书目上没有，但他认为出版社可以提供。卡佩尔解释说，这份订单是一个尝试，作为他评估纳沙泰尔出版社图书存货的纸张和印刷质量的一个方法。他希望能由此发展出一些互利关系。

他在 6 月份以一个印刷商同行的身份写信说，他招募了一些愿意到纳沙泰尔出版社印刷厂工作的工人。9 月份他又下了一份订单，尽管第一批货由于跨境运输遇到麻烦延迟了。出版社在回信中问他是否愿意做承保人，让货物通过他的书商行会发运。他拒绝了，不是因为他坚持原则，而是因为风险很高：他解释说政府最近发了命令，书商行会在进行检查时要格外严格。出版社继续向卡佩尔求助，但他不予理睬，而到了这年年底，他似乎生气了。

虽然他的信总是写得很礼貌，而且文笔不错（他的受教育程度似乎比许多较小的书商高一些），但语气是冷淡的。1777 年 11 月 27 日，他抱怨说，出版社的书一本都没有到货。他从出版社得到的信息和从

[1] “尼布拉父子公司致纳沙泰尔出版社”，1778 年 12 月 29 日、1780 年 1 月 13 日、1780 年 5 月 2 日。

它的中间人那里得到的相互矛盾，而且不得不白白支付邮资（在18世纪，信件邮费都得“到付”），令他恼火：“麻烦和耽搁令我十分气
239 馁……我收到的纳沙泰尔来信，有几封什么也不说，其他几封则宣布货到不了，这让每件事情看上去都像是一场滑稽剧，而我就是其中一个受骗上当的角色。”

这些麻烦，许多是由1777年8月30日的法令带来的不确定性造成的。法令颁布已经三个月，卡佩尔还不曾见过它的文本，即使他是第戎书商行会的理事。他最终在11月看到了这个法令，还是一位朋友借给他的。当时他的第一反应是做出预告：这项立法不可能实施，因为巴黎书商曾对它的一些方面提出过抗议，会成功地予以阻击。不过尽管如此，第戎的书商们还是应该就他们的盗版书持有情况向政府发一份报告，并在年底前开始给它们打上标记。

1778年1月，卡佩尔终于收到了纳沙泰尔出版社的一批货物。可他整理货物时，却发现其中没有他订购的书籍。后来发现，这些货包原来是要发给多勒（Dôle）的名叫夏博（Chaboz）的书商。这次失误让纳沙泰尔出版社的货运系统看起来似乎正逐渐失灵，但尽管发生了这种情况，卡佩尔还是要求出版社发给他6册《法国掌玺大臣米歇尔·德洛皮塔尔的历史颂词》（*Eloge historique de Michel de L'Hospital, chancelier de France*），并且说，他还热切希望征集四开版《百科全书》的订户。2月，给卡佩尔的主要货物终于运到。他写了一封信，表示希望此后他们的生意可以稳步继续下去。

1778年7月，他写信说，政府法令在第戎仍然没有生效。他预料将有两位理事要来替换他，将来会如何处理纳沙泰尔出版社的货物他不得而知。他会尽可能提供帮助，但是他警告说，“我可不想让自己受到连累。”这就是四个月后法瓦尔热到访时实际发生的情况。由于

已经和尼布拉有过约定，法瓦尔热觉得和第戎的贸易有希望振兴。然而事与愿违，1778 年 12 月，尼布拉报告说新理事上任了，决心没收所有非法货物。就在这时，卡佩尔停止了从纳沙泰尔订购书籍。

因为卡佩尔的订货数量从来都不大，所以根据这些订单做出的统计只能让人稍微了解一下 1777 年左右第戎的图书贸易情况。卡佩尔 240
需要一些教学用书，他订了皮埃尔·雷斯托的《简明法语语法原理》和尼古拉－安托万·维亚尔（Nicolas-Antoine Viard）的《法语朗读、拼读和发音的正确法则》（*Les Vrais principes de la lecture, de l'orthographe et de la prononciation française*）各 12 册，以及 6 册《算术，或供无师自学用的简易算术课本》（*L'Arithmétique ou le livre facile pour apprendre l'arithmétique de soi-même et sans maître*）。他还要了匿名文选《儿童读物，或既能让孩子们快乐又能让他们爱美德的小故事选》，和流行的、让娜－玛丽·勒普兰斯·德博蒙（Jeanne-Marie Leprine de Beaumont）的《儿童杂志，或一位聪明的女家庭教师与她的上流社会小学生的对话》（*Magasin des enfants, ou dialogues d'une sage gouvernante avec ses élèves de la première distinction*）。政治书籍则有激进的毁谤性书籍《特雷修道院长回忆录》和马布里神父的理论著作《论立法或法律原则》（*De la législation ou principes des lois*）。

我们可以想象得出第戎的律师和高等法院官员在卡佩尔的书店里用指头翻阅这些书籍的场景，尽管他从未指明任何顾客的身份。他订了西蒙－尼古拉－亨利·兰盖颇受争议的《兰盖先生致韦尔热讷伯爵先生的信》；但是后来他后悔了，因为它没有及时运到："它已经不再流行了，我要降 10 苏把它们甩卖掉。"卡佩尔订的其他书籍种类广泛。外省经销商通常订购的就是这几类书籍，它们也不是纳沙泰尔出版社提供的书籍所特有的，因为卡佩尔指出他从别的出版社进过同样的书籍，包括里昂和巴黎的出版社。他的卷宗证实了我们从其他书商的卷宗里获得的印象：在法国外省地区，读者对各类书籍的需求量都很大，但是这一需求并没有得到满足，这是因为书籍难以运到书商手中。日内瓦和洛桑的出版商兼批发商也许比纳沙泰尔出版社做得更成功一些，而后者和第戎的交往，只是一个商机频失的故事。尽管法瓦尔热已经建立了一些新的关系，也谈妥过几份合算的订单，但是他的法国中部之行是令人失望的。

第十二章

贝赞松

书籍销售最旺的地区

贝赞松，蚀刻画，摘自《新版法国风光游》，巴黎，奥斯特瓦尔德，1817（BiCJ）

任何人从第戎旅行到贝赞松（96 公里）和弗朗什－孔泰的其他地方，都知道景色变化是多么显著。草地取代了葡萄园，丘陵变成了高山，山谷两旁切成悬崖峭壁，幽深的谷底奔腾着湍急的溪流。我们想象不出法瓦尔热是如何穿越的，这不只是因为他没有描述过，而且他在离开第戎后，就完全停止写信了（他很快就会回到纳沙泰尔，可以就最后一段旅程进行口头汇报）。他的日志显示，他在去贝赞松的途中穿过多勒，然后就沿这条路越过汝拉高原到达蓬塔利耶（62公里），接着从那儿沿着塔威山谷向下，回到纳沙泰尔（58 公里）。法瓦尔热孤身一人，骑着马，顶着冬天的头几场暴风雪，跨过道路崎岖的山口。

到达贝赞松后，他便进入了自己熟悉的地域。不仅是因为他以前在那里待过，而且因为该市的书商与汝拉山脉另一侧的纳沙泰尔供应商关系密切。贝赞松是一块图书消费的乐土。这里有读写能力的人口比率高，有一所高等法院以及其他几个法院，有总督府、众多行政管理机构、各种各样的文化和教育机构。根据 1764 年的调查报告，图书销售生意在这里谁都可以做。没有书商行会，从事这种贸易不需要官方批准。任何人都可以开店，甚至都不需要从学徒干起，只要警察许可就行。报告指出，结果这里就有了许多五花八门的图书经销商，他们受教育不够，缺乏资质。他们什么样的书都卖，包括很容易从瑞士弄到的禁书。到 1781 年，贝赞松有 12 家书商、4 家书商兼印刷商上了《出版年鉴》，对一个有 25,000 人口的城市来说确实很多。

要了解贝赞松的图书市场，没有比大夏尔－安托万·夏尔梅及其妻子的信件更好的资料了。夫妻俩夫唱妇随一起打拼，1783 年丈夫过世后，妻子把生意接过来继续做。从 1759 年到 1788 年，他们与纳沙泰尔出版社一直保持着稳定的通信联系，共写了 179 封信，涉及大量生活细节，为我们了解外省书商提供了一份不可多得的可靠资料。[1]

---

[1]　在纳沙泰尔出版社档案中，夏尔梅的卷宗称他为“大”夏尔梅，没有给出他的名字。我首次发表关于他生意的叙述时，错误地假定他是让－菲利克斯·夏尔梅，在《出版年鉴》上被列为“印刷商兼书商”，而不是只被列为“书商”的夏尔－安托万·夏尔梅。见《法国大革命前的畅销禁书》（*The Forbidden Best-Sellers of Pre-revolutionary France*），纽约：Norton，1996，第 32—39 页。贝赞松市档案馆的埃韦·勒科尔（Hervé le Corre）好心提供给我的资料显示，大夏尔梅是夏尔－安托万·夏尔梅。他的弟弟让－菲利克斯·夏尔梅是一位印刷商，根据 1764 年对印刷商和书商的调查报告，他印制宗教仪式用书、历书和贝赞松律师的法律简报（详情见网站 robertdarnton.org 上有关贝赞松的资料）。让－菲利克斯在他的印刷厂出售自己的产品和其他材料，主要是宗教小册子。第三章说明过，外省的印刷商常常开展零售的小生意，适合当地市场，但是不在通常的图书贸易中流通。尽管书籍史学家通常主要关注与启蒙运动有关的书籍和其他各类流行书籍，但是他们从不否认每日祈祷书、宗教书籍、年鉴、历书、廉价畅销故事书和其他所谓大众书籍的广泛传播。例如见罗贝尔·芒德鲁，《论 17 和 18 世纪的通俗文化》，巴黎：Stock，1964；利斯·安德里埃，《蓝皮丛书：沿街叫卖的书籍》，巴黎：Robert Laffont，2003；弗朗索瓦·菲雷及其他人（François Furet et al.）编，《18 世纪法国的书籍与社会》（*Livre et société dans la France du XVIIIe siècle*），两卷本，巴黎：Mouton，1965，1970；和菲利普·马丁，《一种书籍的宗教（1640—1850）》，巴黎：Cerf，2003。西蒙·伯罗斯在一篇关于夏尔梅的文章中详述了这类宗教书籍，参阅“文化和书籍监管：法国旧制度末期的地下书籍、非法书籍和通俗读物”（Culture and the Book Police: Clandestinity, Illegality, Popular Reading in Late *Ancien Régime* France），2015 年 5 月 12 日在 H-France 网站上发表，见 www.h-france.net/rude/rudevolvi/BurrowsVol6.pdf。（转下页）

夏尔－安托万1735年12月8日生于一个书商世家。[1] 他的父亲是书商，弟弟让－菲利克斯是印刷商。根据1764年的报告，当时29岁的夏尔－安托万开的书店刚刚破产。五年后，他首次出现在纳沙泰尔出版社的档案中时，他是家族企业“夏尔梅兄弟姐妹公司”的成员，向纳沙泰尔出版社的新印刷厂供应纸张和其他材料。“夏尔梅兄弟姐妹公司”也经营小规模的图书生意，自1771年年底，他
243 们开始向纳沙泰尔出版社下订单，从梅西耶的《2440年》开始。到1773年10月，夏尔－安托万在市中心的圣皮埃尔街开了一家自己的书店。

夏尔梅的信偶尔提到其他的一些供应商，他们大都住在洛桑和日内瓦，但这些信表明他总是喜欢从纳沙泰尔出版社订货。1782年9月6日，他写道，“我们喜欢和你们出版社做所有生意，我们对你们出版社心怀感激和尊重。”纳沙泰尔出版社之所以博得他的感激，是因

（接上页）出于某种原因，伯罗斯把我关于夏尔梅的早期著作看作对一个胆大妄为、专营禁书的书商的“高度令人误解的”叙述，尽管几年前我在我的网站上发表过关于夏尔梅的论文，强调他是个谨慎的书商，他的生意中经营禁书的部分比重较小。伯罗斯的解释把夏尔梅说成是一个绝对专营宗教书籍的书商。然而，遗憾的是，他搞错了，他研究的对象是印刷商让－菲利克斯·夏尔梅，而不是书商夏尔－安托万·夏尔梅，因此得出的结论与证据给出的结论截然相反。伯罗斯利用书商在为符合1777年8月法令把他们的盗版书籍打上印记时，官方对书店的检查记录，得出了不令人意外的结论，称让－菲利克斯经营大量宗教书籍。他发现我研究的对象夏尔－安托万·夏尔梅根本没有打上印记的存货书籍。此外，贝赞松唯一的另一位与纳沙泰尔出版社有大量生意往来的重要书商小莱帕涅，在他打了印记的存货书籍中，宗教书籍只占5%。和法国其他地方一样，生意规模小的地方书商，其经营范围很小，仅限于卖些宗教图书和应时印刷品，流行小说和非小说类书籍（大致相当于如今所谓“普通版图书”[trade books]）的销售生意则由他们镇上大量订购书籍的一两位书商去做。有关这个问题的详细讨论，见我的论文，“启蒙运动研究的普及与混乱”（Diffusion and Confusion in Study of Enlightenment），将由H-France网站发表。

[1] 贝赞松市档案馆，GG189，f.28。感谢埃韦·勒科尔把这份资料提供给我。

为有段时间他重病卧床不起，出版社同意延缓结清他的账目。就在那时他和出版社的董事们有了私交。他常常去纳沙泰尔和他们当面商谈订货，也安排货运路线，包括在蓬塔利耶附近边境的偷运行动。这种访问导致一种近似友谊的关系，可以从他写信的语气看出来。尽管信件保持了商业信函流行的有条不紊的风格，但是语气渐渐变得亲切热情。1777 年 3 月 7 日，夏尔梅写信给当时在巴黎出差的奥斯特瓦尔德和博塞，仅仅是让他们放心，纳沙泰尔的一切都很好。他刚刚访问了出版社本部，他们的妻子身体健康，极其“亲切、礼貌和热情”地接待了他。

由于有这些密切的关系，夏尔梅的信件具有其他大多数书商的商函所缺乏的一个方面。它们不仅反映了他订购图书的情况，还反映了他订货所采取的策略——他在进货时评估市场并考虑不断变化的情况所采取的方式。他做生意的指导原则是谨慎。他虽然订过一些禁书，但是只要感觉到有一丝风险，他就会停手，而且他经营的书籍大部分都不是违禁的。对于新版书，订购前他会先尝试读一遍，以便预测什么是能吸引顾客的东西。无论何时，只要有可能，他都要先在他自己的顾客中进行预订，然后再向出版社订购，他很少大量订购某一种特定的书。“我把销售当作指南针，”他解释说，“我背离它是不可能没有危险的，这就是我不冒一丝风险的原因。”他在早期的信中把自己说成是“小零售商”，尽管法国政府 1778 年建立本地的书商行会后，他被选为最高官员（理事）。他规避风险，保守地估计市场需求，订购数量从不超过他认为能卖掉的数量。按照夏尔梅夫人（Mme 244
Charmet）所说，他的订货策略是“图书品种要多，而每种图书的数量要少”。

根据夏尔梅的订单作出的统计证实了这句话。尽管对于某种特定的书，他偶尔会为得到免费的1册而订了12册（这是纳沙泰尔出版社对最佳客户的优惠），但他通常都只订6册，如果发现卖得好，就会再订。例如，在订购让利斯夫人的《适用于年轻人的戏剧》（*Théâtre à l'usage des jeunes personnes*）这部曾经风靡于18世纪但如今已被遗忘的著作时，他从1779年12月到1787年4月，分八次订购了110册。像其他书商一样，为了节省运费，夏尔梅订购的图书品种都很多，以便使货包重量至少能达到50磅。典型的订单如1775年5月29日发给出版社的一份，包含了27种书籍，每种一般是2到6册。只有在很少的情况下，当他觉得某种书籍需求量大时，他才冒险一开始就下大单——而后来又再次订购这种书籍一般就表明他先前的估计是正确的。1781年的情况就是如此。新书内克的《1778年内克先生关于建立外省行政机构致国王的备忘录》，据称有望成为畅销书。夏尔梅在5月30日订购了100册，6月29日订了50册，1783到1785年间，又在不同的日期订了17册。

对夏尔梅的订单逐月进行统计，就可以非常清晰地了解一个外省首府的图书需求情况。内克的《备忘录》（增补了《赞成与反对内克先生的著作全集》[*Collection complète de tous les ouvrages pour et contre M. Necker*]）和让利斯夫人的《戏剧》居于夏尔梅最常订购的书籍清单的榜首。随后就是一些从关于路易十五宫廷的毁谤性书籍中挑选的最受欢迎的书，尽管夏尔梅一般避免订购禁书。他喜欢哲学家观点温和的书籍：伏尔泰的《哲学通信》以及《理性的历史颂歌》（*Eloge historique de la raison*），此外还有卢梭的《忏悔录》。他甚至很热切地想订购梅西耶的《巴黎图景》和马蒙泰尔的《印加人》。克洛德－约瑟夫·多拉的轻体诗、戏剧和寓言在订单中也显得突出，此外还有雷纳尔的《哲

学和政治史》。[1] 而夏尔梅的全部订单表明，对历史书籍、游记、几 245
部小说和一些科学书籍的需求相当可观。

这种一般的模式在法国其他地方的大多数大书商的订单中都能发现，虽然对个别书籍的需求各家书店会有所不同。夏尔梅的例子不一般的地方，是他在下订单的时候，还对书籍和作者进行评论。他和许多书商一样，抓住机会利用读者对凡尔赛宫廷内部生活的好奇来牟利，尽管他不会冒险，也不想让他的书店充斥粗俗的毁谤书籍。1775年9月30日，他写道："如果你们邮寄给我……两本八开版的《路易十五回忆录》，让我看看它是什么样的书，我将不甚感激。如果是本好书，并且有可能卖得好，我就订购100册。但是，如果它和《杜巴丽夫人轶事简编》（*Précis de Mme du Barry*）（有关路易十五的情妇的一种毁谤性传记）是一路货色，那订购12册就够了。"显然他觉得《路易十五回忆录》还不错，值得向他的读者推荐，因为当出版社未能及时把书发运给他时，他抱怨说："我每天都因为《路易十五回忆录》被顾客吵得焦头烂额，这都怪我过早地跟他们提到这本书。"夏尔梅还认定《路易十五的私生活》是一本潜在的畅销书。但是这本书在出版商兼批发商一层需求就特别大，因此出版社无法充足供应。两周后，他们给他发了26册，但是他还要26册，抱怨说他的竞争对手已经从其他供应商那里弄到货了。缺货，出版社解释说，他们跟另一家出版商做过一笔交易，要按折扣价购买200册，但是此人违约了，为

[1]　实际上，如纳沙泰尔出版社的"订单与货运登记簿"显示，夏尔梅在访问出版社期间订购了更多的《哲学和政治史》。书商在靠近纳沙泰尔的地方亲自下这种订单是很少见的，而且不出现在书商的信函中。遗憾的是，"订单与货运登记簿"只涵盖了1774年至1784年这一时期；而出于保持一致的原因，我只汇总了从书商的信中得到的数据。因此，结果不完全符合夏尔梅从纳沙泰尔出版社订购的全部书籍。

了赚快钱要留着自己卖。

根据夏尔梅的估计，通过市场对毁谤性书籍的需求来争夺利润的热情，在1781年后期开始减退。他劝纳沙泰尔出版社印刷四卷本的新版《秘史》(*Chronique scandaleuse*)，即《英国间谍》，即使它已经不再是抢手货。“这本书不错，但销量开始下降。25册对我来说足够了，这里已经卖了100册。但是《英国观察家》(*L'Observateur anglais*)、《作为法国文人共和国史的秘密回忆录》(*Mémoires secrets pour servir à l'histoire de la république des lettres en France*)、《法国间谍》(*L'Espion français*)，以及这最新的一本——都属于有关同一话题的著作，读者们已有充足的产品选择了。”

夏尔梅探测到读者对严肃政治书籍有需求，尤其是对与雅克·内克和他在1776到1781年间作为财政大臣所采取的措施有关的论战性书籍有需求。
246 他获得了100册内克关于国家财政的特别的公开报告《致国王的财政报告书》，这本书在1781年1月引发了论战。(对他在出版社的订单进行统计时没有看到这一项，因为是出版社通过和贝赞松的另一位书商莱帕涅达成的交易间接发给他的。)内克写这篇报告是一波宣传攻势的一部分，旨在呼吁人们支持他的措施。他以官方授权的形式，出版了一个附有两幅地图的精美版本，而且为了促销，他把价格限制在3锂以下，同时命令严厉打击盗版。不出所料，包括纳沙泰尔出版社在内的盗印者，立即开始出版竞争的版本，而且在内克于1781年5月19日被解职后爆发的论战期间，继续重印支持和反对他的小册子。当出版社在1781年5月提议供应大量《1778年内克先生关于建立外省行政机构致国王的备忘录》时，夏尔梅立即下单订购100册，而且在这一年剩余的时间内，密切关注小册子发表的情况。他向出版社报告说，一本反内克的小册子，《卡拉乔利侯爵先生致达朗贝尔先生的信》（*Lettre de M. le Marquis de Carraccioli à M. d'Alembert*）以手稿形式流传，在贝赞松激起了广泛的兴趣。他建议他们赶快出一版，因为“此时正是销售它的好时机”。出版社照做了，他立即抢购了100册。他怂恿出版社重印其他小册子，包括《评论集》（*Les Comments*）和《一位朋友致内克先生的信》（*Lettre d'un ami à M. Necker*），以和《致国王的财政报告书》相同的版式出版，以便两者可以一起售卖。1781年10月9日，出版社询问他内克三卷本著作集的低价重印版的出版前景，当时让－弗朗索瓦·巴松皮埃尔正在日内瓦印刷这部著作。夏尔梅劝止了，因为它在贝赞松市场上似乎已经饱和。出版社最终放弃了这项计划，但它向夏尔梅提供了19册《赞成和反对内克先生的著作全集》，显然是它通过交换从巴松皮埃尔处弄到的。

纳沙泰尔出版社要靠从夏尔梅和几位他们最信任的书商那里获得的情报来选择要盗印的书籍。例如，1781年6月，它为想盗印的两部著作征询了夏尔梅的意见：德利尔·德萨尔（Delisle de Sales）（笔名是让－巴蒂斯特－克洛德·伊索阿尔［Jean-Baptiste-Claude Isoard］）的《自然的哲学》（*Philosophie de la nature*）和雷纳尔的《哲学和政治 247
史》。由于遭到法国政府禁止，这两部著作已经变成潜在的畅销书，正在许多地方重印。出版社问他，市场能否支持各出一种新版？夏尔梅劝说出版社放弃《自然的哲学》：“我认为随着总体上对所有哲学书籍的需求下降，市场对此书的需求也已经大大下降。过去一年时间里很少有人要买这些书。”但是雷纳尔的著作不一样，“至于出雷纳尔神父的新版的事，从你们的计划看，我觉得很好”。但直到几乎两年以后，出版社才出了自己版本的雷纳尔著作。其间，夏尔梅继续向纳沙泰尔的朋友们提供有关其他重印书籍的报告，尤其是1781年洛桑版的《哲学和政治史》。他还寄了几套给他们，以便他们可以及时在印刷厂开印，击败他们的竞争者。1777 年 2 月和 3 月，他向他们提供了两部潜在的畅销书，《印加人》和非常受欢迎的博马舍的整套《审判备忘录》，这部著作记载了博马舍和路易－瓦朗坦·哥士曼打官司的经过，这场官司是在莫普 1771 年为取代巴黎高等法院而创立的高等法院里打的。

借助来自专业情报网的信息，夏尔梅还帮助过纳沙泰尔出版社免遭贸易欺诈。1782 年 4 月，他警告出版社，他们计划重印的《关于禁欲主义的哲学和历史研究》（*Recherches philosophiques et historiques sur le célibat*）这本书，最近七个月来正在以另一个书名《教士的禁欲主义的危害》（*Les Inconvénients du célibat des prêtres*）销售，而且卖得非常好。和纳沙泰尔出版社在与马赛的莫西打交道时得知的情况一样，出版商有时会把书名页换掉，以新瓶装旧酒的方法销售旧书；而为了了解其他印刷厂的情况，他们还采取如今被称作商业间谍的做法。1784 年 7 月，夏尔梅夫人警告纳沙泰尔人，他们的一个印刷工人正偷偷向里昂一家出版商提供他们正在印刷的原版梅西耶《我的睡帽》的折帖。

贝赞松的来信还会告诉他们，什么作家最吸引当地读者，并在一定程度上告诉了他们这些作者的身份。在 1780 年代，除了伏尔泰
248 和卢梭，还有三位作家尤其受欢迎：雷纳尔神父、米拉波伯爵和西蒙－尼古拉－亨利·兰盖。雷纳尔的《哲学和政治史》在 1781 年遭禁，而雷纳尔的逃亡和声名鹊起，也使他的书成了畅销书。米拉波的《论逮捕密札与国家监狱》强烈谴责国家权力的滥用，此书在纳沙泰尔由福什长子公司出版，在贝赞松特别受欢迎。米拉波就是从贝赞松附近的茹堡监狱逃出来，与一个老法官的妻子一起私奔的，也正是这

件事激发了他的想象力。夏尔梅夫人于1782年接手生意时，她恳求出版社赶在秋季高等法院开幕式之前，把《论逮捕密札与国家监狱》和米拉波的色情著作、后来以《名门浪子》（*Le Libertin de qualité*）之名重印的《我的转变》（*Ma Conversion*）发运给她。兰盖的《巴士底狱回忆录》涉及类似的主题，在这个拥有大量律师的城市也同样受欢迎。兰盖是律师出身的论战记者，在贝赞松拥有许多读者。夏尔梅说《兰盖先生致法国外交大臣韦尔热讷伯爵先生的信》在1777年6月的市场上是最热门的书籍："能花25（译者按：原文如此，疑是2.5）路易谋得一本的人就算很幸运了……有些曾经卖到4到5路易。"三年后，夏尔梅夫人确信，如果出版社能及时把《巴士底狱回忆录》运给她，她就能卖掉许多。她认为（她和她的已故丈夫一样，对市场需求的观察非常敏锐），卖得最好的是用"力量"（*force*）写的书，至少是在政治和时事的领域。她向出版社保证，杜尔哥（Turgot）的《遗作集》在1787年需求量大，就是因为"这本书是用力量和能量写的"。出于同样原因，路易－塞巴斯蒂安·梅西耶的书也卖得好——但不是他的所有书。他的《巴黎图景》吸引了大量读者，但《巴黎缩影》（*Réduction de Paris*）不行："公众发现里面什么新东西都没有，对它不感兴趣，尽管用加工过的材料写的序言很有力。"

夏尔梅和他的妻子都没有详细描述过他们所谓的公众的性质，但散见于他们来信里的一些话仍能显示公众的一般特点。夏尔梅夫妇的大部分顾客很可能来自法学界。1777年5月，夏尔梅怂恿纳沙泰尔出版社出版法律论著，并且估计了它们在每个有高等法院的城市可以出售的册数。（巴黎和贝赞松各卖100册，位列榜首；普罗旺斯地区艾克斯排最末，40册。）1785年3月，夏尔梅夫人说她的顾客吵着要买 249
雅克－皮埃尔·布里索（Jacques-Pierre Brissot）抨击法国律师团体的

著作——《一位独立观察者就法国律师团体的腐败问题致律师公会》（*Un Indépendant à l'ordre des avocats sur la décadence du barreau en France*），原因就在于人们关心"我市律师团体的当前状况"。贝赞松的来信有几次提到一些具体的顾客，包括一位侯爵、一位治安官、一位大教堂的教士、一位省总保税所董事，还有四位军官。要塞驻军肯定占有很大销售额。1780年2月，夏尔梅写道，他不能再订购战争大臣克洛德–路易·德圣热尔曼（Claude-Louis de Saint-Germain）的回忆录了，因为北美的战争使驻军减员了。而且在1787年，夏尔梅夫人说，她不知道要订多少腓特烈二世（Frederich II）的著作，要等到她弄清楚此书出版时要塞里还有多少士兵才能确定。没有一封信提到图书在低层民众中的销量，不过，像许多外省书商一样，夏尔梅利用他的书店办了一个读书会，其成员花点小钱就可以看到他库存的图书。任何人跨进书店的门，都有可能碰到各类职业人员和上层人士，手艺人和工人除外。

夏尔梅的信函对于图书贸易的通讯和运输部门也有很多涉及。1778年以前，从瑞士运来的货包要在总包税所过关，然后在总督府接受检查。在1775年8月13日的一封信中，夏尔梅解释说，他参与了检查，收买了总督的雇员，于是他们只草草地翻看了一下货包上部的折帖。出版社把禁书放在货包底部，肯定就能安全地运到他手中。事实上，由于得到"总督府的特许"，夏尔梅还帮助出版社把书转运给法国各地的其他客户。有时他把出版社提供的伪造收据在官员眼前晃一下，他们就会让他接收货包，根本不做任何检查。若遇到禁书在途中被没收的情况，他甚至还能从中斡旋，让他们放行。1775年9月初，夏尔梅得知出版社发运的三个货包不久前在弗朗堡被扣住了。尽管这些货只是通过他转运给其他人的，他还是提议由他来解救："我来用

我的特殊门路让你们摆脱这个麻烦……但是……我有必要保留这些门 250
路，以便在自己遇到急事时能用到。”

这三个货包的情况原本是难以解决的，因为其中含有米拉波的《论专制主义》，而法国政府正试图用不通知贝赞松总督而是向巴黎总包税所下特别命令的办法，来封杀此书。夏尔梅担心这件事处理不好，会使纳沙泰尔出版社将来不敢再把货物运给他，尤其是如果贝赞松税务所的雇员插手检查的话，这些人跟他在总督府的朋友是截然不同的。“如果他们使坏，我就惨了”，1775 年 10 月 4 日，他写道。“我将从他们的表现来判断［一个带有一些禁书的货包在运输途中］是否能顺利通过，而且紧接着我是否还能让其他货包通过……我反复表示我会竭尽全力。但是请理解，我必须采取必要的防范措施。”从这封信所用的亲密口吻可以看出夏尔梅跟出版社的关系已经非常紧密，而信中对于谨慎的强调，则表达了他和纳沙泰尔人关系中的一个关键因素。他看上去也许像个地下贸易的老手，但他从不大量经销禁书，他始终规避风险。

当三个被没收货包终于离开检查处时，夏尔梅报告说，这件事的后果会很严重。一些曾在这次货运中受到牵累的中间人会被罚款，数额多达 2000 锂，外加象征性的惩罚措施——一种“毁誉性的惩罚”和一次焚书行动，尽管焚书时会用一些没卖掉的合法书来替代禁书。幸运的是，他没有受到连累，最重要的是，他的自信还得到了总督的支持：“他是必须做出最终裁决的人。……既然有传言说它们是坏书，那就肯定要在总督法庭的中央举行一次焚书——这只是要安慰一下某些白痴。……最好是用《论圣克洛德修道院的创建》（这是一本销路极差的书，以致夏尔梅认为应该让它化成纸浆）来替代它们。”为了扫除障碍，恢复贸易，他不得不求助于“有实惠的礼仪”——贿赂，其中包括两套雷纳尔的《哲学和政治史》，此书以摩洛哥皮做封面，有烫金字，他打算赠送给总督。

251 用别的书替代禁书进行公开焚烧的举措能得到总督的支持，这表明到 1775 年，启蒙思想已在相当程度上渗透到法国当局的高层，但是总督的保护也没有扩大到能够容忍激进的政治书籍。夏尔梅相信，封杀《论专制主义》的企图是不久前当局对瑞士边境异常警惕的原因。因为米拉波曾经在纳沙泰尔让福什长子公司印过他的论著，所以来自纳沙泰尔的一切书籍都受到了怀疑。"不要试图从这里运《论专制主义》"，1775 年 12 月 7 日夏尔梅警告说。"那样可能会给作者造成麻烦（因为人人都认识他），也会因为驻索勒尔的［法国］大使的干预给印刷商带来麻烦。政府这次是一定要采取坚决行动的了。……蓬塔利耶就因此发生过一次大骚乱。"然而不幸的是，12 月初，纳沙泰尔出版社又有八个货包在弗朗堡被扣住。夏尔梅利用总督的影响力，并进行了更多的贿赂，终于掰开了海关人员的手，放行了其中七个货包，这些海关人员接到过凡尔赛的内阁密令，提高了警惕。但是这次栽的大跟头也结束了夏尔梅作为纳沙泰尔出版社的货运代理商的业务，直到 1778 年他当上贝赞松新书商行会的理事时，才有了新的机会。

根据 1777 年法令的要求，贝赞松创建了新书商行会，夏尔梅被选为理事，负责审查所有进口书籍，并扣留非法书籍。纳沙泰尔出版社一听到这个好消息，马上请他帮忙放行运往法国各地的货物。但是，他担心和他一起检查货包的一位警察会阻止他在处理货物通运准单时作弊，尤其是在他听到法国政府要求严格执行新法令之后。尽管和出版社关系亲密，他还是决定规避所有风险："至于哲学方面的，我不再想去处理这一类的任何图书了。新的图书贸易管理当局将使我们寸步难行”，他在1778年2月20日的一封信中宣布。出版社的恳求也没有使他心软，他拒绝将任何可疑书籍转运到别的地方。尽管如此，出版社还是不断提出请求他：能不能凭借他在第戎的人脉关系，帮他们开辟一条直通巴黎市场的销路？愿不愿意考虑以边境偷运者所出的每英担15锂的现行费率，让货物在贝赞松混过关？而回答始终 252
是不行。夏尔梅在自己的生意中继续经营一些非法书籍，但一如既往，他拒绝冒任何风险，而到了1783年，他就不再跟纳沙泰尔出版社做什么生意了。

就在这时，通信中的个人因素变得益发突出了。夏尔梅像许多外省书商一样，常常在路上奔波，向小镇上的零售商推销图书，视察供应线，和出版商兼批发商商谈。而夏尔梅夫人也像许多书商的妻子一样，在丈夫不在家时提笔写信。一般情况下，妻子写的信，文字水平会低一些，无论是拼写还是语法，因为女孩接受的教育比男孩少。但是，夏尔梅夫人能写一手好字，也完全掌握了句法，采用复杂的措辞也毫不含糊，甚至虚拟语气的过去时态也用得好。通读夏尔梅的卷宗，我们能看到这样一幅生动的画面：夫妻二人齐心协力应对变动不停的政治和经济局面，同时应对个人家庭的变故。和生意上的流水账一起，信中还不时提到夏尔梅的健康状况，一开始还是附带说说，后来就露出了急迫的情绪。

夏尔梅夫人第一次提到丈夫生病是在1781年9月25日，当时他刚出差回来，先后去见了瑞士的供应商和弗朗什－孔泰的客户。他恢复得很好，可以继续写信了，并且在随后12个月里继续出差。但是在1782年9月6日，夏尔梅夫人报告说，一周前他出差回来，“病得很厉害，在旅途中突然发作。他想战胜疾病，但还是被它击倒了。他对自己照顾不周，一些药又没有效果，使病拖久了，成了沉疴痼疾。

我希望他会痊愈，但是这肯定需要很长时间”。出版社写信表示同情，而在 10 月 2 日的一封信中，夏尔梅夫人回信说，情况似乎在好转：“我们都很快乐，只是受了一场惊吓，失去了一些时间。”然而，到 11 月 3 日，她丈夫的病再度复发，卧床不起了，再也照顾不了已经每况愈下的生意。出版社伸出援手，允许他们延缓偿付债款，还推荐了某种药物治疗方法，那是他们在贝赞松的一位共同的朋友提供的。
253 11 月 15 日，夏尔梅夫人写了一封感谢信，说她没有放弃希望，尽管夏尔梅已经卧床三个月，而医生们的预测也矛盾百出。她写道，出版社的宽宏大量，“让他对您和你们所有人都感激涕零。……此时此刻，他几乎连名字都不能签了”。六周后，1783 年 1 月 2 日，夏尔梅去世了。[1]

到 1 月 9 日，夏尔梅夫人清算了财产，恢复了通信。她写信给出版社说将靠自己一人来做生意，并且会通过勤奋工作来还清积欠的债务。出版社不仅请她节哀，还在生意上正式给予她“信任”，再次延长她的偿债期限。从此时起，她的信显示，她又一心扑到了书店的生意上，又是了解顾客需求、订购书籍，又是疏通关系让货物通过检查，并提供有关跨境偷运书籍的风险的机密情报。

1783 年的头几个月，夏尔梅夫人特别想从读者对米拉波的两部毁谤性著作——《论逮捕密札与国家监狱》和《我的转变》——的需求中获利。她对它们的出版情况非常清楚，那是一个复杂的故事，牵涉纳沙泰尔的福什家族的内部争斗。它们最初就是由福什家出版的，后来在洛桑被盗印，制造了一版廉价的重印本。她的所有书籍都从纳沙泰尔出版社订购，正如她保证的，它是她的“首选”货源。可是，出

[1] 贝赞松市档案馆，GG237，f.2。埃韦 · 勒科尔提供的资料。

版社要把自己的货源从相互纠缠不清的瑞士出版商中分离开来也不容易。这些热销书籍在运到夏尔梅夫人手中之前，贝赞松的其他书商就已经设法抢在她前面进到货了，所以她只得眼巴巴地看着他们抢占市场。她希望在一本同样畅销的书上有好运气，即兰盖的《巴士底狱回忆录》。日内瓦传来情报，说有一版正在洛桑印刷，她写道；如果出版社能及时把货运给她，它一定卖得好。

夏尔梅夫人紧盯着最新消息，而且像她丈夫以前所做的，把专门为由最密切的"信任"纽带联结起来的通信人所留下的内部情报传给纳沙泰尔出版社。1783 年 7 月，她警告出版社，法国当局正计划取缔跟纳沙泰尔之间的贸易，因为当局逮捕了米拉波著作在法国的发行人雅克 · 马莱（Jacques Mallet），他在巴士底狱受审时，供出了纳沙泰尔 254
出版业的全部情况。[1] 正如第二章所言，福什长子公司这家出版商是一家不可信任的企业，它由萨米埃尔 · 福什的儿子若纳斯 · 福什创建，而萨米埃尔曾是纳沙泰尔出版社的一个创始合伙人。萨米埃尔在跟纳沙泰尔出版社的其他合伙人发生争论后，另起炉灶，而若纳斯在和萨米埃尔争吵后也分道扬镳。纳沙泰尔的出版商之间的长期不和，让法国当局钻了空子，捣毁了供应链，因为这些出版商为了把书籍运到贝赞松，采取的是同一条穿过汝拉山脉的路线。如果一家出版商的货物被没收，其他所有出版商也就跟着遭殃。

出版商之间的争吵，偶尔的货物损失，都是还可以承受的风险。但是，1783 年的命令改变了贸易的基础条件。这条命令要求，所有进口书籍都要在巴黎书商行会通关。因此，从纳沙泰尔运往贝赞松的货

[1] 马莱悔过书的手抄本以及他案件的背景资料，见网站 robertdarnton.org 上有关马莱的部分。

物就得绕道，运费高得令人无法承受，除非纳沙泰尔出版社能够找到一条实用的偷运路线。它始终未能找到这条路线，但还是设法给夏尔梅夫人运去了几批货。她抱怨说，纳沙泰尔出版社做得不如其他供应商，那些供应商莫名其妙地就能成功，至少是不定期地，打破常规把货送到。对于她来说，她拒绝冒任何风险。她报告说，市场对某些类书籍的需求居高不下，如涉及行政事务的书，会让与贝赞松高等法院有联系的律师和法官感兴趣。她还报告说，杜尔哥的遗作会畅销，而且非常希望弄一些腓特烈二世的著作，以及一本算术论著，这大概会受要塞里的炮兵军官欢迎。但是有个魔咒打破不了：生意很差。“到现在已经有段时间了，我的生意陷入了悲惨境地，”1785 年 7 月 17 日她写信哀叹道。

这一点她不说纳沙泰尔出版社也知道。图书贸易衰退已经严重影响到它的财务状况，到 1783 年底，它不得不中止支付未偿付的汇票。一群当地的投资人来提供援助，在这十年的剩余时间内，出版社就在新领导班子管理下继续经营——缩小了规模，同时全力以赴消化堆积如山的库存。夏尔梅夫人得知它的困境后，写了一封信表示同情，并重申她对出版社的“信任”，就像她遇到危机时它对她所做的一样：“在贸易局势发生大动荡时，你们也几乎不可能不受牵累。缺乏流动
255 资金，你们［过度］给予别人的信任，贸易阻滞，所有这些因素凑在一起，你们难免要遭受严重损害。”

夏尔梅夫人的信所表露出的谨慎合作的语调，证实了她丈夫夏尔梅创立的生意的特征。他的顾客要什么，他就订购什么，主要是最熟悉的销路稳定的几类书籍。只要他觉得他们有需求，又不冒风险，他也卖少量“哲学书籍”。地方官员会保护他，自己也乐得偶尔从他那里得到几本畅销书。但是，到夏尔梅担任新书商行会的理事时，风险

因素增加了。1783年危机爆发后，他坚持谨慎行事的方针，而他去世后，他的遗孀继续奉行同样的方针。事实证明，尽管图书贸易如她所判定的在普遍衰退，但是她很精明，足能把生意维持下去，而且，当贝赞松经受大革命的荡涤时，她仍然在照料她的生意。

小莱帕涅（Lépagnez）[1] 是贝赞松第二位最重要的书商，并在纳沙泰尔出版社的贸易中占居第二位。出版社始终是偏袒夏尔梅的，因为他是它的长期伙伴，而且是该市的一流书商。然而，由于贝赞松是如此重要的图书市场，而市场的供应线又把它和纳沙泰尔绑得如此紧密，因此有必要对莱帕涅的生意做专门研究，尤其是因为莱帕涅经常要和法国管理当局过招。他是一位有进取心的企业家，依据游戏规则行事，但是只要能玩得转，他也会打破规则。

莱帕涅第一次出现在纳沙泰尔出版社的通信中是在1777年，正值四开版《百科全书》的投机生意如火如荼的时候。各地书商都抢着征集订户，莱帕涅把他们都甩在身后，他自己印制了征订表，散发征订说明书，在整个弗朗什－孔泰遍地搜罗顾客。最终他征集到390个订户，对一个人口稀少的省份来说，这数量相当可观。1779年12月，他不无骄傲地写道，他已经把市场需求都吸收殆尽了。“由于我把你们这390套四开版《百科全书》洒遍了我们这个小省，除掉零售商贩卖的那些，不可能找到还需要它的地方了。”

莱帕涅的成功为他开辟了和纳沙泰尔出版社做大生意的途径。到1777年，尽管夏尔梅还是出版社的首选书商，但是生意的发展进度放

[1] 莱帕涅在他信上的签名是“小莱帕涅”，没有名字。1781年的《出版年鉴》上列了两位名叫莱帕涅的书商，克洛德－约瑟夫和多米尼克，但是没有指明哪一位是弟弟。

256 缓了，而且他不愿征集《百科全书》的订户，因为据他解释，他宁愿避开那些困扰图书征订业务的一大堆麻烦，如收款问题、交货延迟、顾客不满意产生的各种投诉，其中许多投诉并非没有道理。四开版《百科全书》确实成了一桩争议不断的事业，任何书商都曾经碰到过，然而它也是最赚钱的事业。莱帕涅成为王国内最大的《百科全书》推销商，在贝赞松的13家书商当中，就像一颗冉冉升起的明星。其实夏尔梅也承认他犯了错误，忽视了市场对《百科全书》的需求。莱帕涅的成功使他非常担忧，以致在1777年6月，他请求出版社重新正式授予他“信任”。尽管夏尔梅仍然是出版社在贝赞松的首要客户，但在1778年，它也开始提高对莱帕涅的信用额度。

莱帕涅写给纳沙泰尔出版社的头几封信几乎全是谈《百科全书》的事，但是到1778年，他帮助出版社促成了几批货物的运输，并向它报告了政府根据1777年法令整顿图书贸易的计划。1778年春季，在一次去巴黎出差期间，他试图了解该法令在贝赞松的实施方式。在5月11日写给出版社的信中，他报告说，负责图书贸易的官员勒卡米·德内维尔召见他讨论形势：“这次接见之后，这个官员对我有了好印象，他的门始终向我敞开。所以一切情况我都知道。”人们可能会考虑到他说的话有很多自吹自擂的成分，但内维尔打算把他用作自己设立新书商行会的一个工具，似乎也是有可能的。而莱帕涅也反过来利用从内维尔那里得到的情报向纳沙泰尔出版社邀宠。按照他的说法，他们达成了谅解；作为个人的好意，内维尔同意将新书商行会的建立推迟20到30天，以便让他有时间赶回贝赞松，把他自己的盗版书籍都打上印记。

莱帕涅传递这个内部情报不只是要满足纳沙泰尔人的好奇心。他同时也敦促他们把盗版书尽可能多地发运给他，以便能在恩惠期结束之前，把这些书都打上印记——“机不可失啊”。由于行动快，并佯称这些书都是他库房里积存下来的，这样他就能让大量非法书籍披上合法外衣注入他的生意，不会冒任何风险。这可能只是一锤子买卖，但 257
是也有可能让他成为瑞士一家主要供应商的优惠客户；而且在书商行会建立后，他可以利用自己在其中的影响力，借助其他手段来进货。

纳沙泰尔出版社未能利用这个机会之窗——或许是因为当时出版《百科全书》太忙，但在 1778 年 7 月，它问是否还有可能发货过去让它们在新书商行会打上印记。莱帕涅回答说，太迟了，新的图书检查官不久前已到任，带来了建立书商行会的命令，而贝赞松高等法院预计就要在近期将这些命令注册，完成正式手续。莱帕涅自己在这个节骨眼上做出了规避一切风险的决定，但到 1779 年底，他又开始定期地向出版社订货了。他也从其他瑞士出版社进货，主要是从日内瓦出版社进货。日内瓦出版社卖给了他大量的卢梭著作，都是在卢梭逝世后出版的纪念性作品。

他与纳沙泰尔出版社一边做生意，一边逐渐确立了互信关系。其间，每当出版社的货物在贝赞松通关需要他帮忙时，他都随叫随到。1780 年 1 月，他作为夏尔梅的副手，在书商行会里担任了一个官职。他和夏尔梅既竞争也合作，而根据莱帕涅的信判断，他们相处得十分融洽。这些信大多只谈及订货和支付。他偶尔也就市场对个别书籍如罗齐耶神父（Abbé Rozier）《关于物理学、博物志和艺术的评论的导论》（*Introduction aux observations sur la physique, sur l'histoire naturelle, et sur les arts*）的需求发表看法：“这是一本好书，它会畅销的。”在 1780 年的后几个月，他的调子变得越来越悲观。7 月，他抱怨说图书市场开始衰退，他把它归咎于北美战争所造成的经济低迷。8 月，他看上去更不开心了：“请不要认为我在这里做着大图书生意。我向你们发皙，过去这两年，除了《世界史》(*L'Histoire universelle*，雷纳尔神父等人著)、《教会史》(*L'Histoire ecclésiastique*，约翰·洛伦茨·冯莫谢姆著)、法国天主教会的历史、旺斯版《圣经》、《百科全书》和卢梭的著作，什么书都卖不掉。”

几部畅销书的出现使衰退局势缓和了一些，这些畅销书谈的都是
258 时事，如内克那个有争议的内阁。纳沙泰尔出版社提议向莱帕涅提供1000 册《致国王的财政报告书》，该书在 1781 年 3 月正在印刷。他立即抓住这个机会："你提到的四开版，如果印得快的话，肯定非常畅销，因为我们从巴黎一本都搞不到，那里的人都把它抢光了。……不过我们接到命令，严厉禁止盗版。”纳沙泰尔出版社竭尽所能来掩饰盗版，它完全复制了巴黎版，但是未能精确复制地图，而且货也到得迟。莱帕涅抱怨交货迟，地图复制得也不精确，他断言这会给他招来欺诈的恶名。“我们在这里会被看作江湖骗子。……你们真害人。”因此他拒绝接受货物。他最终卖了几册，但是以出版社委托发行人的身份出售；出版社也没有反对，因为需求依然强劲，它很容易把书推销给其他客户。

莱帕涅原指望靠内克的《1778 年内克先生关于建立外省行政机构致国王的备忘录》大赚一笔，结果却更加让他失望。5 月 29 日，出版社提议发 400 册《备忘录》让他和夏尔梅联合销售。然而，当出版社的信到达贝赞松时，莱帕涅正在巴黎出差。看店的店员擅自决定销售200 册，并写信给莱帕涅说不久就要到货。莱帕涅便安排在巴黎销售它们；但当他回到贝赞松时，得知出版社已经把 400 册书都运给了夏尔梅。他以为出版社和夏尔梅在背地里做出安排，要把他挤出市场，于是给出版社写了封愤怒的抗议信。出版社为自己辩解说，它从未得到他打算销售 200 册的确认；于是互相指责的信就在贝赞松与纳沙泰

尔之间来回传递了好几个星期，双方都闹得很不愉快。

然而正如法国习语所说，“生意归生意”（*Les Affaires sont les affaires*）。交易继续进行，而且莱帕涅，以及夏尔梅，都继续帮助出版社的货包在书商行会通关。1781 年 11 月，出版社请求他们协助，让一批被书商行会的检查官没收的新教版《圣经》获得放行。12 月，他们请莱帕涅转运一批梅西耶的《布莱港的哲学家》（*Le Philosophe du port-au-bled*），他答应了。但是他在 1782 年 1 月写道，他不能再干这 259
种事了，因为他作为书商行会官员的任期已经结束。不过他又补充说，夏尔梅还将继续担任两年多的理事。“我确信，他会尽其所能为你们服务，只要他不使自己受到牵累，因为我们已经接到了新的命令，现在要帮你们的忙比以往任何时候都更加困难了。”莱帕涅和夏尔梅之间尽管有商业竞争，但在贝赞松书商们面对新书商行会的刁难寻求自保的努力中，他们是通力合作的——而他们的斗争手段，就是把这个新书商行会直接拿过来控制在自己手里。

一年后，1783 年 1 月 5 日，莱帕涅写信说，他刚刚参加了夏尔梅的葬礼。信中他还用非常婉转的语气表示，他希望接替夏尔梅成为贝赞松最受纳沙泰尔出版社青睐的零售商。实际上如前所说，夏尔梅的遗孀在继续做生意，而且出版社也支持她，延长了一些债务的偿还期限。但是出版社继续与莱帕涅维持良好关系，而他也不得不再次同意帮他们发给其他书商的货物在书商行会通关。他可以确保不让它们受到检查，而且一旦通过就把它们转运给出版社在贝赞松的货运代理商阿道夫·韦尼（Adolphe Veny），此人就在一个叫“三王”（*Aux Trois Rois*）的客栈操作。韦尼声称他有 70 匹马可调用，而且能把货物运到凡尔赛（凡尔赛宫及其外围建筑当时是运往巴黎的非法图书的一个巨大集散地），而不用经过第戎和特鲁瓦，那两个地方都是警察的前哨站，很危险。[1]

莱帕涅在1783年写的许多信谈的都是这项货运安排。一旦这些安排就绪，纳沙泰尔出版社就开始让他们的大宗生意流经贝赞松，希望利用莱帕涅－韦尼组合来开启整个法国北部的市场。法瓦尔热2月份到访贝赞松，答应以每个货包7锂10苏的价格为莱帕涅的服务付酬。到3月16日，莱帕涅已经让五个货包在书商行会通关，可是韦尼却找不到马车夫来运货。尽管韦尼吹嘘他有马，可他跟马车夫谈不拢。他常常拒绝偿付他们的费用，因为根据莱帕涅的说法，韦尼自己的财务状况不稳定。“他是个不值得信赖的人。”出版社听从莱帕涅的劝告，把生意转给了韦尼的一个竞争对手，一位名叫佩谢（Péchey）的货运代理商，他答应偿付把货包从纳沙泰尔运过来的马车夫们的全
260 部费用，并按固定价格把货包转运到法国北部的目的地。[2] 经过这番调整后，这个系统运行良好——直到1783年6月的灾难发生。

莱帕涅一听说政府下达了命令，要所有进口书籍都必须送巴黎书商行会检查，就赶紧写信把这个“坏消息”报告给纳沙泰尔出版社。他解释说，作为对他的特别照顾，弗朗什－孔泰总包税所的主管决定暂缓执行这道命令。这就让出版社有了经蓬塔利耶抢运一些货包到贝赞松的时间，而他可以在贝赞松让这些货包通过书商行会。就像1777年法令发布时的情况一样，莱帕涅想利用内部情报牟取一点短期利益，同时进一步讨好出版社。他就是个有空儿就钻、诡计多端的人，而且通常都能侥幸成功。

---

[1] “韦尼致纳沙泰尔出版社”，1781年12月31日，而韦尼与出版社的合同签订日期为1782年2月4日，其中包含了所采取的货运路线的详细情况，见纳沙泰尔出版社档案中韦尼的卷宗。

[2] “佩谢致纳沙泰尔出版社”，1783年3月14日。

可是这次不行了。6月中旬，七个货包运到了贝赞松，但另一批货却遇到了大麻烦。出版社一位名叫费努耶（Fenouillet）的职员从纳沙泰尔一路跟随这批货，与此同时，莱帕涅也匆匆赶往蓬塔利耶跟他碰头，以确保万无一失。可惜事与愿违。因急于保障货包的安全，费努耶雇了个马车夫连夜把它们从蓬塔利耶拉到了贝赞松，没有履行通常的海关手续。按照正规的程序，费努耶应该在第二天早上把货包交给海关官员，他们会把它们打上铅封，并附上一份货物通运准单，接着货物会在莱帕涅的帮助下通过贝赞松书商行会的检查，然后那个货物通运准单就会得到处理。让莱帕涅倒霉的是，这批货可以通过它的提货单来识别，原来的车夫在返回纳沙泰尔之前，已经把提货单交给了海关官员，而上面清楚地写着书籍是运给莱帕涅的。海关官员一发现货物在夜色掩护下被非法转运了，就立刻派出一个四人小组去扣留。莱帕涅万分惊恐，感到自己就要被指控为走私共犯了。幸好那些货包碰巧没有夹带任何禁书，但饶是如此，这种欺诈行为也许仍足以毁掉他在当局眼中的形象。

在恐惧的阴云笼罩下，莱帕涅从蓬塔利耶一连写了三封绝望的信给出版社。他抱怨说，关于这次夜间非法运货的消息已经不胫而走、人尽皆知了。走在大街上人们都对他指指点点。蓬塔利耶的海关领导已经给总包税所的六个办事处发了通知函，不仅把莱帕涅说成是原定 261
的收货人，还把他说成是一桩极其严重的欺诈案的共犯。出版社的那个白痴职员毁掉了他的一世英名。更糟糕的是，莱帕涅在后面的一封信中写道，他已有几周时间不敢回贝赞松，因为担心一封逮捕他的密札就要发出。他预料政府至少会禁止他继续做书商生意。

出版社在回信中说，局势可能没有他想象的那么糟糕，他肯定是反应过度了。他立即回信说，出版社还没弄明白，这场危机有可能结束他的从商生涯，他们之间的信件往来让他觉得好像“我谈论的是教皇，您在回信中谈论的却是伊斯兰国家大臣的后宫”。幸好，夏尔梅和莱帕涅的一个店员设法用合法书籍换掉了货包中包含的两种盗版书。莱帕涅转危为安，恢复了生意，但他后来在信里强调，他决不再帮出版社处理货运了。“我再也不做任何货运代理了，再也不以任何方式让自己受到牵连。我和灾祸擦肩而过，无论如何不能再以身犯险了。由于同样的原因，只要［1783 年 6 月 12 日的］严酷命令还在执行，我就不能跟你们下订单。”这条命令一直没有废止，所以莱帕涅此后再也没有收到过纳沙泰尔出版社发来的书籍。

莱帕涅的全部订单所显示的他的一般贸易模式，跟他的信函的所有主题都是相符的。《1778 年内克先生关于建立外省行政机构致国王的备忘录》在需求最大的书籍清单中占主导地位，反映了人们对内克内阁的兴趣达到顶峰之际，莱帕涅为获得与之相关的书籍所做的努力。他还两次下单订购了《赞成与反对内克先生的著作全集》。他征集 99 个《百科全书》订户也是类似的趁热打铁之举。（其实，这 99 个订户是莱帕涅征集的 360 个订户的头一批，最终记在了四开版《百科全书》联营出版项目的账上，因而不代表他和纳沙泰尔出版社的单边贸易，也就没有出现在他的“畅销书单”上。）除了这些特殊情况，他的订货和其他外省书商的订货类似。他似乎并没有大量经营非法书籍，即使他情愿帮助出版社偷运，让它们在书商行会通关。他订购了
262 一些词典、游记，以及有关像共济会和巫术这类主题的小册子。一些启蒙哲人的名字——卢梭、伏尔泰和孔狄亚克——也出现在订单中，但他们的著作他要的都不多。相反，他喜欢流行小说和纯文学作品，如梅西耶和让利斯夫人的戏剧、德利尔的诗，以及肖德洛·德拉克洛的《危险关系》。

从莱帕涅的订单中只能看到他在较短时期内的生意情况。但他的卷宗中的资料为夏尔梅的卷宗中更广泛的资料提供了补充。把两位书商的资料结合起来，他们的订单和关于图书贸易的评说就给出了旧制度最后十年里一个外省首府书籍需求的全貌。信件的链条一直延伸到 1788 年 10 月。不过到那时，纳沙泰尔和贝赞松之间的通道已经停止了有效运作，法国大革命已开始聚集它的动能，书籍史也进入了一个新阶段。

第十三章

纳沙泰尔

书籍需求的概况

另一幅纳沙泰尔风景画

“纳沙泰尔湖和城市风景”，套色雕刻画，尼古劳斯·施普荣格林作，约 1780 年

让－弗朗索瓦·法瓦尔热的法国之行没有正式的终点线。他在1778年11月底或12月初的某一天回到了纳沙泰尔，过程平淡无奇——没有仪式或庆典，只是有可能和出版社的职员们一起开个会，然后跟家人碰上几杯酒。我们已经花了五个月，天天跟在他后面，走过了1900多公里，而此时此刻还很难和他道别。不过，除了在其他一些地方散落的参考资料之外，档案文献到此就告罄了。

法瓦尔热对出版社的董事们做了个全面汇报，这是十分有可能的。他的三年任职合同将在一年后的1779年12月1日到期。届时，他很可能会得到6个路易（144锂）的红利，是出版社为他的良好业绩而发的奖金。如第一章指出的，1782年和1783年他为出版社出了两次短差，到1784年，出版社的档案中就没有他的信了。查询纳沙泰尔州的公证档案，我们发现了一些补充资料。1779年12月6日，法瓦尔热与位于纳沙泰尔以东30或80公里的伯尔尼州阿尔堡村的玛丽－伊丽莎白·阿福尔特（Marie-Elisabeth Affolter）结婚。让－弗朗索瓦的兄弟萨米埃尔也在那时结婚。在同时举办了婚礼之后，兄弟俩很可能仍然保持着亲密的关系，因为在1782年12月13日，他们一起购置了一小块葡萄园，一年后他们合作偿还了另一个兄弟路易的债务，路易是个钟表师傅。公证文件显示萨米埃尔在 1782 年是个“面包师傅”，但后来便以“食品杂货店老板”的身份出现了。他和让－弗朗索瓦曾在 1776 年 7 月 13 日联手做起食品杂货供应商的生意，同时让－弗朗索瓦也受到了纳沙泰尔出版社的雇用。为了支持生意，他 264
们在 1776 年和 1777 年间陆续贷了一些款，最后的贷款总数是 840 锂。因此，很有可能就是在进行了这项生意投资之后，让－弗朗索瓦继续为出版社工作到 1783 年的某个时候，然后就做了他弟弟的专职合伙人。1784 年 9 月 28 日，出版社写信给他们在里昂的前任货运代理商克洛代兄弟，说“法瓦尔热先生已经不在我们出版社了。他经营食品杂货生意，公司名称是［S?］和 J. F. 法瓦尔热公司”。法瓦尔热在早期文献中出现时，名字后面没有附上“商人和老板”这样的职业名称——就是说，他当时还不是纳沙泰尔市民阶层的成员，还不是一个有公民权的生意人。1795 年，他花了 72 金路易（1728 法国锂）购置了一块面积相当大的葡萄园，他的社会地位看来有所提升，有了一个“批发商亦即本市有产者”的头衔。1796 年 11 月 30 日，档案中最后一次提到他时，他在繁华的洛皮塔尔大街拥有一幢房屋，价值 6000 锂。他有个儿子，也叫让－弗朗索瓦，出生于 1780 年 9 月 26 日。档案没有提到他何时去世。根据档案所披露的情况，法瓦尔热很可能就是利用他在纳沙泰尔出版社当职员时所获得的商业悟性，在纳沙泰尔中产阶级之中的某处创立了一段成功的商业生涯。[1]

---

[1] 州档案馆：纳沙泰尔身份登记处，婚姻，EC158。州档案馆，公证登记册，F9 和 F10（让－雅克·法瓦尔热的登记表），1779 年 8 月 26 日，1780 年 1 月 28 日，1782 年 11 月 20 日，1783 年 12 月 10 日，1795 年 6 月 24 日和 1796 年 11 月 30 日的交易记录。亦见 B654 登记册（克洛德－弗朗索瓦·博韦的登记表），1776 年 7 月 13 日，1777 年 5 月 13 日和 1777 年 10 月 21 日的交易记录。在纳沙泰尔地区，法瓦尔热是一个常见的姓，（转下页）

法瓦尔热的旅行既然已经结束，那么我们就可以回到在送他踏上他的法国之行时提出的那个问题：大革命前夕的法国对书籍究竟有怎样的需求？正如沿途情况所示，仔细研究一下他所遇到的那些书商的生意，就可以找到这个问题的答案。然而，在能够综合这些个案研究得出结论之前，我们不得不再提出一个问题：纳沙泰尔出版社的档案能不能反映总体的图书贸易状况？其他地方再也没有这样的档案了。然而，尽管它们的涉及面非常广泛，它们提供的终究只能是一管之见。而其他的研究也提供不了什么帮助，因为没有完整可靠的原始史料，对19世纪以前欧洲任何地方的书籍出版发行情况进行统计，都是极其困难的。

在英国，只有少量新出版的书籍在英国书商公会注册登记。在德国，莱比锡和法兰克福书市的书目把大量流行书籍以及南方和天主教地区的大部分书籍都排除在外。而在法国，官方记录在好几个方面都有误导性。比如，要求获得图书专卖权的登记把所有未提交给审
265 查官要求正式批准的书籍都排除掉了，而提交上去请求其他类别的许可——“默认许可”（*permissions tacites*，经被审查官批准，但是没有正式专卖权，而且出版地址通常是假的，让人觉得它们是在法国以外印刷的）和“官印许可”（*permissions de sceau*，允许出售，但是没有任

（接上页）识别有关纳沙泰尔出版社的职员和销售代表让－弗朗索瓦的文献并不容易。也许会发现一些额外的资料，但是我查阅了1769到1789年间最重要的公证人的登记表——西蒙－皮埃尔·安德烈、让－亨利·贝图、弗朗索瓦·博诺特、让－弗雷德里克·博塞、亚伯兰·布尔热瓦、克洛德－弗朗索瓦·博韦、亨利·布雷盖、雅克·克洛蒂、达维德·科兰、萨米埃尔·蒙韦、皮埃尔－达维德·库尔瓦西耶、路易－弗雷德里克·迪普朗、让－雅克·法瓦尔热、纪尧姆－皮埃尔·伊韦诺瓦和纪尧姆·让南。1780年3月15日，当时正在去巴黎出差的奥斯特瓦尔德和博塞在写给纳沙泰尔出版社的信中警告说，法瓦尔热不应该让他自己生意上的利益干扰他为出版社所做的工作。

何专卖权保证）——的书籍记录，并不指明实际印刷的是什么书，印数是多少，更不要说销量了。此外，在法国以外印刷而在王国内出售的书籍，其数量之庞大简直无法估计。我推测，在1769到1789年间，它们至少占据着图书发行量的半壁江山。[1]

为什么会占这么大的比例？审查官的批准和专卖权的授予，并不只是证明一本书不含冒犯宗教、国家、道德或某位要人的名望的内容，它还是国家对书籍的质量——包括书籍的风格、内容和意识形态正确性——的认可标志。在旧制度的最后几年，书报审查制度渐渐放松了。但是，即使想获得默认许可，也要花钱、花时间，费力费神。巴黎书商行会会员拥有全部现有专卖权中的大部分，而国家也用警察 266
行动强化着他们的垄断——不只是在巴黎，在远如马赛这样的城市也是如此，法瓦尔热就发现那里的书籍检查官是个残酷的暴君。几位外省书商，包括我们所遇到的那些人，其中有的出版原版书，如马赛的莫西、尼姆的戈德、波尔多的贝尔热雷和奥尔良的库雷，有的则秘密

[1] 关于对书籍的调查以及对19世纪以前法国的书籍生产估量的讨论，见我最初发表的论文，“18世纪法国的阅读、写作和出版：书籍社会学的一项案例研究”（Reading, Writing, and Publishing in Eighteeth-Century France: A Case Study in the Sociology of Literature），《代达罗斯》（*Daedalus*）1971年冬季刊，第214—256页；此文在我的《旧制度时期的地下文学》（*Literary Underground of the Old Regime*，坎布里奇，马萨诸塞州：哈佛大学出版社，1982）中重印，第167—208页。更多的资料可在网站robertdarnton.org上的“书籍需求：货源和方法”（“Literary Demand: Source and Methods”）部分查阅。关于英国书商公会的登记不全，见D. F. 麦肯齐（D. F. McKenzie），《创造意义：“思想的印刷机”和其他论文》（*Making Meaning: "Printers of the Mind" and other Essays*），艾默斯特：马萨诸塞州大学出版社，2002，第4章和第5章。关于法兰克福和莱比锡书市书目的非代表性的方面，见赖因哈德·维特曼，“作为文学生活之镜的早期的书商杂志”（Die frühen Buchhändlerzeitschriften als Spiegel des literarischen Lebens），《书籍业历史档案》（*Archiv für Geschichte des Buchwesens*），13(1973)，第614—932页；和赖因哈德·维特曼，《德国书籍销售史：概况》，慕尼黑：C. H. Beck，1991，第111页。

地投机盗版，尤其是在里昂，胆大的约瑟夫·迪普兰就是在那里异军突起，突袭了巴黎书商的市场。1777 年的改革有意要对图书贸易作出有利于外省书商的公平调整，并的确让外省书商有了重印专卖权已过期的书籍的权利，但是这些改革并没有改变出版业，而且也没有得到切实的贯彻，甚至在贝赞松的新书商行会都是如此，夏尔梅和莱帕涅在那里尽一切可能帮助纳沙泰尔出版社推销书籍。在法国国内，巴黎书商行会仍然在一手遮天，直到大革命爆发。[1]

面对这些限制和费用，许多作家都宁愿在法国以外的地方印刷他们的著作，如塞巴斯蒂安·梅西耶就是如此，我们从法瓦尔热的整个法国之行中看到，梅西耶的著作就像香喷喷的薄煎饼一样热销。这些外国出版商煞费苦心地开发了一套在王国内销售的发行系统，利用像费弗尔和雷沃尔这样的货运代理商，让书籍绕过边境的海关官员和像里昂、尼姆和波尔多这些重要的发行中心的书商行会。这些像雨后春笋一样在法国周围出现的外国出版社，印刷了启蒙运动的几乎全部著作，以及其他无法通过审查的所有书籍。但是，他们赚的钱，大部分还是来自盗版，因此激怒了原版专卖权的拥有者，而他们几乎都是巴黎书商行会的书商。（在 1777 年改革以前，作家不能自己售书，之后也很少有人这样做。）

与此相反，外省书商都是外国出版商的天然盟友，而这主要是经

---

[1] 我在《书籍审查官：国家如何塑造文学》（*Censors at Work: How States Shaped Literature*，纽约：Norton，2014）中详述了这个论点。亦见雷蒙德·伯恩，《18 世纪法国的王国书籍审查制度》（*Royal Censorship of Books in Eighteeth-Century France*），斯坦福：斯坦福大学出版社，2012。1777 年 8 月 30 日法令，除了其他目的外，还试图改革早期的有利于法国书商行会的法律，而这些法令确实刺激了专卖权被废止的书籍的重印；但是，我没有找到多少证据能够证实它们在 1777 到 1789 年间使外省的出版业复苏。

济因素所致。他们能以低价弄到盗版书，而原版书必须按照国家规定的标准印刷，故价格较高。占印刷成本的一半或以上（取决于单次印数的多少）的纸张，在国外要便宜一些，而且盗版出版商不用购买作者的原稿就能大量印制廉价版本。当然，他们要解决把书籍偷运 267
到法国的问题，纳沙泰尔出版社与圣叙尔皮斯的默龙兄弟和蓬塔利耶的费弗尔的关系，展示的就是解决这个问题的方法。不过他们也可以在大多数书商行会里找一些书商当盟友，如贝赞松的莱帕涅和拉罗谢尔的帕维，来协助解决这个问题。尽管偶尔也会失误，但这个非法发行系统还是把相对便宜的盗版书提供给了法国外省各地的广大读者。这种基于盗版书和未经审查的书籍版本的出版业，在 1750 年就已经发展成一个重要产业，令王国的政府官员十分头疼，他们哀叹真金白银都流进了外国制造商的腰包。在连接供需方面，非法发行系统胜过了那套面向上层的、以巴黎为中心的和基于书商行会的发行系统。[1]

需求应如何估量呢？我通过汇编纳沙泰尔出版社文件中的资料来解决这个问题。这是唯一一家几乎完整地保存着从那个时期起的全部档案的出版社。该出版社的文献资料以两种方式反映了市场对图书的需求：首先，通过从 1769 到 1789 年间寄自几乎法国所有城市的附带订单的信件；其次，通过各种账簿，出版社职员在上面记录了订单和为完成订单而发运的货物。我在研究助手的帮助下，经过最近 15 年的努力，挑选出纳沙泰尔出版社最重要的客户的样本，抄录他们的信

[1]　作为法国图书管理者关心经济的事例，见克雷蒂安－纪尧姆·拉穆瓦尼翁·德马勒泽布，《出版业备忘录》(*Mémoires sur la librairie*)，罗杰·夏蒂埃编，巴黎：Imprimerie nationale，1994（原文本撰写于 1759 年），第 85—86 页。

件，根据他们的订单作出了汇总统计，添加了从图书贸易中间商的卷宗得来的副本，绘制了贸易路线图，提供了各个城市的社会和经济状况的资料，并对所有原始手稿进行了数字化处理。读者可以通过网站 robertdarnton.org 对这套资料进行详细研究。

然而，尽管资料非常翔实，但是它们几乎完全出自一个来源，即纳沙泰尔出版社的档案，所以无法回避的基本问题是：一家出版商的贸易能否充分反映读者对当时几乎所有法语书籍的需求。通向答案的途径又引出两个更深一层的问题：出版商如何出版书籍，书商又如何订购书籍？两个问题都涉及近代欧洲图书生意某些有别于当今出版业的关键方面。

纳沙泰尔出版社很少出原版书，除非作者自费委托。它重印——或者像原版出版商所说的“盗印”——那些已经畅销的书籍。在挑选
268 这些书籍时，它细心研究了市场，并根据它每天从庞大的通信网络获得的信息来选择。它也听取零售书商关于需要重印什么书的建议，这些人是根据与个体顾客的接触时所获得的信息来评估需求的。法瓦尔热在出差途中与书商聊过生意后，传回了许多有关畅销书及受欢迎的图书种类的建议。但是，从出版社的档案中可以收集到的有关需求的信息很多，而它的书籍重印记录只涉及其中很小的一部分，因为出版社推销的书籍种类繁多，远远超过了它的印刷机的产出。当它以通常 1000 册的印数印刷一版书籍时，一般要拿出很大一部分——100 册以上——跟一家或多家有合作关系的出版商交换他们存货中的各类书籍，交换的册数相同。如第七章所解释的，交换通常按照交易所涉书籍的总折帖数来计算；出版社从交换伙伴那里选择书籍时，只挑选那些它认为会畅销的。纳沙泰尔出版社与阿维尼翁的加里冈的交易，以及与马赛的莫西的交易，说明了这种换书贸易的运作方式，而且这些

换书贸易的规模都很小，比不上该出版社与其他瑞士出版社之间进行的正规交易。瑞士出版社之间既竞争又合作，因为各有各的发行网络。通过小心谨慎地发展图书交换，纳沙泰尔出版社既实现了其存货的价值最大化和品种丰富化，同时又最大程度地降低了风险，因为它不能确定自己印的书籍能否卖得掉，或者能否很快地卖掉以便让投资及时回笼。当一位书商订购一种纳沙泰尔出版社的存货中没有的书籍时，它常常会通过一次临时交易或折价购买，从洛桑、日内瓦、伯尔尼或巴塞尔有合作关系的出版商那里获取。因此瑞士的主要出版社所经营的出版业是和批发业分不开的，而出版商兼批发商之间的合作就意味着他们可以共享一个庞大的书库，一个虚拟的、浮动的存货储备，供所有合作者各取所需。洛桑出版社和伯尔尼出版社的书目，跟纳沙泰尔出版社的书目大同小异，而且纳沙泰尔出版社的客户也经常说起，他们能从不同的供应商那里弄到相同的图书，不仅有瑞士的供应商，还有远在布永和列日的供应商。[1]

图书交换在这个出版体系中的重要性从未受到历史学家的重视，
只有德国的情况例外——在那里，直到18世纪末期，图书交换都被 269
用作推销书籍的主要手段。[2] 在瑞士，直到法国大革命前夕，它一直生机勃勃，并渗进了瑞士的出版社与里昂、阿维尼翁、尼姆、蒙彼利埃、马赛以及其他几个城市的出版社之间的关系，尽管运费高昂。

---

[1] 纳沙泰尔出版社档案包含大量其他瑞士出版商的书目，更多的书目可以从法国国家图书馆、芝加哥的纽贝里图书馆和其他图书馆查阅。尽管我经常查阅这些书目，但我没有考虑对它们进行统计。一次系统性的研究就很能说明问题。

[2] 见维特曼，《德国书籍销售史：概况》，第3章和第4章；和约翰·阿道夫·戈尔德弗里德里希，《从异族统治之初到新德意志帝国的书商协会改革的德国书籍销售史》（*Geschichte des deutschen Buchhandels vom beginn der fremdherrschaft bis zur reform des Börsenvereins im neuen Deutschen Reiche*），莱比锡，1886–1909，第3卷。

当然，瑞士的批发商们也在争夺同一些零售商的生意。法瓦尔热在出差途中就遇到过一些其他出版商的销售代表，他们也在同一条路线上奔波，而且他在一些城市——如布雷斯地区布尔格、普瓦捷和奥尔良——了解到，这些城市各自都只有几家书商的书籍订购量能大到可以支付运输费用的程度。尽管如此，大多数外省市场都能消化几家供应商供应的货物，而且普遍存在的换书贸易，有利于各瑞士出版社之间发展联盟。他们有时一起出版书籍，分担成本和风险。投机盗版书时，在需求枯竭之前抢在其他盗印者前面占领市场至关重要，这时联合出版就尤为有效。纳沙泰尔出版社曾一度与洛桑出版社和伯尔尼出版社缔结过正式条约，三家出版社合力有组织地大规模盗印书籍。[1]

有了换书和盗印这些做法，纳沙泰尔出版社就有了庞大而品种繁多的书籍储备，尽管在它的一般贸易格局中，有些书比其他书要重要一些。它销售自己印的书比销售通过交换弄到的书要多。它在商务信函中说明自己的生意时，会把它自己版本的书跟一般库存的书区别开，而且在账簿上是分开记录的，它自己出版的各种书都有单独的账目，而交换得到的书会统一记在交换账目（*compte d'échanges*，亦称 *compte de changes*）上。在汇总统计书商的订单时，记住这种区分很重要，因为这样就不至于给纳沙泰尔出版社版本的书籍太多的权重。[2] 于是统计基础就非常坚实了，足以支持一些一般性的结论，因为到

[1] 我在“盗版的技巧：18 世纪出版业的一个关键要素”（The Science of Piracy: A Crucial Ingredient in Eighteenth-Century Publishing）中更充分地阐述过这个论点，见《关于伏尔泰和 18 世纪的研究》，12(2003)，第 3—29 页。

[2] 详细的统计数据可以在网站 robertdarnton.org 上查阅。为了防止误导性的比较，在统计表中，纳沙泰尔出版社版书籍的书名用彩色字体区分开，而需求最大的书籍的清单以两种形式列出：一份清单包含纳沙泰尔出版社出版的和存货中的所有书籍，一份清单只包含纳沙泰尔出版社出版的书籍。

1770年代中期，纳沙泰尔出版社的整体存货规模越来越庞大。1773年它声称，“在法国上市的书籍中，没有什么重要书籍是我们不能提供的”。[1] 1785年它的书目涵盖了700种书籍，而到了1787年，它仓库中储存的书籍品种已达1500种之多。

纳沙泰尔出版社供应的书籍范围广泛，在某种程度上也是为了应对书商们的订购方式。当然，人人都有自己的习惯做法，但仔细研 270
究了该出版社的商业信函之后我们仍能发现，批发贸易中有两种明显不同的交易：临时客户随意下的订单和常规客户下的稳定的订单。就像法瓦尔热总在他的马鞍袋里装着书目和销售说明书一样，纳沙泰尔出版社也会向数以百计的经销商散发它的货样信息。其中大多数经销商——或是为某种书籍所吸引，或是因好奇心驱使想测试一下新供应商的服务——都只订购了几种书籍，而且从未发展成正规的生意关系。他们会从其他供应商那里大批量进货——因为那些供应商或是提供的条件更好，或是送货更快，又或是已经以多年的可靠服务赢得了零售商的青睐。纳沙泰尔出版社一边不失时机地与临时客户做交易，一边也建立起自己的正规客户网络，而这些客户就列在法瓦尔热的最重要联系人的名单上。他们的信函反映了纳沙泰尔出版社生意的常规流程中的一般倾向：零售商下订单是谨慎的。他们在向外国供应商订购之前，常常为他们自己的顾客安排预售；而且他们不是向许多供应商广泛订货，而只同几家可靠的出版社进行交易。他们常常要等到攒够需求量之后，再把它们集中到一份订单上。而且，他们很少投机，一种书籍一次不会进大量的货，除非探测到这本书需求量会飙升。相反，他们各种书籍都订得少，那些持续有销量的图书则会在之后的新

[1] “纳沙泰尔出版社致卢加诺的阿斯托里”，1775年4月15日，纳沙泰尔出版社档案。

订单中继续出现。夏尔－安托万·夏尔梅死后，他的遗孀接手继续他们在贝赞松的生意之后不久就解释说，“我丈夫的［订货］原则就是，书的品种要多，而每种的数量要少。”[1] 在18世纪的图书贸易中，不存在退货的情况。（在很罕见的情况下，如破产后对存货的清盘，图书可以委托出售，但那种安排跟现代意义上的退货做法不一样。）因此，书商订货时，一种书籍的数量很少会超过12册（有时订12册可以免费得到一册），并且会订购足够数量的品种，使货物达到一定的数量，这样运费就便宜一些。

正如在出版社与货运代理商的信函中处处提到的，书籍不经装订，就以折帖形式打捆，然后包成货包来运输；装订通常由顾客自己安排，有时可由零售商包办。按照国家规定，货车车夫不承接低于
271 50磅的货包，而且他们常常对大宗货物的运费打折。少量货物以重量不足50磅的包裹发运，必须用四轮马车，运费要高得多。货车和四轮马车的区别在图书贸易中至关重要，因为与运输费用相比较，书籍本身的成本并不高。另外，在交货时，收货人通常必须以现金支付运费。书商们的信——尤其是絮絮叨叨的南方人，像马赛的莫西和阿维尼翁的布瓦塞朗——读起来就像是对运费永不休止的哀叹。

书商有时会在供应商之间挑起竞争，以便谋取最优惠的条件。但是，若个别出版商兼批发商能在偿付货款的方式上机动灵活，订货时能给予他们优先照顾，偶尔还能打点折扣，他们就会和他发展成特殊关系。因此书商们不是把生意分散给许多供应商去做，而是集中到他们可以信任的几家。信任（*confiance*）在图书贸易中是个关键词语（或许在早期资本主义中无处不在），它出于防止欺骗的需要。企业主

---

[1] “夏尔梅夫人致纳沙泰尔出版社”，1784年8月16日，纳沙泰尔出版社档案。

们可能会在远离受害者家乡的地方不断使用诡计，操纵贸易骗局。有些出版商会宣称他们正在重印某种书籍，目的仅仅是想打探一下需求是否足够大，出版这种版本是否合算，同时也让跟他们竞争的出版商们打消出版的念头。还有一些出版商把伪造的书名页加在旧的正文前面，把它们当作新书卖。而且他们常常利用货运在书商中厚此薄彼，这样一些书商就能够在同一地区其他书商尚未收到同种书籍之前占领市场需求。

然而，出版商兼批发商会因滥用信任而遭受比零售商更大的损失，尤其是在图书贸易的隐蔽部分。像卢丹的马勒布这样的边缘经销商，一旦赢得了纳沙泰尔出版社的信任，订单就一摞一摞地下，直到运走他们的大部分存货为止，然后却总是要找理由逃避承兑到期的汇票。[1] 另一方面，一些像贝赞松的夏尔梅这样谨慎诚实的零售商，也会向纳沙泰尔出版社下大量的订单，因为他们宁愿从单独一家供应商那里进货，他们已和这家供应商打过多年交道，而且知道在他们遇到麻烦时，这家供应商既可以信赖也会灵活处事。不管怎样，我们有可能通过这种订单的积聚，大致了解到一个经常与纳沙泰尔出版社做交易的书商的生意状况。

我强调这一点，是因为它关涉编制统计数据的最佳方法这个关键问题。查阅纳沙泰尔出版社的全部会计账簿（分为日记账［*journaux*］、流水账［*brouillards*］和主往来账簿［*mains courantes*］，保存非常完好），并记录每种书籍销售给每个客户的数量，这都是可以做到的。1965 年，当我开始结合出版社的信函来研究它的账簿时，我 272

[1]　我发表过一篇关于这种书商中的一位代表布律扎尔·德莫韦兰的详细研究论文："禁止的生意：法国大革命前夕一个地下书商的生活"，见《扩大的圈子：关于 18 世纪欧洲书籍传播的论文集》，保罗·J. 科辛编，费城：宾夕法尼亚大学出版社，1976，第 11—83 页。

曾考虑过这种策略。它展示了跟踪法语书籍在欧洲各地的传播的某种可能性。但更仔细的考量显示，这样做的结果会产生误导。虽然纳沙泰尔出版社与从莫斯科到那不勒斯、从布达佩斯到都柏林的各地书商都有通信往来，但大多数通信者都属于临时客户一类，他们的订单很少——常常只有一份，就像他们说的，“测试一下”而已。纳沙泰尔出版社的销售说明书或书目上的几种书籍会吸引他们的眼球，他们也会为评估版本质量、运输费用，以及书籍运到他们手上所花的时间，进行一次测试性的订货。其中大多数人不再接着订购，因为他们发现，可以从另一家供应商那里得到更好的条件或更快捷的服务——这家供应商通常距离他们更近，或跟他们有更紧密的信任关系。因此，纳沙泰尔出版社常常在一大片地区，或者整个国家，只能卖掉几册特定的书籍，而仅凭他们好不容易卖掉的这区区几册书籍，是无法对该书的传播和订购此书的书商的生意加以典型说明的。把所有这些不正规的、时有时无的销售记录堆积到一起，企图从中归纳出书籍传播的普遍特点是行不通的。同时也很可惜，数据太贫瘠了，以至于根本无法得出有关像西班牙、葡萄牙、丹麦、瑞典、英国和德国这些庞大市场的一般特征的结论。

拿一部著名畅销书为例来说。伏尔泰的《老实人》(*Candide*)在1759年初版后，又重印了许多次。根据纳沙泰尔出版社的账簿，我们可以在欧洲地图上标出他们所卖的每一册，但是统计资料太琐碎，使这种地图说明不了什么问题。[1] 出版社向莫斯科和圣彼得堡的书商卖了14册，而在西班牙、葡萄牙、低地国家、英国和整个斯堪的纳

---

[1] 这些批评尤其适合于西蒙·伯罗斯编的《启蒙运动时期欧洲的法国图书贸易(1769—1794)》(*The French Book Trade in Enlightenment Europe [1769–1794]*)，2012，在线发表于 http://fbtee.uws.edu.au。

维亚，一本都没卖掉。那么，人们能否就此作出结论，说俄国读者对《老实人》的需求比其他所有国家的读者合起来还大，并且说在 1769 到 1789 年间这本书在大多数西欧国家都绝迹了？当然不能，因为那些国家的书商会从其他出版商和批发商那里进货。加布里埃尔·克拉 273
默，伏尔泰著作的日内瓦出版商，在伊比利亚半岛就做过一次大生意，他或许在那里卖掉了许多册《老实人》，不过我们无法确切知道，因为他的档案中幸存的资料只有他的“总账”，里面提到了他的客户，但是没有提到他们订购了什么书。[1] 伏尔泰对柏林的文化生活有很大影响，这在很大程度上应归因于他和腓特烈二世的关系；但纳沙泰尔出版社在那里没有卖掉一本《老实人》。到 1769 年，柏林以及全德国北部的图书市场，都受到改造了德国贸易的出版商菲利普·伊拉斯谟·赖希（Philipp Erasmus Reich）的控制，[2] 但是赖希从未和纳沙泰尔出版社有过接触。实际上，很难查询纳沙泰尔出版社在德国的销售情况，因为它面向德国的图书销售大多数都是在莱比锡和法兰克福的书市上进行的，然后就不知所踪了。[3] 而且，纳沙泰尔出版社自己不在书市上卖书，而是通过中间商，如巴塞尔的约翰·雅各布·弗利克

[1]　见贾尔斯·巴伯（Giles Barber），“日内瓦的克拉默出版社及其在 1755 到 1766 年间在欧洲的贸易”（The Cramers of Geneva and Their Trade in Europe Between 1755 and 1766），《关于伏尔泰和 18 世纪的研究》，30(1964)，第 377—413 页；和乔治·博南（Georges Bonnant），“18 世纪在伊比利亚半岛的日内瓦出版业”（La Librairie genevoise dans la péninsule ibérique au XVIIIe siècle），《日内瓦》（*Genava*），9(1961)，第 104—124 页。

[2]　见戈尔德弗里德里希，《德国书籍销售史》，第 3 卷；维特曼，《德国书籍销售史：概况》。

[3]　见杰弗里·弗里德曼（Jeffrey Freedman），《启蒙时期欧洲的无边界书籍：法国的世界主义和德国的图书市场》（*Books Without Borders in Enlightenment Europe: French Cosmopolitanism and German Literary Markets*），费城：宾夕法尼亚大学出版社，2012，第 1 章。

（Johann Jacob Flick）和 C. A. 塞里尼（C. A. Serini），以及伯尔尼出版社和伯尔尼的伊曼纽尔·哈勒尔（Emmanuel Haller）。这些书籍的传播在纳沙泰尔出版社的账簿上没有留下痕迹。账簿上所反映的是该社与瑞士其他出版社之间的广泛贸易，尤其是通过图书交换进行的贸易，那时瑞士出版社都在他们自己的贸易网络中做销售。那些至少占了纳沙泰尔出版社四分之一生意的书籍，都无法确定它们的最终走向。

研究纳沙泰尔出版社在其最大市场法国的销售情况时，也会碰到许多上述的问题。尽管它曾努力开辟从西北地区进入巴黎地区的通道（见第二章），但它在巴黎从未做过大生意，那里的书商行会在警察的支持下，为消除来自国外专营盗版书的出版商的竞争，无所不用其极。外省经销商为纳沙泰尔出版社相对便宜的价格所吸引，但他们常常只是下一份测试性的订单，检验一下该出版社版本的质量，以及它的供应线的效率，从来不做回头客。货运滞后和折帖大量损坏，足以让他们望而却步，拒绝和它建立正常的生意关系。他们的名字在纳沙泰尔出版社的账簿上出现过一两次，然后就看不到了。当然，纳沙泰尔出版社也逐渐建立起了自己的网络，但这个过程是不规则和不平衡的，使得一个城市的销售情况很难与其他城市作比较。实际上，纳沙泰尔出版社与零售商联系所产生的销量，并不足以让人对他们的交
274 易进行概述，哪怕是尝试性的概述。只是在一些罕见的情况下，如四开版《百科全书》的销售，人们才可以根据纳沙泰尔出版社的档案，从地理学和社会学的角度来追踪一种书籍的传播情况。[1] 而且不能撇开该出版社与日内瓦、洛桑、伯尔尼和巴塞尔的中间商的交易来追踪它的大部分销售情况。我发现结论令人失望是无法避免的：任何通过

[1] 见罗伯特·达恩顿，《启蒙运动的生意：百科全书出版史（1775—1800）》，坎布里奇，马萨诸塞州：哈佛大学出版社，1979。

不加选择地把出版社所记录的每一项销售都计算在内来进行汇总统计的尝试，都是注定有缺陷的。有人尝试遵循这种程序，写了一篇名为《启蒙运动时期欧洲的法国图书贸易（1769—1794）》（*The French Book Trade in Enlightenment Europe [1769–1794]*）的作品挂到了网上，结果就犯了这些以及其他一些错误。尽管该作品含有一些有用的地图和书目资料，但它并没有成功地理清书籍的传播。[1]

我没有把纳沙泰尔出版社的所有交易堆砌在一起，而是选择了一种采样策略，并且把定性分析和定量分析结合了起来。我发现，要估计一位书商的订单在何种程度上可以用来说明他的生意，必须对足量的订单进行汇总，并且阅读随订单一起寄的信件。只有通过对信件的仔细研究，我们才能重构销售的环境，限定销售范围的条件，以及客户与供应商之间关系的性质。书商们写的信通常是事务性的，语言简明扼要；但在他们与纳沙泰尔出版社发展成可信赖的关系（基于互相信任的关系）之后，就常常会在订单中夹杂一些个人关于交易的评论和想法，如夏尔梅及其遗孀的例子。他们不再仅限于谈生意，于是商务信函就展现出了一幅法国外省生活的鲜活画面，因为在许多案例中，我们都可以从书商生涯的不同阶段来跟踪他们——何时开店，何时击败竞争对手，何时遭遇经济危机，在一些案例里还包括他们何时被疾病压垮，甚至死亡。他们的街坊邻里和其他商人的来信还会使画面更加完整。因为这些信件充满了家常话——事实上也正因为如此——它们读起来引人入胜。网站上有数百封这样的信件可供选读。如果把它们和统计资料放在一起研究，就可能会感觉到图书贸易好像

[1] 对该篇论文的详细批评，见我的短评，“启蒙运动时期欧洲的法国图书贸易（1769—1794）”，《历史评论》（*Reviews in History*），2012年12月，http://www.history.ac.uk/reviews/review/1355。

已深深嵌入旧制度时期的社会秩序。

纳沙泰尔出版社的档案中只有很小一部分卷宗能提供这样丰富的画面。我挑选了其中 18 份卷宗，并且在研究助手的帮助下，抄录了这些书商的所有信件，辨别了他们订购的书籍，并把每种书籍订购的
275 册数和订单数量以及发生的日期一起列表呈现。不论是私人住宅里不事张扬的经营（如布卢瓦的莱尔），还是拥有印刷厂的大型企业（如莫西在马赛兵工厂建立的公司），每家书商都有自己的特性；但是 18 项个案研究都符合同一个一般性的模式。它们如实反映了法国外省广大地区对书籍的需求情况——从东部省份沿罗讷河谷向下，穿过普罗旺斯和朗格多克，沿西海岸向上到卢瓦尔，沿卢瓦尔河谷到勃艮第，然后回头通过弗朗什－孔泰到纳沙泰尔。这就是法瓦尔热出差旅行走的路线，他的报告，不论是信函中的，还是日志中的，都可以用书商们自己的信函来补充。因此可以把 1778 年贸易的横向景观，同根据从 1769 年延伸到 1789 年的信件推断出来的纵向透视图进行比较。我研究了纳沙泰尔出版社在法国其他地区（以及欧洲各地）所有客户的卷宗，但是我没有把采样扩大到法瓦尔热的旅行路线以外，而是决定集中于档案中这个文件最密集的部分。

通过把定量分析和对信函的鉴定性阅读结合起来，我们可以得出关于书籍的销售以及需求的推论。18 家书商的订单与他们实际收到的书籍几乎完美吻合，尽管出版社有时因为存货不足而未能供应某位客户订购的一些书籍。[1] 然而，在那些情况下，书商们可以从其他瑞

[1] 在被称作“代理账簿”的账簿中，纳沙泰尔出版社的职员把订单记在登记簿的左边（反面）页，把货物记在右边（正面）页。相对的两页之间的差异表明纳沙泰尔出版社常常未能交齐订货。不过，在十八位书商的记录中，订单和销售量通常还是十分相符的。夏尔梅的记录有点特殊，数字存在出入，因为他有时出差到纳沙泰尔亲自下订单。所以他的信函以及根据他的信件汇总的统计数据中，就反映不出这些订单。

士出版商兼批发商那里获得那些漏掉的书籍，这些出版商兼批发商销售的书籍和纳沙泰尔出版社所销售的是一样的，他们也是通过频繁的交换而获得了那些书。因此，根据 18 家书商的订单作出的统计数据，可以用来估计书籍传播的程度，并且更准确地反映它们的市场需求。

这个论点就其本身而言也许是有说服力的，但它足以支撑合理的结论吗？我在提出这个论点时，对我刚刚描述的策略的缺陷心知肚明，因而我需要对一些潜在的反对意见做出答复。

在有些案例中，统计基础可能非常脆弱。18 家书商样本中，布卢瓦的康斯坦丁·莱尔订购书籍数量最少——总共只有 34 种。他是小学校长兼葡萄酒商，卖书是他的副业，但信函表明，他的全部或者大 276
部分进货都源自纳沙泰尔出版社。尽管他订货数量不多，我还是因此把他选作样本，用来说明一个边缘经销商在图书贸易零售部分的生意状况。大城市里资深的职业书商——例如蒙彼利埃的里戈和马赛的莫西——定期向纳沙泰尔出版社提交经过精心计划的订单，但他们也从像洛桑出版社和伯尔尼出版社等其他一些出版商兼批发商进货。为了对其他这些出版社的生意有一定概念，我研究了他们与纳沙泰尔出版社的通信。他们的卷宗有些相当厚重，[1] 出版商之间经常的通信交流和书籍交换表明，他们销售同类图书，而且许多都是同名的书。他们夹在信件中的书目也基本相同。像里戈、戈德和莫西就常常从两三家瑞士出版社进货，以便按时得到足够的供货，并通过把订单分散给几

[1] 有关其他瑞士出版商的卷宗含有来自伯尔尼出版社的 631 封信；来自洛桑出版社的 223 封信，另有其狡诈的经理让－皮埃尔·厄巴克独自写的 151 封信，以及他的同事让－皮埃尔·贝朗热的 83 封信；来自洛桑的弗朗索瓦·格拉塞的 421 封信；来自日内瓦的巴泰莱米·希罗尔的 207 封信；来自日内瓦的让·亚伯兰·努费的 130 封信；和来自巴塞尔的 C. A. 塞里尼的 75 封信。

家供应商，来最大限度地降低书籍被没收的风险。

然而，如果因为纳沙泰尔出版社的档案的丰富性——它们确实丰富——就认为它足以展示瑞士所有出版社的贸易，那是不正确的。它们只含有三封来自重要的日内瓦出版商加布里埃尔·克拉默的信。克拉默不像纳沙泰尔出版社，他自己刷了大量原版书籍，尤其是伏尔泰的著作。他从未和纳沙泰尔出版社建立紧密的联系，因为他厌恶盗印行为，尤其是纳沙泰尔出版社还背着他（并与伏尔泰合谋）重印过他出版的伏尔泰《关于百科全书的一些问题》一书。相似地，纳沙泰尔出版社也不和附近的伊韦尔东的巴泰勒米·德费利斯进行广泛交易，很可能是因为他靠后者的《百科全书》删订增补版做生意，这个版本与纳沙泰尔出版社在四开重印版《百科全书》(印于日内瓦、纳沙泰尔和里昂）上的投机生意有竞争关系。这套关于瑞士出版业的次要文献含有大量有价值的信息，但是如果要做系统的比较研究，这些信息还是不够充分。[1]

因此，其他瑞士出版商的生意可能与纳沙泰尔出版社的生意有相当大的差别，或者瑞士的图书贸易整体上可能具有与低地国家的图书贸易不同的特征——尽管很可能不是这样。但是，我在研究海牙的小皮埃尔·戈斯（Pierre Gosse)、布鲁塞尔的 J. L. 布贝、列日的克莱芒·普隆托和其他出版商寄到法国北部的信函时，发现它们没有任何

---

[1] 这里不列出这个大主题的参考书目，但是读者可以去查阅两部集体著作中的大量参考资料：一部是让–达尼埃尔·康多（Jean-Daniel Candaux）和贝尔纳·莱斯卡泽（Bernard Lescaze）编的《日内瓦印刷业五百年》(*Cinq siècles d'imprimerie genevoise*)，日内瓦：历史与考古学会，1981；另一部是雅克·里什内和米歇尔·施吕普编的《纳沙泰尔图书业的诸方面》(*Aspects du livre neuchâtelois*)，纳沙泰尔：公共与大学图书馆，1986。

根本性的差别。[1] 当纳沙泰尔出版社的董事们去低地国家出差，拜访 277
那里的出版商时，他们在大多数情况下都会受冷遇，因为在销售同类书籍的普遍竞争中，他们被视为对手。盗印之风在法国边境附近到处盛行，意味着有几十家出版商兼批发商在竞相满足同一个法国市场的需求。盗版书从荷兰经由鲁昂流进法国的过程，很可能与从瑞士经由里昂流入法国的过程非常相似。

我必须用“很可能”这个词来避免明确的肯定，因为我没有可靠的证据。但是为了支持我的论点，我要强调指出近代出版业与当今出版业之间的另一个关键差别。当今的畅销书是由一家出版商印刷的，同样的书他要卖许多册，通常是通过大量重印，有时也通过出售平装书重印权。而在 18 世纪，畅销书是由许多出版商印刷的，有很多版次，每版印数都不大（通常大约 1000 册），而且在相同的时间内和相同的市场上销售。这就是为什么在图书馆里，同一种 18 世纪的书籍拥有那么多不同的版本。

因此我得出的结论是，我的统计提供了对纳沙泰尔出版社在法国的贸易的准确估量，尽管这些统计只是从它所收到的订单中抽取的样本。它们涵盖了 1,145 种书籍，即 18 家法国书商在 1769 到 1789 年间订购的书籍。这个样本能否反映法国图书贸易的总体情况，是另一个问题。每年法国新版图书的出版数量难以估计；但是，如果以专卖权和默认许可的申请记录（这方面原始史料并不令人满意，因为它们从来不提印数和销量，甚至不提专卖权申请书是否附有一个实际的图书版本）为依据，可知在 1750 年到 1789 年这 40 年间，书名的总数差不多达到了 30,000 种。每年问世的新版图书，数量在 1767 年后变化

[1] 戈斯的卷宗有 59 封信，布贝的卷宗有 35 封信，普隆托的卷宗有 15 封信。

不大，大约为750种。[1] 因此我们可以估计，纳沙泰尔出版社样本中的1,145种书籍，大约相当于在该出版社存在的20年间于法国问世的合法新版书的8%。然而，原始史料的不一致——一方面是书商的订单，另一方面是出版许可申请书——让任何寻求精确的百分比和比例
278 的计算企图都落了空。我认为依靠图书贸易从业人员在工作中做的计算更为可取。纳沙泰尔出版社在决定要重印哪些书籍时，会对什么书能在整个市场上畅销作出评判；而书商从纳沙泰尔出版社订货时，也会告知他们觉得什么书能在他们那里畅销。统计表上这1,145种书籍后面所附的数字不一定是精确的，但也不是随意写上的。它们代表着一些专业人员的评判，他们是以在18世纪的社会条件感知图书需求并予以满足为业的专家。

统计数据显示了1,145种书籍中每一种的需求量，并且粗略地提供了18家书商各自贸易情况的概貌。对它们进行整合，就可以得出一份“畅销书”书单——也就是对于各家书商及其整体在生意中需求量最大的书籍的明确显示。当然，如今的畅销书书单常常是有缺陷的，原因是订单采样方面的困难和缺乏；[2] 因此人们也不应指望两个

---

[1] 见弗朗索瓦·菲雷，《18世纪法兰西王国的“出版业”》（“La‘librairie’du royaume de France au 18e siècle”），载《18世纪法国的书籍与社会》，第1卷，巴黎：La Hay, Mouton & Co.，1965，第213—291页。1790年以前的四十年间有三千种新书问世，这个估计或许过高，因为许多对专卖权、官印许可和默认许可的申请，并不导致实际的出版物产生。另外，许多申请涉及的是专卖权已经过期的书籍的重印。至于临时的授权，如“简单允许”（simples tolérances）和“警察许可”（permissions de police），则没有记录可查，但它们主要涉及应时印刷品。当然，所有官方记录都把非法书籍排除在外。纳沙泰尔出版社销售了大量不会得到国家许可的书籍，但是它盗印了更多的合法和准合法的书籍。它还销售在它创建之前就已经出版的书籍，不过，它的生意更多的还是集中在新近出版的书籍上。

[2] 《纽约时报》列出的畅销书单基于所选书商的重复订购，而不是基于实际销量，而尼尔森 Bookscan 的统计则依赖于所选零售商的条码销售数据。

半世纪前流传的书单有很高的精确度。我只能说我汇编的书单和表格提供了一个最好用的研究指南，引导他们了解1769到1789年间法国人在购书方面的一般倾向。

在对统计数据做综合评述之前，有必要考虑到三个额外的困难。首先，在这20年里，纳沙泰尔出版社的生意发展不均衡，它得到的订货量忽大忽小。1771年之前，它在法国的生意没有发展；而在货物运到法国各地之后，它又不得不应付法国政府多变的管控措施：1772年对进口图书征收临时税；1777年8月30日法令发起打击盗版运动，以及1783年6月12日韦尔热讷向总包税所下达的命令，要求把进口图书交给巴黎书商行会检查，以期对它们进行控制。纳沙泰尔出版社与它的偷运者的通信——从1772年的吉永到1778年的雷沃尔，再到1783年的费弗尔——表明它找到了克服前两个障碍的方法。但是，韦尔热讷的命令使它的供应线遭到彻底破坏。此外，根据出版社最值得信赖的客户——"有实力的"经销商如戈德、里戈、莫西、贝尔热雷和夏尔梅的证言，1770年代后期图书贸易开始普遍衰退。有关破产的内容出现在与法瓦尔热法国之行逗留地相关的众多故事中，说明了局 279
势的严峻。到1783年底，纳沙泰尔出版社自身就面临破产。它筹措了应急资金，缩减开支，并一门心思地甩卖存货，而不是以出版新书和图书交换来扩展生意。因此最能说明问题的统计数据出自1771年到1784年这段时间，而涵盖旧制度时期最后五年的统计数据则可靠性略逊。

其次，根据纳沙泰尔出版社所收订单作出的统计中，一些书籍的权重比其他书籍更大。前面提到，书商常常根据顾客的要求来订购，但也凭借他们自己对于什么书会畅销的直觉，尤其是当他们从商务信函和期刊广告中得知有新书出版时。但是在提交订单时，他们通常选择纳沙泰尔出版社经常向法国各地的书商发送的书目上的书籍。书目上有的书会比上面没有的书容易获得更多的订单，正如出版社自己出版的书的权重会超过交换得到的各类书籍一样。分析统计数据时应该考虑到这样一些因素，而且在解释订单的地理分布时也可能遇到困难。如果马赛的一家书商要的书几乎和贝赞松的一家书商相同，这种类似性是由他们在订货时所查询的资料——不仅有纳沙泰尔出版社的书目和销售说明书，还有邮寄的通知信，以及期刊上的广告——的共性造成的吗？抑或是因为在这两个城市，甚至在法国所有地方，比较富裕、受教育程度较高的精英买书的偏好都一样？我不知道，但我对大部分订单缺乏地方特色感到惊讶。当然特例确实存在，例如尼姆对新教书籍需求量大，医学论著在蒙彼利埃卖得好，关于葡萄栽培的书在波尔多很受欢迎。但是，在上层社会，各处都流行相同的喜好，至少在当代文学领域是这样，尽管地域文化有巨大的多样性。

最后，我得指出，统计数据表现出几点纳沙泰尔出版社独有的特征。尽管它不专营某一特殊类型的书籍，但它大量经销新教书籍，而
280 且会利用胡格诺派的关系网把新教书籍推销到法国，尤其是尼姆和拉罗谢尔这样的城市。它的存货中天主教书籍不多（尽管它曾一度提议为西多城的西多会修士们印刷每日祈祷书）。因此，统计数据显示，法国新教徒需要大量宗教仪式用书，但并不需要一般性的宗教著作。纳沙泰尔出版社不经营某些类书籍——如畅销故事书、历书、各种应时印刷品、职业手册和各种各样的课本。它销售大量游记和儿童图书，尽管它不专营这类书籍。绝对禁止的书籍，如无神论著作、色情小说和政治毁谤书，构成了它相当大的一部分生意，但它们也没有成为它的贸易特色。为了满足书商的需求，出版社会从一些小出版商——如日内瓦的雅克－邦雅曼·泰隆和加布里埃尔·格拉塞——处

换到禁书，这些小出版商都是在图书贸易的最危险的（通常也是最赚钱的）领域做投机生意。纳沙泰尔出版社并不特别看重启蒙哲人的著作，尽管它也出过这些著作的自印版本，如霍尔巴赫的《自然的体系》和伏尔泰的《关于百科全书的一些问题》。它经营种类繁多的普通作品——今天那些被称作“书刊销售量排行居中”的著作——并且大量投资畅销书，或者他们认为可能卖得好的任何书籍。

启蒙运动书籍的传播是图书贸易研究中的一个重要主题，而且它还引发了一个问题，即书商在订货时，出版商在选择要印刷和要交换的书籍时，个人的观点、品位或意识形态立场是否会影响他们的决定。[1] 本书前面对书商的案例研究证明，他们最关心的事情是满足顾客的需求。法瓦尔热只遇到过一位书商，阿尔勒的戈迪翁，拒绝销售新教和启蒙运动的著作，因为他反对新教和启蒙运动。虽然书商们常常因为怕冒风险而避免订购“哲学书籍”，但他们也不会因为个人的喜好而偏爱或讨厌某一类书籍。在这方面，库雷·德维尔纳夫的例子特别能说明问题。他自己出版的书证明他热爱启蒙运动的理想，但是他的订单却表明，他并不需要这些启蒙哲人的大部分著作。纳沙泰尔出版社董事们的情况可以更清晰地证明这一点。这些董事的原则、价值观和政治态度与同时代的人并无本质的区别。在读了他们的几千封 281
信，研究了他们自己的著作（出版社的两位创始合伙人，弗雷德里

[1] 关于知识分子的立场是18世纪的书籍出版和贸易的决定因素这种观点，见伊丽莎白·艾森斯坦（Elizabeth Eisenstein），《国外的文丐：从路易十四时代到法国大革命时期的法国世界性出版业全貌》（*Grub Street Abroad: Aspects of the French Cosmopolitan Press from the Age of Louis XIV to French Revolution*），牛津：Clarendon，1992。我没有找到多少证据支持这种观点，但我承认存在几位出版商专营启蒙运动的著作。见雷蒙德·伯恩，《皮埃尔·卢梭和布永的启蒙运动哲学家》（*Pierre Rousseau and the Philosophes of Bouillon*），日内瓦：伏尔泰研究所和博物馆，1964。

克 - 萨米埃尔 · 奥斯特瓦尔德和他的女婿让 - 埃利 · 贝特朗，不仅做图书出版，自己还写书）之后，我们可以得到这样一种印象，他们是有教养的绅士，相对保守，是纳沙泰尔和瓦朗然典型的精英群体，这里自 1707 年起在普鲁士宗主权下实行自治。我能找到的有关他们的一切资料都表明，他们的观点一般来说符合启蒙思想，但是他们并不利用自己的生意来促进启蒙运动，或者其他任何事业。他们的首要目标就是赚钱，像他们在信中说的，钱是“万事之动力”。[1]

他们并非总能成功。实际上，他们在 1783 年濒临破产这一事实可以证明，他们不善于使供应与需求相衔接。不过，他们的财务困难是由其他因素造成的，尤其是韦尔热讷 1783 年 6 月 12 日的命令。因此，纳沙泰尔出版社从其客户那里得到的订单，即使未能得到满足，也是了解大革命前夕对法语书籍实际需求的最佳原始资料。我指出这种原始资料有缺陷，并不是要劝阻对于统计数据的研究，相反，我是要让这些统计数据能够得到其他人的分析和批判。毕竟，在这种探索中，不仅对了解大革命前的法国来说，而且对书籍研究和总体的历史研究来说，都存在很多风险。

上述对概念和方法问题的讨论，旨在为统计资料的呈现开辟道路。下面的“畅销书”书单——希望这个措辞不致完全时代错置——展示了需求量最大的书籍。它把纳沙泰尔出版社出版的书排除在外，

[1] “博塞致纳沙泰尔出版社”，1780 年 4 月 1 日，见纳沙泰尔出版社档案的博塞 · 德吕兹的卷宗。关于纳沙泰尔出版社股东们的传略，见《纳沙泰尔人传》（*Biographies neuchâteloises*），米歇尔 · 施吕普编，第 1 卷（1996），第 197—201 页；和《启蒙运动时代纳沙泰尔的出版业：纳沙泰尔出版社（1769—1789）》，罗伯特 · 达恩顿、雅克 · 里什内和米歇尔 · 施吕普编，纳沙泰尔：纳沙泰尔公共与大学图书馆，2002，第 67—70 页。

因为在统计资料里，它们的占比严重超出来自出版社通过图书交换建立起来的总库存中的书籍。（当然，出版社在决定重印一本书时，首先就是以市场需求为主要考量的，因此，网站上提供了第二份“畅销书”书单可供查询，其中包含出版社出版的书以及它库存中的各类书籍。）这份书单偏重于新教书籍（以方括号标出，以示区分），因为它们代表的是该出版社的一种特色，而不是法国读者的整体需求。除了这一例外，书单列出了市场上卖得最好的书籍。每种图书后面附有一 282
个数字，表示从样本中的所有订单统计得到的总册数；这个数字可以用来说明市场对该书需求的相对重要性，尽管它当然和实际发生的总册数不符。

[《大卫的诗篇》，2036]

马蒂欧·皮当萨·德麦罗伯的《杜巴丽伯爵夫人逸事》，1001

路易－塞巴斯蒂安·梅西耶的《2440 年：一个似有若无的梦》，691

雅克·内克的《关于建立外省行政机构致国王的备忘录》，367

让－巴蒂斯特－路易·科克罗的《特雷修道院长回忆录:财政总监：包含他的生平、他的行政管理、他的阴谋诡计和他的倒台》，324

马蒂欧·皮当萨·德麦罗伯和巴泰莱米－弗朗索瓦－约瑟夫·穆夫勒·当热维尔的《莫普先生对法国君主制组织进行改革的历史记录》，294

纪尧姆－托马－弗朗索瓦·雷纳尔的《哲学和政治史》，236

皮埃尔·雷斯托的《简明法语语法原理》，231

匿名作者的《儿童读物，或既能让孩子们快乐又能让能他们爱美

德的小故事选》，213

洛朗-埃蒂安·隆代的《皇家词典，或新法语和拉丁语词典：增补了最优雅地说这两种语言的方法：最优秀的作家的汇集，并以对法国人用拉丁语写作而言很方便和很有条理的顺序编纂》（*Apparat royal, ou nouveau dictionnaire françois et latin: Enrichi des façons de parler les plus élégantes en l'une et en l'autre langues: recueilli des meilleurs auteurs, et mis dans un ordre très-facile et très-méthodique pour la composition du françois en latin*），203

[让-弗雷德里克·奥斯特瓦尔德的《修改增补版洛桑慈善小学用简明圣史、教理问答》（*Abrégé de l'histoire sainte, et du catéchisme, retouché & augumenté pour l'usage des écoles de charité de Lausanne*），200]

让-雅克·拉特利奇的《喜剧演员或休息厅，独幕散文喜剧》（*Les Comédiens ou Le Foyer, comédie en un acte et en prose*），200

弗朗索瓦-马利·阿鲁埃，即伏尔泰的《奥尔良少女，壮烈而滑稽的诗，诗歌十八首》，200

匿名作者的《喜剧与一些色情诗歌集》，196

283 [贝内迪克特·皮克泰的《每周各日及各种主题的祈祷文》（*Prières pour tous les jours de la semaine, et sur divers sujets*），182]

[让-巴蒂斯特·勒努的《新教的古老与永恒》（*L'Antiquité et perpétuité de la religion protestante*），168]

巴泰莱米-弗朗索瓦-约瑟夫·穆夫勒·当热维尔的《路易十五的私生活，或他统治时期的主要事件和轶事》，154

尼古拉-埃德默·雷蒂夫·德拉布雷托讷的《堕落的农民，或城市的危险》，149

克洛德–阿德里安·爱尔维修的《论人，论他的智能与教育：爱尔维修死后出版的著作集》(*De l'homme, de ses facultés intellectuelles, et de son éducation: Ouvrage posthume d'Helvétius*)，144

[埃利·贝特朗的《基督教会节日用布道文，继而用作关于新教道德的致辞》(*Sermons pour les fêtes de l'Eglise chrétienne, pour servir de suite aux Discours sur la morale Evangélique*)，143]

让·安托万·尼古拉·德卡里塔，孔多塞侯爵的《一位神学家致三个世纪文学词典的作者的信》(*Lettre d'un théologien à l'auteur du dictionnaire des Trois siècles littéraires*)，143

[让–罗多尔夫·奥斯特瓦尔德的《灵魂的食粮，或用于每周各日、每年主要节日及各种有意义的主题的祈祷文集》(*La Nourriture de l'âme, ou recueil de prières pour tous les jours de la semaine pour les principales fêtes de l'année et sur différents sujets intéressants*)，137]

让–雅克·卢梭的《让–雅克·卢梭著作全集》(*Collection complète des œuvres de Jean-Jacques Rousseau*)，136

弗朗索瓦–马利·阿鲁埃，即伏尔泰的《哲学通信》，130

[达尼埃尔·德叙佩维埃尔的《真正的领受圣餐者，或论圣餐仪式和参加仪式的正确方法》(*Le Vrai Communiant, ou Traité de la Sainte Cène et des moyens d'y bien participer*)，130]

保罗–亨利·迪特里希·蒂里，霍尔巴赫男爵的《揭开面纱的基督教，或检验基督教的原则和作用》(*Le Christianisme dévoilé, ou examen des principes et des effets de la religion chrétienne*)，128

劳伦斯·斯特恩的《伤感之旅，斯特恩先生以约里克之名著，译自英文》(*Voyage sentimental, par M. Sterne sous le nom d'Yorick, traduit de l'anglais*)，127

让–皮埃尔·贝朗热的《共和政体爱好者，或尼西亚斯和西尼尔信笺》(*Les Amants républicains, ou lettres de Nicias et Cynire*)，127

亨利–约瑟夫·迪·洛朗的《马太兄弟，或人类精神的大杂烩》，124

萨米埃尔–奥古斯特–安德烈·达维德·蒂索的《大众健康建议》，119

这份书单，可以用那些在纳沙泰尔出版社自出版书目订购清单，或该出版社与合作伙伴联合出版的书籍清单上位列前茅的书籍来补充。这些书籍包括雷纳尔的《哲学和政治史》，自印版售出161套，普通存
284 货中售出236套，这证明它确实是最畅销的书籍之一——特别是当我们把纳沙泰尔出版社出版与日内瓦的让·亚伯兰·努费合作印刷的，多达十卷的版本，也考虑进来的话。在其他由纳沙泰尔出版社出版的书籍中，书商们最常订购的有路易–塞巴斯蒂安·梅西耶的两种最流行的书籍，四卷本的《巴黎图景》(300套，纳沙泰尔出版社印刷了其中274套，其他出版商的版本多达十二卷）和《我的睡帽》(233册）；克洛德–约瑟夫·多拉的九卷本著作全集（320套）；保罗–亨利·迪特里希·蒂里，霍尔巴赫男爵的《自然的体系》(306册）；让–弗朗索瓦·马蒙泰尔的《印加人，或秘鲁帝国的毁灭》(288套）；克洛德–弗朗索瓦·格扎维埃·米约的《古代和现代通史纲要》(218套）。

这些书单看起来令人目眩，我们好像被吸入了一个无法操控的数据旋涡当中。置身于数百份订购这1,145种书籍（涵盖了当时的全部著作）的订单中，如何才能把握住方向？仅仅把纳沙泰尔出版社最常规的客户最常订购的那几十种书籍列出来，是远远不够的。这份畅销书的汇总统计，除了明显偏重新教著作——这些书籍只能迎合法国读

者中占少数的胡格诺派教徒，从而被排除在了分析之外——还可能在几个方面给人留下误导性的印象。要更精细地了解市场对书籍的需求，就必须从一份份订单和一家家书商出发，对这 1,145 种书籍加以整体研究。在对材料进行过多次研读之后，我按照下面的标题（目的是使主要特点突出明确）把内容粗略地组织如下——而这些结论，任何人都能通过查阅 robertdarnton.org 网站上的主书单来批评指正。[1]

毁谤性书籍

畅销书单上最令人惊讶的部分——或者至少是一串对当今读者来说最生疏的书名——是抨击路易十五及其情妇和大臣的书籍。前面几章曾经说明这些书籍是在路易十五于 1774 年 5 月 10 日去世后不久出版的，也经常提到书商们都特别想订购它们，据说凡是对凡尔赛宫的隐秘回廊里发生的秘闻轶事十分好奇的读者，都会如饥似渴地读这些书。它们除了能满足人们的偷窥欲外，还有政治上的寓意，因为 285
它们揭露了 1715 年到 1774 年整个这段时期一直存在的权力腐败和滥用现象，并特别关注到 1771 年至 1774 年莫普内阁执政期间的政治危机——正是这一危机削弱了高等法院的权力，并使得君主政体在当时许多观察者看来像是暴政。这些被认为具有"毁谤性的"书籍，许多都是从秘密传单、歌谣和写在纸片上的流言中汲取材料写成的，这些

[1] 尽管我对下面所讨论的全部书籍在订单中的册数进行了统计，但是我决定在讨论它们时不把这些数字包括进去。那样做会给人一种表面上精确的印象，特别是当数字比较小时。因此，我把评论限制在对需求范围作出大体的说明。任何读者都可以在网站上查询到精确的数字。

东西 1774 年以前就在私下流传，后来被人回收利用，编成了戏说历史的故事。[1]

我第一次接触这些大多已被尘封的书籍时，曾经推断，在法国大革命前夜的那些年里，它们是一股强大的意识形态力量。[2] 但把它们放在所有其他订单的背景下做更仔细的研究后，我感到这个论断必须细化。卢丹的马勒布的订单特征明显，但由此产生了一个问题。他比纳沙泰尔出版社的其他任何客户都更热衷于专营禁书，并且订购过大量禁书——比很少在被禁书籍上冒险的正规书商所订的要多得多。实际上，与其他书商的生意模式相比，马勒布的生意模式看上去就像个另类，以至于我禁不住想把他从样本中排除掉。我之所以选择保留，是因为它代表了由大量零售商贩传播的书籍的种类，而且，如果我们要把毛细管分销体系和图书传播主渠道一样研究的话，就必须把他们的贸易考虑进来。但是，马勒布的订单过于偏好禁书，这就使得市场上有关毁谤性书籍的需求状况失真。[3] 书商们总共订购了 1001 册《杜巴丽伯爵夫人逸事》，他自己占了 278 册，此书位于"畅销书"书单榜首（除了各种版本的《诗篇》，那是卖给胡格诺派读者的）。他还订购了 324 套《特雷修道院长回忆录》中的 268 套，以及 294 套《莫普先生对法国君主制组织进行改革的历史记录》中的 110 套。当然，这

[1] 我在文章"博客，此时与彼时（250 年前）"（Blogging, Now and Then [250 years ago]）中说明了根据资料片段来拼凑书籍的过程，见《欧洲浪漫主义评论》（*European Romantic Review*），24(2013)，第 255—270 页。

[2] 我在《法国大革命前的畅销禁书》（纽约：Norton，1995）中最透彻地阐述了这个论点，该书仅限于讨论绝对非法的书籍，并未尝试描述图书贸易总体的特性。

[3] 如第十章所说明的，纳沙泰尔出版社在进行"哲学书籍"清仓时，马勒布和它商定，以很低的折扣大量订购这类书籍。由于那份订单并不代表马勒布正常生意过程中的客户需求，因此没有纳入统计。

些书籍在更正规的书商如蒙彼利埃的里戈、马赛的莫西、波尔多的贝尔热雷和贝赞松的夏尔梅的订单中需求量也不小。但是还应该考虑另一个因素：订单的日期。所有与路易十五相关的毁谤性书籍，都是在1774年11月8日到1777年12月3日之间订购的（夏尔梅在1781年还下了一份大单订购《路易十五的私生活》是个例外）。大部分订单集中在1775年和1776年。按照夏尔梅的说法，到1780年，市场对 286
这种书籍的需求已大大减少。鉴于这条信息，我将放弃早前的解释，并提出一个更适度的结论：在1770年代中期，毁谤性书籍对法国读者有非常强烈的吸引力，但是在1769年到1789年这整个时期，它并不在图书需求中占优势，而且在我的畅销书书单中它也稍显过多。

启蒙文学

启蒙哲人的书籍在畅销书清单上表现突出，而且，如果对全部1145种书籍进行整体研究，它们甚至会显得更重要。法国启蒙运动中有纵横交错的许多思潮，故而很难对众多著作公允评判。但是有两部著作位居书单顶端是当之无愧的。一部是梅西耶的乌托邦小说《2440年》，它使哲人们的思想，尤其是卢梭的思想得到普及，它的影响广泛而持久，书商们经常会下单回购它。另一部是雷纳尔的《哲学和政治史》，其中含有一些狄德罗撰写的内容，向读者提供了有关启蒙运动主题的一个非常详尽的纲要，而且从书商们的订单和它的版本数量来看，读者对它的需求长盛不衰，尤其在它被巴黎高等法院禁止，并于1781年5月29日被行刑人焚毁之后。

伏尔泰凭借其粗俗的反教权作品《奥尔良少女》和著名的《哲学

通信》，卢梭凭借其各种版本的著作全集，双双顺理成章地占据畅销书榜的高位。如果进一步研究所有订单的总书单，我们会发现伏尔泰的影响力确实特别强。纳沙泰尔出版社很容易就卖完了他出版的九卷本《关于百科全书的一些问题》，还收到了二三十份订购他的其他著作的订单，涵盖的范围十分广泛，包括小说、历史、诗歌、戏剧、随笔、杂集，以及论战小册子——如此之多的订单汇在一起，足以表明伏尔泰体现的那种温和的启蒙思想迎合了很大一部分公众的需要。归纳起来，伏尔泰的启蒙思想有一套清晰的主题：一种对宽容、理性主义、反教权、自然神论以及正义和自由原则的不懈追求，这偏离了旧制度的主流价值观，但也并未直接挑战等级制的社会秩序或国王的权威。

287 卢梭1778年去世后，纳沙泰尔出版社参与了抢夺他的《忏悔录》和其他未发表著作手稿的竞争，但均告失败。不过它还是设法从其他出版商那里弄到了这些书，而且它的客户们都在翘首以盼。它接到过要98套卢梭的《遗作集》(*Œuvres posthumes*)、129册《忏悔录》和136套各种版本的著作全集的订单。它也接到过只要4册《社会契约论》和6册《爱弥儿》的单行本的订单，尽管这两本书都收在卖得很快的著作集里。此外，订单里的其他著作——如梅西耶的著作和安托万·塞尔旺的《关于J.-J.卢梭的〈忏悔录〉的思考》(*Réflexions sur les Confessions de J.-J. Rousseau*)——也反映出了卢梭的影响力。

启蒙运动中更激进的无神论思潮在订单样本中占据着一个从属的但也很重要的地位。然而，这里我们也必须考虑到由马勒布订购的书籍所造成的失真。他重金投资最偏激的“哲学书籍”。就爱尔维修的唯物论著作《论人》来说，总数144册中只有6册不是他订购的，所以我不认为它是真正的畅销书。畅销书单上另一本著作，霍尔巴赫的

《揭开面纱的基督教》，总共128册，马勒布也订了50册。再拿纳沙泰尔出版社出版的霍尔巴赫《自然的体系》这唯一一部无神论著作来说，取样的订单中共计订购306册，其中马勒布就占了230册。一些杰出的书商，如里戈、帕维、罗贝尔、戈蒂埃和夏尔梅，都下过很多订单要后两本书，但这也并不足以说明彻底的无神论对法国读者有强烈的吸引力。

在激烈反基督教的作品中，最直言不讳的共有16种，而且全是匿名的，出自霍尔巴赫男爵的小圈子。[1] 订单的总数看上去很可观，但就像《揭开面纱的基督教》的情况一样，很大一部分是专营这类书籍的马勒布订购的。如果从每种书籍的订数中减掉他订的数量，霍尔巴赫的著作被订购的总册数就降到了179，比伏尔泰和卢梭的著作要少得多。[2] 爱尔维修著作的订购册数中，马勒布的订单占大多数：除了《论人》，还有《论精神》和《论幸福》(*Le Bonheur*)。《论三个骗子》是爱尔维修最有名的反宗教小册子之一，这本书马勒布的订数稍少，50册中他订了16册。总的说来，这种过于激进的反基督教哲学，比起那些渗入了反教权主义的虚构作品和伏尔泰的著作来，渗透力要 288
小得多。

---

[1] 由于霍尔巴赫及其朋友们的著作都是秘密发表的，因此很难对与这个团体有关的著作和作者进行辨别，团体成员并不都支持霍尔巴赫本人那种彻底的唯物主义和无神论。见艾伦·科斯(Alan Kors)，《霍尔巴赫小团体：巴黎的启蒙运动》(*D'Holbach's Coterie: An Enlightenment in Paris*)，普林斯顿：普林斯顿大学出版社，1976。

[2] 在把马勒布的订购数量扣除，并把纳沙泰尔出版社版的《自然的体系》排除之后，对霍尔巴赫派著作的需求可以排名如下：《揭开面纱的基督教》(订购总数为77册)，《自然政治论，或论政府的真正原则》(44册)，《神圣的传染》(*Contagion sacrée*，32册)，《论宗教的残暴》(*De la Cruauté religieuse*，31册)，以及《健全的思想》(23册)。其他霍尔巴赫派著作的订购都少于20册。

其他哲学家如孟德斯鸠、狄德罗和孔多塞，他们的著作散见于订单中，数量都不多。孔狄亚克的《指导帕尔默王子的基础课程》值得专门一提，因为它包含的启蒙思想范围非常广泛，多达13卷，许多书商都曾经少量订购过，总共订了28套。被认为是“启蒙运动圣经”的《百科全书》，汇集的材料则要多得多，形成了一个36卷四开版的巨制。它是一部富丽堂皇的畅销书，但在上面那个书单中没有位置，因为对它的订单要交由一个国际出版联盟统一处理。纳沙泰尔出版社作为这个联盟的一员，曾征集了大量四开版《百科全书》的订户，但它把这些订户都转到了这项合作出版事业的总部里昂。[1]

像《百科全书》、孔狄亚克的《指导帕尔默王子的基础课程》和雷纳尔的《哲学和政治史》这种多卷本的书籍，所需的投资比像梅西耶的《2440年》这种较薄的作品要大得多。在比较时，把篇幅和费用的差异考虑进去很重要。因此，如果我们考虑到个别哲学家的著作全集的订单，那么对于启蒙运动书籍的需求就会显得相当可观。前面提到，订单中卢梭著作的总订数是236套，其中在1778年卢梭死后出版的《遗作集》的订数是98套。孟德斯鸠著作的总订数为33套；狄德罗著作的总订数为25套；让–弗朗索瓦·马蒙泰尔的著作的总订数为56套。马蒙泰尔属于后一代哲学家，而且是在纳沙泰尔出版社经营活动最为活跃的时期成名的，而孟德斯鸠在该出版社创立14年前就已经去世了。当该社进入经营期时，市场对许多重要著作的需求或许已经饱和，于是他们的生意就偏重于当时流行的书籍了。对

[1] 纳沙泰尔出版社征集的订户列在总清单上，但他们是属于整个四开版项目的生意，如我在《启蒙运动的生意：百科全书出版史（1775—1800）》（坎布里奇，马萨诸塞州：哈佛大学出版社，1979）中所叙述过的。

所有订购著作全集的订单进行分析[1]后可发现，一个作家虽去世很久但读者对其著作的需求仍很强盛的例子有莫里哀，74套的总订数表明了他的人气不衰。但在当时流行作家著作全集的订单面前，这个订数就相形见绌了:《多拉先生著作全集》(*Collection complète des œuvres de M. Dorat*)，总订数为331套;《里科博尼夫人著作全集》(*Collection complète des œuvres de Madame Riccoboni*)，总订数为121套。克洛德－约瑟夫·多拉和被称为里科博尼夫人的玛丽－让娜·拉博拉·梅齐埃尔，以及弗朗索瓦－托马－玛丽·德·巴居拉尔·达诺，是1770年代和1780年代的畅销书作者，尽管如今几乎已被人忘得干干净净。这种考量也适用于下面一类书籍。 289

一般虚构类作品

畅销书书单中含有几部小说，它们顶着数世纪审美趣味的变化幸存了下来，仍在法国文学史上占有一席之地。其中有尼古拉－埃德默·雷蒂夫·德拉布雷托讷的色情小说《堕落的农民，或城市的危险》和劳伦斯·斯特恩的《伤感之旅》。斯特恩的作品有各种译本，在法国市场上表现不俗。如果把纳沙泰尔出版社自己的版本考虑在内，畅销书中还有两种著名小说，即让－弗朗索瓦·马蒙泰尔的《印加人，或秘鲁帝国的毁灭》和皮埃尔·肖德洛·德拉克洛的《危险关系》。这

[1] 遗憾的是，订单并不始终如一地包含关于个别书籍的版本信息，如它所包含的卷数，而卷数常常因版本而异。某些情况下，这种信息可能由正规的传记提供，但是版本的识别牵涉太多的臆测，因此不能包括在根据订单汇总的统计数据中。

些作家——拉克洛除外——还写下其他一些销量不错的小说，如马蒙泰尔的《贝利萨留》、雷蒂夫的《新阿贝拉尔》（*Le Nouvel Abelard*）和斯特恩的《绅士特里斯特拉姆·尚迪的生平与见解》（*La Vie et les opinions de Tristram Shandy*）以及他的《约里克致伊莱扎的信》（*Lettres de Yorick à Eliza*），它们在所有订单的总书单上都有很大的数量。不过，跟言情小说比起来，它们的订数还是很小的，而言情小说的流行程度可以根据订购总量做出大致的评判：

巴居拉尔·达诺的《情感的考验》：150 册
范妮·伯尼的《塞西莉亚，或一位女继承人的回忆录》：145 册
多拉的《反复无常的不幸》：115 册
让利斯夫人的《阿代勒和泰奥多尔》（*Adèle et Théodore*）：95 册
雷蒂夫·德拉布雷托讷的《私生女》（*La Fille naturelle*）：88 册
多拉的《爱情的牺牲》：82 册
贝卡里夫人（笔名）的《范妮·斯平勒回忆录》（*Mémoires de Fanny Spingler*）：57 册

这些统计数据只能粗略地反映需求量，因为从 18 家书商的订单上得来的数字只构成全部发行量的一个小样本。不过综合起来看，它
290 们显示了读书界偏好的是，言情和道德说教的故事、富有特色的浪漫阴谋、备受情感煎熬的女主人公和深深浅浅的感伤情调。最受热捧的是塞缪尔·理查森的小说（其次是卢梭），而不是伏尔泰的“故事”（*contes*）——伏尔泰的作品主要在图书市场的非小说类走红。这些小说中有几种是以英国为背景的，或是采用了带英国口音的温情腔

调。纳沙泰尔出版社的客户没有订购大量翻译的理查森小说，[1] 不过他们常常要求订购戈德史密斯的《弗朗索瓦·维尔斯传》(*Histoire de François Wills*)。他们尤其喜欢里科博尼夫人表现英国女主人公个性的书信体小说《范妮·巴特勒小姐书简》(*Lettres de mistriss Fanni Butler*)、《朱丽叶·凯茨比夫人书简》(*Lettres de Milady Juliette Catesby*) 和《珍妮小姐传》(*Histoire de Miss Jenny*)，这些作品都包含在她不同版本的选集里。书商们经常订购的中篇小说和故事集也是以言情和道德说教为特征的，如马蒙泰尔的《道德故事集》和萨洛蒙·热斯内与狄德罗的《道德故事和新田园诗集》(*Contes moraux et nouvelles idylles*)，而狄德罗就是理查森的热烈崇拜者。

在其他体裁的虚构类作品中，纳沙泰尔出版社销售了大量的剧作，它们几乎全是当代剧作家——莫里哀和作品销量不多的拉辛除外——的作品。需求量最大的是该社出版的卡罗琳–斯蒂芬妮–费利西泰·迪克雷斯特·德圣奥班（即让利斯伯爵夫人）的作品，例如她的《社交剧》(*Théâtre de société*) 和《适用于青年人的戏剧》(*Théâtre a l'usage des jeunnes personnes*)。相比较而言，对《伏尔泰戏剧全集》(*Théâtre complet de Voltaire*) 的需求就不值一提了，尽管读者可以从他版本众多的著作全集中接触到他的戏剧。博马舍的《塞维利亚的理发师》(*Le Barbier de Séville*) 在订单中拥有突出的位置（没有《费加罗的婚礼》[*Le Mariage de Figaro*]，因为它发表于 1785 年，而在此之前纳沙泰尔出版社的生意就已经开始缩减了），梅西耶的两部剧作《路易十一之死》(*La Mort de Louis XI*) 和《醋贩子的独轮车》(*La Brouette du vinaigrier*) 也是如此。不过，梅西耶其他由纳沙泰尔出版社印制的多部剧作并没有吸引到大

[1] 唯一例外的是《新英格兰书简，或骑士格兰迪森传》(*Nouvelles lettres anglaises, ou histoire du chevalier Grandisson*)，订购数量相当大。

量订单，尤其是远远比不上他的小说《热泽内穆尔》（他用该书的副标题将其定性为“戏剧小说”）。纳沙泰尔出版社很少销售诗作，不过它收到了求购伏尔泰的史诗《亨利亚德》和它出版的雅克·德利尔的《花园》的大量订单。另外，它提供的文学作品还包括 17 世纪的古典文学和著作。需求量最大的是拉封丹的《寓言集》和《故事集》、拉罗什富科的《道德箴言录》（*Sentences et maximes de morale*）、贝尔的《历史与批判词典》，以及伊拉斯谟的《愚人颂》（*L'Eloge de la folie*）。由于纳沙泰
291 尔出版社专心经营当代著作，它接到的蒙田《随笔集》（*Essais*）和帕斯卡《致外省人信札》（*Les Provinciales*），或法文版的塞万提斯和莎士比亚作品的订单都很少，就不足为奇了。

最后，我们应该注意到那些如今被称作色情文学的书籍。18 世纪没有“色情文学”这个词，尽管雷蒂夫·德拉布雷托纳有一本书的标题是《色情作品，或一个正人君子关于一项为妓女订立法规的计划的看法》（*Le Pornographe, ou idées d'un honnête homme sur un projet de règlement pour les prostitutées*）。[1] 18 世纪的叙事作品常常用哲学的、政治的，尤其是反教权的主题来点缀色情的主旨，采用的手法如今似乎很罕见。色情描写贯穿于许多启蒙运动的伟大著作，如《波斯人信笺》《老实人》和

---

[1] 林恩·亨特（Lynn Hunt）编，《色情的发明：淫秽与现代性的起源（1500—1800）》（*The Invention of Pornography: Obscenity and the Origins of Modernity, 1500-1800*），纽约：Zone，1993。我在早期著作《法国大革命前的畅销禁书》（纽约：Norton，1996）和它的姊妹篇《法国的地下书籍大全（1769—1789）》（*The Corpus of Clandestine Literature in France,1769-1789*，纽约：Norton，1995）中，试图找出在法国官员看来，和在书商的习惯做法上都算是绝对非法的全部书籍。这些书籍包括大量下流的毁谤性著作和有时含有激进的哲学和反宗教主题的淫秽著作。我把精力集中于这些鲜为人知的书籍，并不是想用以描述 18 世纪书籍总体的特性。但是某些批评我的人误解了我的论点，甚至荒诞地声称我主张对“法国大革命进行‘色情的’解释”（维维安·格鲁德［Vivian Gruder］，“玛丽－安托瓦内特的问题：法国大革命前的王后与舆论”［The Question of Marie-Antoinette: The Queen and Public Opinion Before The French Revolution］，《法国史》［*French History*］，16［2001］，第 170 页）。

《达朗贝尔的梦》(*Le Rêve de d'Alembert*)。淫秽诗歌出现在通俗作品集中，如《喜剧与一些色情诗歌集》和《淫荡诗集》(*La Lyre gaillarde*)。毁谤性书籍在企图展示大人物私生活的隐秘图景时，常有床笫之事的描写。与这种捎带采用色情材料的情况相反，一部分“哲学书籍”却以公然诉诸色情描写而闻名。订购最多的图书包括：[1] 通常被认为是尼科洛·弗朗科（Niccolò Franco）写作的《游荡的妓女，或玛德莱娜与朱莉的对话》，米歇尔·米洛（Michel Milot）的《少女学校》；让·巴兰（Jean Barrin）的《修道院里的维纳斯》；约翰·克莱兰的《芬妮·希尔：欢场女子回忆录》的译本《欢场女子》，以及安娜–加布里埃尔·梅尼尔·德凯尔隆（Anne-Gabriel Meusnier de Querlon）的《加尔默罗修会负责收发的修女的风流韵事》。数量都太少，不能精确表明需求，它们也不能充分代表较老的畅销书的持久吸引力，如通常被认为是让–夏尔·热尔韦斯·德拉图什（Jean-Charles Gervaise de Latouche）写作的《查尔特勒修会看门人堂布格尔的故事》和尼古拉·肖里耶（Nicolas Chorier）的《女子学校》。色情文学，或大致类似的作品，在图书市场上占有一席之地，但相对说来并不重要，尤其是和纳沙泰尔出版社生意中占大头的各类非虚构类作品相比，它们就更显得无足轻重了。

旅行文学

记述远途旅行的文学作品，对于18世纪的读者吸引力特别大，

---

[1] 因为马勒布的订单含有数量众多且比例失调的色情书籍，会让人对总需求产生一种错误的印象，因此在这处计算中被略去，就像早前关于毁谤性书籍和无神论书籍的讨论情况一样。

但从那以后起影响力就渐渐消退了。在那个全球性联系刚开始左右欧洲政治和经济事务进程的时代，游记文学所展示的异域风情令公众
292 心驰神往。一些过去完全不为人所知的民族和地域的发现，使詹姆斯·库克、路易·安托万、布干维尔伯爵和拉佩鲁兹伯爵让－弗朗索瓦·加罗（Jean-François de Galaup, Comte de La Peyrouse）等人的探险，至少像今天的航天报告一样扣人心弦——很可能还会大大超过航天报告，因为那些在世界各地的旅行，每一次都是有人类积极参与的冒险活动。所有探险家都面临过超乎寻常的危险。其中最严重的危险是库克在他的旅行记述中所描绘的食人族和野蛮人，他自己就是在野蛮人手中壮烈牺牲的。拉佩鲁兹伯爵是在进行环球航行时，在太平洋和印度洋广袤海域的某处神秘失踪的，这趟旅行充斥着精彩纷呈的故事。在一次更早的环球旅行中，布干维尔偶遇了奇特的塔希提文明，他们随意不拘的性习俗引起了公众极大的阅读兴趣，尤其是当它被狄德罗添油加醋地写进小说《布干维尔旅行游记补编》（*Supplément au voyage de Bougainville*）之后。游记中还有许多与科学有关的重要内容：有涉及植物学、地理学、天文学和航海技术的资料，还有许多涉及诸如地球经度测定之类的技术细节。在欧洲旅行的游记，有几种是英国人长途旅行的产物，常常以讨论艺术和建筑为特色。到中东和远东的旅行游记，更多的是详述当地人的奇风异俗，滋润着一种将要被确立为人类学的学问。这种在其中什么都能找到一些的书籍，为纳沙泰尔出版社赢来了大量订单。

在纳沙泰尔出版社大量提供的游记类书籍中，布干维尔的《世界环游记》（*Voyage autour du monde*）吸引的订单最多。库克的游记各种版本都卖得好，尽管出版社未能利用读者对它的第一波热情赚到钱。最常被订购的游记是该社出版的《西西里与马耳他游记》（*Voyage en Sicile*

et à Malte)，是帕特里克·布赖登的重要作品。其他最受欢迎的英国游记的译本有约翰·穆尔（John Moore）的《一个英国旅行家关于法国、瑞士、德国和意大利的信》(*Lettres d'un voyageur anglais sur la France, la Suisse, l'Allemagne et l'Italie*）和马丁·夏洛克的《一个英国旅行家的信笺》(*Lettres d'un voyageur anglais*)。订购最多的游记中，接下来依次是约翰·尼古拉斯·尼坎普的《东印度群岛游记》，雅克－亨利·贝尔纳丹·德圣皮埃尔的《法兰西岛、波旁岛、好望角等地游记》，安德烈－塞扎尔·博尔迪耶（André-César Bordier）的《萨瓦冰川风光游记》(*Voyage pittoresque aux glacières de Savoye*）以及 G.-J.-H.-J.-B. 勒让蒂·加莱西埃尔（Legentil de la Galaisière）的《印度洋航行记》(*Voyage dans les mers de l'Inde*)，其中记述了他观察金星凌日的失败尝试，观察的目的是要测量太阳和地球之间的距离。在其他专门进行科学考察的游记中，需要提 293
及的是俄国地质学家和植物学家格雷古瓦·德拉祖莫夫斯基（Grégoire de Razoumowsky）的《矿物学和物理学之行，从布鲁塞尔到洛桑》(*Voyage minéralogique et physique, de Bruxelles à Lausanne*)；而更有审美趣味的著作，则有大雕刻家夏尔－尼古拉·科尚（Charles-Nicolas Cochin）的《意大利之行，或关于在意大利主要城市所见的绘画和雕塑作品的笔记汇编》(*Voyage d'Italie, ou recueil de notes sur les ouvrages de peinture et de sculpture qu'on voit dans les principales villes d'Italie*)。

历史和地理类

游记类图书渐渐演变成历史和地理类图书，如皮埃尔－西蒙·帕拉（Pierre-Simon Pallas）的《各类学者旅行家在俄国和波斯一些地区的探索史》(*Histoire des découvertes faites par divers savants voyageurs dans plusieurs contrées de la Russie et de la Perse*),需求量不小。正规的地理学论著,如安东·弗里德里希·比兴(Anton Friedrich Büsching)的《欧洲国家地理学和政治学知识入门》(*Introduction à la connaissance géographique et politique des états de l'Europe*)涉及范围也很广泛,获得了不少订单,而与其相类似的,着力于广泛的主题是畅销历史书籍的特征。如最畅销的书籍之一,雷纳尔的《哲学和政治史》,就是因为在对许许多多的主题进行"哲学的"研究时融入了历史,才得以与承载启蒙思想的《百科全书》相媲美。

纳沙泰尔出版社出版过几种更具有严格历史学意义的著作,尤其是克洛德-弗朗索瓦-格扎维埃·米约的著作。米约是一位多产的普及读物作家,在教士团体中一步步上升,直至荣膺法兰西学院院士。尽管他崇拜孟德斯鸠,但他并没有往他的普及作品中注入很多启蒙哲学。他的著作中得到订单最多的是九卷本的《古代和现代通史纲要》,该书1775年由纳沙泰尔出版社出版,然后又在1778年由该社和洛桑出版社合作重印。纳沙泰尔出版社出版的米约的其他著作,如《英国史纲要》和《从克洛维到路易十五的法国史纲要》,获得的订单很少。另外有两部通史类著作需求量也很大,它们来自纳沙泰尔出版社的总库存,是保罗-弗朗索瓦·韦利的《从君主制建立到路易十四统治时期的法国史》,以及《罗林先生的简明古代史》——查尔斯·罗林(Charles Rollin)《罗马史》(*Histoire romaine*)的缩编版,后者出版社曾作为单独出版物发售过,但是数量不多。这些著作和米约的著作同属一类,代表着相当正统的历史观。但纳沙泰尔出版社出版的另一
294 种著作,威廉·罗伯逊的《美洲史》,却属于苏格兰启蒙运动的主流。这本书吃准了法国人对新生美洲共和国的痴迷心态,非常畅销。大

卫·休谟（David Hume）的《英国史》（*Histoire d'Angleterre*）没有获得多少订单，伏尔泰的历史著作也是如此——《路易十四时代》（*Le Siècle de Louis XIV*）不行，《风俗论》（*Essai sur les mœurs*）不行，《查理十二世传》（*Histoire de Charles XII*）也不行。只有他论战性的《巴黎高等法院史》（*Histoire du parlement de Paris*）抓到了数量可观的订单。纳沙泰尔出版社还收获了大量订单求购那些书写个别城市如波尔多和拉罗谢尔的历史的著作，以及写几个国家的历史的著作，例如波兰的历史，因为它当时是时事新闻中的热点。历史书籍无疑对纳沙泰尔出版社的客户有很强的吸引力，尤其是当它们被认为与游记和地理书籍中的相关议题有关时。那些议题，连同普通虚构类作品和启蒙运动论著一起，构成了最畅销作品的核心部分。但是，纳沙泰尔出版社还销售过种类繁多的其他书籍，如果我们要充分了解图书市场，也不该忽略它们。

科学和医学类

在18世纪，除了像物理学这样的例外，自然科学在学术世界还没有一个明确的界限。像植物学和动物学这样的领域，都属于模糊不清的博物学的范畴。化学作为一个严密的学科正逐步浮现，但地质学依旧处在形成阶段，有关农艺学和酿酒学的大量文献则常常是以自助手册的形式出现的，还没有形成系统的理论。尤其是卷帙浩繁的医学文献，还在采用诸如“体液”（humors）和“元素”（elements）这些源自中世纪和古典时代的概念。考量这些属于科学史但缺乏今日科学写作所普遍强调的逻辑性和实验严谨性的作品，比研究任何其他类作品都更容易犯时代错误。

有些科学著作表达了启蒙思想的核心信念——绝对的理性力量可以消除偏见。瑞士牧师兼博物学家若纳斯·德热利厄（Jonas de Gélieu）的《一位有见识的人关于彗星及其回归的思考，或预防恐慌》（*Réflexions d'un homme de bon sens sur les comètes et sur leur retour, ou préservatif contre la peur*）即是如此，它是由皮埃尔·贝尔1682年的著作《关于彗星的产生原因的各种思考》（*Pensées diverses sur l'occasion de la comète*）衍生出来的。拉扎罗·斯帕兰扎尼（Lazzaro Spallanzani）
295 的著作传达了对实验方法论的尊重，尽管这些著作与皮埃尔－约瑟夫·马凯（Pierre-Joseph Macquer）的《化学词典》（*Dictionnaire de chimie*）相比，吸引的订单不多。马凯是以提倡化学亲和力概念而出名的，有别于与安托万·拉瓦锡的更为严谨的化学理论。获得订单最多的科学著作是雅克－克里斯托夫·瓦尔蒙·德博马尔的《博物志通用推理词典》，博马尔是一位杰出的博物学家，与百科全书派关系密切。[1]

在有关应用科学的书籍中，最畅销的是关于葡萄栽培的书，尤其是“农艺学家”莫潘（名字未知）的书。莫潘写了几十本小册子，[2]与苏格兰启蒙运动的一位重要人物弗朗西斯·霍姆（Francis Home）较为严肃的论著《农业与植物起源》（*Les Principes de l'agriculture et de la végétation*）相比，它们更受欢迎。医学书籍比其他任何科学分支的著作都卖得好，而在医学书籍中，获得订单最多的是萨米埃尔－奥古

[1] 纳沙泰尔出版社与洛桑出版社和伯尔尼出版社合作出版这部著作。由于它是纳沙泰尔出版社的出版物，因此在统计中所占权重大于该社的一般存货书籍。不过，对菲利普－罗多尔夫·维卡的《瓦尔蒙·德博马尔先生的博物志通用推理词典补编》（*Supplément au Dictionnaire raisonne universel d'histoire naturelle de M. Valmont de Bomare*）的需求量也相当大。

[2] 订单中出现的莫潘的四种著作中，需求量最大的是《葡萄酒酿造技艺》。

斯特·蒂索的著作，特别是他的《大众健康建议》。放血和灌肠依然是正规的治疗疾病的方法，就像法瓦尔热医治他的疥疮那样。但是这些在巴黎大学医学院里被奉若圭臬的传统医疗方法颇受非议，尤其是来自蒙彼利埃医学院的生机论学派的非议。纳沙泰尔出版社试图充分利用这些论争，出版了让-埃马纽埃尔·吉利贝尔的《医学无政府状态，或被认为有害于社会的医学》，然而并没有吸引到特别多的订单。其他需求较多的医学书籍中，妇科和性病的书籍颇受关注，[1] 兽医类书籍的订数不多。[2]

词典、参考书和自助手册

大众科学类书籍和杂类参考书及相关书籍是重叠的。书商们订购过几种数学启蒙书籍，[3] 而且他们喜欢诸如骑马、德语和书信之类多种科目的指导手册。[4] 关于读写的自助手册为学习拼写和语法提供实

[1] 让-安德烈·韦内尔的《论待嫁姑娘的健康和医学教育》（*Essai sur la santé et sur l'éducation médicinale des filles destinées au mariage*）和皮埃尔·法布尔的《性病论》吸引了相当多的订单。

[2] 例如，"骑士"阿皮尔（他的名字未知）的《马病的疗法》（*Recettes pour les maladies des chevaux*）。

[3] 例如，克里斯蒂安·沃尔夫的《数学教程》（*Cours de mathématiques*），皮埃尔·塞内比埃的《算术论》（*Traité d'arithmetique*），和弗朗索瓦·巴雷默的《算术，或供无师自学用的简易算术课本》。

[4] 例如，路易-夏尔·梅西耶·迪帕蒂·德克朗的《骑马的技艺》（*La Science et l'art de l'équitation*）；约翰·克里斯托夫·戈特谢德的《德语教师》（*Le Maître de la langue allemande*），一本热销书；以及勒内·米尔朗的《法庭新秘书，包含养成书信文风的训练教程》（*Le Nouveau secrétaire de la cour, contenant une instruction pour se former dans le style épistolaire*）。

际指导，而较高级的手册还补充了关于礼仪和在高级社交场合如何注意行为举止的建议。[1] 订购的词典包括《法兰西学院词典》，这是纳
296 沙泰尔出版社通过交换从法瓦尔热在阿维尼翁和尼姆遇到的出版商那里大量获得的。它还源源不断地获得订购拉丁语、德语和意大利语词典的订单。当然，狄德罗的《百科全书》是最重要的首选参考书。而且，伏尔泰的许多论著由于是按字母顺序来编排内容的，也产生了可供读者当作资料汇编查阅的效果。资讯、使用说明和自我提升的书籍，都属于综合类书籍，市场需求量甚大。

儿童读物

纳沙泰尔出版社提供的儿童书籍品种似乎多得惊人，它的客户订购也非常积极。这些书籍都效仿《爱弥儿》，用的是道德家的语气。但《爱弥儿》作为单行本卖得并不是太好，或许是因为它的市场已经饱和。最畅销的是一本匿名文选《儿童读物，或既能让孩子们快乐又能让他们爱美德的小故事选》，寓道德教育于简单的故事之中。专门写这类体裁的作家中，最突出的是两位女性，即斯蒂芬妮－费利西泰·迪克雷斯特·德圣奥班（让利斯伯爵夫人），和让娜－玛丽·勒普兰斯·德博蒙，她们使无处不在的多愁善感之风带上了贵族的情调。

---

[1] 见尼古拉－安托万·维亚尔的简单教程《法语朗读、拼读和发音的正确法则》；更高级的有皮埃尔·雷斯托的《简明法语语法原理》；和勒内·米尔朗的写作方法及技艺的指导，《办公室新秘书，包含关于各类主题的书信，以及写好这些书信的方法；法语客套语，为人处世的箴言和建议》（*Le Nouveau secrétaire du cabinet, contenant des lettres sur différents sujets, avec la manière de les bien dresser; les compliments de la langue française, les maximes et conseils pour plaire et se conduire dans le monde*）。

纳沙泰尔出版社出版过让利斯夫人的两种最畅销的书：四卷本的《适用于年轻人的戏剧》和《社交剧》。它出过一版勒普兰斯·德博蒙夫人的《儿童杂志》（*Magasin des enfants*），并收到了订购她的其他四种著作的大量订单。[1] 其他知名度较差的作家，如亚伯拉罕·特朗布莱（Abraham Tremblay），他们写的类似书籍也颇受欢迎。[2] 如果把纳沙泰尔出版社存货不多的学校课本也算在内，[3] 可以显示市场对儿童书籍的需求已经蔚然成风，这也许和人们总体上重视儿童教育的态度相符。[4]

法律和政治学理论类

虽然纳沙泰尔出版社不经营一般被视为专业教科书的书籍，但它获得过许多订购政治和法律书籍的订单。它出版过三版埃梅·德瓦特尔的《国际法，或自然法原则》，这是一部正规的论述自然法和国际 297

[1] 《青少年杂志》（*Magasin des adolescents*）、《现代良师益友》（*Le Mentor modern*）、《年轻小姐新杂志》（*Nouveau magasin des jeunes demoiselles*）、《勒普兰斯·德博蒙夫人著作杂集》（*Œuvres mêlées de Mme Leprince de Beaumont*）。

[2] 特朗布莱的《父亲教子指南》（*Instructions d'un père à ses enfants*）需求量不小。其他常被订购的书籍是让－路易·德孚克劳的《在自然秩序中培养成长的孩子》（*Les Enfants élevés dans l'ordre de la nature*）、蒙热先生（名字未知）的《婴幼儿道德小故事》和弗里德里希·埃伯哈德·冯罗霍的《供乡村小学用的儿童之友》。

[3] 例如，雅各布·韦尔内的《简明通史：对开始学习历史的青年的指导》（*Abrégé d'histoire universelle: Pour la direction des jeunes gens qui commencent cette étude*）。

[4] 有关这一十分热门的主题的最重要著作是菲利普·阿里埃的《儿童数百年：家庭生活的社会史》（*Centuries of Childhood: A Social History of Family Life*），纽约：Vintage，1962；法文首版，1960。

关系的著作，需求量不小。其他两部关于自然法的著名论著也招来了订单，但是数量不多：一部是让－雅克·比尔拉马基的《自然法原理》(*Éléments du droit naturel*)——这是一部解释治国之道所依据的标准原则的著作，观点明确，而且被广泛利用；另一部是17世纪德国哲学家萨穆埃尔·冯普芬道夫的《自然法与国际法》(*Le Droit de la nature et des gens*)，普芬道夫是早先由雨果·格劳秀斯阐发的自然法理论的主要解释者。尽管如今很少有人读这些著作了，但它们在18世纪对政治思想家，尤其是让－雅克·卢梭和美利坚共和国的创建者们影响很大。尽管法瓦尔热在他所到之处几乎都能碰到对美国革命感兴趣的人，但是却没有发现市场对有关这场革命的书籍有多大需求，出版社只得到24份求购《在北美合众国统治下结盟的英国殖民地基本法汇编》(*Recueil des lois constitutives des colonies anglaises, confédérées sous la domination d'Etats-Unis de l'Amérique septentrionale*)的订单。[1] 但是书商们下了许多订单要亚当·斯密的《总体地有关殖民地和具体地有关英国人的片段》(*Fragments sur les colonies en général et sur celles des Anglais en particulier*［译者按：即《国富论》第四篇第七章］)。

在有关政治学的论著中，纳沙泰尔出版社接到的求购激进作品的订单数量大得惊人。这些作品包括霍尔巴赫的《自然政治论，或论政府的真正原则》和《社会的体系，或道德学与政治学的自然原则》(*Système social, ou principes naturels de la morale et de la politique*)。[2] 从订单可以看出，对于加布里埃尔·博诺·马布里的《论立法或法律原

[1] 对《关于美洲人的哲学研究》(*Recherches philosophiques sur les Américains*)的需求不大，这是科内利·德波弗的一部关于美洲原住民的所谓“劣性”的推测性著作。

[2] 不过，订购这些书籍的大部分订单来自向市场供应“哲学书籍”的马勒布。

则》的需求很大。马布里是卢梭的朋友，他对私有财产的理论上的敌意，为他在现代社会主义的先驱中赢得了一个位置。市场对《自然法典》(*Code de la nature*) 也有少量需求，它描述了一种原始社会主义的乌托邦，一般认为是埃蒂安－加布里埃尔·摩莱里 (Etienne-Gabriel Morelly) 所著。米拉波谴责专制政府的著作《论专制主义》吸引了不少订单，此书像塞萨尔·贝卡里亚 (César Beccaria) 关于犯罪学的论著《论轻罪与惩罚》(*Des délits et des peines*) 一样，是启蒙哲人们最喜欢的著作。刑法著作对开明的哲学探讨有帮助，故而也得到相当可观的订单，其中尤其受欢迎的，是格勒诺布尔高等法院杰出的总检察官约瑟夫－米歇尔－安托万·塞尔旺那些主张改革的小册子。[1]

政治和时事类

直接与政治事务有关的书籍，纳沙泰尔出版社经营得不多，只有一个例外，那就是涉及由雅克·内克发起的或关于他的论战的作品。内克于 1778 至 1781 年出任法国政府的财政总监。如第十二章所述， 298
纳沙泰尔出版社曾仓促应对，极力满足读者对由内克施政方针引发的论战的阅读需求，尽管它一种相关的小册子都没有印过。论战是内克

[1] 纳沙泰尔出版社收到过许多订购塞尔旺口碑不错的著作《论刑事司法的管理》(*Discours sur l'administration de la justice criminelle*) 的订单，而且购买他的各类著作集 (*Œuvres diverses*) 的订单也不少。推崇塞尔旺的人中，有一位就是后来的革命家雅克－皮埃尔·布里索，他出钱请纳沙泰尔出版社出版他的《论刑法》(*Théorie des lois criminelles*)，但是没有获得多大成功。保罗·里西的《关于刑事法学内容的评论》(*Observations sur des matières de jurisprudence criminelle*) 卖得也不比它好。

用他自己的小册子——尤其是《致国王的财政报告书》和《1778年内克先生关于建立外省行政机构致国王的备忘录》——挑起来的。纳沙泰尔出版社收到了求购这两个作品的大量订单，此外还有求购流行文集《赞成与反对内克先生的著作全集》的少量订单。它还抓住了市场对另一场有政治含义的论战的阅读需求。这场论战源自博马舍与莫普高等法院的一名法官路易－瓦朗坦·哥士曼之间的官司，博马舍写下一系列备忘录来为自己辩护，都是些杰出的论战小册子，它借由对哥士曼的嘲讽，引导舆论转而反对莫普内阁，反对它通过摧毁老巴黎高等法院来削弱王权的企图。纳沙泰尔出版社库存中有关时事的著作，卖得很好。[1] 另一位论战大师西蒙－尼古拉－亨利·兰盖的著作也是如此，尤其是他的《巴士底狱回忆录》。[2]

其他具有政治含义的作品中，唯一以书的形式印刷的是时事新闻汇编，它涵盖了与时事有关的各类内容。有的含有很多关于国王侍臣和大臣的毁谤性材料，可以被算作最危险的“哲学书籍”中的毁谤性书籍，也即卡尔德塞格和马勒布之类边缘经销商最常订购的书籍。从市场对这类书籍的需求看，《英国间谍，或偷窥者老爷和偷听者老爷之间的秘密通信》以及《身披甲胄的报人，或法国宫廷的丑闻轶事》表现突出。它们也聚焦于莫普内阁的权力滥用，而其他一些纪

[1] 纳沙泰尔出版社销售的版本有书名为《卡隆·德博马舍先生的备忘录》(*Mémoires de M. Caron de Beaumachais*)的文集、《皮埃尔－奥古斯坦·卡隆·德博马舍先生的备忘录，附他的剧作集》(*Mémoires de M. Pierre-Augustin Caron de Beaumachais, suivis de ses œuvres de théâtre*)和《皮埃尔－奥古斯坦·加隆·德博马舍先生的备忘录续篇》(*Suite des Mémoires de M. Pierre-Augustin Caron de Beaumachais*)。纳沙泰尔出版社档案中含有大量有关哥士曼及其著作的资料，值得未来研究者研究。

[2] 对兰盖的《兰盖先生致韦尔热讷伯爵先生的信》和《关于一元主义的哲学论文》的需求量也很大。

事性书籍则对性丑闻之类其他轶闻津津乐道。《丑闻录》(*Le Chronique scandaleuse*)是这类书籍的典型，不过订单不多。一些不入流的杂文集也比较好卖，其中充斥着小道传闻、丑化教权的奇闻轶事、女演员伤风败俗的行为，暴露了公众人物的私生活，偶尔也抨击政府滥用职权。其中有亨利 – 约瑟夫·迪洛朗的《现代的阿雷蒂诺》和《阿拉斯的蜡烛》，所谓的间谍和外国观察家的报告如昂热·古达尔(Ange Goudar)的《中国间谍》，以及克洛德·戈达尔·道库尔(Claude Godard d'Aucourt)的《土耳其人回忆录及其在法国逗留时的风流韵事》。《作为法国文人共和国史的秘密回忆录》是最长的汇编，也是最 299
吸引历史学家注意的书，但是并没有从书商那里获得大量的订单。[1]

共济会和巫术相关书籍

最后一类，是一些已被现代读者抛得远远的书籍：披露共济会活动的书，和有关巫术施行法的书。共济会虽然起源于17世纪，但它在18世纪四处扩张，为一群渴望了解他们的秘密仪式和组织机构的大众读者所痴迷。有关共济会的书没有遭到图书贸易监管当局的严厉禁止，但它们的传播是不合法的，而也正因为它们是禁忌而具有一些吸引力。其中最经常得到订购的是：卡尔·弗里德里希·克彭(Carl Friedrich Koeppen)的《揭开共济会高层的最神秘的面纱》(*Les plus secrets mystères des hauts grades de la maçonnerie dévoilés*)、约瑟夫 – 热罗

---

[1] 见克里斯托夫·卡弗(Christophe Cave)编，《批判的影响：〈秘密回忆录〉的文化幻想》(*Le Règne de la critique: L'Imaginaire culturel des Mémoires secrets*)，巴黎：Honoré Champion，2010。

姆·德拉朗德的《共济会简史》和纪尧姆·德圣维克多的《接纳，或妇女共济会》。[1]

巫术的真相揭露和秘诀能引起广泛的好奇，所以相关的图书也有类似的吸引力。其中几种出自中世纪的哲学家和神学家艾尔伯图斯·麦格努斯（即大阿尔伯特）的所谓炼金术的著作，它们在新时代下被重新包装，并在像《大阿尔伯特》（*Le Grand Albert*）、《小阿尔伯特》（*Le Petit Albert*）这样的标题下被通俗化了。还有几种源自16世纪的博学家科尼利厄斯·阿格里帕（Cornelius Agrippa）。纳沙泰尔出版社获得的订单中最常见的是蓬斯–奥古斯坦·阿莱茨的《现代阿尔伯特，或已经得到证实的合法秘诀汇编》和阿尔贝蒂·帕尔维（Alerti Parvi）的《小阿尔伯特合理而神秘的巫术神奇秘诀》（*Secrets merveilleux de la magie naturelle et cabalistique du Petit Albert*），以及匿名作者的《炼金术揭秘》（*Le Grand Œuvre dévoilé*）。

这就是旧制度时期最后几年图书市场需求的概况。拿起里科博尼夫人的小说、布干维尔的游记、雷纳尔神父的《哲学和政治史》，或瓦尔蒙·德博马尔的博物志词典，您就会被带进另一个世界：存在于两百多年前的书籍世界。

---

[1] 在这类书籍中，获得大量订单的其他书籍还有《共济会的职责、规则或规章制度》，通常被认为是一个叫拉蒂埃尔斯的人写的；加布里埃尔–路易–加拉布尔·佩罗的《被暴露的共济会》（*L'Ordre des Francs-Maçons trahi*），以及佩罗的《被揭露的共济会秘密》（*Les Secrets de l'ordre des Francs-Maçons dévoilés*）。附加著作如匿名者汇编的《共济会歌谣汇编》（*Recueil des chansons des francs-maçons*）也获得少量订单。

结 论

有生命的书籍

循着一位销售代表 1778 年巡游法国的旅程，我尝试说明当时的图书是怎样到达读者手中的；我还通过研究 1769 到 1789 年间书商们的通信，尝试说明这些图书具体是什么——也就是说，描述了旧制度时期最后几十年里在法国传播的图书的一般特征。这种书籍传播研究远不彻底，它忽略了被看作书籍传播方面最重要的内容：作者的创作和读者的反响。但我不怀疑研究这些内容的重要性——恰恰相反，我认为它们非常重要。我把本书的调研工作限制在书籍史的一个方面，并从不同寻常的陌生视角加以审视——在街道上，载着图书的货车隆隆地碾过乡村；在书店内，书商们把书籍的生产和消费联系起来。专心研究这些主题，就算无法回答两百多年前人们如何“消费”图书这个关键问题，也有可能提出有关书籍传播的一些可靠结论。书籍的生命经历（the lived experience of literature）——法文中的“*la littérature vécue*”——本质上是一个“阅读”的问题，而读者呢，很遗憾，他们在这个故事里并不重要。

读者散落在材料各处，常常足以让我们形成一个关于阅读群体的大致概念。从书商信件里的参考名单，和像罗贝尔和戈蒂埃的破产文件这样的特殊文献来看，读者是由社会上中层的不同群体混合组成

的，其中有贵族、地方法官、行政官员、军官、牧师、律师、医生、
302 商人、乡村的富裕地主，或许还有城镇里比较富裕的商人店主。这些人读书时脑子里在想些什么仍然是个谜。最近，一些重构阅读史的尝试已经获得了重要进展，但一直没有摆脱可用资料匮乏的困境。[1] 尽管档案资料中处处散落着提示性的页边注解、摘录簿、日志记录和其他文献，但它们不足以构成能够支持某种一般性解释的证据。我们只能做一些个案研究，其中许多做得很出色，但没有一项研究采用的方法可以提供一条回到过去的明晰途径。

尽管我们没有解决读者如何读书的问题，但是我们可以知道他们读的是什么书。对书商生意的仔细研究，可以显示在每个城市的特定市场上什么书最受青睐。这些研究结果可以拼贴出一幅图书市场的全景图——甚至拼贴出一份回溯过往的畅销书单。当然，对这份书单也不必过于当真。它能为人们寻找需求量最大的书籍提供一般性的引导，但不是对每种书籍进行精确的排名，而且它关心的是当时市场上传播的著作，而不是图书馆里多年积存的那种图书。读者偏爱里科博尼夫人的小说，并不意味着他们对一百年前出版的拉法耶特夫人的小说就失去了兴趣，更不必说所有源自古代的古典著作了，而正是这些书籍形成了受过教育的精英所承继的文化基础。宗教书籍，从每日祈祷书到神学小册子，也是许多读者的必读书。纳沙泰尔出版社主打新

---

[1] 见罗杰·夏蒂埃和古列尔莫·卡瓦洛（Gulielmo Cavallo）编，《西方阅读史》（*A History of Reading in the West*），阿默斯特，马萨诸塞州：马萨诸塞州立大学出版社，2003。这是一部出色的论文集，包含这个日益发展的研究领域中许多其他出版物的参考资料。我自己为勾画这个领域的轮廓所做的尝试是"迈向阅读史的最初几步"（First Steps Toward a History of Reading）这篇文章，首次发表于《澳大利亚法国研究杂志》（*Australian Journal of French Studies*），23(1986)，第5—30页；后又重印于《拉莫莱特之吻：有关文化史的思考》（*The Kiss of Lamourette: Reflections in Cultural History*），纽约：Norton，1996，第9章。

教书籍的销售，对天主教徒有吸引力的书卖得相对较少，然而，它的大多数客户很有可能也在某个时间读到过《效法基督》(*L'Imitation de Jésus-Christ*)——这本书自 15 世纪问世以来，已经出过两千多个版本。

不管估计有多么的粗略，有关图书数量的信息都可以通过仔细阅读书商们的信函来补充。书商们一边订货，一边和纳沙泰尔出版社保持对话，谈论市场状况、有潜力的版本、有竞争力的新品、受推崇的作家、有关同行的闲言碎语，以及其他一切跟生意有关的话题。信息的流动是他们生意中的一个重要因素——实际上，就他们连接供求关系的基本任务而言，这个因素极为关键。其他中间商也在各个连接点上发挥着作用。书籍史应该为像费弗尔这样的偷运者、像皮翁这样的 303
货车车夫、像雷沃尔这样的货运代理商，以及像法瓦尔热这样的销售代表保留一席之地。他们都在书籍传播体系中最为模糊的地带谋生，都应该在关于书籍的生命经历的叙述中拥有位置。

书商的地位值得特别关注。尽管他们的生意规模和特征千差万别，但都可以用一种通用类型来描述。几家富裕的出版商兼批发商主宰着大城市周边地区的贸易。他们往往属于世袭的家族产业，与当地当权者相处得很好，而且很少冒险经营受严禁的书籍，尽管他们严重依赖盗版书的经营，但这在外省是普遍被容许的，即使在 1777 年法令执行以后也是如此。在他们的周围是一些较小的书商，这些人在零售贸易中艰难求生，在 1770 年代后期和 1780 年代，常常会随着经济状况的恶化而破产。在图书贸易的外缘，一些个体商贩做着投机生意，出售他们认为有销路的任何图书，而零售商贩或流动商贩会越过法律的边界，沿街兜售各种图书，尤其是“哲学书籍”。这种普遍模式符合法瓦尔热逐个城镇评定书商的务实程度时所作的观察。这也是书商们自己在向国家提交的请愿中描述个人命运时的看法，当然，他们小心地把经营非法书籍的事统统略去不提。[1]

市场上很多书籍，甚至是大多数书籍，都是由边缘经销商售出的；因为对书籍的需求无处不在，单靠书商行会无法满足。书商行会缺乏执行国家法令的能力，而且常常与盗版书籍的贸易合作，而不是打击它。除了在马赛和波尔多之类的大城市，外省的图书贸易一般得不到有效监管。像卢丹的马勒布和布卢瓦的莱尔这样的非法书商，他们的生意就没有受到当局的干预。[2] 他们主要是苦于资金不足，容易为经济衰退所拖累；同时他们也因总是想把投机生意扩大到自身的偿债能力无法承受的程度而遭受磨难。他们大多数人都在破产的边缘挣扎，很多人经营失败、血本无归，但他们有时也会东山再起，尤其是如果能够驾马拉车拼命干活，就像被称作“皮斯托尔”的诺埃尔·吉
304 尔，“在法国四处奔波”。更常见的情况是，大祸临头时他们就逃之夭夭，如马塞的卡尔德塞格那样抛妻别子，或者如常言所说的，“把钥匙塞在门底下”，溜之大吉。

---

[1] 法国国家图书馆，法文全宗 22073，“里昂、鲁昂、图卢兹、马赛和尼姆的书商与印刷商关于出版业专卖权及其延续的商议的陈情书”，1776 年 10 月 15 日 ：“他们［外省的书商］可以分成两类。第一类包括那些自己印刷［书籍］或者让他人印刷，并在书商之间从事批发业务的书商。通过互相交换他们出版的书籍，他们拥有了品种齐全的存货来供应零售商。第二类由那些自己不印刷、光靠订购的书商组成。其中一些人住在小城市和集镇，他们再从那里向乡村扩散。……这最后一类还可以细分，区分为除了向读者零售外，还向极小乡镇的书商销售。……后者又把购买来的书籍卖给走村串乡的流动书贩，由他们卖到集市上和传教士家里。”

[2] 莱尔最终通过购买“书商执照”成为合法经销商。我相信有许多像他这样的从业者存在，尽管无法统计他们的数量，因为他们不被列入《出版年鉴》这种管理档案，就像法瓦尔热所发现的，根据《出版年鉴》来了解书商的人数不准确。对于非法从业者的案例研究见我的专题论文，“禁止的生意 ：法国大革命前夕一个地下书商的生活”，刊于《扩大的圈子 ：关于 18 世纪欧洲书籍传播的论文集》，保罗·J. 科辛编，费城 ：宾夕法尼亚大学出版社，1976，第 11—83 页。

大革命前夕法国的书籍世界是一个移动的世界。就连正规的书商，如罗贝尔和戈蒂埃，偶尔也要驾着马车在路上奔波，来满足村镇居民对书籍的需求。对图书的需求一直在扩大，直到旧制度时期的最后十年；而这是从17世纪继承下来的行会结构所无法满足的。正是为了满足需求，众多小企业主和中间商应运而生，他们在官方机构的边缘经营，常常要突破法律限制。到1770年，书籍的流通就已经溢出了那些曾经限制它的屏障。

那些试图操控书籍流通而常常被它卷走的图书贸易从业者，在18世纪法国的文化中占有重要位置。他们的故事属于最广义的书籍史。这些故事在19世纪早期依然存在，其中很大一部分被巴尔扎克捕捉到，被写进了《幻灭》。但在巴尔扎克之前，要让书籍到达思想市场（marketplace of ideas），就得上演整个一部人间喜剧。人物角色如何发挥作用，书籍世界怎样像情报通信系统那样运转，这是本书讨论的中心问题。这个故事引发了书籍需求的识别问题——这是一个经验性问题，可以得到解答。当然，它还提出了更宏大的问题，关于书籍与革命的关系，关涉公共舆论和集体行动，都能引发无休止的辩论。这些问题虽然很重要，但我在本书里没有深究，因为随着书籍史已经发展成为一门学问，我决定只讨论在这个知识领域内可以解答的具体问题。

然而通过推测，我感到这项研究可能有助于人们理解法国大革命的思想渊源。关于书籍需求的统计表明，启蒙思想已经深深地渗入了旧制度时期的文化。当然，启蒙哲人们的著作表现出许多不同的思想张力，但是如果非要选出一部最能证明启蒙思想普及情况的著作，那就非梅西耶的《2440年》莫属。这部顶级畅销书展现了一幅按卢梭式原则治理社会的美好图景，与梅西耶另一部揭露当时社会秩序的残 305

酷不公的畅销书《巴黎图景》形成了鲜明对照。我还想强调书商们的信函中经常提到的其他三位作家——雷纳尔、米拉波和兰盖——的知名度。在伏尔泰和卢梭去世后，这三位作家对公众产生了极大的吸引力，他们每个人都以自己的方式，把专制权力对普通法国人自由的威胁人格化了。政治毁谤书的最佳代表是《杜巴丽伯爵夫人逸事》，强化了专制主义的主题，并把它跟顶层社会腐败堕落的画面联系了起来。但是，这种诽谤引起的共鸣，或许比不上那些喜爱像《感情的考验》这类小说和像《儿童读物，或既能让孩子们快乐又能让他们爱美德的小故事选》这类儿童书籍的读者被引发的情感共鸣。有些最流行的书籍以伏尔泰的风格拔高并讥讽既定秩序，而伏尔泰自己的作品也频频出现在书商的订单中。然而，书籍作为一个整体，贯穿其中的主调还是呼唤温情（*sensiblerie*）与美德。与时政有直接联系的书籍很少，有关内克内阁的论战作品除外。最畅销的书籍传达的不是明确的政治信息，而是与既定秩序格格不入的一般观点。在雷纳尔的《哲学和政治史》中，这种观点的表达铿锵有力。这部皇皇巨著虽然写得混乱无序，充满了破绽和矛盾，却处处跃动着能量，而且大多表现为道德上的义愤填膺。这些书籍尽管五花八门，却都传达了一种灌注着隐藏信息的世界观：眼前的世界不是世界应有的样子。另一种现实正在头脑中建构。随着书籍自 1769 年以来在商业渠道的传播，到 1789 年，思想即将变成行动。

那些把满足读者对书籍的需求当作生意的图书贸易从业者们，谁也不会想到自己正在为一场革命铺垫道路。他们专心致志地忙着手头的生意，而当他们回顾自己的经历时，又听起来似有所悟。身为出版商，奥斯特瓦尔德曾说道：“你只能相信你亲眼所见的和你五指所握的。”[1] 身为书商，图尔的让–弗朗索瓦·比约（Jean-François Billaut）在给纳沙泰尔出版社的信里写道：“您肯定知道我们这里有句俗语或 306
粗话……99 个烤肉师傅富得流油，一个卖书的饿得要死。”[2] 他们所经历的书籍世界严酷无情，深深植根于旧制度，难以捱过大革命的狂风暴雨。因此，这个世界最终幻灭了。

[1] “奥斯特瓦尔德从巴黎致纳沙泰尔出版社”，1780 年 2 月 20 日。

[2] “比约致纳沙泰尔出版社”，1776 年 9 月 29 日，纳沙泰尔出版社档案，ms.1122。

致 谢

我从 1965 年起一直在纳沙泰尔出版社的档案堆里工作，因此我要特别感谢纳沙泰尔公共与大学图书馆的职员和负责人。图书馆的负责人提供了慷慨的帮助，从埃里克 · 贝尔图（Eric Berthoud）到雅克 · 里希内（Jacques Rychner）、米歇尔 · 施吕普（Michel Schlup）和蒂埃里 · 夏特兰（Thierry Chatelain），先是允许我不受限制地查阅纳沙泰尔出版社的档案，然后又帮助我用缩微胶卷拍摄、影印，将几百份文献数字化。我尤其想感谢米歇尔 · 施吕普，他提供了本书中的大多数插图，并邀请我参与创作图书馆出版的两部巨著：一是《启蒙运动时代纳沙泰尔的出版业：纳沙泰尔出版社（1769—1789）》（*L'Édition neuchâteloise au siècle des Lumières: La Société typographique de Neuchâtel [1769–1789]*，纳沙泰尔：纳沙泰尔公共与大学图书馆，2002），一是《一家出版社在启蒙运动欧洲中的影响：纳沙泰尔出版社（1769—1789）》（*Le Rayonnement d'une maison d'édition dans l'Europe des Lumières: La Société typographique de Neuchâtel[1769–1789]*，纳沙泰尔：Attinger，2005）。莫里斯 · 德特里博莱（Maurice de Tribolet）引导我查阅纳沙泰尔州档案馆的迷宫般的公证文件，纳沙泰尔的其他朋友也以许多方式帮助我，包括提供住宿，这对一个预算很少但人数很多的家庭来说是个大难题。除了许多次短暂的访问外，我们在纳沙泰尔和周围的乡村度过了 14 个暑假和一个寒假。我对以下几位朋友充满感激之情：已故的夏利和莉莉安娜·居约（Charly and Liliane Guyot），1966 年和
308 1967 年，他们把公寓借给我的妻子苏珊和我住；雅克·里希内，他为我们在沿湖的村庄寻找住处；雷米·舍雷（Rémy Scheurer），他把我们介绍给已故的安妮·古特克内希特（Annie Gutknecht），她在勒朗德龙，是我们深爱的女房东；莫里斯和尼古拉·德特里博莱，与我们分享他们在莫捷的城堡，里面全是 18 世纪的家具，而且充满了关于卢梭的记忆；菲利普和玛丽–安娜·马格拉（Philippe and Marie-Anne Marguerat），他们多次在坐落于葡萄园上方的家中为我们提供住宿；还有阿兰和安·罗贝尔（Alain and Ann Robert），无数次在他们的山边别墅里请我们吃饭。我们的朋友带着我们沿汝拉山脊远足，在高山牧场驻足吃饭，品尝乡村的火腿，若在秋天，就去吃红酒烧鹿肉。夏日里，雅克和安格丽·里希内与我们在图书馆外的湖边野餐。用游泳消耗掉我们吃的奶酪塔，然后雅克和我会一起去档案馆，肩并肩地工作，他查阅印刷厂的记录，我查阅有关图书贸易的文件。米歇尔·施吕普和卡罗琳·卡拉默（Caroline Calame）带我们登山，体验"高人一等"（*gens du haut*）的感觉，并享受拉绍德封附近山村"农场餐厅"（*fermes-restaurants*）的乐趣。菲利普·马格拉帮我找到进入大学的路，让我作为客座教授教了一学期的课，并且常常回去演讲和参加学术会议。其他朋友也在别的方面提供了帮助。我对他们永远感激不尽。他们接纳我和妻子进入他们的生活，并且成为我们生活的一部分。五十多年里，当我年复一年逐个卷宗地埋头查阅档案时，我们的孩子和他们的孩子一起成长，我们这些大人也变老了，一起分担忧伤，分享喜悦。本书——以及不久的将来就要完成的姊妹篇——就是这种经历的结晶，所以我要把它献给我在纳沙泰尔的朋友们，纪念逝者，亲善故

友。我尤其想念雅克·里希内，当我完成终稿时，他却与世长辞了。

为了补充我在纳沙泰尔的研究，我还花了许多年的时间查阅巴黎的档案，尤其是阿尼松－迪佩隆收藏（Collection Anisson-Duperron）和法国国家图书馆里巴黎书商与印刷商行会的文件，还有阿斯纳图书馆（Bibliothèque de l'Arsenal）的巴士底狱的文件，以及其他各种档案。法国国家图书馆的馆长，从埃马纽埃尔·勒华拉杜里（Emmanuel Le Roy Ladurie）到让－诺埃尔·让纳内（Jean-Noël Jeanneney）和布鲁诺·拉辛（Bruno Racine），对我的支持始终如一，我尤其还得到 309
了他们的馆员的帮助，特别是让－多米尼克·梅洛（Jean-Dominique Mellot）和雅克利娜·桑松（Jacqueline Sanson）。

纳沙泰尔和巴黎的原始资料来源太过丰富而广泛，靠一本书是无法让它们充分发挥价值的。因此，我决定把最重要的文献，连同地图、插画、论文和我此前刊发的部分文章一起，放到一个可以公开访问的网站 robertdarnton.org 上，这是我在 2013 年上线的网站。本书读者可以登录这个网站查询更多的文献资料。网站上呈现的一切都是集体的劳动成果，转录所有数字化手稿、鉴定所有书籍、汇总统计数据，这些仅凭个人是无法完成的。过去二十年里，在这项事业的不同阶段，我都得到了研究生和助手们的协助，我要向他们表示衷心感谢，感谢他们长期付出的辛勤劳动。他们是埃莉萨·贝尔（Elissa Bell）、萨拉·本哈雷克（Sarah Benharrech）、马蒂娜·邦雅曼（Martine Benjamin）、安德鲁·克拉克（Andrew Clark）、布里吉德·多尔西（Brigid Dorsey）、纳撒尼尔·海（Nathaniel Hay）、弗雷德里克·安德维尔迪（Frédéric Inderwildi）、米里亚姆·尼科利（Miriam Nicoli）、蒂埃里·里戈涅（Thierry Rigogne）、玛德莱娜·施瓦茨（Madeleine Schwartz）、詹妮弗·钱（Jennifer Tsien）和凯瑟琳·威特（Catherine

Witt)。网站由罗伯特·利弗斯(Robert Levers)和阿里斯托斯·科亚尼斯(Aristos Koyanis)策划设计,他们得到了我的得力助手阿林·纳瓦罗(Arlene Navarro)的大力协助。哈佛图书馆制图部的斯科特·沃克(Scott Walker)提供了地图,这得益于他处理历史原始材料的专长。

我还要对普林斯顿大学人文与社会科学研究委员会和弗洛伦斯·A. 古尔德基金会(Florence A. Gould Foundation)表示感谢,他们支持本项目许多年。我尤其要感谢弗洛伦斯·A. 古尔德基金会主席约翰·R. 扬(John R. Young)和他已故的妻子玛丽。为了如期完成工作并履行职责,尤其是在我 2007 年到 2015 年担任哈佛大学图书馆馆长一职期间,我不得不中断这个项目的工作,而他们几次继续提供了援款。我在巴黎高等研究所(Institute d'Etudes Avancées de Paris)任研究员时,得到由法国国家科研署管理的法国国家基金,即“未来投资”(“Investissements d'avenir”)计划的财政资助(ANR-11-LABX-0027-01 Labex RFIEA+),完成了本书的最终稿。

最后,我要感谢我在牛津大学出版社的编辑蒂莫西·本特(Timothy Bent)和伽利马尔出版社法文版的译者让-弗朗索瓦·塞内(Jean-François Sené),他们为润色文字付出了长期的辛勤劳动。

索　引

插图和注释由页码后面的 f 和 n 来表示。页码为原著页码，即本书页边码。

文
景

Horizon

社科新知　文艺新潮

法国大革命前夕的图书世界
[美]罗伯特·达恩顿
高毅　高煜　译

出 品 人：姚映然
责任编辑：周官雨希
营销编辑：胡珍珍
封扉设计：许晋维
美术编辑：安克晨

出　　品：北京世纪文景文化传播有限责任公司
（北京朝阳区东土城路8号林达大厦A座4A 100013）
出版发行：上海人民出版社
印　　刷：山东临沂新华印刷物流集团有限责任公司
制　　版：北京大观世纪文化传媒有限公司

开 本：890mm × 1240mm　1/32
印 张：14.25　　字 数：286,000　　插页：2
2021年1月第1版　　2021年1月第1次印刷
定 价：89.80元
ISBN：978-7-208-16666-0/K·2991

图书在版编目（CIP）数据

法国大革命前夕的图书世界 /（美）罗伯特·达恩顿（Robert Darnton）著；高毅，高煜译 . — 上海：上海人民出版社，2020

书名原文：A Literary Tour de France: The World of Books on the Eve of the French Revolution

ISBN 978-7-208-16666-0

Ⅰ. ① 法… Ⅱ. ① 罗… ② 高… ③ 高… Ⅲ. ① 图书史－世界 Ⅳ. ① G256.1

中国版本图书馆CIP数据核字（2020）第183433号

本书如有印装错误，请致电本社更换 010-52187586